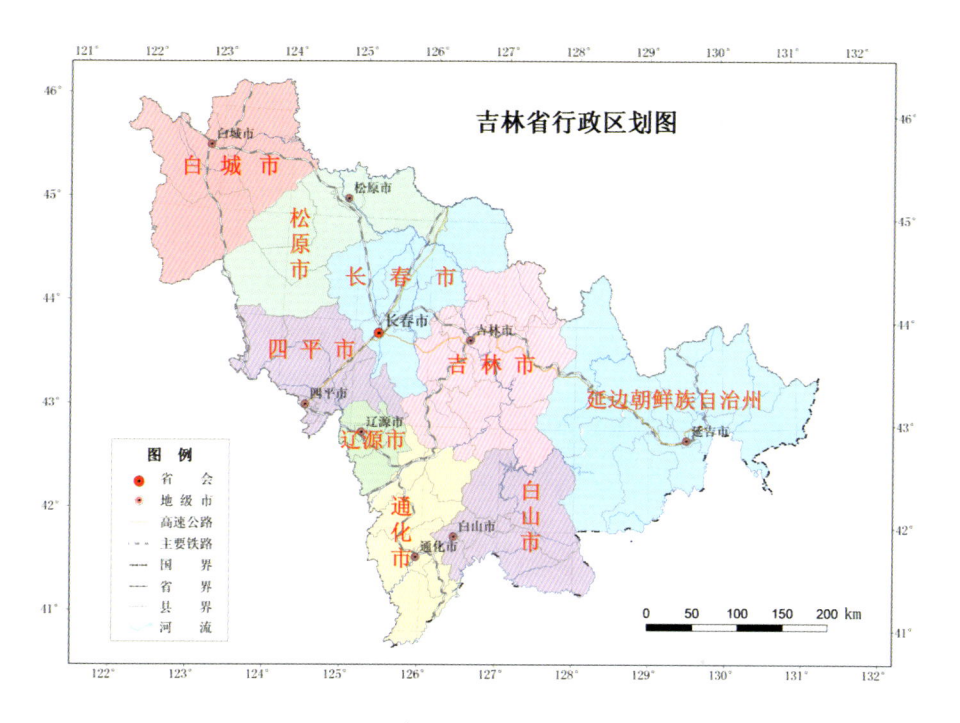

▲ 吉林省行政区划图

▲ 吉林省卫星影像图

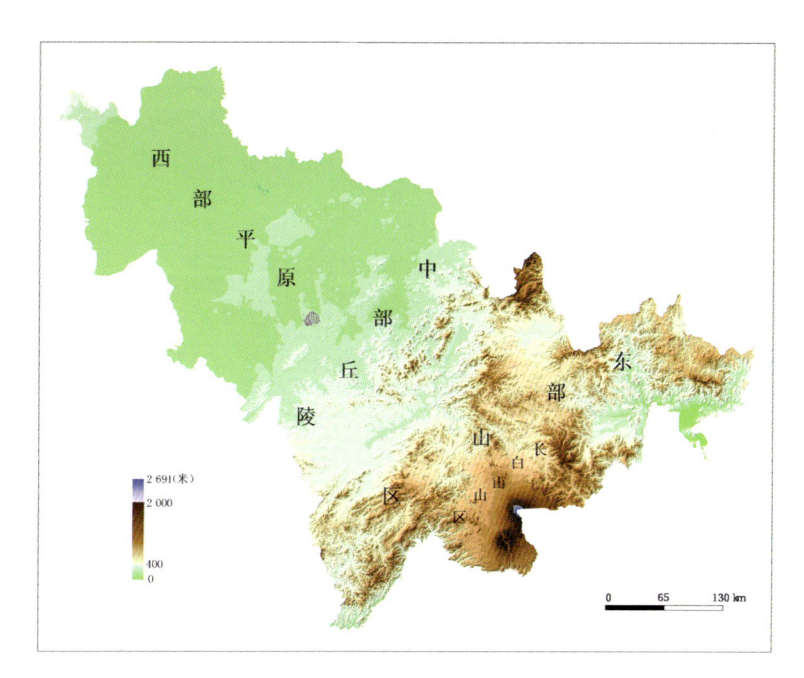

▲ 吉林省地形地貌图

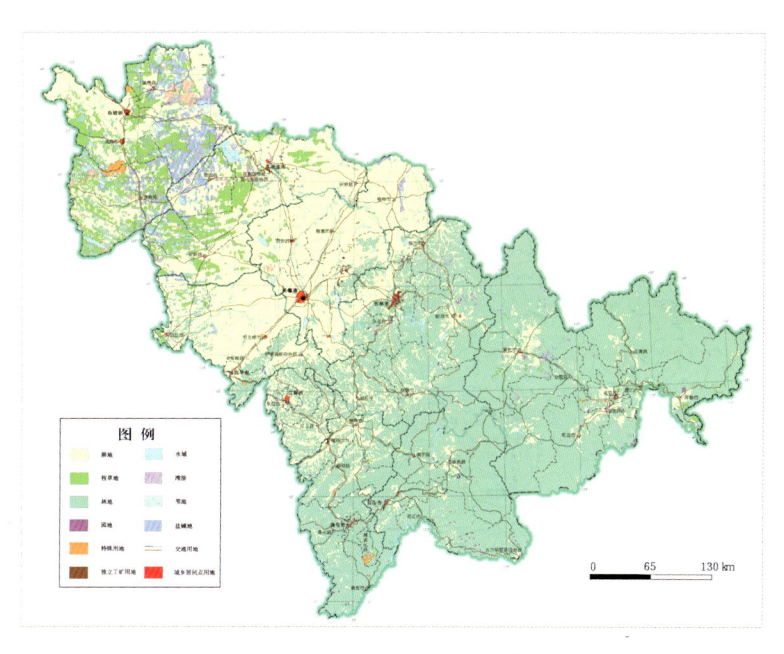

▲ 吉林省土地利用图

◀ 科尔沁沙地：科尔沁沙地是我国四大沙地中面积最大的一个沙地，这里历史上曾是水草丰美的科尔沁大草原，但由于放垦开荒、超载放牧，草原下的沙土层逐渐沙化和活化，再加上气候干旱，使秀美的大草原演变为沙地。目前科尔沁沙地仍在发展，治沙工作任重道远

▶ 长白山天池：长白山天池是中国最深的湖泊，为1702年火山喷发后的火山口积水而成，高踞于长白山主峰白头山之巅，为中朝两国界湖。天池周围环绕着16个山峰，深幽清澈的天池湖水像一块瑰丽的碧玉镶嵌在群山环绕之中

◀ 吉林雾凇：吉林雾凇为我国四大自然奇观之一，每当雾凇来临，柳树结银花，松树绽银菊，把人们带进如诗如画的仙境

中·国·省·市·区·地·理

丛书主编 ◎ 王静爱

吉 林 地 理
JILIN DILI

主　编 ◎ 李诚固
副主编 ◎ 董会和

北京师范大学出版集团
BEIJING NORMAL UNIVERSITY PUBLISHING GROUP
北京师范大学出版社

图书在版编目(CIP)数据

吉林地理／李诚固主编．—北京：北京师范大学出版社，2010.6
（中国省市区地理丛书／王静爱主编）
ISBN 978-7-303-10518-2

Ⅰ．①吉… Ⅱ．①李… Ⅲ．①地理－吉林省 Ⅳ．①K923.4

中国版本图书馆CIP数据核字(2009)第180774号

营销中心电话 010-58802181 58808006
北师大出版社高等教育分社网 http://gaojiao.bnup.com.cn
电子信箱 beishida168@126.com

出版发行：北京师范大学出版社 www.bnup.com.cn
北京新街口外大街19号
邮政编码：100875
印　　刷：北京京师印务有限公司
经　　销：全国新华书店
开　　本：170 mm × 230 mm
印　　张：24.75
字　　数：413千字
版　　次：2010年6月第1版
印　　次：2010年6月第1次印刷
定　　价：38.00元
审 图 号：吉审字〔2010〕第01号

策划编辑：胡廷兰	责任编辑：胡廷兰
美术编辑：毛　佳	装帧设计：高　霞
责任校对：李　菡	责任印制：李　丽

版权所有　侵权必究

反盗版、侵权举报电话：010-58800697
北京读者服务部电话：010-58808104
外埠邮购电话：010-58808083
本书如有印装质量问题，请与印制管理部联系调换。
印制管理部电话：010-58800825

中国省市区地理丛书
编辑编委会

主　　任：王静爱

委　　员（以汉语拼音为序）：

安裕伦　毕　华　曹明明　查良松　方修琦　付　华
傅鸿志　葛岳静　古格·其美多吉　郭大玄　韩茂莉
胡宝清　蒋梅鑫　李诚固　李娟文　李永文　廖善刚
林　岚　刘宝元　刘洪杰　刘　敏　陆　骏　满都呼
满苏尔·沙比提　米文宝　明庆忠　宋金平　苏　筠
王国梁　王静爱　王乃昂　王　卫　吴殿廷　肖　玲
杨胜天　叶　玮　臧淑英　张　宏　张争胜　张祖陆
赵　济　赵　媛　赵金涛　仲小敏　朱　良　朱　翔
朱华晟　卓玛措

总　序

  地理的区域性始终是地理学者关注和探讨的重要主题。编纂一套中国省市区的地理丛书，对认识中国地理的区域规律有重要的学术价值，对加深理解中国国情也有着极为重要的现实意义。

  中国地域辽阔，南北和东西都跨越 5000 多千米，陆域面积约 960 万平方千米，管辖的海域面积约 300 万平方千米。由于中国地域差异大，自然地理呈现出极为丰富的多样性特征；由于中国历史悠久，人文地理也呈现出一派绚丽多姿的景象。自然地理与人文地理在一个行政区内叠加在一起，构成一部丰富多彩的省市区地理，即组成了环境、资源、人口与发展的区域格局。"中国省市区地理丛书"正是从综合集成的角度，系统地梳理中国 23 个省、4 个直辖市、5 个少数民族自治区、2 个特别行政区的环境、资源、人口与发展特征，并从全国的角度，阐述其区域时空变化规律。

  中国国情特色鲜明，人口众多，地区发展不平衡，环境展布地带性明显，资源保障不足等因素较为突出。"中国省市区地理丛书"正是从历史透视的角度，分析了省、直辖市、少数民族自治区、特别行政区地理过程的形成与发展规律，特别是经济与社会的发展格局，在这个意义上说，丛书是对已完成的"中国地理"、"中国自然地理"、"中国经济地理"等图书的重要的学术补充。

  "中国省市区地理丛书"的主要功能：一是中国地理课程和乡土地理课程的教学用书和教学参考书，完善高校师生和中学教师的区域地理教学的教材支撑体系；二是降尺度认识区域地理的科学著作，为区域研究者提供参考；三是从地理视角介绍中国国情、省情、县情的系统总结，为国民和各级管理人员提供地理信息和国情教育参考。

  "中国省市区地理丛书"的编纂，对深化辖区主体功能区的规划，加快缩小区域差异，特别是城乡差异，探求可持续发展的区域模式，有着极为重要意义。科学发展模式的确立，需要客观把握国情、省情、县情，也需要认识辖区的地理规律。经过 30 多年的改革开放、快速发展，中国与世界的发展已息息相关，同时中国各省市区的地理格局也发生了重大变化，对于任何一个省市区来说，今天的发展都离不开与相邻的省市区甚至国家和地区的密切合作。了解邻接省市区的地理格局，对构建相互合作的区域模式和网络有着重要的实践价值。特别是处在同一个大江大河流域，或处在同一个受风沙影响的沙源区，或处在一个共同受益的高速交通线或空港枢纽区的省市，更需要相互间的了解和理解、合作与协作，以追求共同发展，实现双赢或多赢的目标。

"中国省市区地理丛书"使读者可以从降尺度的视角，更全面地认识中国的地理时空格局，加深对中国国情方方面面的理解；也能在省市区的尺度上，对中国地理进行系统而综合的深化研究，并能帮助决策者从省市区对比的角度，更客观地审视和厘定本辖区发展的科学模式。

"中国省市区地理丛书"由 35 本组成，包括 1 本中国地理纲要和 23 个省、5 个少数民族自治区、4 个直辖市和 2 个特别行政区的 34 本分册。在每一本省级辖区地理图书中，都集中体现了"中国省市区地理丛书"的整体框架，即突出其辖区的地理区位、区域环境、资源、人口与发展的总体特征，区域地理的时空分异规律，区域可持续发展的对策建议等。此外，对省级区域地理，在突出辖区整体性特征的同时，更重视辖区的区域差异，特别是城乡差异；对直辖市的区域地理，在突出其城市化的区域差异的基础上，高度关注城市可持续发展遇到的突出的地理问题；对少数民族自治区的区域地理，在高度关注其自然环境多样性的同时，突出其民族自治区域的特色，特别是语言、文化等文化遗产的区域特征；对特别行政区地理，更加关注其特殊发展历程及国际化进程的地理特色和人口高度密集区域的可持续发展模式等。

34 本分册具有统一的体例和结构框架，分总论、专论和分论三个部分。

总论，是各分册的地理基础，是丛书分册之间可比较的部分，主要阐述各省市区的地理区位、地理特征和地理区划。地理区位是区域地理的出发点，强调从自然、文化和经济等多个视角，理解地理区位的特点和优势，结合行政区划与历史沿革，凸显各省市区的国内地位与区际联系。地理特征是区域地理的基础和重点内容，也是传统地理描述的精华，强调以自然地理和人文/经济地理要素为基础，以人口、资源、环境与发展（PRED）为综合的地理概括，结合专题地图和成因分析，凸显区域人地关系地域系统特征。地理区划是承上（总论）启下（分论）的重要部分，也是区域地理的理论体现，强调从自然、文化与经济的地域差异分析入手，梳理前人对区域划分的认识，凸显自然与人文的综合，最终提出地理分区的方案。

分论，是各分册辨识省市区内地域差异的主体，属乡土地理范畴，具有浓郁的乡土意蕴。依据地理分区方案，各地理区单独成章。每个地理区主要阐述：区域概况、资源与环境特征、产业发展与规划、人地关系与可持续发展、最突出或最重要的地理现象等。

专论，是各分册彰显区域综合分析和深入研究的部分，主要阐述省市区有特色的地理问题。这些特色问题大多是与区域发展联系密切的，在全国范围内具有重要地理意义或地位的，由多地理特征相互作用、相互影响产生的区域综合特征，也有自然地理与人文地理相结合的综合命题。这部分内容体现特色性、综合性、研究性，同时展现具有一定权威性的研究新进展。

组织编纂"中国省市区地理丛书"，需要多方面的合作和投入。北京师范大学"区域地理国家级教学团队"、全国高校中国地理教学研究会、北京师范大学区域地理研究实验室，承担了这项编撰任务的组织工作。2005年开始筹备，2006年北京师范大学出版社立项资助，后组织覆盖中央和地方30多所师范大学和综合性大学的地理相关专业院系的教师参编本丛书。共分四个组织层次：一是编辑委员会，由王静爱教授担任编委会主任，由各分册主编和北京师范大学"区域地理国家级教学团队"中的教师共同担任编委会成员；二是审稿专家群，丛书邀请各省市区的区域地理专家、全国高校中国地理教学研究会部分教授、北京师范大学"区域地理国家级教学团队"中的教授和民俗文化、历史方面的专家担任审稿人，分别审阅丛书部分书稿；三是编务工作组，由苏筠副教授担任负责人，由北京师范大学区域地理实验室师生组成工作团队；四是出版编辑部，北京师范大学出版社高度重视，将其列为社内重大选题，指派王松浦副教授、胡廷兰博士负责协调全套书的编辑出版工作。全套丛书将于2010年至2012年陆续面世。

"中国省市区地理丛书"在由北京师范大学出版社资助的基础上,还得到北京师范大学区域地理国家级教学团队、教育部211工程项目经费的支持,以及地表过程与资源生态国家重点实验室、环境演变与自然灾害教育部重点实验室的人力、物力支持。当"中国省市区地理丛书"呈现在读者面前时,我要感谢全体编著者的辛勤工作与团结合作;感谢各分册的审稿人,他们是(按汉语拼音为序):蔡运龙教授、崔海亭教授、樊杰教授、方修琦教授、葛岳静教授、江源教授、康慕谊教授、梁进社教授、刘宝元教授、刘连友教授、刘明光教授、刘学敏教授、马礼教授、史培军教授、宋金平教授、孙金铸教授、王恩涌教授、王卫教授、王岳平教授、吴殿廷教授、伍永秋教授、许学工教授、杨胜天教授、袁书琪教授、曾钢教授、张科利教授、张兰生教授、张文新、张小雷教授、赵济教授、邹学勇教授等,他们认真、严谨的审稿工作是丛书科学性和知识性的保障。特别感谢赵济教授和史培军教授在丛书编纂、审稿和诸多区域地理科学认识方面的重要贡献和指导;特别感谢编务工作组的青年教师苏筠副教授,她为丛书庞大而复杂的编纂工作得以有序进行付出了巨大的精力;特别感谢董晓萍教授和晁福林教授对丛书区域民俗文化和历史相关部分的审阅和宝贵意见。在此我谨向上述各位专家、学者对"中国省市区地理丛书"的指导与支持表示深深的谢意;在全体编著者和审稿专家工作的基础上,"中国省市区地理丛书"还得到其他许多单位和专家的大力支持和帮助,特此郑重致谢!

"中国省市区地理丛书"的编纂工作十分艰巨和庞杂,编著者虽然尽了最大的努力,但由于研究内容涉及面广,经济社会发展变化迅速,加上经验与水平不足,会存在诸多遗憾,尚祈广大读者批评指正。

2010年3月

前　言

  区域地理学在地理学发展过程中的"先驱性"是中外地理学家的共识，地理学综合与区域观点的建立，空间与时间研究方法的形成，学科分化与融合过程的嬗变，学科体系与实践研究体系的变化，始终与区域地理学密切关联，可以说，区域地理学支撑着地理学的历史发展与未来变化。在经济社会发展全球化与地方化凸显的时代背景下，区域地理学在现代地理学的灵魂地位丝毫不会受到削弱，而是将进一步增强，地理学家对区域地理学传统的继承与改造是毋庸置疑的。

  区域地理学所创建的区域表述体系应该是地理学对人类科学认识区域的卓越贡献，这种区域表述体系是地理科学思维方法的重要体现，也是大量优秀区域地理著作产生的源泉。回顾与审视地理学的发展历程，不难看出，地理事实、地理特征、地理过程、地理机制、地理规划相结合的地理科学体系的形成与发展主要来源于区域表述体系的思维支撑和地理语言逻辑的表现力。在知识增长日新月异的今天，人们对区域的认识与分析，对区域发展的谋划仍然依赖于区域地理学的思维方法，显示出区域地理学表述体系旺盛的生命力。

  当然，区域地理学的表述体系也经历了复杂的历史变化过程，古代区域地理著作多以描述和编撰为主，各种地方志是区域地理表述的基本形式，主要记述各级行政区域历史沿革，地理面貌以及人文经济等内容，记载了大量的区域人文地理与自然地理等资料。近代地理学产生于资本主义上升和扩张时期，并分化出区域学派，被称为近代地理学奠基人的洪堡和李特尔的区域地理著作不仅对区域地理事物和现象进行描述，而且力图对其进行解释。近代区域地理学明确了区域地理不仅仅是描述的，还应该是解释的，既要描述清楚区域独特的地理现象，又要探寻地理事物发生发展的规律性。

  但是，传统区域地理研究与描述体系的不足是显而易见的，缺乏关联的要素罗列，偏重于地理事实的描述，缺乏地理过程与关联分析，呆板的八股描述体系等是传统区域地理表述存在的主要弊病。区域性和综合性是地理学的两个显著特点，以人地关系为核心、以论题研究为主要形式、数学方法和遥感与地理信息系统技术广泛应用是现代区域地理学转变的重要趋势。现代区域地理学应该重视区域地理要素与空间关系的综合分析，努力构建新的适应于新时代的区域地理描述体系，这是一个艰巨的任务。

借此《中国区域地理》丛书出版之际，作为《中国区域地理》丛书分册，《吉林地理》一方面以大量翔实的地理数据分析和丰富的地理事实描述，体现吉林省区域地理特色，全面、客观地反映吉林省的地理发展过程；另一方面，在区域地理研究上，避免传统区域地理学描述体系的不足，运用现代区域地理学的理论和方法，以人地关系为核心，以可持续发展思想为指导，加强"论题"研究，体现了现代区域地理学的区域性、综合性和联系性。《吉林地理》不是单纯的地方志形式的地理事实描述，而是通过对吉林省各种地理要素构成的多元性、层次性、空间差异性以及历史演变等多方面的综合分析，探求吉林省区域地理发展的一般规律和特点。因此，《吉林地理》在结构、内容、表达方式及指导思想上，主要突出以下几个方面的特色。

第一，从体例结构上，"总论"、"分论"和"专论"是《中国区域地理》丛书的统一要求，"总论"是地理基础部分，主要表述的是地理区位、地理过程和地理特征；"分论"是分区部分，揭示省区地域分异的规律性、区域差异性和联系性；"专论"是体现省区地理特征并具有较强特色性、综合性和权威性的地理专题。

第二，《吉林地理》在区域地理传统的表达手法，即按地理要素和地理区域描述基础上，突出吉林省各自然地理要素、人文地理要素和区域地理特征的归纳和总结，重视吉林省区域发展的历史过程与环境背景分析，遵循地理运动的一般规律，从发展的视角，构建吉林省经济与社会发展的空间地域格局。在整体构思上，打破区域地理学千篇一律的表述格式，突出对吉林省区域地理特征归纳和概括是本书的主要特色。

第三，理论联系实际、科学性和实事求是撰写本书的指导思想和遵循的基本原则。在对地理事实的描述中，引用了大量的资料数据，这些数据资料均由权威部门发布，真实可靠地反映了吉林省自然条件与生态环境的演变过程、经济社会发展的历史变化、现状特征和地理问题。在体现吉林省地方特色的专题论述方面，如生态环境保护、现代农业基地与新型工业化基地建设、新型城市化进程推进、图们江地区的国际合作等方面，体现了各地理环境相互影响、相互作用而产生的区域综合性特征，以及具有权威性的最新研究进展。

第四，对吉林省地理区域的划分有别于一般的行政区域划分，而是从全省自然—经济地域系统的整体出发，充分考虑吉林省自然、经济要素的地域分异和空间组合规律，根据不同地区自然条件、经济水平、产业发展、资源潜力和生态环境限制因素等差异性特点而划分的综合地理区域。吉林省东部、中部和西部区域差异特征明显，经济社会发展不平衡，中部地区经济轴带隆起特征突出，东、西部地区经济发展实力较弱，生态环境敏感性和脆弱性强。

第五，现代区域环境特征与地域空间结构的形成既是现代人类劳动创造的结果，又是历史社会发展的必然，历史社会的发展为现代地理空间创造了物质基础，并丰富了精神文化内涵。本书不仅仅是对吉林省地理特征的现状描述，更注重对区域演变过程和规律的归纳与总结，如现代产业结构与城市地域空间结构的形成，都体现了吉林省区域特色和地理运动的一般规律性。对吉林省历史地理问题，不是单纯的历史描述，而是通过丰富的历史资料，从古代、近代和现代三个历史时期，总结各历史阶段经济活动和社会发展时空演进过程，突出各时期经济社会活动的主要特征。

本书由李诚固教授任主编，董会和任副主编，李诚固教授负责全书的总体构思和写作提纲的拟定，董会和负责全书的统稿工作。各章编写分工如下：第一章、第二章，刘艳军；第三章、第四章、第十一章，董会和；第五章，杨旭东；第六章，李晶；第七章，张婧；第八章，张学良；第九章，王程；第十章、第十八章，王颖；第十二章，任乐；第十三章，徐蕾；第十四章，王晓丹；第十五章、第十九章，黄晓军；第十六章，张建波；第十七章，王群力。附图各地理要素由王程、李晶、邓俊整理，图件由吉林省地理信息工程院绘制，吉林省民政厅王彦颖与吉林省国土资源勘测规划研究院王先芝为图件编绘提供了技术指导。本书图件编绘得到了吉林省测绘局张立民局长、何平处长及吉林省地理信息工程院杨宏伟副院长的大力支持与帮助，吉林省测绘局许秀香女士对图件编绘提出了宝贵的修改意见，在此表示深深感谢。

编写《吉林地理》一书，按照地理学的研究内容，一方面从历史和现实的角度分析吉林省经济社会活动与地域空间结构演变的主要特征与一般规律；另一方面从可持续发展的角度探索吉林省未来产业发展与城乡地域空间演变的路径与方向。期待能够为社会各界了解吉林、认识吉林提供基础平台；为吉林省相关部门编制发展规划提供参考；为更深入地研究吉林省，解决吉林省内重大的地理问题提供基本素材和借鉴。这也是编写本书的最终目的，如能达到此目的，则甚感欣慰。鉴于编写人员水平所限，书中瑕疵和疏漏之处在所难免，敬请各位同仁及广大读者批评指正。

李诚固　董会和

2009 年 11 月于长春

目 录

第一篇　总论——区域发展环境与地理特征 / 1

第一章　边疆近海的地理区位　　3
第一节　地理位置与区位条件　　3
第二节　边疆近海的地缘区位　　7

第二章　复杂多样的自然地理环境　　10
第一节　山地平原为主的地貌格局　　10
第二节　显著的大陆性季风气候　　14
第三节　东西空间差异显著的水环境　　18
第四节　经向分异的植被与土壤　　24

第三章　丰富的自然资源　　29
第一节　地域辽阔的土地资源　　29
第二节　以非金属为主的矿产资源　　36
第三节　独特的区域旅游资源　　45

第四章　区域开发的时空过程　　50
第一节　渔猎时期的经济活动与原始环境　　50
第二节　近代移民增长与经济环境演变　　59
第三节　现代工业化进程推进与环境变化　　66

第五章　人口增长与空间分布　　74
第一节　人口增长的历史轨迹　　74
第二节　人口结构的主要特征　　79
第三节　人口空间布局变化　　85
第四节　人口城市化的变化趋势　　89

第六章　国家农业生产基地的形成　　92
第一节　农业产业地位与生产布局特点　　92

	第二节	商品粮基地的建设与发展	98
	第三节	区域农业产业结构调整与优化	103
	第四节	区域农业生产分异	109
第七章	调整与完善中的加工制造业基地		112
	第一节	吉林省工业生产结构与地域分区	113
	第二节	成长中的全国汽车工业基地	124
	第三节	改造与振兴中的全国化工基地	128
	第四节	潜力巨大的农产品加工业	130
	第五节	具有广阔发展前景的医药工业	133
	第六节	快速推进的高新技术工业基地建设	136
第八章	快速建设的综合交通运输通道		139
	第一节	现代综合交通运输体系的形成	139
	第二节	密集的铁路运输网络	146
	第三节	功能逐步增强的公路运输	152
	第四节	航空港与综合运输枢纽的空间布局	157
第九章	蓬勃发展的现代服务业		160
	第一节	快速增长的商贸金融业	160
	第二节	潜力巨大的现代物流业	166
	第三节	具有地方特色的现代旅游业	170
	第四节	具有广阔发展前景的文化产业和会展业	175
第十章	城市发展与城镇化进程		182
	第一节	城市发展与布局特征	182
	第二节	大城市为主的城镇结构体系	190
	第三节	大都市区的形成与发展	194
	第四节	吉林中部城市群的形成	199

第二篇 分论——地域分异特征与地理区域划分／205

第十一章	总体空间格局与地理区域划分		207
	第一节	区域自然经济地域特征	207
	第二节	地理区域划分的目的与原则	212

	第三节	地理区域的划分	213
第十二章	**吉林省东部山地林矿区**		**216**
	第一节	区域经济社会发展的生态屏障	216
	第二节	长白山区的综合开发	221
	第三节	工矿业与医药产业基地建设	228
	第四节	"东边道"建设与对外开放	234
第十三章	**中部台地平原农业与制造业区**		**239**
	第一节	优越的区位与交通运输条件	239
	第二节	省域经济社会发展的极核地域	243
	第三节	现代加工制造业发展与空间集聚	248
	第四节	农业发展与现代农业基地建设	253
	第五节	城市整合空间的形成与演变	257
第十四章	**西部平原农牧交错区**		**261**
	第一节	区位变化与农牧交错的环境地域	261
	第二节	成长中的工业生产基地	267
	第三节	现代农牧业基地的建设	273
	第四节	土地退化与生态恢复	280
	第五节	区域中心城市的发展	284

第三篇 专论——区域可持续发展／291

第十五章	**区域生态环境的恢复与保护**		**293**
	第一节	区域生态地域空间体系构建	293
	第二节	城市生态环境的整治	297
	第三节	区域重点地域的环境整治	302
第十六章	**农业产业化与现代农业基地建设**		**307**
	第一节	土地使用制度的改革	307
	第二节	农业产业化进程的加速	310
	第三节	现代农业基地的建设战略	312
第十七章	**新型工业化与老工业基地改造**		**318**
	第一节	新型工业化进程的推进	318
	第二节	传统工业的现代化改造	324

　　　　第三节　主导产业的发展路径　328

第十八章　新型城市化进程的推进　333
　　　　第一节　城市成长与空间结构优化　333
　　　　第二节　长吉都市区与中部城市群建设　342
　　　　第三节　城乡整合与城乡一体化　346

第十九章　图们江地区的国际经济合作　350
　　　　第一节　图们江地区国际合作的区域优势　351
　　　　第二节　吉林省与图们江地区的国际经济
　　　　　　　　合作　356
　　　　第三节　吉林省参与图们江国际开发的
　　　　　　　　战略重点　361

复习思考题/ 367

参考文献/ 370

第一篇 总 论
区域发展环境与地理特征

第一章　边疆近海的地理区位

章前语

吉林省地处东北亚区域中心位置，位于我国东北地区中部，与辽宁省、黑龙江省及内蒙古自治区东部相接，地理、经济、交通区位十分重要。吉林省图们江口地区是中国与俄、朝两国经济联系的先导区，也是我国内陆进入日本海最近的水上通道，在全国地缘战略体系中占有重要地位。

一个国家、地区的地理发展格局与过程，首先取决于其地理区位。地理区位直接影响一个地区的自然资源丰度、区域开发方向、对外经济联系的程度。"白山松水"的自然地理位置、地处东北地区中部的经济区位以及边疆近海的地缘政治条件是吉林省地理区位的总体特征，对于吉林省的区域经济社会发展以及对外开放都具有重要的影响。

关键词

白山松水；边疆近海；东北亚区域中心；东北地区中部

第一节　地理位置与区位条件

一、"白山松水"的自然地理位置

（一）区域位置

吉林省地处北温带，位于中国东北地区中部，东经121°38′～131°19′、北纬40°52′～46°18′之间。东部与俄罗斯接壤；东南部以图们江、鸭绿江为界，与朝鲜民主主义人民共和国相望；南连辽宁省；西接内蒙古自治区东部；北邻黑龙江省。

全境东西最长约 750 km，南北最宽约 600 km，总面积 18.74×10^4 km²，占全国总面积的 2.0%，居全国第 14 位。2006 年年末全省总人口 2 723 万，占全国2.1%，城镇人口约1 416万。

（二）自然地理位置

吉林省素有"白山松水"之称。东居长白山地，西卧松辽平原，松花江从东向西穿过，把全省的地貌大体分成三个区域：东部为长白山地，是吉林省海拔最高的地区，一般约为800~1 100 m；中部为丘陵区，由长白山西缘的张广才岭和龙岗山脉以西至大黑山之间的广大地带所组成，多为海拔500 m以下的缓坡宽谷的丘陵地；西部为松辽平原区，海拔高度一般约为100~200 m，但地势不太平坦，地面起伏较大。

长白山卧伏在吉林省东南部，呈东北—西南走向，全长超过1 000 km，宽200~300 km。松花江发源于长白山主峰，在吉林境内河长826 km，流域面积73 229 km^2，年径流量220×10^8 m^3，均居吉林省内各河流的第一位。

二、地处东北地区中部的经济区位

（一）区域空间联系的枢纽区

东北地区作为一个完整的经济地域单元，具有地理距离、经济距离、交通距离的临接性。东北经济区以大连为南出口大门，从南部沿海开放带依托哈大经济隆起带向吉林、黑龙江以及内蒙古东部等内陆省（区）延伸，形成东北经济圈。

吉林省位于东北地区中部，依托东北地区发达的现代化立体交通运输网，与辽宁省和黑龙江省经济往来密切，是黑龙江省与辽宁省之间经济联系的重要通道和枢纽区。目前，通化、白山、四平、梅河口与沈阳，榆树、扶余与哈尔滨，白城与齐齐哈尔等地经济联系密切。相对而言，吉林省与内蒙古自治区的交通还不便利，经济联系相对较弱。

（二）区域经济发展的整合区

吉林省是我国重要的汽车制造、石油化工以及粮食生产基地，"一汽"的壮大带动东北地区汽车产业的整体快速发展，并且吉林省经济发展与东北其他省区具有很强的互补性。向南可与具有雄厚工业基础的辽宁省在制造业发展、技术开发利用等方面具有广阔的合作发展空间；向北与资源大省黑龙江省具有较强的经济互补性，由于地理位置偏北，黑龙江各腹地生产要素流动向南，指向单一，因此可以充分利用黑龙江省丰富的矿产资源（石油、煤炭、有色金属等）与森林资源，为吉林省工业发展提供能源与原材料支撑；向西可与林木和金属矿产资源丰富的内蒙古东部地区在资源利用、产业发展等方面开展广泛的合作开发，但与内蒙古东部交通联系不便是吉林省利用其丰富自然资源的主要障碍。

（三）中心城市区位优势明显

省会长春市是吉林省的首位城市，地处东北松辽平原腹地，处于区域的几何中心，具有重要的经济地理区位，是未来东西走向的第三条"欧亚大陆桥"的交会点，处于辽宁、吉林、黑龙江、内蒙古四省区通衢的十字要冲，是东北地区"丰"字形城镇空间发展格局的重要节点城市。

长春市南可连接辽东半岛的对外出海口，北可通过黑龙江向俄罗斯和东欧各国拓展，东可经珲春、图们口岸通往朝鲜、韩国、俄罗斯，西可与蒙古交往，是东北地区经济发达的中心城市之一，对于吉林乃至东北老工业基地振兴具有重要的战略地位。

三、边疆近海的地缘位置

（一）边疆地缘位置

吉林省处于日本、俄罗斯、朝鲜、韩国、蒙古与中国东北部组成的东北亚的腹心地带，位于东北亚的地理中心位置，延边、通化、白山等地区同俄罗斯、朝鲜接壤，并且距韩国、日本较近。边境线总长 1 438.7 km。其中中俄边境线 232.7 km，中朝边境线 1 206 km。

（二）近海地缘位置

吉林省图们江口地区是中国与俄、朝两国经济联系的先导区，位于中、朝、俄三国交界处，图们江是我国内陆进入日本海最近的水上通道。图们江地区开发核心区珲春市，处于东北亚地理位置的几何中心，为国家边境开放城市。珲春的防川距日本海 15 km，距俄罗斯的波西耶特湾仅 4 km，通过图们江径直入海。周边分布俄、朝的自由贸易区和自由经济区以及俄、朝两国的 10 个港口。由珲春至朝鲜的清津港为 171 km，至罗津为 93 km，至先锋为 86 km，到俄罗斯的扎鲁比诺港为 63 km，至波西耶特港为 41 km，至俄罗斯远东主要港口——符拉迪沃斯托克（海参崴）港为 180 km。总之，珲春距上述多数港口均不超过 100 km，并有公路和铁路相连，边境近海地缘区位优势十分突出。

现有中俄珲春公路口岸、中俄珲春铁路口岸、中朝圈河口岸和中朝沙坨子口岸四个国际口岸。其中，中朝圈河口岸和珲春铁路口岸被批准为国家一类口岸，中朝沙坨子口岸被批准为中朝两国扩大开放的双边客货运输口岸。各类口岸是图们江地区乃至吉林省对外经济联系的重要依托，对区域外向型经济发展具有重要推动作用。

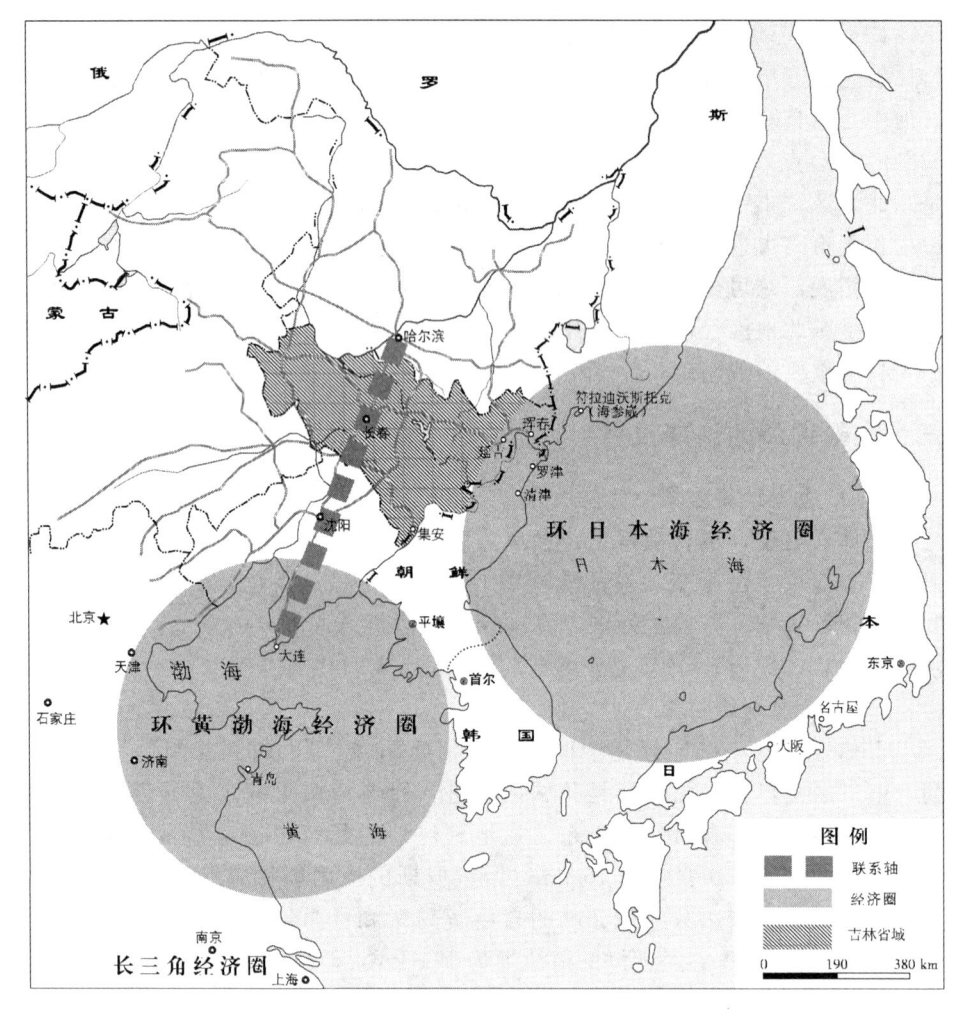

图 1-1 吉林省边疆近海地缘位置示意图

四、地理区位条件的总体判断

从总体上看，吉林省处在东北亚的地理中心位置，位于我国东北地区的中部，地理、经济、交通区位十分重要，但相对于辽宁省，海陆区位优势不明显。相对于黑龙江省、内蒙古东部地区，资源赋存优势也不突出。因此，吉林省社会经济发展和城镇发育的自然地理区位优势相对较弱。

东北地区的国际边界导致了以纵向为主导的交通通道格局，使得吉林省经济与城镇空间联系纵向化，这不利于吉林经济发展与城镇发育的完整性。因此，吉林省经济发展应该与辽宁、黑龙江省相互呼应，统筹规划，实现共赢。

吉林省铁路交通运输网络完善，依托发达的交通网络与周围地区进行经济联系。但是，铁路适合运送大宗物资，而系统、快捷的公路运输网络还不成熟，无法承担铁路运输的分流任务。因此，建设吉林省公路运输系统，特别是高速公路系统可以进一步促进吉林省的经济发展。并且，吉林省地貌条件复杂，其他运输方式都较航空运输困难。虽然东部地区与俄罗斯、朝鲜接壤，但是口岸发展却相对落后，不能体现区位优势。因此，合理发展航空运输，充分发展吉林省作为东北和东北亚地区几何中心的优势，是经济发展的又一契机。

吉林省虽属中国东北地区的边疆近海省，但附近均为经济发展相对落后的地区和国家，远离东北亚的经济发展重心。优势和劣势并存，合理利用周边地区的资源，发展区域贸易是吉林省经济发展的具有重要潜力的条件。

第二节　边疆近海的地缘区位

一、国际地缘政治经济区位

从宏观国际地缘政治经济格局来看，吉林省位于东北亚地区的中心地带，图们江地区处于东北亚经济圈的中央部位，而中国东北、蒙古、俄罗斯的西伯利亚与远东是腹地，日本列岛与朝鲜半岛是外缘。从全球地缘政治区域角度分析，东北亚地区在世界政治经济格局中处于十分重要的战略地位，它是亚太地区政治经济格局的关键环节，其地位比东南亚更为重要，与欧洲、中东、北美等处于同样重要的地位。

东北亚区域包括中国、日本、韩国、朝鲜、蒙古以及俄罗斯的远东地区。与较为成熟的欧盟、北美、东南亚经济圈相比，东北亚区域经济圈地域辽阔，拥有坚实的经济基础和丰富的自然资源，经济互补性强，并且在东北亚地区还分布有一些重要的海陆运输枢纽，如辽东半岛港口群、日本太平洋沿岸港口群、俄罗斯海参崴港口群、韩国釜山港口群、朝鲜东北港口群以及一些主要干线与路桥，这些都使东北亚地区具有长远的发展潜力。

但是，由于东北亚区域是一个政治制度多元化的地区，是大国相互制衡的焦点地区，各国不同的政治制度和复杂的国际环境决定了这个地区难以形成全面的经济合作局面，发展前景存在许多变数。

尽管如此，在全球经济一体化的背景下，东北亚区域的合作也开始升温，合作的方式呈现两种趋势：一方面以双边贸易为主，中国与日本、中国与韩国、韩国与日本之间的双边合作成为目前东北亚各国间贸易的主要形式；另一方面东北亚区域的次区域经济区的合作呈现较好的发展前景。从空间上，东北亚经济圈可以划分为环日本海经济圈和环黄渤海经济圈两个次区域。吉林省的发展与这两个经济圈的发展息息相关。

"环日本海经济圈"包括日本、朝鲜半岛、中国东北地区、蒙古以及俄罗斯的远东地区，经济圈开发的核心是地处中、俄、朝三国交会处的图们江地区，这对于吉林省的对外开放进程具有重大影响；"环黄渤海经济圈"包括中国的辽东半岛、环黄海地区、山东半岛地区以及苏北地区、韩国西海岸及东南地区、日本北九州及山口地区。吉林省作为环黄渤海经济圈的腹地，经济圈的空间辐射和经济扩散对吉林省的区域发展将产生重要影响。

二、地缘政治经济的区域影响

（一）环日本海经济圈对吉林省的影响

吉林省图们江地区地处环日本海经济圈的中心位置，地缘政治经济区位条件十分优越。但由于地缘政治的复杂性，目前环日本海区域的发展受到较大制约。东北亚地缘政治格局的支轴是朝鲜半岛，它周边的三个国家中国、俄罗斯和日本呈三角对立的地缘政治态势。美国在朝鲜半岛南部和日本列岛驻军使得东北亚地缘政治格局发生了根本性的变化，朝鲜半岛上的对峙从三大国鼎立变成了俄罗斯、中国、朝鲜对峙美国、日本、韩国，东北亚成为六国相互制衡的地区。从本国国家战略层面出发，这六个国家都不会放弃对这一地区的控制和影响，因此图们江地区的对峙僵局在近期内很难打破。

尽管吉林省在环日本海经济圈内具有比较优越的区位优势，但由于该地区发展的不可预见性及不稳定性，吉林省的发展不可能完全寄托在图们江地区的发展之上。

（二）环黄渤海经济圈对吉林省的影响

吉林省位于环黄渤海经济圈外围边缘位置，有预测表明，环黄渤海经济圈将成为21世纪中国发展的重要引擎。通过对东北亚地区主要投资国——日本、韩国在中国投资空间分布情况分析可以看出，目前，吉林省、黑龙江省等东北中北部地区并不是日韩投资的重点地区，日资主要集聚在长三角和辽东半岛，韩资主要集聚在山东半岛和辽东半岛。由此可见，日韩的投资主要集中在环黄渤海地区，而东北中北部地区在吸收日韩的投资方面处于相对较弱的地位。位于东北南部地区的辽东半岛，由于在环黄渤海地区具有相对优越的区位条件和工业基础，在吸引日、韩投资的过程中优势明显。

因此，短期内环黄渤海经济圈对吉林省经济发展难以起到投资带动作用，但其繁荣与发展将不可避免地加速内陆地区经济的指向性。而位于其中的大连港作为吉林省进行国际贸易的最主要港口，它的发展将成为整个东北地区的窗口。为此，吉林省的发展应积极地向沿海地区靠拢，加强区域间的协调与合作，提高产品转换能力，扩大市场份额。

三、地缘经济区位的总体判断

从东北亚空间发展尺度分析，目前东北亚经济合作重点在环黄渤海经济圈，而不是环日本海经济圈。东北亚地区经济重心主要集中在日韩，日韩经济联系主要通过海上通道面向中国东部沿海、东南亚、大洋洲、北美和西欧。因此，环日本海经济圈是处于"休眠"状态的海陆区位，东北亚空间发展区位指向是环渤海经济圈。

吉林省处于东北亚地区的几何中心，同时恰好是东北亚地区的经济发展的低密度地区、边缘化地区。尽管图们江地区具有重大战略资源区位，但根据当前社会经济形势分析判断，在相当长一段时间内环日本海经济圈很难成为国际经济投资贸易的热点地区，吉林省区域发展的宏观区位指向应是环黄渤海经济圈。

通过对东北亚地区区位格局的分析，目前日本太平洋沿岸港口群，韩国釜山港口群以及我国东北辽东半岛港口群居于优势。但是，随着东北亚地区经济合作的不断加强和政治环境的进一步改善，图们江地区区位中心的地位将逐渐显现，俄海参崴港口群和朝鲜东北港口群的作用将不断增强，大陆桥的作用也将不断地发挥出来。

随着未来第三条"欧亚大陆桥"的修建，内蒙古自治区的阿尔山市将成为我国对蒙古、俄罗斯开放的重要贸易口岸。依托铁路线，"阿尔山—乌兰浩特—白城—松原—长春—吉林—延吉—图们—珲春"将成为东北地区对外开放的重要中轴线。吉林省将成为联系朝鲜与蒙古、俄罗斯的重要枢纽地区。

第二章　复杂多样的自然地理环境

章前语

　　自然地理环境是区域地理过程的产物，是人类活动、区域发展的自然基础。吉林省自然地理环境主要表现为地貌格局、水热条件、水资源环境以及植被土壤地带性格局的形成与演变。吉林省地势呈现明显的东南高、西北低的特征，以中部大黑山为界，可分为东部山地和中西部平原两大阶梯。吉林省位于中纬度欧亚大陆的东侧，属于温带大陆性季风气候，水资源环境的东西空间差异十分显著。同时，受水热条件差异和地形地貌的深刻影响，吉林省植被和土壤类型自东向西的地域性差异显著。

　　山地平原为主的地貌格局、显著的大陆性季风气候、东西空间差异显著的水环境、经向分布的植被与土壤是吉林省自然地理环境的主要特征。这种空间差异显著的自然环境格局体现了自然要素之间不同成分和因素在区域内的渗透和交会，同时也反映了地理环境各种因素的集成对于区域自然环境格局形成与演化的重要影响。

关键词

　　长白山地；松嫩平原；大陆性季风气候；松花江流域；黑土带

第一节　山地平原为主的地貌格局

　　吉林省地貌形态差异明显，地势由东南向西北倾斜，呈现明显的东南高、西北低的特征。以中部大黑山为界，分为东部山地和中西部平原两大地貌区。东部山地分为长白山地区和低山丘陵区，中西部平原分为中部台地平原区和西部冲积平原区（见彩图"吉林省地形地貌图"）。

　　地貌类型主要由火山地貌、侵蚀剥蚀地貌、冲洪积地貌和冲积平原地貌构成。主要山脉有大黑山、张广才岭、吉林哈达岭、老岭、牡丹岭等。平原以松辽分水岭为界，以北为松嫩平原，以南为辽河平原。

吉林省地貌形成的外应力以冰川、流水、风和其他气候气象因素的作用为主。第四纪冰川在长白山的剥蚀遗迹至今仍然可见。现代流水侵蚀作用对地貌的影响广泛，山地、丘陵、台地、平原、盆地、谷地多受侵蚀、剥蚀、堆积、冲积等综合作用，形成了各种流水地貌，如河漫滩、冲积洪积平原、冲沟等。火山地貌占吉林省总面积的8.6%，流水地貌占83.5%，湖成地貌占2.6%，风沙地貌约占5.2%。

吉林省山地面积占区域总面积的36%，丘陵和台地占34%，平原占30%。丰富的地貌类型，对于区域经济的多样化发展提供了条件。根据区域地貌特征差异，主要分为四个不同类型的地貌区域。

一、东部长白山地

位于张广才岭和龙岗山及其以东区域，在大地构造上北半部属天山—兴安地槽褶皱区，南部属中朝准地台。在中生代的燕山运动中，南北连成一体隆起成山，并经过第三纪的夷平作用，在新构造运动中，再一次强烈隆起，并伴随有强烈的火山活动。

地貌以中山低山为主，山间谷地狭窄，火山与熔岩流地貌分布广泛。山顶海拔多在800~1 000 m以上，相对高度在500 m以上。其中延边盆地及珲春盆地因距海较近，地势较低，海拔50~200 m。最高峰为长白山主峰——白云峰，海拔2 691 m。

南部有长白火山、长白熔岩台地和靖宇熔岩台地，以及龙岗山和老岭两列北东向延伸的山脉，老岭北起抚松县，南抵辽宁省桓仁县境，长约200 km，是鸭绿江与浑江、头道松花江的分水岭，呈北南走向，主峰老岭峰海拔1 589 m。长白山火山与其周围广阔的熔岩台地连成一体，构成了独立的地貌区域单元。龙岗山与老岭间有狭窄的浑江谷地，老岭以东有狭窄的鸭绿江谷地。

北部为延边山地，山脉大多短小而走向复杂，山脉间多为小型的中生代断陷盆地。主要山脉有盘岭、大龙岭、穆棱窝集岭、老松岭、哈尔巴岭、南岗山、甄峰岭、英额岭、牡丹岭、张广才岭和威虎岭等。张广才岭主体部分在黑龙江省境内，纵贯敦化市西部和东北部，止于松花江南岸，呈东北西南走向；牡丹岭为牡丹江上源与富尔河、古洞河分水岭，北西转东西走向，最高峰寒葱岭海拔1 164.4 m；南岗山呈北东走向，最高峰南岗峰海拔1 461 m；甄峰岭是二道江上游与海兰江上游分水岭，甄峰山海拔1 676.6 m。

本区北部较大的山间盆地有珲春盆地、延吉盆地、和龙盆地、敦化盆地等。敦化盆地中被大量玄武岩充填并构成熔岩台地。山地和熔岩台地上森林茂密，蕴藏有丰富的森林资源，局部低山的阳坡已被开垦，山坡与高阶地上的耕地与荒地水土流失明显。山间盆地多为农田，成为山区中的农产品生产区。

二、东中部低山丘陵

东中部低山丘陵区位于大黑山及其以东，张广才岭和龙岗山的西麓以西区域，是一个低山、丘陵和河谷盆地交互存在的较复杂的地貌区。在大地构造上属吉林准褶皱带，受依兰—伊通断裂带和辉发河—敦化断裂带控制，山脉和山间盆谷地多为北东向延伸。在中生代燕山运动中形成盆—山地形结构的基础，后经第三纪夷平作用，在新构造运动中有差异性抬升，并形成几个地堑式沉降区。

地貌以低山丘陵为主，山间谷地宽阔，低山丘陵海拔多在400～500 m，相对高度100～300 m。主要山脉有西老爷岭、吉林哈达岭和大黑山。其中西老爷岭和吉林哈达岭的东北段，以低山、中山为主，山势比较高大；吉林哈达岭南段以丘陵低山为主，山势低缓，山体宽阔；吉林哈达岭是辉发河与鳌龙河、饮马河与东辽河的分水岭；大黑山斜贯吉林省中部，以丘陵低山为主，山体狭窄，是吉林省自然地理区域分异的重要分界线，称大黑山线。

威虎岭与西老爷岭之间有蛟河盆地，龙岗山与吉林哈达岭间有宽阔的辉发河谷地，吉林哈达岭、西老爷岭与大黑山间有宽阔的伊舒地堑。地堑和盆谷地中有深厚的第四系沉积，并发育有多级冲积洪积台地或河流阶地。伊舒地堑及其以西的大黑山，山体较小，台地与平原开阔，具有东部山地与中西部平原的过渡色彩。

三、中部台地平原

中部冲积、洪积台地平原区由大黑山西麓向西至弓棚子—王府—长岭—怀德镇—榆树台一线，沿哈大铁路两侧延伸，在大地构造上属松辽凹陷的东部隆起带，在燕山运动中明显下陷，接受有深厚的白垩系沉积，以后地面隆起经长期剥蚀，第四纪期间有间歇性下降和隆升。中更新统黄土状土分布广泛并形成宽阔的山前台地。

本区的东部地区属于大黑山的西侧丘陵地带，西部则进入松辽平原。海拔高度在200 m左右。地表为黄土状堆积物，厚度5～20 m不等，东辽河、第二松花江、拉林河及其支流穿行其间，各河流的沿岸平坦宽阔，阶地上则坡地起伏，微地形变化复杂。

拉林河与第二松花江之间为榆树台地；第二松花江与东辽河之间为长春台地；长春台地又被饮马河和伊通河分为东、中、西三个部分；东辽河以南为四平台地，面积狭小，向西逐渐过渡为东辽河平原。台地边缘受沟谷切割，地面起伏较大，河间高地大多平缓。沿王府—伏龙泉—双城堡一线为近南北向延伸的伏龙泉高台地，顶部出露下更新统砂砾层。沿陶家屯—怀德镇—双城堡一线，为北西向延伸的松辽分水岭，分水高地呈台地状，起伏较大，地面主要为中更新统黄土状土，分水岭逐渐向西低下。

四、西部冲积平原

西部沙丘覆盖的冲积平原区位于弓棚子—王府—长岭—怀德镇—榆树台一线以西，至大兴安岭山前，地势平坦，在大地构造上属松辽凹陷的西部沉降带，自中生代以来大幅度下沉，接受有深厚的中生代和新生代沉积，地貌上以沙化和盐渍化的平原为特征，属于松辽平原，地势平坦。松辽分水岭穿越本区，经东部山前台地平原向西延伸，通过长岭、通榆两县入内蒙古自治区。

松辽分水岭以南属于西辽河支流新开河北岸，为沙丘覆盖的冲积平原，沙垄间的洼地常有沼泽化和盐碱化现象，但牧草仍有生长，为放牧地带。松辽分水岭以北，为松嫩平原，平原上地势稍有起伏，洮儿河、嫩江、松花江等汇合于本地区，各河沿岸地势低平，有一、二级阶地分布，大部分已开垦为耕地。乾安、长岭、前郭尔罗斯、大安等县市的南部则多风沙，沙丘连绵，丘间洼地形成闭流的泡沼，多为盐碱泡，耕地零散分布，也有大片的草原适于放牧。

本区西北部为低山丘陵区，在构造上属于大兴安岭褶皱带，海拔 300～350 m，地势较高。在大兴安岭山麓地带，分布由冲积扇组成的山麓台地，如洮儿河冲洪积扇和绰尔河冲洪积扇。东部及东南部分布有一系列的黄土台地，如东南部的乾安、长岭松辽分水岭台地，海拔 200～236 m，东部的大赉和扶余黄土台地，呈西北东南向，海拔 150～160 m。

西南为面积较大的沙丘、沙垄区，海拔 180～210 m，有多条沙垄平行排列，呈带状分布。该区风蚀地貌较明显，如风蚀谷、风蚀洼地，乃至风成湖等。沙丘和沙垄主要形成于全新世和中新世晚期。谷中洼地泡沼发育，盐分含量较高，泡沼周围为盐碱地。谷中高地为草场或耕地，主要为风沙土。

中心部分为广阔的冲积、湖积平原，可分为长岭波状高平原（海拔 180～200 m）、洮儿河冲洪积扇微起伏平原（150～200 m）、霍林河—洮儿河冲洪积扇波状平原（161～179 m）、中部微起伏平原（150～170 m），以及北部湿地泡沼平原（130～140 m）等小地貌单元。平原内主要分布各类草甸土，冲积土、沼泽土、风沙土和盐碱土。

第二节　显著的大陆性季风气候

吉林省位于中纬度欧亚大陆东侧，属温带大陆性季风气候，深受西风环流和贝加尔湖低压系统影响。主要气候特点为：四季分明，气温年、日较差大，雨热同季，干湿分明，冬季寒冷而漫长，夏季温热多雨，春季气旋活动频繁，天气多变，干燥多大风，秋季凉爽短暂，天气晴朗。

吉林省气候地域差异明显，从东南向西北由湿润气候过渡到半湿润气候再到半干旱气候，气温、降水、日照、湿度、气压、风、霜冻甚至气象灾害都有明显的季节变化和地域差异。

一、季节变化明显的气温特征

吉林省气温的总体特征是平均气温较低，年较差和日较差较大。西部日照时数偏长和纬度偏低的平原各地，气温较高。东部山地以及纬度偏北、阴雨日数较多的地区平均气温较低。全省多年平均气温大部分为2～6℃，中西部平原为4～6℃，南部为6℃以上，集安市为6.5℃，是全省最高点。长白山天池一带为-7.3℃，为全省年平均气温最低点。

吉林省气温四季变化显著。冬季寒冷，全省1月平均气温在-11℃以下，其中，长白山天池一带一般为-22℃以下。春季，中西部平原区平均气温为6～8℃，低山丘陵为6～7℃，东部山地为6℃以下，老岭南鸭绿江谷地为8℃以上，为全省最高。夏季，全省普遍温暖，7月平原平均气温在23℃以上，低山丘陵区为22～23℃间，东部山地为20℃以下，长白山天池一带为8℃，为全省最低。秋季，西部平原降至6～8℃，东部山地多为6℃以下，长白山天池一带低于-5℃，为全省最低，集安8.4℃，为全省最高。

全省气温年较差多在35～42℃，日较差一般为10～14℃，夏季最小，春秋季最大。全省极端最高气温多在34～38℃间，东部山地在34℃以下，低山丘陵区为36℃，平原区为38℃以上，最高（1965年）的白城市为40.6℃；全省年极端最低气温，西部平原长岭为-33.9℃，东部延吉为-32.7℃，中部长春为-38.4℃，1970年桦甸最低为-45℃，东部山区可达-40℃以下。全省气温年较差的空间分布趋势是西部大于东部，北部大于南部。

日平均气温≥10℃积温及其持续期的长短是鉴定一个地区热量资源是否丰富的主要指标。吉林省日均温稳定通过10℃初日出现在4月末或5月初，大致与终霜期一致,终日出现在9月下旬或10月上旬,比平均初霜期晚5～10 d。≥10℃积温的持续期为120～170 d。≥10℃积温的分布大致随纬度和高度而变化,平原随纬度变化由南向北递减,东部山区集安可达3 100℃以上,一般随海拔高度增加而递减。

全省平均无霜期130 d左右,平原地区为140～160 d,山区一般为120～140 d,通化地区南部可达160 d。千米以上的高寒山区不足100 d,长白山天池只有60 d。一般地区于9月下旬见霜,高寒山区9月上旬或8月下旬即可见霜;终霜期多在5月上、中旬。东部地势较高的山区和东部偏北的敦化一带也可晚至6月。除长白山区较低外,吉林省无霜期总的趋势是由东向西逐渐递增。

二、东弱西强的光照特征

吉林省多年平均日照时数为2 259～3 016 h,西部多,东部少,最多在大安,为3 016 h,最少在集安,为2 259 h。全年日照时数5～9月份最大,为2 500～2 800。西部平原区少雨,多晴好天气,日照百分率高,均在65%以上;中部在65%～57%之间;东部山区和半山区多阴雨天气,日照百分率低,多在57%以下。吉林省的年太阳辐射总值在$4 462\times10^6$～$5 520\times10^6$ J/m^{2}之间,由西向东递减。

全省日照时数季节分配不均,春季最多,一般为700～800 h,冬季最少为500～610 h;夏季略低于春季,为560～800 h;秋季多在560～690 h。由于各地区间天气条件的不同,日照时数的地理分布差异较大。西部地区日照时数最长,为2 800～3 000 h;中部的长春、四平地区次之,为2 600～2 800 h;东部山区最少,为2 150～2 500 h。全省日照时数分布的总趋势是由东向西递增,山地低于平原,东部低于西部。

吉林省太阳辐射量也存在着较大的地区差异,西部多、东部少,太阳年总辐射量最低值在珲春,最高值在双辽。白城、四平西部约为$5 200\times10^6$ J/m^2,是全省光能最丰富的区域。长春、四平以东为$4 800\times10^6$～$5 000\times10^6$ J/m^2,中低山区为$4 600\times10^6$～$4 800\times10^6$ J/m^2,通化地区为$4 600\times10^6$ J/m^{2}以下。

三、雨热同季的降水特征

吉林省年降水量为400～1 000 mm,自东南向西北递减,山区多于平原。东南部山区年平均降水量700～800 mm,其中通化的集安地区可达900～1 000 mm,天池一带最多,为1 300 mm以上,长白山天池为吉林省多雨中心。中部高平原为500～700 mm,西北部低平原为400～500 mm,洮南、镇赉等地最少，不足 400 mm。总体呈现出明显的湿润、半湿润、半干旱的气候特点。

受季风影响，吉林省年降水量 60% 以上集中于夏季，7、8 月降水最多，约为 140～210 mm 之间，东南部山区降水量最为丰沛。冬季降水量最小，西部平原为 10 mm，东部山地为 20～45 mm。全省雨季在 6 月上旬到 9 月上旬，约 102 d。长白山雨季最长，从 5 月上旬到 9 月上中旬，长达 112～122 d，白城、通化及伊通、东丰、辽源、磐石等地较短，从 6 月上中旬到 8 月下旬，为 82～92 d。

降水变率和降水强度大是吉林省降水的重要特征。全省降水变率通常在 20% 左右，其中春季变率最大，可达 30% 以上，冬夏两季小。在地区分布上，东、西部降水变率较大，一般在 15% 以上，中部较小，一般在 14% 左右。由于降水变率大，旱涝频率也大，尤其是西部地区往往发生春旱。全省各地的降水强度均较大，东部长白山一带是东北的暴雨中心之一。

吉林省降雪期在 1 年中有 5～8 个月，约在 10 月下旬到翌年 3 月期间，降

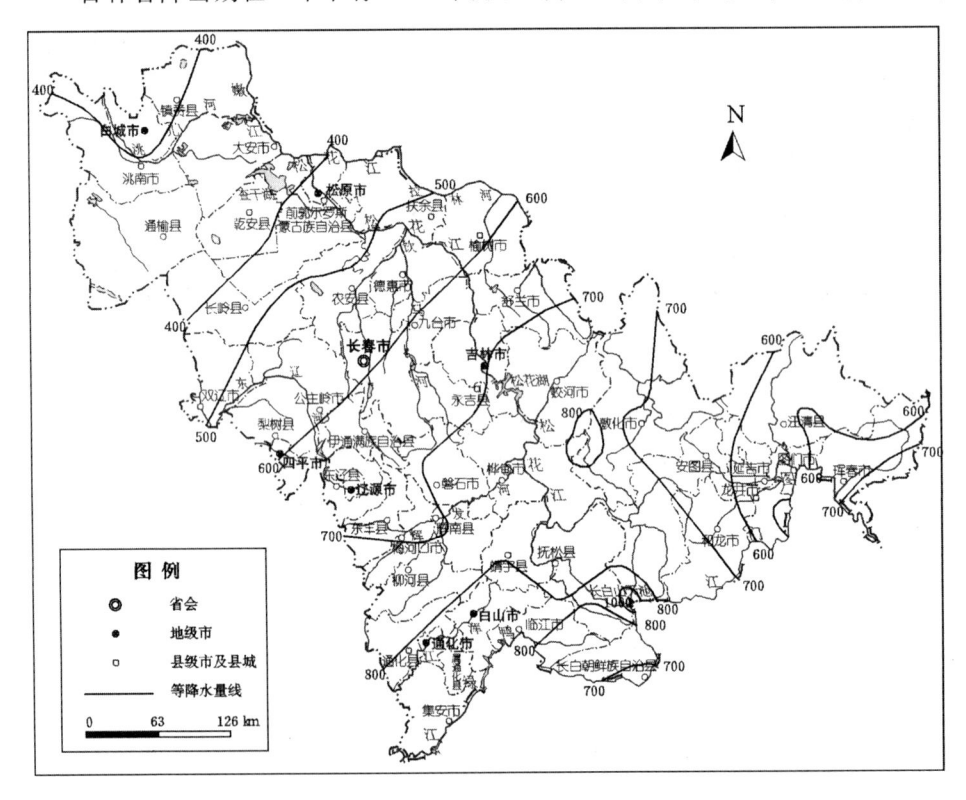

图 2-1　吉林省年降水量等值线分布图

雪量各地差异较大，天池可达 362.1 mm，中部低山丘陵区为 100~150 mm，中西部平原为 50~100 mm，西部约在 50 mm 以下，白城、镇赉、洮南等地不足 30 mm。通常初雪始于 10 月初，终雪在次年 4 月末或在 5 月初。

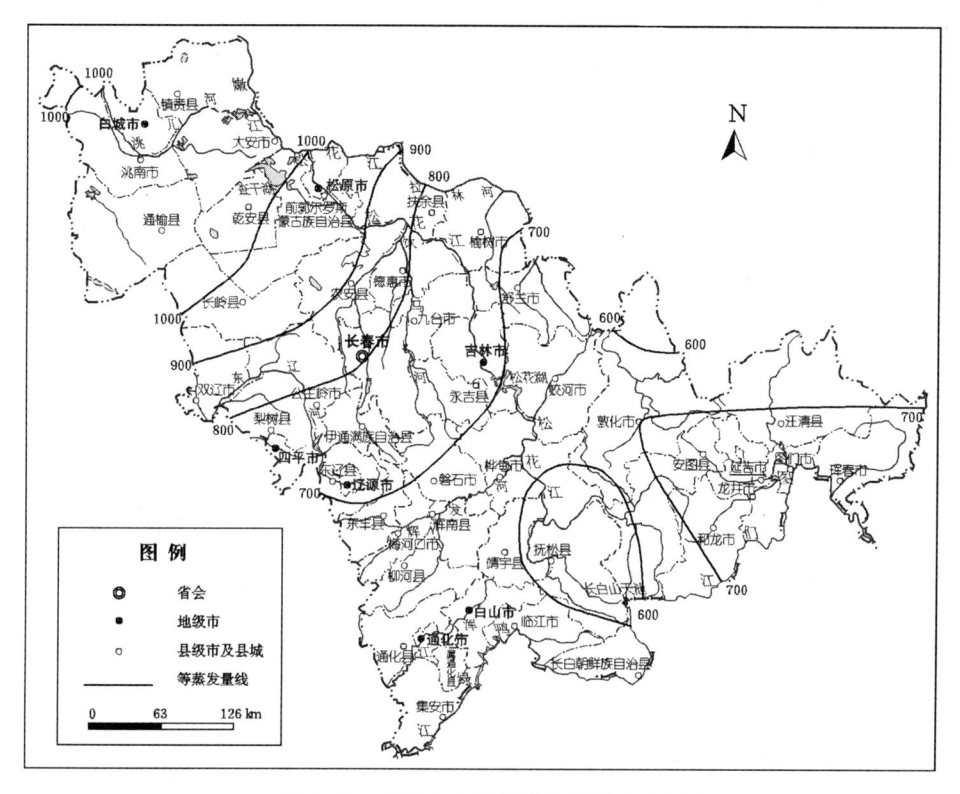

图 2-2　吉林省年蒸发量等值线分布图

四、低温冷害为主的气象灾害

　　吉林省自然灾害有低温冷害、干旱、洪涝、风灾及冰雹等。低温冷害主要分布在东部山区，由东向西递减。吉林省最早有气象资料记载的低温冷害发生于 1909 年，平均每隔 3 年左右发生一次。冷害发生的季节和频率存在着地域差异，春季低温发生在 4 月中旬至 5 月上旬，以吉林地区出现次数较多，通化、延边地区次之，夏季低温发生在 7 月中旬，以长春、延边地区出现次数较多，吉林、通化地区次之。

　　吉林省降水变率较大，且分布不均匀，旱、涝频繁。旱灾有春旱和夏秋旱两种，以春旱为主，西部地区十年九春旱，这是吉林省旱灾的基本特点。中部平原区春旱发生次数较多，夏秋旱较少；东部山区春旱发生次数较少，夏秋旱很少发生或不发生；西部平原区春旱、夏秋旱频率均居全省之首。洪涝灾害主要在夏秋季节，分布趋势是南多北少。全省年暴雨日数最多为长白山天池一带和通化以南地区，年平均日数为 2~3 d，中部长春、吉林、四平地区为 1~2 d，其他地区不足 1 d。

风灾是吉林省常见的自然灾害，每年都有发生，主要出现在中西部地区。全省大风一年四季中均有出现，能够造成灾害的主要是春季、夏季和秋季大风，其中春季大风最甚。全省春季≥8 级风口数为 10~30 d 左右。

全省冰雹多数发生在 6 月份，多年累计平均为 25 次，占全年总数的 33%；从各地区出现冰雹次数最多的月份来看，吉林、长春、辽源、通化 5 月最多，延吉、四平、松原、白山、白城 6 月最多。全省年平均冰雹日数为 1~4 d，最多的长白山天池为 11.5 d，最少的图们为 0.3 d。

第三节　东西空间差异显著的水环境

吉林省多年平均水资源总量为 404.25×10^8 m³，其中多年平均地表水资源量 356.57×10^8 m³，多年平均地下水资源量 113.18×10^8 m³，重复量 65.5×10^8 m³，地下水可开采量为 56.56×10^8 m³。全省人均水资源量 1 520 m³，为全国人均水资源量的 68.5%，耕地亩均水资源量 672 m³，约占全国的 46.8%，是北方缺水省份。从分布上看，吉林省水资源整体呈现"东多西少"的空间分布格局。

一、水资源的空间分布差异

（一）水资源总量的空间分布差异

吉林省水资源地区分布不均，从总量来看，东部的地表水水资源大于西部，东部水资源多为地表水；西部地表水贫乏，而以地下水为多。以大黑山为界，东部为足水区，西部为缺水区。

东部水资源总量为 316.67×10^8 m³，其中长白山区包括抚松、白山、长白、集安、靖宇、通化、柳河、安图、桦甸、和龙、敦化等地，为水资源丰富的足水区，水资源量 150.12×10^8 m³，人均 7 329 m³；中低山丘陵为较足水区，包括吉林市、延边朝鲜族自治州（不含延吉市）及辉南、东丰、梅河口等县市，水资源量 153.4×10^8 m³，人均 2 860 m³ 延吉盆地为较少水区，水资源量 13.15×10^8 m³，人均 1 770 m³；大黑山以西台地、丘陵、平原为缺水区，水资源总量为 87.58×10^8 m³，人均不到 500 m³。

从流域人均水资源占有量上看，吉林省属于中度缺水省份，但各流域的缺水程度有所不同，不缺水的流域有东部的鸭绿江、图们江、绥芬河；中度缺水的流域为第二松花江、松花江干流流域；重度缺水的流域有嫩江、西辽河；极度缺水的流域有东辽河及辽河干流。从各地区当地水资源人均占有量分析，白山、延边地区不缺水，吉林、通化中度缺水，辽源、白城重度缺水，长春、四平、松原极度缺水。

（二）地表水资源的空间分布差异

地表水资源上，吉林省多年平均河川径流量为 356.57×10^8 m³，人均占有地表水资源量 1 613 m³，低于全国平均水平。其中，松花江水系为 214.38×10^8 m³，占总量的 60.1%；辽河水系为 11.06×10^8 m³，占总量的 3.1%；鸭绿江水系为 74.70×10^8 m³，占总量的 20.9%；图们江水系为 51.90×10^8 m³，占总量的 14.6%；绥芬河水系为 4.53×10^8 m³，占总量的 1.3%。从周边入境水量为 22.27×10^8 m³，主要来自内蒙古、黑龙江、辽宁。省内水量流出境外 48.96×10^8 m³。

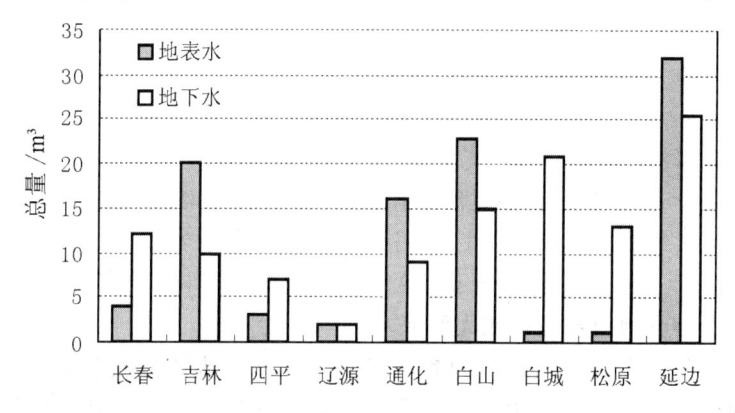

图 2-3 吉林省各地区水资源状况

地表水资源空间分布由东部长白山向西部松辽平原区递减。长白山区年径流深在 350 mm 以上，在哈大铁路沿线减至 100 mm，从扶余、长春、长岭以西的白城地区不足 10 mm。年径流深高值区在老岭南和长白山熔岩台地及张广才岭，年径流深高达 500~600 mm，延吉盆地低值只有 100 mm。

（三）地下水资源的空间分布

吉林省地下水资源为 113.18×10^8 m³。东部的延边、白山和通化等地区类型多，水质好，开发潜力大；中部平原区的吉林、长春、四平等地区地下水相对匮乏，是吉林省地下水贫乏地区；西部的松原和白城地区，地下水资源丰富，水质好，有良好的供水层。

大黑山以东地区地下水储量为 61.55×10^8 m³，以西的中西部丘陵台地平

原地区储量为 $51.63×10^8$ m³。全省地下水可开采量为 $56.56×10^8$ m³，其中，东部山区为 $15.27×10^8$ m³/a，丘陵台地平原区为 $41.29×10^8$ m³/a。

东部山地丘陵区多为基岩裂隙水，具有开采价值的主要集中在山沟沟谷断裂和盆地，包括抚松、蛟河、延吉、珲春、和龙、汪清、罗子沟等盆地和伊舒、辉发河地堑，均为地下水径流和泉水汇集的中心。中、西部平原区的东部山前黄土台地，下覆基岩，部分地方分布有零星砂砾石含水层，地下水埋深3~10 m，不具备大面积开采条件。西部松嫩平原是中生代以来持续下沉地区，形成了潜水、弱承压水双层含水体系。平原区水量最丰富、水质最好的是白城冲洪积扇，地下水深埋3~5 m，可开采量 $5×10^8$ m³，是白城市工农业用水的有力保障。

二、主要河流的水文特征

（一）河流发育的总体特征

吉林省有大小河流2 000余条，河长在100 km以上的有38条，30 km以上的有221条，10 km以上的有近1 000条，分属于松花江、辽河、鸭绿江、图们江和绥芬河五个水系。其中松花江水系以涵盖河流多、流域面积大、河流长而在众多水系中占有重要位置。

从空间分布上看，吉林省境内河流分布不均，东南部长白山区河流众多，水量丰富，常年有水。松花江、图们江、鸭绿江水系发源于长白山，呈辐射状流出。西部平原区内除发源于大兴安岭的洮儿河外，乾安、通榆、长岭、前郭尔罗斯等县河流甚少，或无河流。

吉林省河流以大黑山山脉为界，东西两部分河流特征截然不同。东部山区水文网密集，以长白山火山锥为源头，第二松花江、图们江、鸭绿江呈放射状流向东、北、西三个方向，河流水量大，水能资源丰富，泥沙含量少。西部河流多源于省外的大兴安岭地区，中下游多为丘陵、平原及沙丘，水资源损失大，从上游到下游水量逐渐减少，季节性流量变化大，旱季多断流，以渗漏的方式补给地下水，对生态环境影响大。

（二）主要水系的水文特征

松花江水系在吉林省境内全长920 km，流域面积超过 $13.45×10^4$ km²，占全省总面积的70.6%。主要河流有松花江、第二松花江和嫩江及其支流辉发河、饮马河、拉林河、牡丹江、洮儿河等。松花江属于黑龙江流域，发源于长白山天池，是吉林省第一大河流。流向西北，贯穿全省中部，在松原市三岔河处与嫩江汇合，后流入黑龙江省境内；嫩江是吉林、黑龙江两省界河，流经吉林省河段长194 km，流域面积27 553 km²，坡降仅0.04‰~0.07‰，

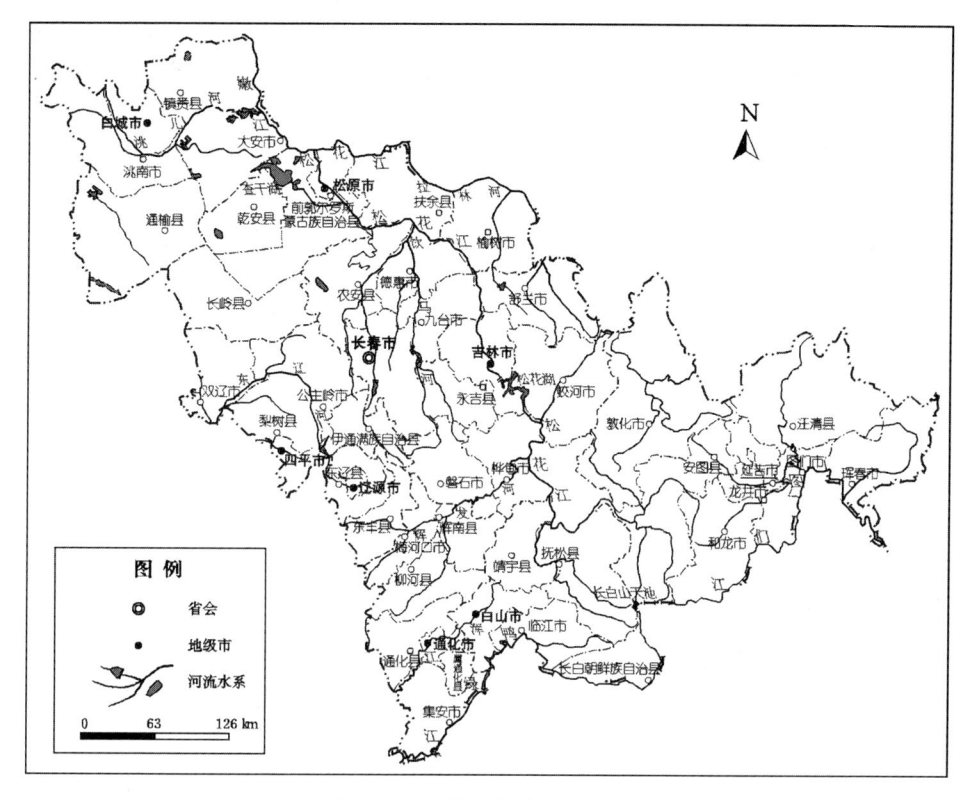

图 2-4 吉林省河流水系分布图

水流平缓，在镇赉县丹岱乡流入吉林省境，经大安市、前郭尔罗斯蒙古族自治县，至松原市平凤乡十家户村三岔河口处流入松花江。

图们江水系在中国一侧流域面积超过 2.24×10^4 km²，占全省总面积的 11.8%。图们江是中国与朝鲜的界河，发源于长白山麓。吉林省境内干流长 509.8 km，境内面积 2.24×10^4 km²，约占图们江流域总面积的 68%。中国一侧的支流主要有嘎呀河、布尔哈通河和珲春河等。图们江自红土水与弱流水汇合处向东流，在图们市北左岸嘎呀河汇入，转向东流，在敬信乡防川出境，注入日本海。

辽河水系在吉林省境内主要是东辽河及西辽河的一小部分，流域面积为 1.58×10^4 km²，占全省总面积的 8.3%，约占辽河总流域面积的 7%。辽河发源于河北省平泉县光头山，在内蒙古自治区开鲁县西拉木伦河汇入后，称西辽河。向东流，在吉林省双辽县转向东南，在辽宁省康平县东辽河汇入后始称辽河。向南流，经辽宁省盘山县双台子河注入渤海。东辽河是辽河东侧一大支流，在吉林省境内河段长 372 km。

鸭绿江水系，在吉林省境内流域面积为 1.54×10^4 km²，占全省总面积的 8.1%。主要支流为浑江。鸭绿江是中国与朝鲜的界河，发源于长白山山麓，在集安市东缘流入辽宁省境内，并于辽宁省丹东市汇入黄海。在吉林省境内鸭绿江长 587 km，约占干流总长度的 74%；浑江发源于白山市龙岗山脉望火楼山北侧，东南流过八道江镇、通化市区，进入桓仁水库，在凉水乡杨木林子村西南注入鸭绿江的水丰水库库区。在吉林省境内，河长 226 km，河道平均坡度 2.6‰。

绥芬河水系，是吉林省境内流域面积最小的水系。在吉林省上游河源部分流域面积 2 459 km²，占全省土地面积的 1.3%，约占绥芬河总流域面积的 23%。绥芬河发源于汪清县大龙岭山脉秃头岭北侧，向北流，在罗子沟乡小地荫沟屯北右岸道芬沟汇入，过罗子沟村后左岸西大河汇入，并转向东流。在西大河口以下约 10 km 出省，进入黑龙江省东宁县境，最后在俄罗斯入日本海。吉林省境内河长 97.8 km，河道平均坡度 3.2‰。

三、水环境的变化特征

吉林省 17 条主要江河的水质监测结果表明，40% 的断面满足 Ⅱ～Ⅲ 类水质要求，其中 Ⅱ 类水质断面 9 个，占 13.85%，Ⅲ 类水质断面 17 个，占 26.15%；Ⅳ 类水质断面 15 个，占 23.08%，Ⅴ 类水质断面 7 个，占 10.77%；劣 Ⅴ 类水质断面 17 个，占 26.15%。9 个主要湖泊、水库中，Ⅲ 类水质 6 个，Ⅴ 类水质 3 个。

从各主要河流的水质来看（图 2-5），松花江干流各监测断面中，Ⅲ 类水质占 58.33%，Ⅳ 类水质占 33.33%，Ⅴ 类水质占 8.33%，干流水质相对较好。图们江干流各监测断面中，Ⅳ 类水质占 25%，劣 Ⅴ 类占 75%；同 2005 年相比，干流水质有所下降，总体水质较差。浑江干流各监测断面中，Ⅱ 类

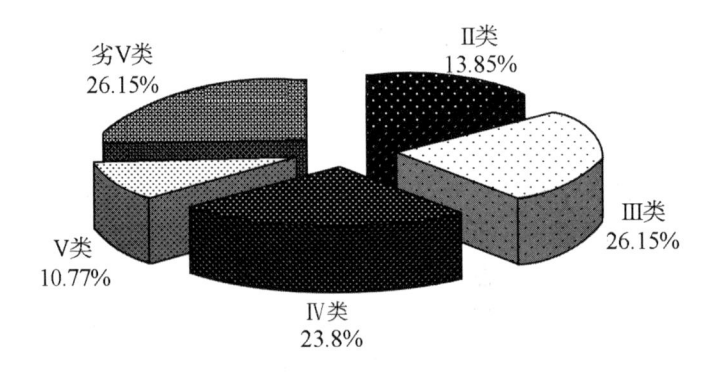

图 2-5　2006 年吉林省主要河流水质类别比例

水质占16.67%，Ⅳ类占50.00%，Ⅴ类占33.33%，干流水质相对较差。东辽河干流各监测断面中，Ⅱ类和Ⅲ类水质各占14.29%，劣Ⅴ类水质占71.42%，干流水质较差，污染较重。

在主要湖库的水质方面，松花湖水质基本达到Ⅳ类；二龙山水库水质为Ⅴ类，属中度污染；新立城水库、石头口门水库、净月潭水库、山门水库、下三台水库和月亮泡水库6个水库的水质均为Ⅲ类，水质状况良好。与2005年相比，山门水库、下三台水库和月亮泡水库水质有所好转，由Ⅳ类水质上升为Ⅲ类，其余水库的水质变化不大。

四、水资源的开发利用

截至2000年，吉林省水利工程总供水能力为 140.33×10^8 m³。2000年水资源利用总量为 117×10^8 m³，占水资源总量的29%，地表水利用量为 72×10^8 m³，占地表水资源量的21%，地下水利用量为 45×10^8 m³，占地下水可开采量的57%。

吉林省现有水库1531座，其中大型水库13座，中型水库87座，总库容 266×10^8 m³，兴利库容 125×10^8 m³，现状供水能力 25.5×10^8 m³。引水工程754处，引水能力 22.06×10^8 m³。提水工程4657处，提水能力 41.86×10^8 m³。调水工程5处，调水能力 4.72×10^8 m³。地下水水源工程供水能力为 50.91×10^8 m³。

目前，全省水资源利用率为29%，其中：地表水利用率为21%，地下水利用率为57%。从各流域水资源利用情况看，东部山区的图们江、鸭绿江、绥芬河等流域利用程度较低，均在20%以下。中西部的东辽河、西辽河、辽河干流等流域水资源利用程度较高，均在50%以上；地表水利用程度较低的也是东部地区，不足15%；中西部地区地下水利用程度较高，在70%以上。

从各地区的水资源利用程度来看，东部的通化、白山、延边地区利用程度比较低，占当地水资源的20%以下，中西部的长春、四平、松原、白城利用程度较高，占当地水资源的65%以上，地下水利用量均在地下水可利用量的70%以上。

五、水资源的总体评价

从总体上看，吉林省属于中度缺水省份，同时，地表水资源时空分布与工农业布局不协调。水资源空间分布不均、水资源短缺和局部水污染等因素制约着吉林省社会经济的发展。

东部及东中部地区水资源相对丰富，是吉林省的主要水源地，图们江、鸭绿江、第二松花江和绥芬河流域水资源可利用量大于消耗量,但供水工程设施相对不足,属工程性缺水地区。可通过加强本流域的水资源开发来满足供需缺口。

中部地区属资源性缺水与水质性缺水共存区。该区水资源贫乏,尤其是长春、四平、辽源等地区严重缺水,同时,辽河流域水体污染加重了水资源短缺。但此处过境水资源丰富,可通过开发过境水资源来满足供需缺口。

西部地区属资源性缺水和工程性缺水共存区。该区水资源贫乏,东辽河、西辽河和辽河干流水资源可利用量小于消耗量,属于严重的资源性短缺。并且,地下水污染严重,过度开发本地水资源对生态环境极为不利,应从域外调水解决供需缺口。

第四节　经向分异的植被与土壤

受东西部水热条件差异和复杂的地形地貌的深刻影响,吉林省植被和土壤类型自东向西的地域性差异显著,空间分布具有明显的经向分异,自东向西形成明显的东部山地针阔混交林暗棕壤地带、中部山前台地森林草原黑土地带和西部平原草甸草原黑钙土地带。这种经向分异体现了植被区系和土壤地带之间不同成分和因素在区域内的渗透和交会,同时也反映了在各种地理环境因素的综合影响下,植被与土壤之间在形成和演化过程中的密切联系。

一、东部山地针阔混交林暗棕壤地带

包括大黑山以东的山地和丘陵,气候温暖湿润,水分充足,适宜森林生长,针阔叶混交林和次生落叶阔叶林为主的森林植被广泛分布,森林覆盖率高,土壤以暗棕壤、白浆土为主。按照植被与土壤的地域组合又分为长白山地红松阔叶混交林暗棕壤区和吉东低山丘陵次生落叶林暗棕壤区。

(一) 长白山地红松阔叶混交林暗棕壤区

位于张广才岭、龙岗山脉以东的山地,包括长白熔岩台地及通化市、白山市、延边朝鲜族自治州的山地和山间盆地。该区针叶树种中,以红松、沙冷杉为主,还有臭冷杉、红皮云杉等,阔叶树种以枫桦、紫椴、水曲柳、山杨、白桦等为主,林下灌木很密,以毛榛、卫矛、丁香、忍冬等属植物为常见。

长白山地的针阔混交林随着地势升高,具有明显的垂直分布规律。海拔1 100 m以下的山地、丘陵为地带性植被红松阔叶林分布区。目前除长白山自然保护区内尚保留部分原始林外,大部分原始林中高大的红松已被择伐;海

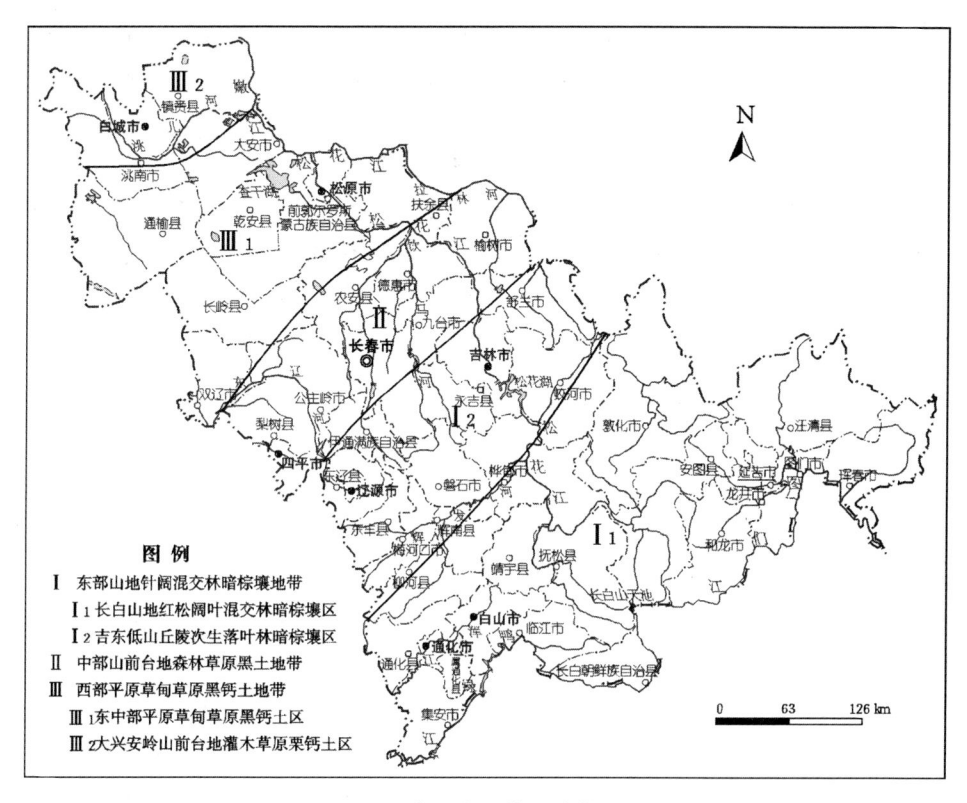

图 2-6 吉林省土壤植被带分布图

拔 800 m 以下的低山丘陵，由于过度破坏，多成为次生蒙古栎林。目前山地的阳坡为蒙古栎林，阴坡为落叶阔叶混交林。

长白山海拔 1 200 m 以上的山地及熔岩台地上为红松阔叶混交林；海拔 1 200～1 800 m 左右的火山锥上，分布有以鱼鳞松、红皮云杉为主的山地暗针叶林带；海拔 1 800～2 100 m 之间，为岳桦林带；海拔 2 100 m 以上的山顶部，为高山苔原带；海拔 2 600 m 以上，植被非常稀疏，具有高寒荒漠景观特点。

本区土壤以暗棕壤、白浆土为主，在针阔混交林下，发育着典型的温带地带性土壤暗棕壤，暗棕壤在海拔 1 200 m 以下的低山丘陵均有分布。土壤母质多为花岗岩、变质岩、石灰岩等基岩风化残积物或残坡积物，植被为次生的落叶阔叶林与草甸植物。

白浆土集中分布在本区阶地、台地和高原上。在坡度小、母质黏重、季节性冻土以及季节性积水等条件下，往往发育白浆土，由玄武岩和黄土状土构成的台地多为白浆土台地。白浆土台地的顶面一般小于 3°，属宜农宜牧宜林的土地。白浆土高台地的海拔高度达 500～800 m，基岩均为玄武岩，地面坡度较大。白浆土高原，主要分布在海拔 800～1 200 m 的平坦地形面上，多为原始针阔叶混交林。

（二）吉东低山丘陵次生落叶林暗棕壤区

包括吉林哈达岭、大黑山以东，龙岗山、张广才岭以西之间的山地丘陵和山间盆地。原始植被是地带性植被红松阔叶混交林的西部边缘。该区开发历史较早，原始林砍伐殆尽，成为各种次生落叶阔叶杂木林，只有小面积白桦林、山杨林和水胡林。河谷中的草甸与苔草沼泽，绝大部分已开垦为农田。

本区是长白植物区系分布的西部边缘。各种植物群落中的植物种类及个体数量都比东部山地温带针阔混交林暗棕壤区中的同类群落少得多。落叶阔叶杂木林多分布在低山丘陵的阴坡及空气湿度大、土壤肥沃的地段上。群落中的乔木层植物有紫椴、糠椴、白桦、水曲柳，喜光耐干的蒙古栎、白桦等。林下灌木较少，有薄叶山梅花、刺五加、毛榛和卫矛，草本层主要是杂类草，蕨类植物较少。

蒙古栎林是本区代表性群落，广泛分布在低山和丘陵的阳坡和半阳坡。在低山丘陵的阴坡溪流沟谷中，由于土壤和空气湿度大，分布有小面积的水胡林。在距居民点较远的山地丘陵间的沟谷中，常有柳丛、五花草甸和苔草沼泽沿河谷呈带状分布。

本区分布的土壤主要为暗棕壤和白浆土，具有明显的垂直分异特点。在海拔 300 m 以下的河谷平地，为草甸土和沼泽土；在海拔 300～400 m 的台地上，多发育为白浆土；在坡度较大的地方，发育为暗棕壤或白浆化暗棕壤；在玄武岩或变质岩的台地上，根据排水条件，或发育为白浆化暗棕壤，或发育为白浆土；海拔 500 m 以下的丘陵多发育为暗棕壤；海拔 500 m 以上的低山，多为山地暗棕壤；海拔 500～800 m 的玄武岩高台地和 800 m 以上的玄武岩高原，发育为白浆土；海拔在 1 200 m 以上，发育为棕色针叶林土。

二、中部山前台地森林草原黑土地带

包括大黑山以西哈大线铁路附近的台地，属于东部山地森林与西部松嫩平原草甸草原之间的过渡带。植被类型为森林草原，森林多呈块状分布在台地上的沟谷中，主要树种为栎属和榆属植物，台地面上为羊草杂类草草甸草原。该区土壤主要为肥沃的黑土，适于农作物生长，为吉林省主要产粮区。

本区原始植被为森林草原，森林呈块状分布在台地的沟谷中，草原分布在台地面上。自历史时期移民垦荒以来，森林逐渐被砍光，台地几乎全部垦为农田。新中国成立以后，伊通河、饮马河漫滩上的湿草甸和苔草沼泽，也都被开垦为水田。目前，台地和河谷已无原始植被，只在台地上的局部沟谷中保留有小片森林，台地沟谷和缓坡地上，有天然的小片蒙古栎林。台地面上的自然植被为草甸草原，生长有羊草、野古草、狼针草、线叶菊、火绒草、狼毒、马兰等草原植物，草甸植物有鹅冠草、拂子茅、蓬子菜、毛百合、石竹、黄金菊等。

本区台地平原上土质肥沃，为著名的黑土区，垦殖率高。厚层黑土多分布于台地缓坡的中下部，黑土层厚 50～100 cm。薄层黑土，多位于台地的缓坡处，易遭风蚀及片蚀，黑土层厚度一般小于 30 cm，并有逐渐变薄的趋势。破皮黄黑土，多位于易遭风蚀和片蚀的地段，由于耕作制度不合理，表土层中的细粒物质逐渐被风及面水流侵蚀，黑土层逐渐变薄，一般厚度在 20 cm 以下，土壤容重变大，结构较差。

黑土区的东缘与暗棕壤区毗连，二者的界限比较明显，黑土区的西缘与黑钙土区相接，由于成土条件的变化，黑土与黑钙土之间呈小面积的零星交错分布。在黑土区内的沟谷地带，有大面积的草甸土分布，其腐殖质层深厚，结构良好，潜在肥力较高。饮马河谷和双阳河谷的草甸土，已大面积垦为水田。沿河河漫滩有冲积土和风沙土的分布，风沙土有的发育在河漫滩上，有的发育在河流阶地上。黑土区内局部封闭的洼地，有零星分布的沼泽土和泥炭土。

三、西部平原草甸草原黑钙土地带

包括松辽平原、松嫩平原的一部分，分布着地带性植被——羊草草甸草原，是吉林省牧业基地。土壤主要为黑钙土、栗钙土。按照植被与土壤的地域组合分为东中部平原草甸草原黑钙土区和大兴安岭山前台地灌木草原栗钙土区。

（一）东中部平原草甸草原黑钙土区

包括长春市的农安县，四平市的双辽县和公主岭市，以及松原市、白城市各县（市）的广大平原。植被为地带性羊草草甸草原，草原生态幅度较广，东半部有森林区草甸植物侵入，西半部草原植物种比例增多。以扶余、大安、乾安及前郭尔罗斯蒙古族自治县一带的碳酸盐黑土上的羊草草甸草原最为典型。群落中以羊草为建群种，伴生有杂类草，局部羊草形成纯群落，是我国天然优良牧场和冬贮饲料基地。

白城和通榆等地地势低洼处、碱湖边，土壤盐碱化程度很重，常有碱蓬、碱蒿、地肤等组成的盐生草甸与羊草草原镶嵌分布形成复合体。通榆和长岭西南部，有大面积沙地，形成大小不等的流动、半固定和固定沙丘。流动沙丘上，植物极少，零星分布有沙生植物沙蓬、沙棘豆等，半固定沙丘的植物盖度比前者大。在固定沙丘上有榆树疏林和小面积针茅草原，广大低平地上分布有羊草草原。

本区土壤主要为黑钙土、碳酸盐黑钙土，其成土母质几乎全是第四纪松散沉积物，由于地质年代较新，母质的特性没有消失。典型黑钙土，主要分布在本区的东部，与黑土区西部呈交叉过渡，在地形上分布于台地缓坡的上部或顶部。碳酸盐黑钙土是吉林省中部分布较广的一种土壤亚类。它多分布在海拔180 m左右的冲积平原上，成土母质是上更新统的黄土状亚沙土。在本区西部地形部位较高的平地及平坦的台地，广泛分布着淡黑钙土和沙土。

本区除地带性土壤黑钙土以外，在岗间低地多为石灰性草甸土、石灰性冲积土。沿河谷地带有风沙土。局部低地有小面积沼泽土、泥炭土。在水源充足的地方有水稻土。本区土壤的主要特点是草甸土的盐化、碱化现象相当普遍，在盐碱化严重的地方，可形成斑块状盐土及碱土。除河谷地区的风沙土以外，还有堆积于台地上的风沙土，台地的风沙土与西部淡黑钙土、风沙土亚区的风沙土相连，多数已发育成黑沙土。

(二) 大兴安岭山前台地灌木草原栗钙土区

包括镇赉县的北大岗和洮南市的德龙岗山麓台地，面积小，属半干旱气候。分布着地带性植被——羊草草甸草原，以盛产羊草驰名。台地地势高，地下水位较低，土壤为暗栗钙土和含砂砾栗钙土。

本区分布有旱生植被、干草原和灌木草原，属于内蒙古干草原的东部边缘。群落中以内蒙古干草原典型植物大针茅为优势种。草群茂密，盖度可达50%～70%，每平方米约有28种植物。除大针茅外，常见有许多旱生草原植物。在丘陵阳坡和山麓，常见有灌木草原。群落中的灌木以山杏为主，其次为黄榆，个别地段有零散分布的叶底珠和绣线菊，草本层植物繁茂，盖度在40%以上。

本区地势较高，土壤有不太明显的垂直分布现象。自上而下为粗骨暗棕壤、山地暗栗钙土、碳酸盐草甸土。暗栗钙土为本区的主要土壤，因分布的地形部位较高、坡度较陡，经开垦后，自然植被遭破坏，水土流失严重，致使坡度大于7°的坡耕地，土层极薄，已无法利用。坡度小于7°的耕地，也因表土流失，钙积层出露，生产性能大大降低。在沟谷平地有草甸土和草甸暗栗钙土，黑土层厚度达50～60 cm，有机质含量在2%～3%之间，易于保水、保肥，是适宜发展农业的土壤。

第三章　丰富的自然资源

章前语

　　吉林省地域范围辽阔，东西差异的自然环境形成了种类丰富的土地资源分布格局；沉积作用、构造运动、岩浆活动和变质作用等地质环境的不断演化，奠定了以非金属和能源为主要特征的矿产资源基础；由以长白山为代表的自然景观、北方独特的冰雪文化以及民族历史文化构成的自然人文条件形成了具有地方特色的旅游资源。一方面，丰富的自然资源条件为吉林省的经济、社会发展提供了广阔的空间和基础；另一方面，随着自然资源的不断开发和利用，一些非可再生的自然资源面临枯竭，可再生资源由于不合理的开发利用，其再生条件遭到一定程度的破坏。因此，必须科学合理地开发利用自然资源，有针对性地解决经济社会发展中所形成的资源与环境问题，促进吉林省自然与经济社会的可持续发展。

关键词

　　丰富的耕地资源；非金属矿产资源；冰雪旅游资源

第一节　地域辽阔的土地资源

一、土地资源利用结构与特征

（一）土地资源利用结构

　　根据土地利用现状变更调查数据，吉林省土地总面积为 $1\,911.24\times10^4$ hm^2。其中：农用地面积 $1\,639.73\times10^4$ hm^2，占土地总面积的 85.79%；建设用地面积 104.98×10^4 hm^2，占土地总面积的 5.49%；未利用地面积 166.53×10^4 hm^2，占土地总面积的 8.72%。

　　农用地中，耕地面积为 553.68×10^4 hm^2，占农用地总面积的 33.77%；园

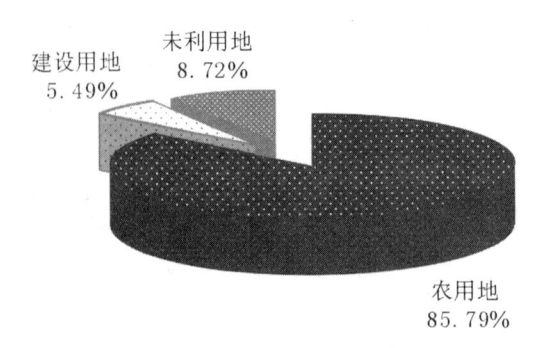

图 3-1 吉林省土地利用结构（一级分类）图

地面积为 11.56×10^4 hm², 占农用地总面积的 0.71%; 林地面积为 924.41×10^4 hm², 占农用地总面积的 56.38%; 牧草地面积为 104.56×10^4 hm², 占农用地总面积的 6.37%; 其他农用地面积为 45.52×10^4 hm², 占农用地总面积的 2.77%。

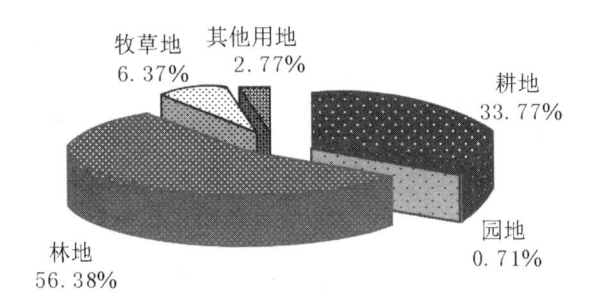

图 3-2 吉林省农用地利用结构图

建设用地中城市用地面积为 5.83×10^4 hm², 占建设用地总面积的 5.55%; 建制镇用地面积为 5.62×10^4 hm², 占建设用地总面积的 5.35%; 农村居民点用地面积为 55.25×10^4 hm², 占建设用地总面积的 52.63%; 独立工

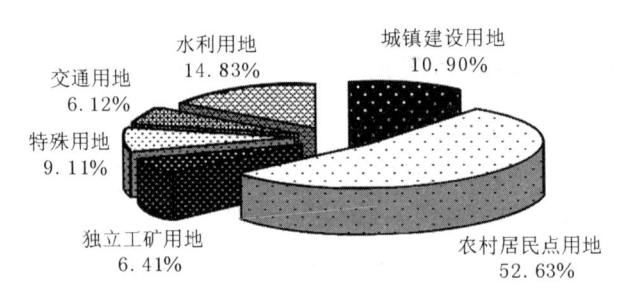

图 3-3 吉林省建设用地利用结构图

矿用地面积为 6.73×10^4 hm², 占建设用地总面积的 6.41%; 特殊用地面积为 9.56×10^4 hm², 占建设用地总面积的 9.11%; 交通用地面积为 6.42×10^4 hm², 占建设用地总面积的 6.12%; 水利用地面积为 15.57×10^4 hm², 占建设用地总面积的 14.83%。

(二) 土地资源利用特征

1. 东西差别的农业土地利用结构

东西差别的自然条件为农业土地利用空间分异奠定了地理环境基础。吉林省自然条件具有东、中、西分异的空间特征。东部地貌类型以山地为主，气候湿润，水系众多，但热量稍低，土壤植被主要为湿润针阔混交林暗棕壤，森林植被发育；中部表现为山地向平原的过渡性地貌特征，主要地形为丘陵和台地平原，水热等气候条件适中，土壤植被主要为半湿润森林草原黑土带，耕地资源丰富；西部地势较低，平原地形，属于半湿润向半干旱过渡气候，大气降水量不足，土壤植被主要为半湿润半干旱草甸草原黑钙土带，耕地和草地资源丰富。与自然条件相适应，农业土地利用也呈现东、中、西差别的分布特征，东部以林业生产为主；中部主要为种植业，是吉林省的主要粮食产区和全国重要的商品粮基地；西部以种植业和牧业为主，牧业生产占有较大比重（见彩图"吉林省土地利用图"）。

2. 中部集中的建设用地空间分布

经济与城市发展的空间集聚作用加大了建设用地空间分布的差异。吉林省中部地区经济与城市化的空间集聚作用显著，建设用地的需求以及建设用地总体规模远远高于东部和西部地区。长春、吉林、四平、辽源等市的建设用地面积占全省建设用地总面积的一半以上，而土地总面积仅占 35%。1996~2006 年，全省建设用地总面积增加 2.45×10^4 hm², 其中，中部地区增加 1.76×10^4 hm², 占全省的比例高达 72%, 仅长春市就增加 1.44×10^4 hm², 占全省的 59%。东部和西部地区虽然地域范围辽阔，但受自然条件和经济总体发展水平的影响，建设用地总量和需求量相对较小。

3. 环境条件制约土地资源可持续利用

生态环境脆弱、水资源分布不均是制约土地资源可持续利用的主要障碍。吉林省东部和西部地区是全省生态环境的敏感区域和脆弱区域，东部和中东部地区水土流失问题、西部地区土地沙漠化和盐碱化问题、中部地区黑土退化问题等制约着吉林省土地资源的可持续利用。

吉林省人均水资源量仅为全国平均水平的 60%, 而且分布不均，中西部地区水资源仅占全省的 17.8%, 而耕地却占 70% 以上。吉林省处于黑龙江、内蒙古及长白山等周边地区的降水汇集区，由于水利设施缺乏，目前还未能充分利用汇集的水源。水资源利用不充分，制约了土地资源的开发利用。

4. 建设用地扩展与耕地保护矛盾加大

人口增长、经济发展与城市化水平的不断提高是产生建设用地扩展与耕地保护矛盾的主要原因。随着吉林省经济社会发展和城市化水平的提高，城市地域空间规模的不断扩大、新增建设用地的需求增大必将导致新增建设用地大量占用耕地，尤其在吉林省中部地区，这里既承担着吉林省经济隆起的核心作用，又承担全国商品粮基地建设的重任。长春市城市建成区面积2005年比1993年增加了一倍多；吉林市也增加了57.7%。未来几年，长春、吉林两市城市地域空间扩展的趋势不会改变，耕地保护的任务十分艰巨。

二、自然生产潜力较大的耕地资源

（一）耕地总量动态变化

吉林省耕地资源丰富，中部地区耕地以其优越的土壤条件具有较大的自然生产潜力。20世纪90年代末期，吉林省耕地总量呈下降趋势，1997～2005年吉林省耕地面积净减少 4.16×10^4 hm^2，其主要原因是由于建设占用、生态退耕和农业结构调整所致。

近10年来，吉林省大力实施土地开发整理以及被征用耕地"表土搬家"造地等工程，累计实施省以上土地开发整理项目9个，新增耕地 6.8×10^4 hm^2。把城市建设、交通建设和工业项目批准占用的耕地，表层30～50 cm的耕作层土壤进行剥离造地，既保证了建设用地需求，又保护了耕作层土壤资源，实现了耕地资源的永续利用。通过实施"表土搬家"，使超过1 000 hm^2 建设占用耕地得到再生。2007年，配合"引嫩（江）入白（城）"、大安灌区和哈达山水利枢纽工程等重点水利工程，在白城、松原等地实施"西部土地整理重点项目"，新增耕地超过 20×10^4 hm^2。目前，吉林省生态退耕任务基本完成，农业结构调整减少耕地的可能性也越来越小，建设占用将是耕地减少的主要途径。

（二）耕地质量及其变化

吉林省黑土面积分布广泛，黑土素有"土中之王"之称，是大自然赋予人类最宝贵的资源之一，土壤学家对它的评价是"性状好，肥力高，非常适合植物生长"。吉林省耕地质量的变化主要表现为：一方面，由于吉林省西部耕地后备资源数量多，开发量大，而中部耕地后备资源有限，建设占用耕地量明显超过东部和西部，这使得全省耕地分布在空间上西移，而西部生态环境较脆弱，土地盐碱化现象严重，新开垦的耕地加剧了土地的潜在盐碱化趋势。另一方面，中、东部地区的土壤肥力退化、水土流失严重，据估算，黑土区每年流失的黑土多达近两亿吨，流失土壤中的氮、磷、钾元素折合成标准化肥相当于 $400×10^4 \sim 500×10^4$ t。

（三）耕地利用主要问题

中西部平原地区由于过度垦殖，原始稳定的自然生态系统（草原、森林）逐渐被人工的农田生态系统所取代。其后果是波状起伏台地失去了森林屏障，风蚀、水蚀日趋严重，夏季暴雨冲刷，春季降水少，春风大，风将营养丰富的细粒表土吹走，加剧了土壤流失。

进入 20 世纪 80 年代末期，粮食主产县（市、区）种植结构单一，传统的轮作倒茬制度被玉米连作取代，而且连作 20 多年的现象极为普遍，不利于土壤保墒增肥。土壤施肥制度经历了有机肥为主—有机无机肥混施—化肥为主的演变过程，目前主要靠化肥补充地力，农家肥很少，土地休闲、轮耕，绿肥固氮作物和豆科牧草更是少见。无机肥施用量过多，导致土壤有机质下降、土层变薄、孔隙度减少、土壤板结、肥力减退、耕地质量退化。

（四）耕地资源保护

多年来，吉林省严格执行耕地保护制度，对优质耕地实行特殊保护。根据新修订实施的《土地管理法》，吉林省重新调整划定了基本农田保护区，绝大多数优质高产农田，特别是中部地区的黑土平原划入基本农田保护区，保护率高达 87%。

针对黑土流失问题，1999 年 6 月，吉林、辽宁、黑龙江、内蒙古三省一区会同水利部松辽水利委员会联合向国务院提出了对松嫩平原、辽河平原黑土区水土流失的防治意见；2003 年起，吉林省正式启动黑土区水土流失综合防治工程。自《水土保持法》实施以来，逐年加大对黑土地的保护与治理力度，积累了很多治理黑土区水土流失的经验，东辽、东丰、梅河口、舒兰等县曾被财政部、水利部授予全国水土保持生态环境建设示范县，梅河、吉乐等 9 条小流域被评为示范小流域。治理黑土流失，吉林省已经拥有了比较充足的技术力量和成熟的治理经验。

三、区域生态功能显著的林地资源

（一）林地资源类型

吉林省林地资源丰富，东部长白山地区是我国天然林的主要分布地区之一。全省林地资源中绝大部分为有林地。据吉林省土地变更调查数据，2005 年全省林地面积共 $924.41×10^4$ hm²。其中：有林地面积 $789.40×10^4$ hm²，占林地总面积的 85.39%；灌木林地面积 $53.44×10^4$ hm²，占林地总面积的 5.78%；疏林地面积 $23.35×10^4$ hm²，占林地总面积的 2.53%；未成林造林

地面积 56.61×10^4 hm², 占林地总面积的 6.12%; 迹地面积 0.93×10^4 hm², 占林地总面积的 0.10%; 苗圃用地面积 0.68×10^4 hm², 占林地总面积的 0.07%。

(二) 森林资源功能分区

2006 年全省森林覆盖率达到 43.2%, 活立木总蓄积 8.6×10^8 m³, 是全国重要的木材生产基地。全省森林主要包括天然林和人工防护林两大体系, 天然林主要分布在东部长白山地区, 人工防护林主要分布在中西部地区。

1. 东部长白山林区

东部长白山林区包括延边朝鲜族自治州、白山市、通化市以及吉林市和辽源市的部分地区, 森林结构中以天然林为主体, 平均森林覆盖率达到 70% 以上。森林植被类型丰富多样, 受长白山海拔的影响, 森林植被垂直地带性分异显著。主要森林植被类型有落叶阔叶林、针阔混交林、常绿针叶林、落叶针叶林和高山岳桦林等。

落叶阔叶林一般分布在海拔 500～800 m、气候温暖、暗棕色森林土的低山区, 主要树种有山杨、大青杨、香杨、白桦、赤杨、蒙古栎、黑桦、水曲柳、胡桃楸、糠椴、械椴、钻天柳等; 针阔混交林主要分布在海拔 500～1 200 m、气候温暖、坡度相对平缓、暗棕色森林土的中低山区域, 根据具有指示性作用的植物不同, 分成榛子蒙古栎林、杜鹃胡枝子蒙古栎—红松林、枫桦、紫椴—红松林、春榆、水曲柳—红松林、千金榆、沙冷杉—红松林、紫椴、水曲柳—红松林、鱼鳞云杉、红皮云杉、臭冷杉—红松林、春榆—红松林等类型; 常绿针叶林主要分布于海拔 1 200～1 700 m、气候冷湿、棕色森林土的中山地区, 主要树种有云杉 (红皮云杉、鱼鳞云杉)、冷杉 (沙松、臭松) 和红松, 并伴生有长白落叶松、枫桦等多种杂木; 落叶针叶林主要分布于海拔 500～2 000 m 的沿河低洼沼泽地上, 多为长白落叶松林, 属隐域性森林植被, 生长范围较大, 原生落叶松林已不多见, 大部分是火烧或采伐后形成的次生群落和人工林, 主要树种有长白落叶松、兴安落叶松等; 高山岳桦林主要分布在 1 700～2 000 m、气候寒冷、风力较大的高山地区 (长白山国家自然保护区) 内, 林分比较单一。

东部长白山林区的森林系统对吉林省乃至全国的木材生产作出了巨大贡献, 同时对全省的生态平衡和生态环境保护具有生态屏障、涵养水源、保持水土、调节气候、维护生物多样性等重要功能和作用。

2. 中西部平原重点防护林区

中西部平原主要包括长春市、四平市、松原市、白城市以及吉林市和辽源市的部分地区。该区全部为人工林, 主体为人工防护林体系, 属"三北"防护林体系的组成部分, 其主要功能是防风固沙, 根据其保护功能的差异性特点，可分为农田防护林、护路林、护堤林、护屯林等。除防护林外，还包括一些绿化林、风景林、果树林，以及野生灌柳林、黄榆林、西伯利亚杏林等。

1978年国家实施"三北"防护林体系重点工程建设，吉林省作为"三北"防护林体系的组成部分，在1978～1985年的一期工程建设阶段，共完成造林面积$42.2×10^4$ hm^2；在1986～1995年的二期工程建设阶段，完成造林面积$48.6×10^4$ hm^2；1996～2000年的三期工程建设阶段，完成造林面积$44.7×10^4$ hm^2。"三北"防护林体系不仅起到了防风固沙、降低风沙侵害的作用，还具有保持水土、增加湿度、提高土壤温度、美化环境等生态功能作用，极大地改善了吉林省中西部地区的生态环境，同时增加了该地区木材及林产品产量。

（三）林业资源保护与生态建设

20世纪90年代开始，吉林省实施了以生态建设为主的林业发展战略，分别在1998年和2004年实行了天然林保护工程和农田防护林改造工程，全省天然林资源得到了休养生息，初步扭转了逆向演替局面，林区形成了生态、经济和社会效益协调统一、良性互动的态势。据全国第六次森林资源连续清查结果显示，吉林省林区林地面积与林木蓄积量实现双增长，活立木总蓄积量达到$5.0×10^8$ m^3，林地面积达到$367×10^4$ hm^2，工程区森林覆盖率达到91.4%，森林植被、林分结构、生物多样性明显改善，系统稳定性显著增强，森林自然生产力得到了有效保护和恢复。

四、分布广泛的草地资源

（一）草地资源类型与分布

吉林省是中国八大牧区之一，草地资源丰富。根据省畜牧部门数据，全省草地面积$584.2×10^4$ hm^2，其中可利用草地面积$437.9×10^4$ hm^2。全省草地分为平原草甸草原草场、丘陵草原草场、低山丘陵灌木丛草场、山地低洼沼泽草场、山地丘陵草丛草场、山地林下草丛草场、高寒草甸草场、丘陵干草原草场8类。其中，湿性草甸草原类面积占全省草地总面积的70.8%；温性草原类面积占全省草地总面积的4.3%；低平地草甸类面积占全省草地总面积12.9%；沼泽类面积占全省草地总面积的4.1%；高寒草甸类面积占全省草地总面积的1.2%。

草地资源主要分布在中西部松嫩平原和东部长白山地两大区域。中西部松嫩平原草原面积为$187.71×10^4$ hm^2，属于欧亚草原向东延伸末端的科尔沁大草原的一部分，主要分布在洮南、镇赉、通榆、大安、长岭、乾安、扶余、双辽以及农安北部，以生长多年生根茎禾草和丛生禾草为主，尤以盛产羊草驰名中外，属平原草甸草原类。西部草场辽阔、集中连片，草质好，是发展畜牧业的重要基地。

东部长白山地区草地资源主要包括长白山北麓林下、林间草地区和长白山南麓草山、草坡区，草地分布零散，主要为附带类草场，且大部分属于林间、林下草场，以零星分布的宜牧草山、草坡为主，产草量高。

（二）草地资源变化与生态环境影响

东部山地区因湿润的森林性气候及特有的森林环境使大范围的草地资源得以生存，因而分布有一定数量的草山，草坡，林下、林间草地资源。但由于人为开垦草甸、草山、草坡，种植农作物等人类生产活动的影响，大面积的草地开垦为耕地，天然草原生态系统被人工农田生态系统所代替。中西部平原地区由于气候干旱等自然因素和开垦草地以及过度超载放牧等人类活动的影响，草地出现了不同程度退化现象。

由于草原开垦以及道路、工程建设占用等多种人为因素影响，原有的草原生态景观破碎，部分生态功能丧失，土地沙化、盐碱化、洪涝灾害、旱灾、生物多样性丧失等生态问题频繁发生，从而导致区域环境的恶化。天然草场的承载能力超过生态系统恢复的弹性限度，牧草中羊草、大针茅、早熟禾等禾草以及野大豆、三叶草等豆科植物大量减少，导致适宜畜牧的顶级群落和生物多样性消失。退化的草地生境恶化，生态系统失衡，草原固有的防风固沙、保持水土、减少蒸发、增加土壤养分的生态功能逐步降低。

（三）草地资源保护与生态建设

近年来，吉林省西部荒漠化治理区域的生态草地被纳入中央财政森林生态效益补偿范围，每年获得 3 100 万元的补偿基金，73.33×10^4 hm² 荒漠化治理区域被纳入重点公益林管理。经过科学治理，吉林西部地区的草地资源，逐渐焕发了绿色生机，一块块裸露白花花碱斑的荒漠化土地，被改造成了优良的牧场，当地居民的居住环境得到显著改善，生物多样性得到明显恢复，每年阻止耕地碱化面积达 130×10^4 hm²。

第二节 以非金属为主的矿产资源

吉林省矿产资源丰富，种类齐全。目前已发现矿产137种（亚矿种165种），查明资源储量89种（亚矿种106种），有基础储量的76种，仅有资源量的20种。其中，能源矿产有煤、石油、天然气、油页岩、地热、铀6种；金属矿产有铁、镍、铜、铅、锌、金、钼、镁等30种；非金属矿产有硼、硫、磷、硅灰石、硅藻土、石灰石、沸石、膨润土、浮石、火山渣、陶粒页岩等 50 余种；水气矿产有地下水、矿泉水、二氧化碳气 3 种。在资源储量和质量上享誉中外的矿产有硅灰石、硅藻土、沸石、膨润土、火山渣、矿泉水、二氧化碳气等。金、石油、天然气、硅灰石、硅藻土、火山渣、膨润土、橄榄石宝石、二氧化碳气、矿泉水等从资源储量、矿石质量、外部开发条件、市场需求等方面在国内具有明显优势，特别是长白山天然矿泉水资源充沛，水质好，类型齐全，开发前景好；泥炭、陶粒页岩具有潜在优势。

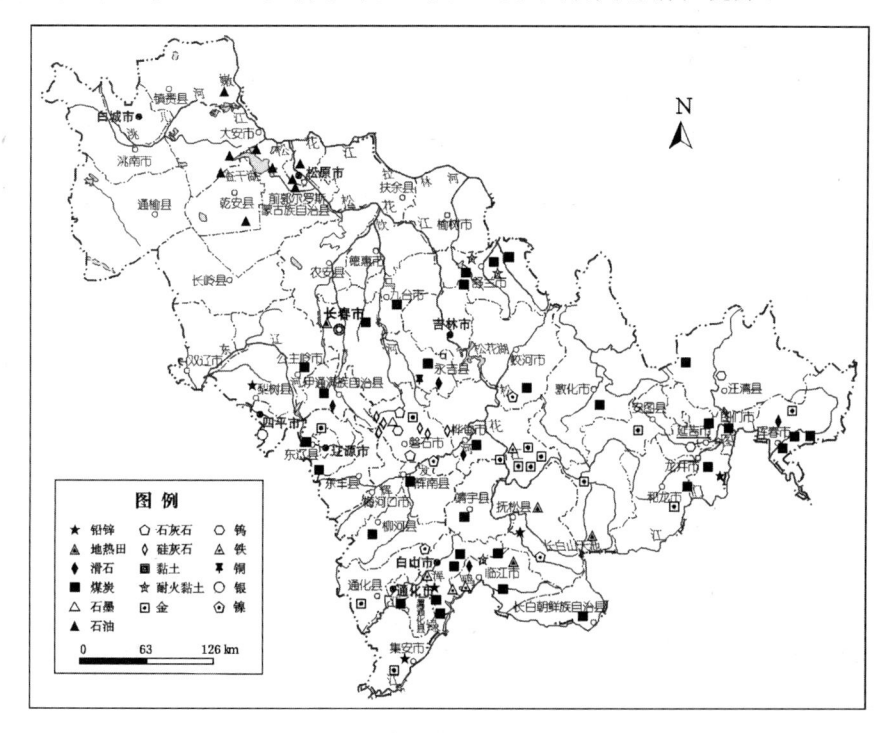

图 3-4 吉林省矿产资源分布图

一、能源矿产资源结构与分布

吉林省已查明的能源矿产有煤炭、石油、天然气、油页岩、地热、铀矿 6 种，目前除铀矿外均已开发利用。

吉林省煤炭资源总量（储量总量）为 21.38×10^8 t，列全国第 20 位。其中基础储量 16.42×10^8 t，资源量 4.96×10^8 t，储量 10.10×10^8 t。煤炭资源在全省分布比较普遍，各地市均有分布，煤矿区主要分布在长春市区、九台市、吉林市区、永吉县等 27 个县（市、区）。无论从资源总量上，还是从具有开采价值的基础储量和储量等指标方面，珲春市都分布最多，资源总量为

5.78×10^8 t，基础储量为 4.51×10^8 t，储量为 2.91×10^8 t；其次为九台市，资源总量为 2.37×10^8 t，基础储量为 1.92×10^8 t，储量为 1.07×10^8 t。

表 3.1　吉林省主要煤矿分布区资源储量　　　（单位：10^6 t）

市、州	分布地区	资源总量	储量	基础储量	资源量
长春市	长春市市区	102.91	37.87	58.40	44.51
	九台市	237.20	106.69	192.07	45.13
吉林市	吉林市市区	5.44	3.57	4.42	1.02
	永吉县	6.10		2.61	3.49
	蛟河市	4.85	1.38	4.85	
	桦甸市	24.37	18.26	24.32	0.05
	舒兰市	89.45	29.07	43.51	45.94
四平市	伊通满族自治县	16.27	4.35	16.27	
	公主岭市	24.39	9.74	16.24	8.15
辽源市		19.32	11.62	15.36	3.96
通化市	通化市市区	7.38	4.39	7.15	0.23
	辉南县	2.43	0.61	2.43	
	柳河县	0.50		0.50	
	梅河口市	67.73	53.03	67.73	
白山市	白山市市区	119.26	61.37	100.03	19.23
	江源区	155.79	78.37	153.04	2.75
	临江市	17.73			17.73
	靖宇县	24.11	20.16	24.11	
	长白朝鲜族自治县	6.39	3.84	6.39	
白城市	洮南市	66.48	26.55	66.39	0.09
延边朝鲜族自治州	延吉市	0.51	0.41	0.51	
	图们市	15.38	4.25	9.29	6.09
	敦化市	1.99	1.39	1.99	
	珲春市	577.59	291.30	450.94	126.65
	龙井市	24.20	1.41	1.84	22.37
	和龙市	9.07	5.91	8.87	0.20
	汪清县	4.46	3.22	4.46	

资料来源：吉林省国土资源厅. 吉林省矿产资源总体规划（2001～2010 年）[R]. 2003。

吉林省油气资源赋存于松辽盆地的东南隆起区和中央凹陷区，主要分布在扶余、前郭尔罗斯、大安、乾安、镇赉境内。石油资源储量 $12\,304.8\times10^4$ t，剩余可开采储量为 $8\,759\times10^4$ t，占全国储量的 3.94%，居全国第 9 位；天然气储量 123.48×10^8 m³。原油属低硫石蜡基原油，质量较好，油田的总含油面积在 380 km² 以上，主要产于白垩纪地层，有 8 个含油层位，油层埋藏深度 300～1 800 m 之间。其中 300～650 m 之间的浅层油田有 3 个，其含油面积 156 km²，扶余油田是中国最大的浅层油田。目前全省已经开采的油气田有35个，其中生产原油的油气田15个，矿区规模主要为大、中型，生产天然气的油气田20个，矿区规模主要为小型。

吉林省油页岩极其丰富，油页岩矿石资源总量为 $174.48×10^8$ t，居全国第1位，占全国总储量的一半以上，其中基础储量为 $3.59×10^8$ t，资源量为 $170.89×10^8$ t，储量为 $2.79×10^8$ t。油页岩主要分布在松辽平原、桦甸盆地和罗子沟盆地中。松辽平原储量占全省的97%，其中，农安油页岩分布广，储量大，总面积约 2 700 km²，表内储量为 $168.94×10^8$ t，占全国表内储量的54.2%。桦甸盆地油页岩和汪清县罗子沟盆地油页岩储量较低，分别仅占全省的2%和1%。

吉林省中低温地热资源丰富，主要分布在中部高平原和东部山区，其中东部山区多以温泉形式自然出露，中部高平原区地热多埋藏在数百米至数千米的地下深部，以钻井揭露。目前，初步探明的地热水总量可达 $2×10^4$ m³/d，相当于 $4 000×10^4$ t 标准煤。主要有长白山天池温泉群地热田、抚松县仙人桥镇地热田、临江市花山镇温泉群、长春市城区地热田等四大地热田。此外，在长春市双阳区、农安县、九台市，延边朝鲜族自治州安图县二道白河镇，四平市公主岭市等地区也具备地热埋藏条件。

二、非金属矿产资源种类与分布

吉林省非金属矿产资源丰富，目前已查明储量的非金属矿产有50种，水汽矿产3种。硅灰石、硅藻土、石灰石、沸石、浮石、硼矿、石墨、泥炭、火山渣、黏土类等矿种在国内占重要地位；水气矿产主要有地下水、矿泉水、二氧化碳气，其中矿泉水资源在国内占重要地位。

表3.2 吉林省主要非金属矿产资源数量及全国位次

矿产名称	单位	资源总量	储量	基础储量	资源量	全国位次
硒	硒 吨	287.00	0	0	287.00	11
碲	碲 吨	26.00	0	0	26.00	8
蓝晶石	蓝晶石 万吨	32.60	0	0	32.60	4
红柱石	红柱石 万吨	106.29	17.31	20.37	85.93	4
普通萤石	CaF_2 万吨	16.70	8.20	16.70	0	22
铸型用砂	矿石 万吨	703.50	0	703.50	0	7
冶金用脉石英	矿石 万吨	63.60	52.50	63.60	0	10
耐火黏土	矿石 百万吨	116.24	3.85	103.52	12.72	6
硫铁矿（伴生硫）	伴生硫 百万吨	26.32	8.57	18.51	7.82	4
明矾石	矿石 万吨	99.20	84.40	99.20	0	5

续表

矿产名称	单位	资源总量	储量	基础储量	资源量	全国位次
电石用灰岩	矿石 百万吨	135.17	70.84	74.57	60.59	7
泥炭	矿石 万吨	37.40	28.60	37.40	0	17
磷矿	矿石 万吨	470.30	0	0	407.30	25
磷矿（伴生磷）	P_2O_5 万吨	223.80	0	0	223.80	2
砷矿	砷 万吨	5.20	0.55	0.61	4.59	11
硼矿	B_2O_3 万吨	28.00	7.60	9.60	18.40	6
硅灰石	矿石 百万吨	326.00	0	0	326.00	4
石墨（晶质石墨）	晶质石墨 亿吨	10.63	1.73	2.04	8.59	4
滑石	矿石 亿吨	3.26	0.89	2.64	0.62	16
石棉	石棉 百万吨	32.975	0.13	32.37	0.60	28
云母	云母 吨	265.00	165.00	206.00	59.00	17
石榴石（矿石）	矿石 万吨	260.70	78.30	87.00	173.70	6
透辉石	矿石 百万吨	18.51	0	18.51	0	6
沸石	矿石 百万吨	91.04	40.72	44.45	46.59	6
石膏	矿石 百万吨	130.47	21.08	36.23	94.24	20
冰洲石	矿物 千克	243.00	0	1.00	242.00	1
宝石	矿物 千克	4 590	3 089	41 697	4 204.00	2
泥灰岩（砚石）	矿石 万吨	173.00	74.00	93.00	80.00	8
饰面用灰岩	矿石万 立方米	179.00	131.00	164.00	15.00	4
硅藻土	矿石 百万吨	210.58	38.78	53.16	157.42	1
陶粒页岩	矿石 万吨	890.00	239.00	265.00	625.00	6
高岭土	矿石 万吨	413.20	0	190.60	222.60	16
陶瓷土	矿石 百万吨	14.09	5.47	10.52	3.57	6
伊利石黏土	矿石 万吨	270.00	43.30	48.10	221.90	3
膨润土	矿石 百万吨	63.74	12.56	62.15	1.59	10
珍珠岩	矿石 万吨	507.00	476.00	501.00	6.00	10
浮石	矿石 万立方米	858.00	0	858.00	0	1
霞石正长岩	矿石 百万吨	33.18	31.52	33.18	0	3
火山渣	矿石 百万吨	38.82	32.08	33.77	5.05	1
建筑用玄武岩	矿石 万立方米	135.00	128.00	135.00	0	1

资料来源：吉林省国土资源厅.吉林省矿产资源总体规划（2001～2010年）[R].2003。

吉林省非金属矿产资源的分布与地质构造演化有着极为密切的联系。岩浆岩建造背景下，石材矿主要分布在吉林天岗、珲春、通化等地；瓷土矿主要分布在辽源宴平、梨树哈福、安图万宝河子一带；沸石、膨润土矿床，在省内可分为三个成矿带，即大黑山条垒成矿带（包括九台银矿山沸石、膨润土矿床，刘房子膨润土矿床，六台—三台珍珠岩、沸石矿床），吉中隆起区成矿带（包括双阳五家子膨润土矿床，磐石小梨河沸石、膨润土矿床），通化—浑江凹陷成矿带（包括通化石棚沸石矿床，白山红土崖一带的沸石、膨润土矿）；硅藻土矿床主要分布在长白马鞍山、敦化高松树、桦甸小勃吉等地，此外蛟河—敦化一带的橄榄石宝石矿、安图园池浮石矿床、辉南椅山的火山渣矿床也属此类矿床。

沉积建造背景下，石英砂岩矿是制造玻璃的主要原料，集中分布在白山地区；石灰岩、白云岩矿床，在吉林省分布广泛，主要以通化—白山地区、吉林市和四平市为主；含硅质粉晶灰岩，是著名的"松花砚"的母岩，主要分布在白山市；富铝黏土矿物构成煤系地层的矸石，是陶瓷工业的主要原料，主要分布在通化—白山市的煤系中；高岭石、伊利石、蒙脱石共生的黏土矿床，主要分布在伊通满族自治县到舒兰市一线的大口钦、七道河等地；伊利石矿主要分布在安图的万宝河子；陶土矿分布在梨树哈福；泥炭资源主要分布在通化、四平、吉林、延边地区。

变质建造背景下，硅灰石、透辉石—透闪石组合、石榴石系列、大理岩矿等均为吉林省的优势资源，集中分布在吉林、延边地区；石墨、硼、透辉石、水镁石、蛇纹石等矿产资源主要分布在集安地区。

吉林省矿泉水资源质量优、数量大、分布范围广。在已鉴定的矿泉水水源地中，以白山、延边和长春较为集中。矿泉水类型95%以上为偏硅酸型、锶型及偏硅酸锶复合型。此外，在白山、延边地区，分布有多处二氧化碳、锂、锶、偏硅酸等几种成分同时达标的稀有类型矿泉水，如抚松的松山矿泉、安图的头道白河矿泉等，这种水质的矿泉水可与黑龙江五大连池和法国维希等世界名牌矿泉水相媲美。长白山地区是国内外少有的矿泉水集中分布区，现有矿泉水水源地162处，占全省的48.6%，总允许开采量为 $23.9×10^4$ m^3/d，占全省总量的73.6%。长白山矿泉水资源储量丰富，类型多样，生态环境优越，潜在价值高，开发潜力巨大。

三、金属矿产资源种类与分布

吉林省金属矿产主要有铁、锰、铬、钛等30余种，其中列全国前10位的有镁矿、钼矿、镍矿、锗矿、铬矿、钒矿和钴矿7种，已开采的金属矿有铁、铜、铅、锌、钼、镍、镁、锑、金、银等10余种。

表 3.3　吉林省主要金属矿产资源数量及全国位次

矿产名称	单位	资源总量	储量	基础储量	资源量	全国位次
铁矿	矿石　百万吨	444.34	181.04	231.62	212.71	20
锰矿	矿石　万吨	14.80	0.30	0.40	14.40	18
铬矿	矿石　万吨	3.10	0	0	3.10	8
钛矿	钛铁矿矿物　万吨	1.45	0	0	1.45	21
钒矿	V_2O_5　万吨	29.59	0	0	29.59	10
铜矿	铜　万吨	81.41	30.48	55.77	25.64	16
铅矿	铅　万吨	11.32	0.76	0.93	10.40	24
锌矿	锌　万吨	54.18	9.19	15.33	38.85	22
镁矿	矿石　百万吨	48.48	9.15	24.64	23.84	1
镍矿	镍　万吨	30.11	16.06	21.57	8.54	4
钴矿	钴　万吨	1.75	0.34	0.38	1.37	10
钨矿	WO_3　万吨	0.79	0.37	0.55	0.24	15
钼矿	钼　万吨	109.36	39.78	79.98	29.38	2
汞矿	汞　吨	232.00	0	0	232.00	11
锑矿	锑　万吨	2.13	0.15	0.19	1.94	11
金矿	金　万千克	13.54	6.04	10.19	3.35	14
银矿	银　吨	1 916.00	346.00	826.00	1 090.00	20
锆矿	锆石英　吨	605.00	0	0	605.00	13
磷钇矿	磷钇矿　吨	67.00	0	0	678.00	17
锗矿	锗　吨	300.00	0	0	300.00	4
镓矿	镓　吨	123.00	0	0	123.00	20
铟矿	铟　吨	17.00	0	0	17.00	13
镉矿	镉　吨	1 541.00	0	0	1 541.00	19

资料来源：吉林省国土资源厅．吉林省矿产资源总体规划（2001～2010 年）[R]．2003。

（一）黑色金属矿产

吉林省黑色金属矿产主要有铁、锰、铬、钒、钛 5 种。铁矿资源贫乏，矿石储量居全国第 20 位，共有 7 种矿床类型，其中具有工业意义的矿床类型有鞍山式铁矿和大栗子式铁矿。鞍山式铁矿主要有白山市板石沟、吉林市桦甸县老牛沟等大型矿床，通化市通化县四方山、延边朝鲜族自治州和龙市官地等中型矿床；大栗子式铁矿主要分布在老岭背斜东南翼，共有5处矿床，其中通化市通化县七道沟，白山市大栗子、泥乱塘为中型矿床。锰矿主要分布在延边朝鲜族自治州敦化市大蒲柴河、辽源市东丰县西保安、吉林市桦甸市榆木桥子等地，均为小型矿床；铬矿分布在吉林市永吉县小绥河，开采条件差，难以利用；钒矿伴生于延边朝鲜族自治州敦化市塔东铁矿中，钛矿伴生于延边朝鲜族自治州珲春市黄松甸子金矿中，需随主矿种开发同时回收。

（二）有色金属矿产

吉林省有色金属矿产主要有镍、钼、铜、铅、锌、钨、钴、汞、锑等。镍矿储量居全国第4位，为国家镍矿基地之一，其中吉林市磐石市红旗岭、蛟河市漂河川和通化市通化县赤柏松3处大、中型矿床储量占全省镍矿的89%。

钼矿储量居全国第2位，有三种矿床类型。斑岩型矿床分布在吉林市永吉县大黑山，矿体产于燕山期斜长花岗斑岩中，伴生矿产有铜、硫、镓、铼等，钼矿储量规模为大型，占全省钼矿储量的99%。矽卡岩型矿床分布在吉林市磐石市铁汞山钨铁矿和临江铜矿中，钼为伴生矿产，规模小。热液脉状矿床分布在吉林市永吉县头道沟，延边朝鲜族自治州敦化市三岔子、和龙市石人沟，矿体产于燕山期花岗闪长岩或白岗质花岗岩中，储量规模均为小型。

铜矿多与其他矿产共生或伴生产出，富矿很小，含铜1%以上的富矿储量占全省的7.4%。全省95.4%的铜矿储量分散在23处共、伴生铜矿床中，其中吉林市永吉县大黑山和延边朝鲜族自治州珲春市小西南岔两处中型共、伴生铜矿的储量分别占全省的57.4%和14.3%，此外吉林市桦甸市、四平市伊通满族自治县和通化市通化县也有铜矿分布，但未开发利用。

铅、锌矿共有17处产地，现已开发4处，有延边朝鲜族自治州龙井市天宝山矿、白山市荒沟山矿、通化市集安市铅锌矿和四平市梨树县大顶山矿。伊通满族自治县放牛沟多金属硫铁矿中的锌，储量规模为中型，可为接续锌矿资源产地。

钨矿分布在吉林市磐石市铁汞山，延边朝鲜族自治州龙井市三道沟、汪清县白石砬子，均为矽卡岩型矿床，规模小，尚未被利用；铋矿分布在伊通满族自治县放牛沟，多为金属硫铁矿的伴生矿产，储量规模为小型；钴为铜镍矿的伴生矿产，随开发镍矿回收利用；汞矿分布在敦化市迎风沟，品位低，未被利用；锑矿分布在磐石市三合屯、桦甸市以及临江市青沟子。

（三）贵金属矿产

吉林省贵金属矿产主要有金、银两种。金矿分布在东部山区，其中桦甸市夹皮沟、和龙市金城洞等地，金矿储量占全省岩金的53.8%；通化市金厂石家铺子等破碎蚀变岩型金矿,储量占全省岩金的16.8%;汪清县刺猬沟、闹枝,延吉市五凤、五星山,梅河口市香炉碗子,珲春市小西南岔等地,其金矿储量占全省岩金的18.6%。

吉林省有银矿产地11处,其中四平山门是以银为主的大型矿床,储量占全省银矿的82%。其余10处产地均为铜、铅、锌、金等矿床的伴生银矿。

四、矿产资源开发与利用

(一)矿产资源开发利用现状

吉林省目前已开发矿产资源有77种,其中硅藻土、火山渣、硅灰石产量居全国首位;镍、硼、二氧化碳气产量居全国第二位;浮石、泥炭产量居全国第三位;金、银、钼、珍珠岩、石英、天然气、膨润土、沸石、石墨等矿产产量均居全国前10位。2000年固体矿产矿石产量$8257.7×10^4$ t,居全国第22位;原油产量$378×10^4$ t,居全国第8位;天然气产量$3.77×10^8$ m^3,居全国第11位。

吉林省能源矿产已开发利用的有煤炭、石油、天然气、油页岩、地热5种。其中:煤矿企业987个,开采品种主要有褐煤、长焰煤、焦煤、气煤、贫煤和少量无烟煤;石油天然气开采企业目前有中国石油天然气总公司吉林分公司和中国石化新星公司东北石油局两个大型企业;油页岩和地热分别在桦甸市和临江市,开采规模都很小。

金属矿产已开采的有铁、铜、铅、锌、钼、镍、镁、锑、金、银等10余种。铁矿石年生产能力$277×10^4$ t,铜矿石年产量$0.53×10^4$ t,铅锌矿石年产量$21.82×10^4$ t,镍矿年矿石产量$37.4×10^4$ t,钼、镁、锑矿开采规模都很小。有色金属、贵重金属共生、伴生组分多,选矿综合回收的仅有7种,进行综合回收的矿山占66.5%。

非金属矿产共开发56种,主要矿种有石灰岩、大理岩、硅灰石、硅藻土、硼、石膏、泥炭、耐火黏土、火山渣、膨润土、浮石、石墨、沸石,总产量$1374×10^4$ t,产值3.5亿元。

水气矿产现开采的主要为矿泉水、二氧化碳气。矿泉水开采企业60户均为小型,年产量为$93.5×10^4$ t,产值9095万元。二氧化碳气生产企业1户,年产量$1000×10^4$ m^3,产值750万元。

(二)矿产资源开发利用的主要问题

1. 矿产勘察程度低,后备资源不足

地质勘察业改革、开放滞后,公益性、商业性矿产勘察分制运行的体制尚未形成,各级财政拨付的勘察费用不能形成有效投入,特别是公益性地质工作薄弱，使商业性地质勘察缺乏基础资料和工作靶区。目前主要矿种煤、铁、铜、镍、铅、锌、金、硼储采比连年下降；多数矿山进入中晚期，如夹皮沟金矿、天宝山铅锌矿、红旗岭镍矿和通化、辽源、舒兰煤矿务局，既面临资源枯竭，又面临无资源接续地的窘境；矿业城镇面临矿竭城衰问题，生存发展需要转型。

2. 开采方式粗放，技术、设备落后，资源浪费严重

20 世纪 80 年代采矿权管理不规范遗留下来的大矿小开、同一矿区多家开采等状况依然存在，没有形成规模化开采与集约化经营。虽经多次治理，但仍普遍存在小型矿山生产技术、工艺、设备和采掘方式落后，经营粗放，管理水平和生产效率低下，采、选回收率低，采富弃贫，采易弃难，采主弃副，资源破坏、浪费严重等问题。

3. 矿产开发对生态环境破坏严重

矿产开发中，片面追求近期经济效益、忽视环境保护。据不完全统计，吉林省矿山占用土地面积达 2.82×10^4 hm^2，而且每年以 300～450 hm^2 的速度增加，"三废"排放达标率低，水土流失、植被破坏严重，局部地区水源、大气、土壤污染严重。部分地区诱发了地面塌陷、沉降、山体开裂、崩塌、滑坡、泥石流等次生地质灾害。

第三节　独特的区域旅游资源

吉林省境内旅游资源丰富，类型多样，无论是自然旅游资源还是人文旅游资源都颇具特色。由于吉林省自然地理环境与人文资源环境具有典型的东西向分异规律，由此而形成的自然与人文旅游资源也具有东西向差别的地方特色和空间分布特征。

一、东部长白山区山岳森林生态旅游资源

吉林省东部长白山山脉是我国东北地区乃至欧亚大陆东部的最高山系，这里山高林密，风光秀美。长白山独特的地理构造，形成了鬼斧神工般绮丽迷人的景观。受山地地形垂直变化影响，长白山从山脚到山顶，植被垂直地带分异明显，短短的六千米浓缩了从北温带到北极地区几千千米的生物景观。

长白山底部，森林茂密、树木种类繁多，形成"长白林海"的壮丽景观。以红松为代表的常绿针叶树和落叶阔叶树展现出一种立体之美、组合之美，茂密的针阔叶混交林随着季节变化给长白山披上迷人盛装。2005 年，《中国国家地理》举办的"中国最美的十个地方"排行榜上，在"中国最美的十大森

林"一项中，长白山红松针阔混交林位于第二位，具有极强的观赏价值。长白松为长白山特有的珍稀树种，因其树干挺拔、树皮鲜艳、树形娇美而被称作"美人松"，列入1999年国务院公布的《国家重点保护野生植物名录》。

长白山海拔为1 100~1 800 m，气候湿冷，冬寒夏凉，常年云遮雾罩。森林结构比较简单，云杉占据优势，树高林密，四季常青，林冠遮天蔽日，置身此中犹如遁入仙境。在海拔1 800~2 100 m之间，植被以岳桦为主，其中高山岳桦是长白山桦树中的特殊树种，它们散生林间，形态各异，有的老态龙钟，有的亭亭玉立，有的婀娜多姿，有的横枝伸展，体现着顽强的生命力，充分显示大自然的神奇造化功能。

吉林省24个国家级森林公园中有18个分布于东部长白山地区，分别是延边仙峰国家森林公园、图们江国家森林公园、图们江源国家森林公园、汪清满天星国家森林公园、白山市国家森林公园、长白山国家森林公园、临江玉女峰国家森林公园、花山国家森林公园、江源干饭盆国家森林公园、抚松露水河国家森林公园、通化白鸡腰国家森林公园、石湖国家森林公园、三角龙湾国家森林公园、三仙夹国家森林公园、集安五女峰国家森林公园、蛟河拉法山国家森林公园、桦甸红石国家森林公园、肇大鸡山国家森林公园。这些森林景色各异，吸引着众多的旅游者。

于1960年设立的长白山自然保护区是一个以森林生态系统为保护对象的自然综合体保护区。1980年，经联合国教科文组织批准，长白山自然保护区被列入"人与生物圈"保护区网，成为世界瞩目的自然生态环境保护最好的保留地之一，被誉为"天然博物馆"、"物种基因库"。1986年被列为国家级自然保护区，1992年被世界自然基金会（WWF）列为世界A级自然保护区，是世界40个A级保护区之一。长白山自然保护区内著名的旅游景点有长白山天池、长白山瀑布、地下森林、小天池、锦江大峡谷、长白山温泉、美人松园林、浮石林、虎林园、高山花园、自然博物馆等。此外还有白云峰、芝盘峰、锦屏峰、观日峰、龙门峰、天豁峰、铁壁峰、天文峰、紫霞峰、孤隼峰、三奇峰、白头峰、冠冕峰、卧虎峰、梯云峰、玉柱峰等长白山十六峰，以及针阔混交林景观带、针叶林景观带、岳桦林景观带、高山苔原景观带等长白山自然景观带。

东部长白山地区除自然旅游资源外，人文旅游资源也比较丰富。位于吉林省东南部的集安市，与朝鲜隔鸭绿江相望，是我国对朝三大口岸之一。这里气候宜人，四季分明，风景秀丽，素有"吉林小江南"之称。集安历史悠久，文化底蕴丰厚。古代灿烂的文化，在集安境内留下了闻名遐迩的文物古迹，有多处被列为国家级和省级重点文物保护单位。2004年7月1日，以具有"东方金字塔"之称的将军坟,"海东第一碑"好太王碑,"东北亚的敦煌"五盔坟4号墓、5号墓壁画等为代表的高句丽王城、王陵及贵族墓葬被列入世界文化遗产名录。此外,国内城、丸都山城等高句丽古遗址蜚声国内外。长白山地区是我国朝鲜族的主要分布地区,以朝鲜族民族风情为特色的人文旅游资源具有较大的开发价值。

东部长白山区有延边和龙仙景台、珲春防川两个国家级风景名胜区,此外还有长白山国家级自然保护区、辉南县龙湾群国家森林公园以及集安市高句丽文物古迹旅游景区等三个4A景点。

二、中部冰雪人文旅游资源

吉林中部地区自然旅游资源主要依托河、湖及水库资源,季节性较强,春、夏、秋季多为休闲观光旅游方式,旅游客源范围主要为区域内或省内;冬季则利用严寒的气候条件和水文优势,形成独具特色的冰雪旅游资源,特别是将冰雪资源与文化、体育结合而形成的冰雪文化、体育旅游最具有代表性,其客源范围可达国内外。人文旅游资源内涵丰富,主要以文化旅游、城市旅游和历史遗址为特色。

吉林省冰雪旅游资源既可游玩,又可观赏,其中以吉林雾凇最为著名,它是全省冰雪旅游资源的精华。在"千里冰封、万里雪飘"的隆冬季节,寒凝大地,树木冬眠,花草凋零,万物失去生机,然而吉林雾凇,却能春意盎然般地让柳树的枯枝成为婀娜多姿的琼枝玉叶,让松柏的青枝形成朵朵银菊怒放,让凋谢的花草成为千姿百态的花团锦簇。正因为如此,玲珑剔透、栩栩如生的吉林雾凇,与长江三峡、桂林山水、云南石林并称为中国四大自然奇观。作为温带地区的城市,吉林雾凇出现时间之长、出现次数之多为世界罕见,出现时间一般从每年11月份至第二年3月份,有时从10月份至第二年4月份,出现次数历年平均每冬为29.9次,最多每冬可达64次,且厚度大,为40~60 mm。雾凇出现在依山傍水、环境优美、交通发达的吉林市,不仅具有观赏价值,而且也具有开发利用价值。

将冰雪旅游与体育结合起来已成为旅游发展的趋势。吉林北大湖滑雪场距吉林市56 km,2006年冬季曾成功承办过亚冬会滑雪项目比赛;松花湖滑雪场距吉林市19 km,每年吸引众多国内外游客和滑雪爱好者聚集这里;长春净月潭滑雪场距长春市8 km,以"城市中的旅游滑雪场"著称。这里冬季游乐项目丰富,以冰雪项目为主体,驾驶雪地摩托奔驰在冰湖上,体味北国银白世界的神韵;乘坐1 321 m长的双人吊椅式观光索道,远眺亚洲最大的人工森林,如同漫游在林海雪原之中;进入全长1 616 m的世界最长的管轨式滑道穿梭在滔滔林海之中，风驰电掣，峰回路转。在林中漫步，观皑皑白雪，听林海涛声，体会人与自然的和谐统一，别有一番情趣。

长春市既是一座生态城市，被誉为"森林城"，也是"文化城"和"电影城"。市区东南部拥有占地面积约 100 km² 的亚洲最大的人工林——净月潭国家森林公园。蜿蜒的第二松花江横穿所辖的 4 个市县，沿江物产丰富、风光秀丽，自然景观丰富多彩。冬季冰雪旅游资源得天独厚，为生态旅游开发奠定了重要的资源基础。长春市城市发展距今只有 200 年的历史，留下来的遗迹并不多，但在日伪统治时期，曾作为"伪满洲帝国"的首都，留下了许多日伪时期的遗迹，其中包括中国现存的三大帝王宫殿之一的伪满皇宫和八大部（军事部、经济部、外交部、交通部、司法部、民生部、兴农部、教育部）建筑以及日本关东军司令部、日本宪兵司令部、关东军司令长官官邸等，这些建筑在风格上属中西合璧的"兴亚式"建筑风格，具有较高的观赏性和独特的文化旅游价值。此外现存农安县城的辽代八角密檐式塔和金代黄龙府古城及黄龙戏等，为开发辽金文化旅游和研究东北少数民族发展史提供了珍贵的史料。

长春市是新中国电影事业的摇篮，新中国第一个电影制片厂和早期优秀的电影作品，都是从这里诞生的。"长春电影城"和"长春电影宫"及两年一度的长春电影节宣传弘扬了电影文化，使世界认识了长春，长春走向了世界。坐落于长春净月潭旅游开发区内的长影世纪城，是中国第一个世界级电影主题娱乐园，集影视生产和旅游观光为一体，有"东方好莱坞"之美誉，充分吸纳了美国好莱坞环球影城和迪士尼乐园的精华，是中国独有、世界先进的"世界特效电影之都"。

中部地区有长春八大部—净月潭和吉林松花湖两个国家级风景名胜区，长春伪满皇宫博物院、长春世界雕塑公园、吉林北大湖滑雪场、长春净月潭国家森林公园、吉林松花湖风景名胜区、长春长影世纪城等 4A 级旅游景点。

三、西部河湖草原民族风情资源

吉林省西部地区地势低平，草原面积广阔，虽然气候干旱，但由于松花江、嫩江流经本区，加之地下水资源比较丰富，湿地面积辽阔，形成了区域独特的水域景观。

位于白城市通榆县内的向海自然保护区，总面积 1 055 km²，区内沙丘蜿蜒起伏，湖泊波光粼粼，草原碧波荡漾，黄榆婆娑起舞。向海保护区为世界著名的湿地生态系统保护地，是世界著名珍禽丹顶鹤的故乡之一，拥有 300 余种野生脊柱动物，其中鸟类就有 286 种，素有"百鸟乐园"之称。向海的魅力在于"美在自然，贵在原始"。向海被国务院批准为国家级森林和野生动物自然保护区；被世界野生生物基金会评为"具有国际意义的A级自然保护区"，列入《国际重要湿地名录》；被国家人与生物圈委员会批准加入"中国人与生物圈保护网"。通榆向海已经成为吉林省重要的旅游胜地，为4A级旅游景点，与名闻天下的长白山争光夺彩。

位于镇赉县境内的莫莫格国家级自然保护区，1987年被国家环保总局列入中国第一批湿地名录，1997年升为国家级自然保护区。保护区总面积1 440 km²，湿地面积占全区的80%，是吉林省最大的湿地保留地。奔腾不息的嫩江和澎湃的洮儿河孕育了这块神奇的土地，形成了江河水域、苔原小叶樟、芦苇沼泽、碱草碱蓬草甸四种典型的湿地生态景观，为4A级旅游景点。

位于松原市前郭尔罗斯蒙古族自治县的查干湖，蒙语叫"查干淖尔"，意为纯净圣洁的湖，人们习惯称为圣水湖。湖泊水域总面积420 km²，是中国十大淡水湖之一，也是吉林省最大的内陆湖泊，湖水幽深，草原碧绿，素有草原银湖之称。湖周围分布着鸿鹄楼、藏传佛教寺庙——妙因寺及清孝庄祖陵等人文景观。查干湖四季不同的迷人景色有着四种不同的韵味，春登鸿鹄楼观湖赏景，夏游圣水湖清爽宜人，秋品历史感动心灵，冬季捕鱼领略新奇，查干湖冬捕，更因其原始渔猎部落文化的积淀而成为查干湖旅游的点睛之笔。2005年，电视剧《圣水湖畔》播出后，为欣赏查干湖的美妙风姿，许多人纷纷慕名而来。

吉林西部是我国八大牧区之一，松原市地处世界三大草原之一的科尔沁草原和松嫩平原的交会处，水源丰富，草质良好，是欧亚草原带的最东端。在这里可以欣赏到"天苍苍，野茫茫，风吹草低见牛羊"的自然风光，还可以骑马、射箭或是滑草，尽情享受草原竞技的乐趣。

西部草原上的游牧民族——蒙古族在长时期的历史发展过程中，具有浓郁的民族风格和地方特色，形成了以草原民族风情为特色的人文旅游资源。"那达慕"大会是蒙古族历史悠久的传统节日，每年七八月间举行，现已成为草原上庆丰收、进行物资交流和举行民间体育活动的隆重集会。马头琴是蒙古民族特有的也是最喜爱的民族乐器，草原牧民对马头琴有特殊的感情，流传至今已有一千三百多年的历史。马头琴的琴声优美动听，对于草原的描述，一首马头琴的旋律，远比画家的色彩和诗人的语言，更加传神。

第四章 区域开发的时空过程

章前语

吉林省人类活动历史悠久。从"榆树人"和"安图人"的远古遗存，到原始氏族公社聚落的形成；从春秋时期"四大支系"的角逐，到高句丽王朝与渤海国的兴衰；从辽、金、元、明、清不同朝代的更迭，到满清王朝的覆灭；从奉系军阀的统治，到东北沦陷；从新中国成立，到现代经济社会体系的建立，吉林省经历了几万年社会、政治、经济、文化活动的历史演变过程。在漫长的历史演变过程中，虽然吉林省内不同民族在长期的社会生产实践中创造了具有地方特色的物质和文化，但在每一个社会历史演变时期，又都受到中原文化的不同程度的影响，特别是近代社会以来，中原地区人口的大量迁入，不仅带来了先进的农业生产技术，汉族文化也对吉林省近代少数民族的社会经济活动产生了重要的积极影响。在历史演变中，吉林省人口、聚落、农业、工矿业、交通运输以及生态环境发生了巨大变化，同时在自然环境和社会人文因素综合作用下，其空间分布也不断发生变化，从而形成现在的经济社会空间格局。

关键词

历史渔猎经济活动；近代移民垦殖与区域开发；现代工业与城镇发展

第一节 渔猎时期的经济活动与原始环境

一、历史聚落的形成与分布

（一）原始社会时期的氏族公社聚落

吉林省历史聚落的形成与人类社会的历史发展和自然环境密不可分。松花江是吉林省远古文化的摇篮，两岸有数不清的原始文化居址，留下了几万年间的人类文化遗存。"榆树人"和"安图人"的发现表明,在距今几万年前的远古时期,吉林省便有了人类的生产和活动。

1951年,在松花江北岸的榆树县周家油房村,发现了距今约四万年到七万年、被称作"榆树人"的原始文化遗存,为松花江沿岸旧石器时代晚期的居民,也是吉林省发现的最早居民。1963年,在二道江畔的安图县明月镇石门山村,发现了距今约二万六千年的"安图人"洞穴居址,"安图人"脱离了茹毛饮血的时代,具备了和现代人相近的肢体,表明人类已经逐步进入中石器时代。原始社会时期,在吉林西部草原地区、松花江流域、图们江流域、鸭绿江和浑江流域等均分布着原始氏族公社聚落。

(二)"四大支系"角逐时期的部落

春秋战国以后的几百年时间里,吉林省内经历了汉族的北上、北夫余的兴起和衰亡、勿吉(靺鞨)[①]的南征西讨、鲜卑族的迅速发展等四大支系的角逐,聚落随着部族的兴衰而更替。

秦、汉时期,以现在的农安为中心,秽貊族建立了一个国家,称夫余(也称北夫余),领地方圆两千里,占据吉林省中部地区,夫余的各地区设有城栅和村落。勿吉原居住在长白山北部森林地区,由于居地偏远,在各族角逐时很少受到影响,社会发展缓慢,到南北朝时逐渐强大,五世纪中期,受中原文化影响,更加强大。

鲜卑族是东胡族的一支,历史上曾称匈奴族为胡。乌桓、鲜卑等族,居住在匈奴的东边,被称为东胡。居住在大兴安岭南麓到西辽河北岸地区的东部鲜卑,逐渐东进,占据今吉林省西部地区和中部部分地区。其中慕容氏一支,于284年建立前燕,第二年攻下夫余王郡,以后进入中原,留在吉林西部地区的鲜卑族则和他们的近支契丹族逐渐融合。

(三)渤海国的城镇聚落

697年,一部分靺鞨人在首领大祚荣等人的率领下,北上隰路故地,在现在敦化镇东南角的敖东城建立了政权——震国。713年,唐朝正式承认大祚荣为藩属,把他统治的地方作为唐朝的新建制忽汗州,并改称渤海,史称"海东盛国"。渤海国时期城市建筑较为发达,城市多设于交通要道、易于生息的平原。渤海国在吉林省比较重要的城市遗址有珲春八连城、桦甸苏密城、敦化敖东城、和龙西古城子等。此外,临江市附近、集安市附近、农安县、长春市附近以及吉林市乌拉街附近都曾作为当时府、州行政管辖所在地,形成

[①] 中国东北古代民族名,由我国远古民族肃慎发展而来。此民族在先秦称肃慎,汉至三国两晋时期称挹娄,南北朝时称勿吉,隋唐时称靺鞨。

了较大的聚落，屋皆就山墙开门，民间住宅大部分为穴居。

（四）辽、金、元时期的军事重镇与古城兴衰

926年，契丹灭渤海国，改渤海国为东丹，947年改国号为辽，当时吉林省全部地区归入契丹版图。为了加强对生女真及东北边境各部族的控制，辽圣宗后，在今吉林省境内建立了黄龙府（今农安）和长春州等军事重镇，在接近生女真居地的松花江一带，经常屯驻大军，并在沿岸修筑堡垒，以加强其军事控制。其中宁江州是辽控制生女真的前哨基地，泰州则是控制西方和北方蒙古部落的边防重镇。

今吉林省境内的辽代古城大多数是在圣宗以后修筑的，如前郭尔罗斯蒙古族自治县他虎城、洮南市城四家子古城、农安古城、怀德县秦家屯古城等皆为辽代古城。1117年，辽在今吉林省境内的州城完全被金军攻陷，归入金的版图。1125年，辽被金所灭，辽代古城又加以沿用，其遗址一般都被称为辽、金古城。

金分全国为十九路，路下有府、州、县。今吉林省农安、怀德、梨树以东属于上京路，以西则属于北京路，吉林省中南部属于咸平路，金在今吉林省境内所设置的州县名称、位置与辽代大致相同。吉林省境内，属于上京路管辖的有隆州（辽代的黄龙府，今农安古城址即州治的所在地）、肇州（辽代出河店的所在地，州治在农安县北部，松花江南岸二鲍子古城址）、信州（辽代信州所在地，州治在今怀德县秦家屯古城）；属于咸平路管辖的有韩州（辽代韩州所在地，州治在辽代和金初均在柳河县八面城，金代天德二年以后，迁到旧九百奚营，即今梨树县偏脸城）；属于北京路的有泰州（金初即辽代泰州，即洮南市四家子古城，1185年废止，1198年复置于长春县，为新泰州，即前郭尔罗斯蒙古族自治县他虎城），为吉林省境内最重要的军事重镇。

金朝末年，随着蒙古的建国和势力的强大，金在吉林省境内的统治力量逐渐削弱。1216年浦鲜万奴建东夏国，今延吉市东的城子山山城，即为东夏的南京城，东夏从1215年至1233年，仅存18年即为蒙古所灭。蒙古灭东夏后，于1234年灭金，1271年改国号为元。蒙古统治者进入东北初期，当地社会经济遭到极大破坏，吉林省境内辽、金时期修建的城镇绝大部分被摧毁，而在元代未加以利用，形成废墟。元朝时期，受移民屯田和军事屯田政策影响，吉林省的聚落形式主要为村（屯）落，在咸平府、肇州一带立有屯田，并不断增拨汉人、女真人屯种。此外，还将当时所谓的因犯安置在肇州屯种。

（五）明代的羁縻卫与女真部落

明初，为了加强对蒙古族和女真族等少数民族的控制，统治阶级采取了羁縻政策，在东北设立许多卫所——羁縻卫。明朝在吉林省境内设立的羁縻

卫约70余个,多集中在现在的吉林市和延边朝鲜族自治州一带。宣德七年,辽东都司都指挥使刘清兼任造船总兵官,在今吉林市南面的松花江上造船,用以运输军士、粮饷和各种援边物资。

明朝时期,整个女真族,按居住的地区划分为三大支系,即建州女真、海西女真和野人女真。建州女真在以依兰为中心的牡丹江流域;海西女真居住在张广才岭以西的松花江沿岸地区;野人女真居住在乌苏里江下游和黑龙江中下游地带。建州女真、海西女真以农牧业为主,过着定居和半定居的生活,经济、文化都高于野人女真。野人女真生产上以渔猎、游牧为主,有些人过着半定居生活,有些人则居无定所。明代永乐、宣德年间,野人女真逐渐进入建州、海西之地,逼迫建州、海西女真向南转移。建州女真由依兰地区逐渐迁徙到现在辽宁省东北部和吉林省的东南部,以新宾老城为中心,定居下来。海西女真南迁后,定居在今吉林省中部和辽宁省北部地区。

海西女真南下后分为四个部分,称为扈伦四部。哈达部,定居在哈达河(开原小清河)一带;叶赫部,原系海西女真的那拉部,迁至叶赫河流域后,称叶赫部,其中叶赫西城为今梨树县叶赫镇所在地,叶赫东城为今辽源市之龙首山;乌拉部,居住在松花江支流的乌拉河畔,吉林市永吉县的乌拉街古城即其治所;辉发部,居住在辉发河畔,治所是现在辉南县的辉发山古城。

明万历十一年(1583年),努尔哈赤成为建州卫的军事统帅,他首先打败建州女真内部依附于明朝而且力量比较强大的尼堪外兰,万历十四年,又攻取鄂勒浑城,建州女真及其周围各部,逐渐为努尔哈赤所统一。在万历十七年至万历四十七年期间,努尔哈赤率领建州女真先后消灭扈伦四部,今吉林地区整个都在建州女真的掌握之中。

(六)清代村落体系的形成与城镇分布

清初为了加强吉林地区的统治力量,顺治九年(1652年)七月,清政府派大员驻防宁古塔地方,这是清入关后加强吉林地区驻防八旗的开始。顺治十八年(1661年)在今吉林市置水师营,并在吉林西门外松花江北岸设造船厂(吉林市旧名"船厂")。康熙元年,任命宁古塔将军,康熙十年(1671年)移副都统入驻吉林,这是清朝在今吉林省设行政官的开始,此后吉林市逐渐发展成为经济、政治、军事的重镇。

清政府为了保护皇室的特殊利益,修筑柳条边,设围场,使长白山地区和松花江中、上游地区成为封禁之地。吉林省地区一共被封禁了一百八十来年,各村庄居住者绝大多数为满人,汉族人极少。

从嘉庆八年(1803年)开始,清政府逐步放开对汉族人口流入东北的禁令,此后流入东北的汉族人口大增。流入到吉林省的汉族农民,开始作为佣工服劳役，后来渐渐地向旗人租种田地，他们有的额外开荒，有的给满族人当管家，也有的在荒山旷野建造窝棚，并在附近烧荒开垦，居住的人家越来越多，后来就演变成了村落，村落的名称有的便以最早在这里定居的某家窝棚为名。窝棚的建立，开始于18世纪中叶以后，但大部分是在19世纪初到20世纪初这一百年间建立起来的。吉林省内的村庄也称为屯子，满族聚族而居，称"村"为"屯"。其原来由三、五户人家屯居而耕，逐渐加入新户及人口繁殖形成今日的大屯子。屯子的规模有大有小，有一户一屯的，有几户一屯的，也有几十户一屯的，大部分由三十至八十户人家所组成，最大的也有几百家的大屯子，但比较少见。屯子间的距离有几里的、十几里的，也有几十里或百里以上的。

清朝时期吉林城镇的兴起，主要源于关内人口的大规模流入以及工商业的发展和军事需要。由窝棚而形成的村落逐渐成为城镇兴起的基础，伴随着农业开发，关内商业资本势力也渗入东北，他们不仅成为商品交换的中介人，而且还从事手工业经营，并支配着家庭工业。随着社会经济发展，一方面由于军事上的需要，到鸦片战争前，吉林地区已形成一批大小城镇，主要有吉林乌拉、打牲乌拉（乌拉街）、宽城子（今长春市）、梨树、前郭尔罗斯、伯都讷（今松原市扶余区）、珲春、舒兰、怀德等。吉林乌拉是一座以商业、手工业又兼造船业为主的城镇，是重要的水陆交通枢纽。伯都讷镇是一处物资集散中心。鸦片战争之后，吉林省相继增设了一些县，民署行政所在地也逐步形成了小城镇。

二、经济活动与生态环境特征

（一）以渔、猎、种植业为特征的农牧业生产历史悠久

新石器时代，吉林省就有了原始的农牧业生产活动，松花江流域、吉林西部草原、图们江流域、鸭绿江和浑江流域是吉林省古人类进行原始农牧业活动的主要地区。居住在松花江流域的人们，已经能够种植耐旱的黍和粟等作物，同时在江河沿岸捕鱼，在山林草丛中射猎，并饲养猪等家畜，农业已成为食物的主要来源；居住在西部草原地区的人们，流动在洮儿河、嫩江等水草丰茂的河流、湖泊沿岸，以捕鱼、射猎、采集贝类水生动物及其他植物等补充食物来源，此外还饲养少量的牛、羊和犬等，在适于农业的地方，开始了原始农业；居住在图们江流域的人们，也以渔猎业为主，随着生产的发展，农业占据了生产的主要地位；居住在鸭绿江和浑江流域的人们既从事农业生产，也在沿河两岸捕鱼，生活相当安定。

在中原的春秋战国和秦汉之际，吉林省原始社会逐渐解体，进入阶级社

会。古肃慎人和挹娄人已有了原始农业，到南北朝时，农业有所发展，农作物品种增多，但耕作技术落后。隋唐时，靺鞨人开始出现原始的田间耕作方式，耕地面积扩大，农业生产力提高。

夫余是吉林省境内最早建立的国家。夫余对农业生产比较重视，用商朝的历书指导农业生产，农业发展很快。此外，夫余人"善养牲"、"出名马"，畜牧业较为发达。

渤海国时期，农业已经成为社会经济中主要的生产部门。由于铁器和耕牛的普遍应用，促进了农业的深耕细作，提高了农业生产力，在干旱的平原和山区、半山区，主要种植耐旱的粟、麦、豆；在江河两岸、土地肥沃的平原和山间谷地，水稻已经大面积种植，卢城（今和龙）是当时著名的水稻产区。渤海国在发展粮食作物的同时，也重视经济作物的生产，如东京龙原府（今珲春八连城）是大豆的主要产地之一，中京一带（今延边地区）麻类种植已相当普遍，蔬菜、水果等园艺作物的种植也取得了一定的成就。此外畜牧和渔猎业在渤海经济生活中也占据重要地位。

契丹是北方古老的民族之一，过着渔猎、畜牧的氏族部落生活，在先进的汉族经济文化的影响下，社会经济发生重大变化，除了传统的牧业外，农业也有了一定的发展。辽建立后，由于畜牧业和农业的发展，渔猎在契丹人的社会经济生活中退居次要地位，成为农牧业的补充。

女真早在辽代就开始有了农业生产，金建立后，采取了"劝农"和"垦荒"政策，农业生产进一步发展。随着农业工具和耕作技术的改进，耕地面积也不断扩大。金代在水草丰美的地方设置官牧场，大力发展畜牧业，其牧场主要集中在吉林西部地区。到了章宗时期，随着农业经济日益发展，畜牧业逐渐退居次要地位，宣宗以后，走向衰落。

元建立前后，曾采取了掳杀政策，吉林省境内大量农田变成牧场，经济社会出现倒退现象。元世祖忽必烈即位后，即大兴屯田，吉林省境内屯田包括军屯和民屯。军屯，一般由驻防军队就地屯田，轮班耕种，有事则兵，无事则农；民屯有移民耕种和囚徒耕种两种。随着屯田事业的发展，大批一度荒闲的土地得到了开垦。

明代继续推行屯田政策，在原有军屯和民屯基础上，又增加了商屯。明中叶以后，居住在吉林境内的女真在农业方面有了很大发展，农业生产力水平不断提高，耕地面积不断扩大。畜牧业在女真的生活中长期占有重要地位，而渔猎在女真各部落中的地位是不同的。野人女真和海西女真，渔猎经济仍占主要地位，建州女真，渔猎仅占一定比重。女真人猎获的以貂皮为主的各种皮毛和采集而来的人参、木耳、蜂蜜、松子等，既是他们生活资料的重要来源，也是与内地和邻国朝鲜进行交易的重要物品。

清统一后，清政府为了某些特殊需要，从官地中划出若干区域为围场、牧场，作采贡、狩猎之地，即所谓"禁中之禁"。吉林省境内的大部分地区被列入封禁地区，严禁人民砍樵伐树、开垦、采集和狩猎。然而，随着关内移民压力的增加，清政府不得不逐渐放弃封禁政策，在关内移民移垦下，吉林境内民地面积日益增大，种植业得到迅速发展。汉族农民进入吉林地区，带来了先进的生产知识和技术，对吉林省地区农业的发展有很大的影响，他们在发展农业生产上，在供应满、蒙人民的粮食需要上，在向满、蒙劳动人民传授农业生产知识和技术上，都作出了一定的贡献。

（二）手工业发展深受中原汉族人口移入影响

吉林省境内手工业发展历史悠久，早在原始社会时期，就已经能够打造各种石器，用于狩猎、捕鱼和耕作。挹娄人造船业比较发达，到南北朝时，勿吉人可制造航海的大船。纺织方面，肃慎人养猪，除食用、制革外，还用毛织布。夫余国时期，手工业有所发展，在纺织、制革和金银制造方面具有较高水平，并且出现了陶瓷制造。

渤海时的手工业主要有纺织、陶瓷、矿冶和造船等部门。纺织业主要生产麻织和柞蚕丝织品。显州（今吉林延边地区）是当时麻布的著名产区，有闻名的"显州之布"。渤海的南部和东部放养柞蚕，把柞蚕茧抽丝成绵，以绵丝织成各种绸。从事纺织品生产的，主要是国家控制的官营作坊，为王室和贵族服务。渤海的陶瓷生产，继承了靺鞨的传统，有的还受到高句丽风格的影响，多为手制，质地比较粗松，装饰纹饰也较少，后期以轮制为主，质地坚实细致。由于向中原学习，已能烧造釉陶和三色釉器，这是渤海陶器烧造工艺上的巨大进步。渤海时出现了铁、铜、金、银等矿冶业，产量不但满足本区需要，还远销内地。此外，造船、皮革、乐器及文具制造等手工业也都已出现，并有一定的发展。

辽金时期，冶铁手工业和瓷器手工业发展与汉族和渤海手工业者的移入有密切关系。契丹原来多用泥陶、皮革、金属、木材制作容器，后在汉人的影响和帮助下，瓷器手工业逐渐发展起来。在烧制技术方面基本上是继承唐代的作风；在形制上有的虽具有独特的风格，但大多数和中原汉族使用的碗、盘、碟、瓶等传统的形制相同，这反映出中原汉族人民的经济文化对契丹的深刻影响。女真人在建国前后，饮食一般都使用木材作容器，和中原汉族接触后，才开始制造和使用瓷器。金代在今吉林省境内的冶铁手工业比辽代有了进一步的发展，铁制农具和兵器无论从数量和质量方面都较此前有了很大提高。由于金代疆域内的铜矿较少，为保证铜钱的制造，大定以后曾禁铸铜器，许多日用器物都改用铁器。

元代初期，经济社会发展水平下降，手工业也遭到严重打击，尽管后来统治者放弃了杀掳政策，农牧业发展很快，但吉林省境内手工业几乎没有进展。明代，女真境内冶铁发展，大量铁器输入。到16世纪末17世纪初，手工业有了进步，但这些手工业多控制在女真贵族手中，主要为军事需要而不是商品生产服务。

清入关前，吉林境内的手工业落后于关内，清入关后，手工业得到了进一步发展。主要手工业部门有造船业、采煤业、冶铁业、木匠铺、纺织业、制瓷业、砖瓦业等，官营手工业可谓门类齐全。如顺治十八年（1661年）在吉林建船厂，设库房，制器物；康熙十三年（1674年）在吉林城设水师营；康熙十五年（1676年）移宁古塔将军于吉林城，修造船舰四十余艘，又有江船数十只；嘉庆二十一年（1816年），吉林开采煤窑六处，其缸窑等五处产煤，已足供旗民日用之需。

（三）商业贸易促进与中原地区及省内各民族的经济交流

西汉时期，汉朝的经济文化势力渗入今吉林境内。夫余与汉朝早有联系，东汉时往来更见频繁，"贡品"与"赏赐品"的交换为当时与中原地区经济联系的主要形式。勿吉在魏晋时和中原联系较少，从475年以后，和中原的联系日渐增多。

渤海为了向唐朝朝贡，设有专门的朝贡道（唐朝称它为渤海道），从上京龙泉府（宁安东京城）出发，经中京显德府（和龙西古城子）、南京鸭绿府（临江帽儿山），从鸭绿江出海，沿辽东半岛东侧达都里镇（旅顺口），然后沿渤海湾东侧进入登州（今山东牟平，后迁治蓬莱），从登州陆路西行，直抵唐都长安城。渤海国时期的二百多年中，唐朝派使臣去渤海有十余次，而渤海遣使朝唐达一百三十余次。其他王子入京、国子进学、僧侣往来、商人贸易更不计其数。唐政府为了与渤海进行贸易，在山东半岛的青州专设渤海馆来接待渤海商人。渤海向唐输出羊、马、鱼、鸟、药材、金属、皮张等各种土特产，从唐朝输入帛、锦、绢、绵等丝织品及各种金银器皿，商品总目不下几十种。渤海国除了用当地的土特产与中原进行贸易外，还和日本、新罗等国进行贸易，经济得到进一步发展。

辽灭渤海后，吉林省与中原地区及省内各族人民间的贸易往来活跃。辽末道宗时，已经使用货币交易。但大部分是从中原输入的宋代铜钱，辽代自铸的铜钱则很少，表明辽、宋在经济上的密切关系。契丹和生女真等部族间的贸易来往比较频繁，贸易主要在宁江州进行。当时生女真以北珠、人参、生金、松实、麻布等，铁离、靺鞨、于突等部以蛤珠、胶鱼皮、牛、羊、马等物和契丹人民进行交易。在频繁的贸易中，促进了各族社会经济的发展。

金代女真人进入中原以后，和汉族人民的贸易往来更加频繁，其间虽因战争和当时统治阶级的限制而受到一定阻碍，但双方人民之间却一直进行着贸易，因此走私贸易也逐渐发展起来。女真内地在建国前后，没有市场和钱币，只是以物相贸。女真入辽、宋地区后，随着社会经济的发展，货币贸易才逐渐发展起来。金初使用辽、宋旧钱，正隆以后才开始铸钱，并且开始使用纸币。

明朝时期，"朝贡"和"赏赐"实际上是官方贸易的一种形式，女真各部酋长通过"朝贡"得到明廷大量赏赐。朝贡品主要是珍珠、貂皮等物，而尤以珍珠最多；赏赐品主要是绢缎衣服、钞币以及工艺品、日用品等。这种交换形式，加强了女真各部和中原汉族的经济文化交流，促进了女真各部社会经济的发展和阶级的分化。

清朝建立后的相当一段时间内，由于满清的封禁政策，吉林地区的商业贸易受到沉重打击，直到18世纪中叶以后才逐渐发展起来。同时，由于经济的发展和流民的增多，商人也随之而来，商贾一般为直隶、山东、山西人，也有江浙商人。由于商业的发展，在吉林、宁古塔、伯都讷、拉林、阿勒楚喀等地设立税局征收商税。

（四）东、中、西地域差异明显的自然、经济生态环境格局

虽然早在全新世初期，吉林省境内就有古人类活动，并且在长期的生产劳动过程中，形成了不同民族历史的演变。但是在清朝以前，吉林大地上仍然是人烟稀少，经济活动总体水平相对较低，人类活动对生态环境的影响较弱。受地形条件、气候环境和河流流域等自然因素的综合作用，吉林省自然生态环境呈现东、中、西过渡的差异性特征。

东部地区地势较高，山脉分布广泛，由于距海洋近，降水丰富，气候温暖湿润，为许多河流的发源地，野生动植物资源丰富，在河流谷地分布有发育良好的土壤，为居住在此地的人们从事狩猎、采集和农耕提供了优越的自然条件；中部地区在地形上处于东部山地向西部平原的过渡地区，气候也具有由东部海洋性向西部大陆性气候的过渡特征，松花江流域和嫩江流域分布其中，地形多为高平原和台地，土层深厚、土壤肥沃，是吉林省古代农耕业的主要分布地区；西部地区分布面积广大的草原，自古就居住着蒙古族系，以游牧为主。

这种东、中、西差异的自然环境空间分布特征虽然经历了几千年的历史演变，但基本格局没有发生大的改变，对生态环境的自然特性没有造成很大的影响和破坏。清朝初期，清政府的封禁政策，虽然在一定程度上对吉林省的经济社会发展起到了限制性作用，但从另一个角度上看，对吉林省天然生态环境的保护起到了积极作用，对目前吉林省生态环境的建设和恢复，奠定了良好的本底性基础。18世纪中叶，大批关内移民进入东北及吉林大地，逐步形成了东部以农林业为主、中部以农业为主、西部以牧业为主的吉林农业生产格局。

第二节　近代移民增长与经济环境演变

一、近代移民垦殖与农耕业发展

吉林省近代农耕业的发展与移民增长密不可分。清朝时期满族人口迁入后，开垦了许多耕地。道光元年（1821年），吉林将军筹开伯都讷（今扶余县一带）围场屯田，屯垦120屯。道光四年丈地分屯。道光五年分旗、立屯、划地、认佃，计拟立125屯。道光中期，宁古塔、伯都讷、三姓、阿勒楚喀、拉林各官庄共垦地 0.68×10^4 hm²，吉林八旗与各地旗地及乌拉旗地共 24.34×10^4 hm²。满族人在吉林省境内开垦的土地越来越多，其中有相当一部分是从京师回迁的满族人开垦的。

中原地区汉族人口的大量迁入，一方面在吉林省垦殖了大面积的耕地，另一方面带来了先进的农业生产技术，为吉林省农耕业的发展起了重要作用。流入到吉林省境内的人口大多是山东、河北、山西等地的破产农民，他们在艰苦的条件下，变荒野为良田。随着汉族农民流入的增多，吉林省各地逐渐得以开发。

民国以后，中原汉族人口继续大量流入吉林地区，垦殖荒地规模越来越大。生产的农作物主要有高粱、大豆、玉米、谷子，还有小麦、大麦、燕麦、水稻、旱稻、荞麦、苏子、棉花、烟草、青麻、花生、甜菜等。在农业生产技术上改进原来关内移民带来的田埂法，采用以大豆为中心的合理轮作的生物养地技术，这种方法既保持了地力，又稳定了大豆的产量。

东北沦陷后，耕地荒芜，主要农产品耕种面积减少，主要粮食作物产量减少，农业生产单位面积产量下降。虽然日本帝国主义为了掠夺东北地区的粮食资源，制定了有关农产品生产和流通的鼓励政策，但总体上，农业生产力急剧下降，农业生产遭到极大破坏。

二、铁路修建与采矿业的发展

（一）以区域资源开发为目标的铁路修建

19世纪末叶，清政府投资修建山海关内外铁路（又称京奉铁路），中日甲午战争之前，修到中后所（绥中）65 km，这是东北地区的第一条铁路，自此开始了东北地区铁路建设的历史。奉系军阀统治前，东北的铁路借款权和修筑权主要掌握在俄、英、日手中，中国自己修建管理的铁路几乎为零。这一时期在东北地区修建并经过吉林省境内的铁路主要有东清铁路和吉长铁路。东清铁路由沙皇俄国修建，在吉林省境内为哈尔滨至长春的滨长线、大连至长春的大长线，1905年日俄战争后，长春以南的铁路（南满铁路）割让给了日本。吉长铁路全部在吉林省境内，于1912年完工，长约127.7 km，是以中国向日本借款的方式修筑的铁路，当时中日双方议定此铁路为中日合营，实际上由日本完全控制。

奉系集团统治时期，决定自己投资修建东北地区的铁路。1924年5月，张作霖不顾日本人的反对，成立了东北交通委员会，筹建东北铁路网。交通委员会管辖东北三省内的国有铁路（如京奉、吉长、四洮等）及邮电航运企业。张作霖和交通委员会代表中国参加中俄共管的中东路，取得中国方面应有的一切权利。东北交通委员会一成立便制订了"东北铁路网计划"。

奉系集团统治时期在东北地区修建并经吉林省境内的铁路主要有：①洮昂线（洮南至昂昂溪），长220 km，1925年3月开始修建，1926年7月15日开始临时营运。②吉敦线（吉林至敦化），长210 km，1926年开始施工，1928年10月全线开始营运。③天图线，起点为图们江北岸地坊，终点头沟，全长111 km，为轻便铁路，1918年3月签订中日合办协议，1922年8月动工，1924年11月开始营运。④奉海线与梅西支线，为东北奉系集团自建自营铁路。奉海线（又称沈海线），以奉天大北边门外（今东站）为起点，经过抚顺、清原，终点至海龙，以后延长至朝阳镇（今吉林辉南），全长263.5 km。为了运输煤，1927年5月开始修筑梅西支线，长73.6 km，12月完工。⑤吉海线，以吉林为起点，奉海铁路的朝阳镇为终点，长约183.9 km。该铁路于1927年3月开始测量，6月动工，1928年11月，朝阳镇至磐石间通车，1929年6月，朝阳镇至吉林总站全线完工。⑥洮索线，以洮安（白城子）为起点，怀远镇为终点，长约84 km，是为发展屯垦事业，开发索伦地区而建设的，1929年5月开始测量，6月开始动工，1931年2月修到怀远镇，开始营运。⑦四郑线，四平街至郑家屯，为日本投资修建，1918年建成，全长92.8 km。⑧正通线，郑家屯至通辽，日本投资修建，1922年完成，全长114.5 km。

⑨郑洮线，郑家屯至奶子山，日本投资修建，1924年完成，全长10 km。

（二）多种经济形式并存的采矿业发展

鸦片战争前，吉林省境内已有民间私采的煤窑、小金矿。鸦片战争后的一个时期，清政府对东北地区的矿业发展采取保守政策。咸丰三年（1853年），户部因国库空乏，通令各省准人民开采金银矿，征收税金以裕国库。次年，吉林将军奏准试采木奇河金矿，后又奉令封禁。同治七年（1868年），吉林将军又奏请开采火石岭子等7处煤窑，但均遭封闭。

光绪年间，清政府对东北地区矿业尽管仍有很多限制，但总的趋势是日益驰禁。甲午战争后，清政府为支付大量赔款，财政状况日趋紧张。随后清政府相继设立矿物铁路总局、矿政调查局、农工商部等机构，几次颁布和修订矿务章程，管理矿业。光绪二十一年（1895年）10月，吉林将军衙门下令省内各矿一律驰禁。光绪二十二年，吉林省城设立垦矿总局，次年成立矿务木植公司，九月设立珲春属境矿务公司，十月设立宁古塔属境矿务公司和吉林等处矿务公司，3公司各开矿十余处。在吉林省境内开采的矿产主要有煤矿、金矿、银矿、铜矿、铁矿、铅矿、硝土矿等，尤其是煤矿和金矿矿山数量多，开采量大。

近代在吉林省开发的煤矿较多。同治年间，在火石岭子等地就有煤矿开采。光绪初年，老头沟、马家沟、奶子山等处都有民营私采煤矿；光绪六年（1880年）吉林将军铭安奏准试采石碑岭、大苇子沟、泥球沟子、锅盔顶子、柳树河子等5处煤窑。次年奏准试采大石头顶子、陶家屯、乱泥沟子、二道沟子、半拉窝集沟等5处煤窑；光绪二十三年吉林等处矿务公司成立，将吉林府属煤矿归为官办；光绪二十四年至二十六年，磐石县黄瓜架煤矿、伊通河门小河台屯和呼兰川影壁砬子煤窑、舒兰县阎家沟煤矿等归吉林煤矿公司经营；光绪二十五年，经吉林省矿务木植公司批准发给执照的煤窑共有21家；光绪二十八年，开采蛟河奶子山煤矿和磐石县五道沟煤矿；1903年，吉林伊通半拉山门煤矿开炸。日俄战争前后，吉林省民商开采转归官办的有通化铁厂煤矿、缸窑煤矿、蛟河奶子山煤矿；商办的煤窑有九台火石岭、长春石碑岭、延吉老头沟、辉南杉松岗、蛟河奶子山、磐石五道沟、伊通半拉山门，双阳县大顶子等。

近代在吉林省开采的金矿主要有珲春柳树河金矿、汪清石建坪金矿、宁古塔的太平沟金矿、蜂蜜沟金矿、万鹿沟金矿和夹皮沟金矿以及延吉的鹁鸪砬子金矿等。此外和龙、磐石、桦甸等地也有人私采金矿。

近代吉林省开采的其他矿种主要有延吉天宝山银矿、磐石石嘴山铜矿、通化七道沟铁矿、临江大栗子沟铁矿、磐石县半截沟铅矿以及伯都讷、长春厅、阿勒楚喀等地的硝土矿等。

纵观吉林省近代采矿业发展历程，具有以下特点：①虽然发现的矿产资源种类很多，但开发的矿产以煤矿和金矿为主，其他矿产开发不大；②矿山的开发形式多样，既有商办矿山，也有官办矿山，还有大量私人开采的矿山；③矿产资源开采方法简单，工艺技术水平落后，工人劳动强度大，劳动生产力低下，年开采量低；④奉系集团统治时期到东北沦陷以后，日本帝国主义对吉林省的矿产资源进行了大肆的掠夺，对民族资本主义经济造成很大的破坏。

三、城市职能演变与新兴城镇的崛起

吉林省境内，经过几千年历史朝代更迭和不同民族演替而形成的古代城池，到清朝末期和民国时期，大部分已经成为历史古迹，有的虽然保存着城市风貌，但其作为政治中心和军事功能的城市地位和作用在逐渐衰退。而随着近代移民的流入，土地资源、森林资源和矿产资源的大量开发，铁路的修建，近代民族工业的兴起以及行政区划的细化和调整，一些具有资源和交通区位优势或各级行政中心的驻地，逐渐发展成为新兴的城市和城镇。

吉林市是吉林省近代历史时期发展最早的城市之一，原系吉林乌拉，康熙十二年修建，为吉林将军衙署所在地。光绪九年（1883年），吉林机器局建成投产，为东北第一家近代工厂，在东北的发展史上具有重要意义。光绪十一年吉林市成立了电报局，近代通信开始建立。清政府为军事防御而创建的吉林机器局，在影响地区经济发展的同时，亦引起古城吉林城市职能趋向多元化发展，成为地区政治、军事及工业中心。工业的发展吸引大量乡村人口向城市聚集，城市规模逐渐扩大，诱导城市在形制上演变，打破了原来的封闭格局，向开放形态过渡。

长春市在形成与发展过程中经历了漫长的萌芽时期。清代以前长春地区一直为东北游猎民族所占据，直至建城前，仍是蒙古王公的领地，隶属内蒙古郭尔罗斯前旗管辖。嘉庆五年（1800年），于长春堡设理事通判，名长春厅，这是长春由单一的军事防御性职能向管理与军事职能转化的开始。同治四年（1865年），改理事通判为抚民通判。同治十三年，裁抚民通判长为知府，名长春府，作为清朝地方一级行政治所的所在地。道光五年（1825年），将长春厅迁至宽城子后才挖城壕，筑城墙，成为守备坚固的城郭。光绪二十三年（1897年），又经重修，为砖砌城垣，城内14条街路十字相交通往各门，形成了方格网络。随着旧城的逐步发展，长春成为附近地区的政治经济文化中心与农副产品以及药材、毛皮、木耳等土特产品的集散中心。到中东铁路

支线修建前，人口已达 7 万，成为一个占地 582 hm^2，位于盛京（沈阳）与吉林间的一个重镇。

光绪二十四年（1898 年）后，长春先后遭到俄、日两个帝国主义列强的入侵，近代铁路与俄、日在长春殖民地区内建设，冲破了旧城的封闭局面和固有传统建筑形式，在某种程度上刺激了长春近代城市建设活动，同时也加速了城市近代化演变的进程。中东铁路建成后，经济发展迅速，尤其是商业贸易更加繁荣，长春因此而成为东北地区的商业中心之一。沙俄、日本分别在自己的势力范围内兴建基础设施，各区之间道路联系不畅，环境质量差。城镇中的宽城子、附属地、商埠地及旧城区发展均各自为政，各区域发展不协调，呈拼贴型城市形态，导致城镇整体畸形发展。

1931 年"九一八"事变以后，日伪政权将长春定为伪满洲国"国都"（即新京），长春市步入城市异常发展演变时期。1932 年，由满铁和伪国务院直属的"国都建设局"先后编制了《新京（长春）城市规划》，确定了城市规划范围、各类用地指标及比例、城市中心区位选择、基础设施建设、规划管理等规划方案。同时基于对殖民地的武装占领、长期统治和继续扩大侵略战争的需要，日本当局利用掠夺的财产与资源，对伪政府的"首都新京"也进行了相当规模的建设。不可否认，中东铁路和南满支线的建设以及伪满洲国"国都"建设是长春市近代城市形成和发展的重要因素，但也为长春市近代的城市发展打下了深刻的"殖民地"烙印。

由于铁路的修建，以及民国初年，东北实行省、道、县三级管理制，在铁路沿线和各级行政中心所在地，受交通运输的影响、行政中心的指向以及资源开发和加工等作用，一些交通枢纽地、森林矿产分布地、行政中心所在地逐渐形成和发展起来。如四平市、公主岭、德惠等就是在铁路建设基础上，桦甸和磐石等是在森林和矿产资源开发基础上形成的城镇，其他许多城镇是作为行政中心驻地形成和发展的。

四、近代区域开发与环境演变

（一）农业开发的经济社会意义

自 1905 年清政府宣布吉林地区的土地全部开禁放垦之后，关内大量移民流入吉林，开垦数百万晌农田。农业资源的开发促进了吉林省农产品加工业和商业贸易的发展，一些府城逐渐发展成为农业开发区域的经济中心和工商业贸易中心。

吉林城作为当时的省会，是吉林府地区的余粮集中和销售中心。1908 年，吉林省百万富翁牛氏在吉林城里有 10 个经营粮食买卖的商号，其经销的粮食运往绥化府后，转运日本。随着粮食产量的增加，粮食加工业蓬勃兴起，1909年吉林府地区共有60家烧酒厂和75家榨油厂，城里还有一家蒸汽动力磨房。由于农业经济作物烟叶享誉东北，吉林城里有20家经营烟叶的商号，清朝末期，每年经吉林运出的烟叶 $900×10^4$ kg，90%运往东北南部和蒙古东部地区。此外，吉林城内还有银号、药房、杂货铺、制绳厂、醋厂、啤酒厂等，经济活动比较活跃。

长春城（宽城子）是长春府的政治和经济中心，也是吉林省的军事和经济中心。长春城位于吉长、东支和南满三条铁路的交会处，在整个东北地区的经济发展中起枢纽作用，是东北地区商品的集散地。1910年运入长春城的货物总值3 847.6万吊①，售出货物总值8 460万吊，城内出售粮食97万担②，运往长春站后转销各地。长春城内商号多达1 000家，分别经营烧酒厂、榨油厂、当铺、纺织工场、磨房、手工业作坊和粮食买卖，在地区贸易中起重要作用。农业的发展促进了粮食加工业的兴起，1911年长春府地区有10家烧酒厂、50家榨油厂，城里有43家马力磨房和一家俄国人开办的动力磨房。此外还有粉丝厂、制绳厂、啤酒厂、制盐厂和豆腐作坊。清朝末期长春城已经是工商业初兴的城市了。

由于大规模的农业垦殖和粮食生产，吉林省成为国内外主要粮食供给地。土地全部开禁放垦，使清朝国库增加了巨额税收，并导致了土地所有制形式的改变。吉林省移民人口的增加和私有民田的发展导致旗田和官庄土地所有制度的瓦解，1907年12月，清政府准许旗田自由买卖，民田迅速成为土地所有制的主要形式。土地所有制形式的改变，促进了农业生产的发展。

（二）土地垦殖及其生态环境影响

吉林省是东北地区黑土资源的主要分布区，黑土是在温带草原草甸环境条件下形成的土壤，有机质含量丰富，团粒结构较好，自然肥力高，宜于农业耕作。历史上东北的黑土带长期是游牧和渔猎民族活跃的地区，由于频繁的冲突和战争，不断造成对定居农业的破坏，使农业开发的历史进程经常被打断，农业发展一直比较落后。虽然在各个历史时期有一定规模的农垦活动，但由于生产力水平低下，对生态环境的破坏程度是非常低的。清朝建立后的一定时期内，对东北地区实行全面封禁政策，限制了关内移民的大量流入，阻碍了东北黑土地的开发，大片肥沃的黑土地在进入20世纪前仍然处于原始荒芜状态。清末以后大片封禁的黑土带陆续开放，关内大批汉族移民进入吉

---

① 吊为旧时钱币单位，一般是1 000个制钱叫1吊。
② 担为重量单位，100斤为1担。

林，大面积荒地被开垦。

人类的垦殖活动对耕种土壤的形成具有重要的影响。随着社会生产力的发展，农业生产技术水平的提高，通过不断的耕作、施肥、灌溉、排水、轮作及其他改良措施，人为因素对土壤影响日益加强。垦殖初期，由于只种地不养地，导致土壤肥力下降。土地翻耕后，土壤环境条件逐年改变，有机质的合成与分解逐渐失去了原有的平衡，有机质分解的速度大于合成的速度，土壤中的有机质就会逐年减少。特别是黑土垦殖后容易造成严重的土壤侵蚀和水土流失，对生态环境的影响较大。

（三）森林资源开发及其生态环境影响

近代以前，吉林省没有独立的林业产业。清末以来，随着大规模的区域经济开发，出现了新兴的林业产业。最初林业生产仅局限于木材采伐，后来又出现木材加工、木材运输、木材贸易等部门，形成了较完整的产业体系。

鸦片战争后，中俄不平等条约的签订，促使沙皇俄国大肆掠夺开发东北地区的森林资源。中东铁路的修建成为沙俄掠夺东北森林资源的主要干线。光绪二十七年（1901年）沙俄借出兵东北的机会，在通化组成伐木制材商团，1902年又成立"远东林业公司"，开始劫掠鸭绿江流域的森林资源。日俄战争后，日本政府胁迫清政府同意设立中日合办的木植公司，采伐鸭绿江流域森林，在不到25年的时间内，鸭绿江岸200多里范围内的原始森林被砍伐殆尽。

北洋军阀政府时期，颁布了"林政纲要"和"森林法"等法令，在吉林设有中央直辖的东三省林务总局。1917年，废东三省林务总局，在各省设林务局，第二年，设中央直辖的吉黑森林局。民国初期，吉林省木材生产和输出增长迅速，尤其是延边地区森林的开发盛况空前，设有珲春林务分局管理境内林务，由各采木公司进行采伐，年产木材 $100 \times 10^4 \sim 180 \times 10^4$ m³，1919年达 360×10^4 m³。

1916年开始，日本把林业掠夺之手伸向吉林，借吉林省地方财政困难之机，获取了大面积的林场权，独霸了吉林木材业。"九一八"事变后，东北全境的森林资源被攫入日本人手中。

近代吉林省林业资源的开发使森林资源遭到极大破坏。据1909年档案记载："吉省天产森林素称极盛……唯数十年来，户口渐多，农田日辟，铁路交通工商日盛，木植之为用多，销路广，因之森林砍伐殆尽。"由于森林的大规模砍伐，出现了严重的生态环境问题，主要表现为：①由于近百年来的掠夺性采伐，森林资源遭到极大破坏，森林面积、林木蓄积和林分质量都出现了消损和下降的趋势；②森林植被是水土保持的前提，森林破坏的直接后果就是水土流失日益严重，同时其涵养水源、调节气候的功能丧失，极易发生洪涝灾害；③森林覆盖率下降，区域生态平衡严重失调，林区森林涵养水源、防风固沙、保持水土、净化空气的功能大为衰退，鸟兽生境改变，以森林为主体的野生动物分布区日益缩小，稀有动物更是失去栖息场所，东北虎、梅花鹿已经濒临灭绝，黑熊、野猪亦不多见。以上生态环境问题的产生是清末以来吉林省森林资源开发留下的历史教训。

(四) 矿产资源开发及其生态环境影响

清朝时期，开采技术设备落后，开采动力主要为人力，开采量不大，对生态环境影响相对较小。民国以后由于帝国列强对东北地区矿产资源的开发，特别是日本侵占以后，大肆掠夺矿产资源，吉林省的煤炭和金矿被大规模开发，在资源被掠夺的同时造成生态环境的破坏。主要表现为采矿过程中产生大量的尾矿、废石土、矿渣、煤矸石、煤灰等废弃物堆置排放，直接占用土地及对堆置场地植被等原有生态环境的破坏；废气、粉尘及废渣的排放引起矿山及周边大气环境受到不同程度的污染；采矿活动引发地面塌陷、沉降、地裂缝、顶板冒落等灾害；采矿、选矿活动，使地表水及地下水成为酸性水、含重金属及有毒元素，污染河流、土壤，甚至破坏整个水系。这种生态环境的破坏在当时生产条件下表现得不太明显，但随着现代生产技术的提高以及生产规模的扩大，生态系统的破坏往往很难在短时间内恢复，造成严重后果。

第三节 现代工业化进程推进与环境变化

一、现代工业生产体系的形成与发展

(一) 新中国成立前殖民统治下的畸形工业结构体系

新中国成立前，吉林省工业基础薄弱，工业部门残缺不全，产品品种单调，产量小，许多原材料、机械设备以及日用生活用品完全依赖国外市场。到1949年，仅有的工业基础结构中，全省轻工业占工业总产值的67.5%，重工业占32.5%。

轻工业中，食品工业产值占52.9%，占全部工业产值的25.3%。食品工业主要是面粉（加工外来小麦）、榨油（大豆油）和酿酒（高粱酒）等三大传统食品工业；其次为制糖和卷烟等部门。这种轻型工业结构建立在重工业尤其是制造业极不发达的基础上，轻工业自身发展水平低，工艺技术落后，产品档次低。

重工业中以采掘业和采伐业为经营重点，如森林采伐与煤炭、有色金属和非金属矿开采等占重工业产值的 60.2%，占全部工业产值的 28.8%；而其他原料工业和加工制造工业产值仅占重工业的 39.8%，占全部工业产值的 26.3%。作为重工业的重要部门机械工业，仅占重工业产值的 9.2%，占全部工业产值的 4.9%，其中机器制造只占重工业产值的 1.7%，占全部工业产值的 0.9%。

在殖民统治下所形成的以农业资源生产加工和森林与矿产资源开采为主要工业部门的吉林省畸形工业结构，充分反映了外国殖民主义者开采吉林省森林和矿藏等资源的掠夺性质和特点。

（二）国民经济恢复时期以轻工业为主的工业结构体系

新中国成立初期，殖民地时期遗留下来的吉林省工业依赖性强，自主能力差，由于遭受战争破坏，基础相当薄弱。1950～1952 年的国民经济恢复时期，吉林省在积极恢复和改扩建原有工业企业的基础上，又陆续新建和迁入一批民用工业企业，轻工业比重上升，国有工业企业进一步发展壮大。到 1952 年，工业总产值达到 10.5 亿元，比 1949 年增长两倍，1950～1952 年的三年间，工业总产值年均增长速度为 43.5%。其中，冶金工业为 42.4%，电力工业为 23.4%，煤炭工业为 19.7%，石油工业为 88.3%，化学工业为 55.9%，机械工业为 71.4%，建材工业为 101.6%，森林工业为 31.3%，食品工业为 43.7%，纺织类工业为 39.5%，造纸类工业为 91.1%，其他工业为 37.4%。

表 4.1　1949～1952 年吉林省工业总产值及增长速度

年份	工业总产值/亿元			年均增长速度/%		
	总计	轻工业	重工业	工业总产值	轻工业	重工业
1949	3.6	1.7	1.9			
1950	5.9	2.9	3.0	28.7	74.1	57.9
1951	7.2	4.1	3.1	42.3	55.8	28.9
1952	10.5	5.9	4.6	43.5	51.7	35.3

（三）重化工业体系的形成与发展

"一五"计划时期是吉林省轻重工业变化的关键时期，随着国家对吉林省重点建设项目的投入和建设，以重化工业为特点的工业结构体系开始建立，从"一五"计划开始到"十五"计划末期，重工业在整个工业结构体系中占绝对地位。

"一五"计划时期，吉林省是国家重点投资建设地区之一。五年间，国家在吉林省的工业基本建设投资为 18.4 亿多元，建设限额以上工程 109 项。在苏联援建的全国156项重点工程中，布局在吉林省的建设项目有长春第一汽车制造厂、吉林化肥厂、吉林染料厂、吉林电石厂、吉林铁合金厂、吉林碳素厂、吉林热电厂、辽源西安立井、丰满发电站（扩建）等9项，主要为重化工业。

从"二五"计划到"四五"计划末期，经历了"大跃进"、三年国民经济调整以及"文化大革命"，吉林省工业经历了曲折的发展历程。"二五"期间，吉林省工业总产值有所下降，但仍完成一些重点项目的建设。建成投产30对矿井，设计能力704×10^4 t；1958年筹建大型企业长春纺织厂，1960年，利用长春纺织厂停建后剩余的1万枚纱锭，建成四平纺织厂；1959年完成丰满发电厂续建一期工程；吉林热电厂在1958年一期工程的基础上，又相继进行了四期扩建工程；1959年9月组建扶余油矿，吉林油田正式开发。

1963~1966年，经过三年国民经济调整，吉林省工业生产重新走上稳步发展的道路，工业产值回升。1965年，全省工业产值为19.11亿元，其中轻工业占39%，重工业占61%。除原有企业扩大生产能力外，新建了双辽、扶余等4个小糖厂和延吉卷烟厂；恢复长春纺织厂的建设。1964年，吉林市毛纺厂和吉林化学纤维厂建成投产；1965年，洮南毛纺厂和四平维尼纶试验厂建成投产，同时扩建开山屯化纤浆厂，构成了吉林省纺织工业生产的主体；1965年吉化公司第二期工程建设投产，使大型化工基地的生产、技术水平跃上了一个新台阶；新建通化钢铁公司，扩建吉林铁合金厂和吉林碳素厂。

"三五"和"四五"计划时期，正值国内十年"文化大革命"，虽然对国民经济发展产生较大影响，但吉林省工业产值仍得到较大增长，由1966年的19.63亿元增加到1975年的36.37亿元，工业重点发展钢铁、能源、化工、轻工业等部门。1970年续建通化钢铁厂，同年进一步开发建设扶余油田，原油年生产能力达125×10^4 t；1968~1971年，建设吉林省长山化肥厂（前郭尔罗斯蒙古族自治县境内）；1972年9月，批准通化钢铁厂扩建工程；1973年初，建设刘房子煤矿，同年还建成了长春石碑岭煤矿、新立城煤矿、浑江市东风煤矿、大安煤矿等12个地方煤矿；1970~1972年，经过三年的石油会战，吉林油田从一个小油田一跃成为年产100×10^4 t原油的中型油田，原油产量达到126×10^4 t，工业总产值达到1.28亿元，在全面开发扶余油田的同时，1973年，又开发了红岗油田，到1975年，吉林油田生产原油135.5×10^4 t，比1970年增长68.3%。与此同时，吉林省的电子工业、森林工业、建材工业、轻工业和交通电信工业也有相应发展。

"五五"计划时期，是中国历史上的伟大转折时期，1979年贯彻中央工作会议精神，对国民经济实行"调整、改革、整顿、提高"的方针。"五五"期间，建成或部分建成前郭（长山）化肥厂、通化钢铁厂、长春第一汽车制造厂红旗轿车分厂、长春拖拉机厂、吉林化纤厂、四平联合收割机厂等26个大中型建设项目。同时，对效益不好的企业实行关、停、并、转。

"六五"计划时期，吉林省以促进社会生产的技术进步，进一步提高经济效益为工业发展的主要任务。在重点加强原有工业企业内部改革，提高经济效益的同时，加强了能源、建材等工业部门的投资建设，能源建设共投资20亿元，比"五五"时期增长42.2％，新增发电装机容量$101×10^4$ kW，原煤开采$131×10^4$ t，原油开采$13×10^4$ t。还扩建了庙岭水泥厂、松江水泥厂等建材企业，新增水泥生产能力$104×10^4$ t，缓解了能源、建材的紧张状况。

"七五"、"八五"计划时期，吉林省工业结构向偏重型化发展。十年间，用于重工业的投资达649.3亿元，占全部工业投资的80.9％。1995年重工业产值达962.08亿元，占全部工业产值的67.1％。重工业中，制造业发展最快，在重工业中的比重由1985年的52.9％上升到1995年的58.05％。工业产业结构向偏重型发展的过程中，支柱产业成为重要的拉动力量，其中交通运输设备制造业和化学工业1995年产值分别达到283.41亿元和166.4亿元，比1985年分别增长4.3倍和1.8倍，在全省工业中的比重由1985年的13.7％和11.4％分别上升到1995年的23％和13.5％。与这两个支柱行业相伴而行的钢铁工业发展也很快，1995年钢铁工业产值达57.99亿元，比1985年增长3.5倍，占全部工业产值的4.7％。由于资源条件限制，煤炭采选和森林采伐已下滑为一般产业，曾在历史上作过重要贡献的造纸及纸制品业的地位也在下降。与此相反，一些新兴行业正在崛起，成为工业的生力军。

吉林省在"九五"计划中提出调整优化第二产业的发展目标，即继续壮大汽车、石油化工两大支柱产业；培植和发展食品、医药、电子工业，逐步形成新的支柱产业；加快发展建筑业；加强能源、原材料工业；改造振兴机械、轻纺工业；逐步实现高新技术产业化。重点发展一汽、吉化、吉林油田、长春摩托车、吉发、德大、通钢、森工、吉林造纸、吉林化纤十大企业集团，同时还要积极创造条件组建医药、电子行业的大集团。经过五年的发展建设，到"九五"末期，基本形成了以汽车、石化、食品、医药、电子、能源、原材料、机械、轻工、纺织、建筑十一大支柱产业为支撑的工业结构体系。

（四）现代工业体系的建立

从"十五"计划开始，吉林省围绕提高产业整体素质和增强竞争力目标，加快工业改组改造和结构优化升级，坚持以信息化带动工业化，大力推进体制创新，技术创新和管理创新，加强"工业省"建设，努力构建吉林省现代工业体系。

"十五"期间，吉林省重点加强汽车、石化、农产品加工、医药、电子等五大支柱产业基地建设，提出了"五大工业经济区"、"五大产业基地"、"四大特色工业体系"以及接续产业转型经济区的空间布局战略。吉林省现代工业产业结构体系和空间结构体系将逐步建立并完善。

二、国家商品粮基地的建设与发展

吉林省商品粮基地建设始于"五五"计划的第三年。1978年5月，吉林省在长春召开建设商品粮基地规划会议，确定榆树、农安、德惠、九台、双阳、怀德、梨树、伊通、前郭尔罗斯、扶余、永吉、舒兰等12个县为商品粮基地县。同年7月，将商品粮基地县增加到28个县（旗），后调整到27个县（旗）。1979年5月，调整商品粮基地建设方针，从27个县（旗）中选出榆树、怀德、农安、扶余、德惠、梨树、九台、伊通8个县为商品粮基地建设重点县。

1980年8月，国务院决定在东北地区建设全国商品粮基地。吉林省的榆树、怀德、农安、德惠、扶余、梨树、伊通、九台、双阳、永吉、舒兰、磐石、海龙、柳河、辉南、前郭尔罗斯、长岭、敦化、延吉、东丰、双辽等21个县（旗）被列入国家商品粮基地。吉林省商品粮基地县（旗）耕地面积为 288×10^4 hm^2，占全省耕地总面积的78%；交售商品粮 250×10^4 t，占全省商品粮86%，平均每个农村人口交售商品粮215 kg。

1983年，国家对吉林省商品粮基地重点县投资6 379万元，用于建设农业技术推广体系、良种繁育推广体系和农田水利设施配套。通过商品粮基地建设，粮食产量大幅度增长，1982年首次达到 $1\,000\times10^4$ t，1984年突破 $1\,500\times10^4$ t。1985年虽然遭受了历史上罕见的洪涝灾害，粮食产量仍达到 $1\,225\times10^4$ t。粮食商品率也由"五五"期间的32.3%提高到"六五"末期的44.3%，人均粮食产量和粮食商品率均居全国前列。

1987年2月3日，吉林省人民政府颁布《吉林省商品粮基地建设管理试行办法》，提出"七五"期间全省共建设28个商品粮基地县（市、区）。其中玉米出口生产基地有榆树、农安、德惠、公主岭、梨树、扶余、九台、双阳、永吉、伊通、东丰、东辽、长岭等13个县（市）；商品粮基地有长春郊区、舒兰、磐石、蛟河、桦甸、双辽、梅河口、柳河、辉南、前郭尔罗斯、大安、洮安、龙井、敦化、乾安等15个县（市、区）。

近年来，随着农业生产技术水平的不断提高和农业商品化的不断发展，吉林省商品粮基地建设也进入了一个新的发展阶段。商品粮基地建设的目标由单纯地追求数量开始向数量与质量统一的方向发展，提高产品质量成为商品粮基地建设的主要任务；从以外延型建设为主转向以内涵型建设为主，把商品粮基地作为农业现代化建设的重点区域，建立粮食生产可持续发展的生产体系；从单项功能建设转向综合功能建设，加强生产功能、流通功能、加工功能的建设，从商品粮再生产的角度全面实施商品粮基地建设。

三、综合交通运输网络的建设

吉林省交通运输业经过新中国成立以来 50 多年的发展历程，取得了辉煌的成绩。纵观新中国成立以来吉林省现代交通运输体系的建设历程，大致可以分为以下两个阶段。

（一）以铁路运输为主体的综合运输网建设

新中国成立前，吉林省境内已经形成了以长春—旅大铁路、四洮铁路、吉长铁路、洮昂铁路、吉敦铁路、长春以南南满复线、长图铁路、拉滨线、牡图铁路、长春以北的南满支线—长哈复线、长白线、四梅线、梅集线等铁路干支线为骨架的铁路运输网络。新中国成立后不仅在较短时间内修复了原有铁路，而且进行了大量的改造、改建、扩建和新建，线路设施标准和路网以及枢纽通过能力均有很大提高。到 1985 年铁路新增里程比 1952 年增长 56.3%，铁路货运量比 1952 年增长 5.1 倍，铁路客运量增长 9.4 倍。

在公路运输上，为了保证抗美援朝的军事运输，1950 年，修建了 519 km 的吉林市至图们市的公路。"四五"计划时期，新建和改造了图（们）乌（乌兰浩特）线、吉林至敦化段、哈拉海至白城段等一批国道、省道和县道。到 1985 年基本形成了以省会长春为中心，以吉林、四平、辽源、通化、浑江（现白山市）、延吉、白城为地区中心的公路网。1985 年公路通车里程为 1952 年的 4.4 倍，公路货运量为 5.9 倍，公路客运量为 54.5 倍，均比铁路增长快。

新中国成立至"六五"末期，吉林省公路建设取得一定程度增长，但由于公路通车里程不足、公路建设等级质量较差、路网配置不合理，公路运输基础薄弱等，公路运输没有对铁路运输形成强大的竞争压力。1985 年，铁路客运占运输总量的 55%，铁路货运占运输总量的 73%，铁路运输仍然是吉林省客、货运输的主要承担者。

（二）公路、铁路并重的快速综合交通网络的形成

"七五"以来，吉林省加强了公路基础设施的建设步伐，公路运输的客、货运能力及周转能力大幅度提高，公路与铁路已经成为吉林省交通运输结构中的主导力量。1983 年，在国省干线上实现一、二级公路零的突破；1996 年 9 月，长春至四平高速公路竣工通车，实现了吉林省高速公路零的突破；1998

年,同三国道主干线长春至拉林河高速公路开工兴建;2000年,全长181 km的营城子至白山二级水泥路建成通车,是吉林省目前最长的二级水泥路,也是吉林省1993年制定的"四纵三横两环出口成网"30年路网规划确定的公路主骨架的重要组成部分。

目前吉林省交通运输进入快速发展阶段,"十一五"规划为吉林省交通运输业发展提出了新的战略目标,吉林省交通运输正在向综合化、网络化、快速化方向发展,快速综合交通网络体系正在形成和不断完善。

四、区域城镇体系的形成与变化

新中国成立前,由于工业发展水平和交通运输条件的限制,吉林省城市化总体水平低,各级城镇之间基本没有经济联系,城镇除具有行政中心作用和林矿资源型职能外,加工制造职能比较薄弱。

新中国成立到20世纪60年代初期,吉林省城镇化水平快速发展,城镇化率由1949年的17.88%增加到1960年的39.31%,随着国家"一五"和"二五"计划的重点建设项目在吉林省大规模的投资建设,一些城市以加工制造为主的经济职能逐渐增强,如长春市的汽车生产职能和吉林市的石油化工职能。这种经济职能的增强,一方面通过生产要素的集聚,使城市经济总量迅速增加,城市规模不断扩大;另一方面,通过吸引大量的人口向心集聚,使城市化水平增强。随着吉林省东部地区大规模的矿业和林业资源开发,一批具有工矿职能和林业加工职能的城镇逐步建立起来。

改革开放前,由于受三年自然灾害、国民经济调整以及"文化大革命"的影响,工业生产受到破坏,知识青年上山下乡,使大量城镇人口转移到农村,城镇化水平总体趋于下降状态,城镇化率也由1961年的36.99%下降到1977年的30.04%。

改革开放以后,吉林省进入工业化和城市化的快速发展时期。经过近三十来年的建设,城镇化水平大幅度提高,由1978年的30.68%提高到2005年的45.19%,形成省会(长春)、地级城市(吉林、四平、辽源、通化、白山、松原、白城)、41个县(市)、454个建制镇等四个不同等级层次、职能多样的城镇体系。

五、区域发展与生态环境的变化

(一)东部林矿资源开发与生态环境变化

东部地区是吉林省林、矿资源的主要分布区,在长期计划经济体制下,经济及产业发展一直以资源开发为主,特别是森林、矿产、水力以及特产资源开发等构成了本区主要的支柱产业，初级产品的生产与输出是本区主要经济特点。这种资源型经济发展必然会对生态环境造成长期的破坏。20世纪70~90年代，由于森林资源过度开采，生态系统平衡遭到破坏，生物多样性减少，水土流失加重，森林系统对全省的生态屏障作用减弱。各种矿产资源的开发，对矿山周围的生态环境造成极大破坏，如地表景观破坏、诱发地质灾害、水体污染、大气污染、土地资源占用、土壤污染及退化、水土流失加剧和生物多样性损失等。

（二）中部工业化、城市化发展与生态环境变化

中部地区是吉林省工业化和城市化发达地区，也是吉林省商品粮基地的主要分布区。20世纪90年代以来，随着工业化的快速发展和城市化的迅速推进，由此产生的生态环境问题逐渐显化。由于传统产业的发展，特别是一些市、县至今还没有建设城市污水场，大量工业废水和生活污水直接排入河流，对区域河湖水域造成了严重的污染。

受中部地区区位条件的综合影响，长春、吉林、四平、辽源等主要工业城市已发展成为以高新技术、机械、电子、化工等产业为主的工业基地。但由于经济活动不断加大，生态环境和自然资源受到的压力与破坏程度也相当大，特别是城市环境污染、水土流失、地下水超采、农田土壤污染和破坏等较突出。长春、吉林两市由于工业发展较快，不少城镇传统和落后产业造成了对地表水的严重污染。四平市及各城镇目前传统产业仍占优势，同时由于开发历史较早，原始生态环境已不复存在，因此区域地表水污染、自然生态环境问题比较突出。

（三）西部土地资源开发与生态环境变化

由于本区地貌以松辽低平原为主，原始的自然生态环境以草原及湿地生态为主要特点，全区处于科尔沁草原的东部和松嫩低平原中部。多年来，资源和环境的特点使本区成为吉林省的农牧区及石油化工基地。由于多年来的过度开发，原始生态环境发生了根本性的改变。特别是近十年来，草原的沙漠化、盐碱化和草场退化等"三化"问题日趋严重，每年可利用草场以2.4%以上的速度减少，草场质量严重下降，虽然经过多年的努力，沙化问题有所控制，但以草场退化、土地盐碱化为主的土地荒漠化问题依然是一个突出的生态环境问题。此外，地下水利用不合理、农牧业生态环境恶化、经济结构不合理、人民生活水平和社会发展水平低等，始终是困扰该区域和影响吉林省可持续发展的重大问题。

第五章 人口增长与空间分布

章前语

　　吉林省人类活动历史悠久，但在几千年的社会发展中，人口增长缓慢，地域辽阔，人烟稀少。清代中叶以前，吉林省一直是少数民族居住地区，清代中后期，随着中原汉族人口的大规模移入，人口迅速增长。新中国成立以后的20世纪五六十年代，人口增长速度达到高峰，70年代以后，由于全国实行计划生育的人口政策，人口增长速度开始下降。在人口总量不断增长的同时，人口的素质也不断提高，人口结构趋于合理，人口城镇化逐步发展，逐步形成与区域自然环境条件、社会经济发展水平相协调的人口空间分布格局。但是，也面临着老年人口比例逐渐提高的人口老龄化现象，而这种人口老龄化与经济发展不相协调，具有"未富先老"的年龄结构特征，将给吉林省经济社会的可持续发展带来沉重的社会压力。

关键词

　　人口稳步增长；多民族人口；中部人口密集

第一节 人口增长的历史轨迹

一、新中国成立前人口波动增长

　　清代中叶以前，吉林省一直是少数民族居住地区，人口数量较少，人口增长缓慢。清乾隆五十六年（1791）以后，关内汉族移民进入吉林省饮马河、雾开河、伊通河流域，吉林省人口大幅度地增长，人口由1711年的不足10万增长到1943年的1 154.34万，增长了100多倍。但是受清代"封禁政策"以及日本帝国主义侵略战争的影响，人口增长趋势总体呈现波动增长的特点。

　　满族曾在近代吉林省的人口发展过程中居主体地位。1644年，清顺治进关后，八旗官兵携家眷大批涌入关内，吉林境内剩余旗户不多。汉人除流放到吉林的反叛案犯及其他犯人（亦称流人）外，其他汉族移民非常稀少。在广袤的吉林大地上，以编入八旗组织的形式，聚居着满、蒙、达斡尔、锡伯等各族以及少量汉族人口，总数不过数万。清康熙五十年（1711 年）吉林省的人口约为 10 万左右，到乾隆五十六年（1791 年）人口总量达 15.7 万。80 年间人口增长不过 6 万人，增长速度十分缓慢。从 1741 年开始，清政府全面封禁，直接导致吉林省人口总量的增长陷入停滞。道光十年（1830 年）的人口总量为 32.2 万，到咸丰十一年（1861 年）全面解禁时，人口总量仅为 33 万，全面封禁的 120 年里人口总量的增长尚不足 20 万。

清代末期，吉林省人口数量开始迅速增长。由于这个时期吉林省的人口再生产类型依然是高出生率、高死亡率以及低增长率的类型，人口自然增长较小，主要是全面解禁后迁移人口的大量涌入所形成的。光绪元年（1875 年）的移民实边政策，更加刺激了人口总量的快速增长。光绪元年的人口总量为 33.8 万，到光绪二十三年（1897 年），人口总量达到 77.9 万，为光绪元年的 2.3 倍，22 年增加了 44.1 万人。截至 1907 年，人口总量已近 305 万，10 年间增长了 227 万人。宣统年间，由于统计数据的混乱，人口总量难以确定，但基本在 500 万左右。因此可以看出，光绪末期到宣统年间的人口总量增长十分迅猛，这种增长速度在清代是空前的。

民国时期，由于政治经济比较混乱，人口统计没有一个权威的机构，因此人口总量的具体数值较难确定。但根据各个统计机构的统计结果可以看出，1912~1919 年的八年间，人口总量的增长比较缓慢。至 1919 年，人口总量仍保持在 550 万上下，与 1912 年的统计结果基本持平。1920 年后，吉林省人口增长开始加快，到 1930 年，人口总量已经突破 800 万，十年间人口增长超过 250 万，年均增长约 25 万。

东北沦陷后，由于日本帝国主义的侵占，大批难民逃往关内，同时，日本侵略者严禁关内人民移住东北，加之对当地人民群众进行野蛮屠杀和压榨，死亡人数增加，造成吉林省人口总量锐减。1931 年吉林省人口总数为 894.43 万，1932 年下降为 786.88 万，减少 107.55 万，1933 年略有增加，为 809.40 万，仍比 1931 年减少 85.03 万。这两年是沦陷期吉林省人口数量最少的年份。到 1936 年，吉林省人口总数为 905.08 万，刚刚恢复到 1931 年末的人口水平。

1937 年，日本侵华战争扩大到全中国，东北人口基本上停止了向关内流动，华北人口又开始向东北各省迁移，同时日本帝国主义大力组织日本和朝鲜人移入中国东北，吉林省人口在自身繁衍增长的基础上，加上净迁入人口，人口迅速增加，由 1937 的 910.20 万增加到 1943 年的 1 154.34 万。

新中国成立前期，人口统计数据并不十分准确。但从统计的结果可以大致看出，吉林省的人口总量大致维持在900万～1 000万之间，和上一个时期相比，人口总量略有下降。

表5.1　东北沦陷时期吉林省人口变动情况

年份	人口总量/(万人)	年均增长量/%	增长率/%
1931	894.43		
1932	786.88	−107.55	−12.02
1933	809.40	22.52	2.86
1934	846.54	37.14	4.59
1935	879.53	32.99	3.90
1936	905.08	25.55	2.90
1937	910.20	5.12	0.57
1938	933.30	23.10	2.54
1939	948.11	14.81	1.59
1940	1 001.90	53.79	5.67
1941	1 075.54	73.64	7.35
1942	1 123.25	47.71	4.44
1943	1 154.34	31.09	2.77

资料来源：吉林省地方志编纂委员会. 吉林省志·卷五·人口志 [M]. 长春：吉林人民出版社，1992。

二、新中国成立后人口持续增长

新中国成立以来，吉林省人口逐年增长，人口总量由1949年的1 008.5万增长到2006年的2 679.50万，人口净增长1 671.00万，年均增长29.69万。但是，由于受国家人口政策变化的影响，吉林省人口增长速度表现为两个明显不同的阶段：即人口高速增长阶段和平稳增长阶段。

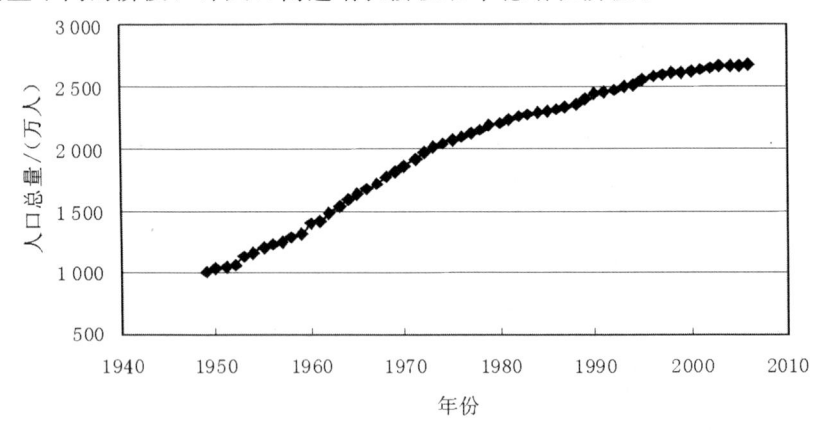

图5-1　新中国成立以来吉林省人口总量变化

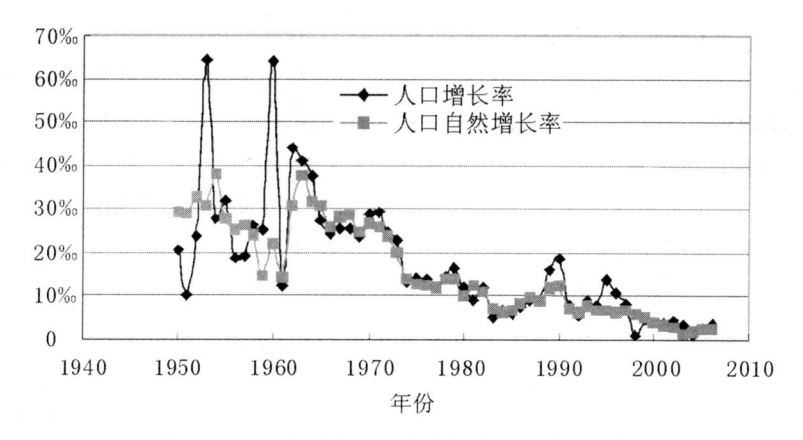

图 5-2 新中国成立以来吉林省人口增长率变化

(一) 人口高速增长阶段

1949～1973 年,吉林省人口高速增长,人口总量从 1949 年的 1 008.5 万迅速增长到 1973 年的 2 007.9 万,净增人口数达到 999.4 万。绝大多数年份,人口年增长率、年自然增长率超过 20‰。

表 5.2　1949～1973 年吉林省人口总量变动情况

年份	人口总量/(万人)	年增长量/(万人)	年增长率/‰	自然增长率/‰	净迁移率/‰
1949	1 008.50			18.91	1.98
1950	1 029.50	21.00	20.82	29.26	-8.44
1951	1 039.80	10.30	10.01	28.80	-18.79
1952	1 064.60	24.80	23.85	32.88	-9.03
1953	1 133.20	68.60	64.44	30.87	33.57
1954	1 164.70	31.50	27.80	37.96	-10.16
1955	1 202.10	37.40	32.11	27.70	4.41
1956	1 224.50	22.40	18.63	25.11	-6.48
1957	1 248.10	23.60	19.27	26.43	-7.16
1958	1 280.90	32.80	26.28	24.18	2.10
1959	1 313.00	32.10	25.06	14.60	10.46
1960	1 397.10	84.10	64.05	22.38	41.67
1961	1 414.30	17.20	12.31	14.41	-2.10
1962	1 476.40	62.10	43.91	30.74	13.17
1963	1 537.10	60.70	41.11	37.59	3.52
1964	1 595.10	58.00	37.73	31.58	6.15
1965	1 639.10	44.00	27.58	30.78	-3.20
1966	1 679.30	40.20	24.53	25.96	-1.43
1967	1 722.10	42.80	25.49	28.41	-2.92
1968	1 766.30	44.20	25.67	28.46	-2.79
1969	1 808.20	41.90	23.72	24.97	-1.25
1970	1 860.40	52.20	28.87	26.85	2.02
1971	1 915.20	54.80	29.46	26.02	3.44
1972	1 962.70	47.50	24.80	23.87	0.93
1973	2 007.90	45.20	23.03	19.92	3.11

资料来源:历年《吉林统计年鉴》。

(二)人口稳定增长阶段

从1974年开始,由于国家实施严格的计划生育政策,吉林省的人口增长速度明显减慢。1974年人口总量为2 034.50万,到2006年增长到2 679.50万,32年间人口增加645万,平均每年增长人数仅为20万,年均增长率仅为1‰,明显低于高速增长阶段。人口自然增长率持续下降,1991年以来,人口自然增长率一直保持在10‰以下,特别是进入21世纪,年人口自然增长率不到5‰,远低于全国平均水平。

表5.3 1974~2006年吉林省人口总量变动情况

年份	人口总量/(万人)	年增长量/(万人)	年增长率/‰	自然增长率/‰	净迁移率/‰
1974	2 034.50	26.60	13.25	14.04	−0.79
1975	2 063.90	29.40	14.45	12.91	1.54
1976	2 092.60	28.70	13.91	12.45	1.46
1977	2 117.90	25.30	12.09	12.22	−0.13
1978	2 149.30	31.40	14.83	13.88	0.95
1979	2 184.60	35.30	16.42	13.89	2.53
1980	2 210.70	26.10	11.95	10.02	1.93
1981	2 230.90	20.20	9.05	12.35	−3.30
1982	2 257.60	26.70	11.97	10.93	1.04
1983	2 269.50	11.90	5.27	7.02	−1.75
1984	2 284.50	15.00	6.61	6.50	0.11
1985	2 298.00	13.50	5.91	6.59	−0.68
1986	2 315.30	17.30	7.53	8.31	−0.78
1987	2 336.40	21.10	9.11	9.86	−0.75
1988	2 357.40	21.00	8.99	8.91	0.08
1989	2 395.40	38.00	16.12	11.95	4.17
1990	2 440.20	44.80	18.70	12.51	6.19
1991	2 459.70	19.50	7.99	7.07	0.92
1992	2 474.00	14.30	5.81	6.52	−0.71
1993	2 496.10	22.10	8.93	7.82	1.11
1994	2 515.60	19.50	7.81	6.87	0.94
1995	2 550.90	35.30	14.03	6.81	7.22
1996	2 579.14	28.24	11.07	6.58	4.49
1997	2 600.15	21.01	8.15	6.80	1.35
1998	2 603.23	3.08	1.18	6.05	−4.87
1999	2 616.10	12.87	4.94	5.23	−0.29
2000	2 627.26	11.16	4.27	4.15	0.12
2001	2 637.09	9.83	3.74	3.38	0.36
2002	2 649.39	12.30	4.66	3.19	1.47
2003	2 658.65	9.26	3.50	1.61	1.89
2004	2 661.95	3.30	1.24	1.76	−0.52
2005	2 669.37	7.42	2.79	2.57	0.22
2006	2 679.50	10.13	3.79	2.67	1.12

资料来源:历年《吉林统计年鉴》。

新中国成立后吉林省人口的增长以自然增长为主,50多年来人口发展模式已由新中国成立初期的高出生、高死亡、低自然增长类型转变为六七十年代的高出生、低死亡、高自然增长类型。八九十年代向低出生、低死亡、低自然增长类型转化,进入21世纪,已经完全形成低出生、低死亡、低自然增长的人口发展模式。自然增长率由最高值时(1954年)的37.96‰,降至最低值时(2003年)的1.61‰。

第二节 人口结构的主要特征

一、人口的性别与年龄结构

(一)人口的性别结构

衡量人口性别结构常用的指标是性别比,性别比指与每百名女性人口数相对应的男性人口数。新中国成立以来,吉林省总人口中,男性人口一直高于女性人口数,但人口性别比例呈逐年下降趋势。1950年全省人口性别比为113.32,到2006年降为102.93。国际通用的性别比正常值范围一般为102~107,按照这一标准,1950~1967年间,吉林省人口性别比高出正常值范围,1968年至今,人口性别比一直在正常值范围内,表明吉林省人口的性别结构比较合理。

表5.4 新中国成立以来吉林省人口性别比变化情况

年份	性别比	年份	性别比	年份	性别比
1950	113.32	1969	106.37	1988	105.15
1951	112.51	1970	106.39	1989	105.23
1952	111.44	1971	105.63	1990	104.70
1953	113.37	1972	105.98	1991	104.77
1954	111.76	1973	105.77	1992	104.68
1955	111.79	1974	105.71	1993	104.58
1956	110.11	1975	105.69	1994	104.57
1957	110.79	1976	105.66	1995	104.38
1958	111.06	1977	105.60	1996	104.11
1959	111.57	1978	105.28	1997	103.85
1960	112.84	1979	105.01	1998	103.76
1961	110.68	1980	104.96	1999	103.67
1962	108.68	1981	104.76	2000	103.54
1963	108.73	1982	104.77	2001	103.43
1964	108.84	1983	104.98	2002	103.41
1965	107.74	1984	105.11	2003	103.24
1966	107.35	1985	105.07	2004	103.21
1967	107.38	1986	105.09	2005	103.09
1968	106.37	1987	105.04	2006	102.93

资料来源:历年《吉林统计年鉴》。

从不同年龄段人口性别结构上看,根据第五次全国人口普查统计数据,2000年,吉林省人口性别比随着年龄的增长而不断下降,0岁人口(出生人口)的性别比最高,为111.29,高于出生人口性别比的正常值范围(102~107),但低于全国出生人口性别比的平均值(117.79)。以后各年龄段人口性别比逐渐降低,与全国平均水平相比,吉林省人口性别比除30~34岁及70岁以上年龄段高于全国外,其他各年龄段人口性别比均低于全国平均水平。2005年出生人口性别比降为109.25,仍低于全国平均水平。以上分析表明,吉林省人口性别结构基本处于平衡状态,与全国出生人口性别失衡相比,人口性别结构矛盾并不突出。

表5.5 吉林省与全国不同年龄段人口性别比比较(2000年)

年龄段	吉林省人口性别比	全国人口性别比
0岁	111.29	117.79
1~4岁	110.73	120.77
5~9岁	108.83	115.42
10~14岁	106.37	108.81
15~19岁	105.20	105.43
20~24岁	105.52	102.79
25~29岁	104.64	104.98
30~34岁	106.00	105.50
35~39岁	105.48	105.92
40~44岁	105.09	108.32
45~49岁	103.28	105.67
50~54岁	100.66	107.55
55~59岁	98.93	107.86
60~64岁	103.16	108.21
65~69岁	101.50	101.85
70~74岁	103.49	94.66
75~79岁	103.41	81.99
80~84岁	98.65	66.95
85岁及以上	89.93	50.49

资料来源:根据中国第五次人口普查统计数据计算。

(二)人口的年龄结构

人口年龄结构是人口的最基本的自然特征之一,人口年龄构成既受人口再生产的影响,也受经济、环境、文化及观念等社会因素的影响。人口的年龄结构变化,对人口的发展、经济社会发展都会产生深远的影响。

新中国成立以来,吉林省人口的年龄结构发生了很大的变化。新中国成立到20世纪70年代末期，由于吉林省经历了人口高速增长阶段，人口年龄构成较轻，在总人口中青少年比重高，30岁以下居多数。据1982年第三次人口普查资料，全省0～29岁人口占总人口的比例为65.35%，60岁以上人口仅占6.3%，属于增长型人口，不存在人口老化问题，与全国相比较，总的来看比全国年轻，15岁以下人口比例接近于全国，15岁以上人口比例略高于全国，但其中老年人口又低于全国。

从20世纪80年代开始，吉林省人口自然增长率持续下降，新出生人口比例不断降低，而20世纪50～80年代人口出生高峰期增加的人口逐渐步入中年行列，由于生活和医疗水平的提高，人均寿命延长，因此中老年人口比例在逐渐增加，特别是进入21世纪，人口增长高峰期增长的人口即将进入中老年期，人口年龄结构逐渐趋于老化。1964年全省65岁以上的老年人口比例仅为3.19%，到2005年达到7.67%，增长了4.48个百分点。按国际通行的标准，60岁以上的老年人口或65岁以上的老年人口在总人口中的比例超过10%或者7%，即可看做进入了老年型社会。2005年吉林省65岁以上老年人口比例超过了7%，2006年60岁以上老年人口的比例为11.98%，超过10%，表明吉林省目前已经进入老龄化社会。

表5.6 吉林省不同年龄段人口数及其占总人口比例变化

年份	0～14岁 人口数/(万人)	比例/%	15～64岁 人口数/(万人)	比例/%	65岁及以上 人口数/(万人)	比例/%
1964	728.8	45.69	815.4	51.12	50.9	3.19
1982	750.7	33.25	1 414.8	62.67	92.1	4.08
1990	645.1	26.16	1 710.4	69.32	111.4	4.52
2000	507.1	18.92	2 011.0	75.03	162.1	6.05
2005	386.8	14.49	2 077.8	77.84	204.7	7.67

资料来源：1964、1982、1990、2000年数据根据第二至第五次人口普查数据整理；2005年数据根据《吉林统计年鉴》(2006)中人口1%抽样调查数据整理。

吉林省人口老龄化进程与经济发展水平极不协调。发达国家的老龄化是社会经济高度发展的产物，老龄化进程与经济发展基本同步，属"先富后老"型，如日本65岁以上老年人口达到7%以上时，人均GDP指标已经接近5 000美元，这些国家在人口老龄化浪潮来临时，自身已经具备了较强的物质基础和社会承受力。吉林省2005年65岁以上老年人口比例已达到7.67%，但人均GDP指标不到2 000美元，属"未富先老"型。吉林省与我国其他地区一样，老年人口比例大幅度提高，主要是由于计划生育政策实施后，人口生育率在较短时间内大幅度下降，人口预期寿命由于医疗卫生技术进步而延长。人口老龄化超前于社会经济发展水平，是在经济实力不足、社会保障滞后、社会承受力还很弱的社会条件下出现的。

二、人口的就业结构

2006年全省总就业人数为1 250.5万。按三次产业类型划分，第一产业从业人数为565.2万，占全部就业人口的45.20%；第二产业从业人数为237.6万，占全部就业人口的19.00%；第三产业从业人数为447.7万，占全部就业人口的35.80%，呈"一、三、二"结构特征。

城镇职工就业结构中，按照国民经济行业构成，制造业职工人数最多；其次是教育行业、公共管理和社会组织行业；居民服务和其他服务业职工人数最少。按照三次产业构成，从事第一产业生产的有18.70万人，占城镇职工总数的7.19%；从事第二产业生产的有97.15万人，占城镇职工总数的37.37%；从事第三产业的有144.09万人，占城镇职工总数的55.43%。城镇职工产业构成呈"三、二、一"结构特点。

表5.7　2006年吉林省国民经济各行业的城镇职工人数及比例

按国民经济行业构成	职工人数/(万人)	占城镇职工总数的比例/%
1. 农、林、牧、渔业	18.70	7.19
2. 采矿业	16.72	6.43
3. 制造业	58.67	22.57
4. 电力、燃气及水的生产和供应业	8.10	3.12
5. 建筑业	13.66	5.26
6. 交通运输、仓储和邮政业	16.78	6.46
7. 信息传输、计算机服务和软件业	3.06	1.18
8. 批发和零售业	9.08	3.49
9. 住宿和餐饮业	2.91	1.12
10. 金融业	7.97	3.07
11. 房地产业	3.22	1.24
12. 租赁和商务服务业	2.96	1.14
13. 科学研究、技术服务和地质勘察业	5.95	2.29
14. 水利、环境和公共设施管理业	6.56	2.52
15. 居民服务和其他服务业	1.07	0.41
16. 教育	37.43	14.40
17. 卫生、社会保障和社会福利业	14.31	5.51
18. 文化、体育和娱乐业	3.69	1.42
19. 公共管理和社会组织	29.10	11.19
城镇职工总计	259.94	100.00

资料来源：《吉林统计年鉴》(2007)。

农村劳动力就业结构中，从事农、林、牧、渔业等第一产业生产的乡村劳动力499.8万人，占全部乡村劳动力总量的72.24%；从事工业生产的有33.56万人，占4.85%；从事建筑业的有45.21万人，占6.53%；从事交通运输和邮电业的有17.92万人，占2.59%；从事信息传输计算机服务和软件业的有1.94万人，占0.28%；从事批发与零售业的有23.97万人，占3.46%；从事住宅与餐饮业的有15.10万人，占2.18%；从事其他行业的有54.41万人，占7.86%。

新中国成立以来，吉林省三次产业从业人员结构发生较大变化。①第一产业从业人员比例总体呈下降趋势。新中国成立初期至20世纪70年代末期，第一产业从业人员比例持续下降，降幅较大，由1949年的84.77%下降到1980年的46.04%，下降幅度达到38个百分点；20世纪80年代以后，变化幅度较小，基本在45%～50%之间波动。②第二产业从业人员比例变化表现为两个不同的阶段性特征。新中国成立初期至改革开放初期，第二产业人员比例大幅度提高，由1949年的7.12%，提高到1980年的32.39%，提高25个百分点。其主要原因是，国家一些重点工业建设项目在吉林省布局，使工业得到较大发展，特别是一些劳动密集型产业的布局与发展，吸引了大量的工业劳动力资源，使得第二产业从业人员比例大幅提高。改革开放至今，吉林省第二产业从业人员比例呈下降趋势，即由1980年的32.39%，下降到2006年的19.00%，降低13个百分点。主要原因是由于经济体制改革，工业

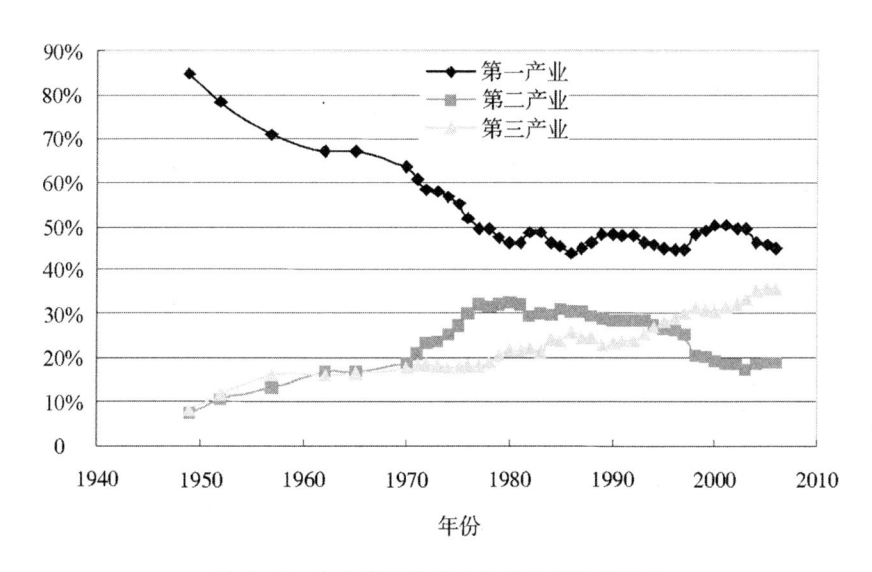

图5-3 吉林省三次产业从业人员比例变化

企业实行减员增效,工业结构调整,部分职工从第二产业中分离出来。③第三产业从业人员比例基本呈持续上升的趋势。1949年第三产业从业人员比例仅为8.11%,1980年达到21.57%,2006年达到35.80%。目前第三产业从业人员比例已经超过第二产业,符合产业结构演进的一般规律。

三、人口的民族与文化结构

(一) 人口的民族结构

根据吉林省第五次人口普查结果,全省民族总数达到44个,在1990年的第四次人口普查时的民族数量上进一步增多。其中汉族人口最多,2000年2 434.88万,占全省人口总量的90.85%;少数民族人口245.34万,占全省总人口数的9.15%。少数民族中,人口数量较多的有朝鲜族、满族、回族和蒙古族,人口总量分别为114.57万、99.31万、12.56万和17.20万,占全省总人口的比例分别为4.89%、2.30%、0.49%和0.41%。其他少数民族人口数量相对较少。

几十年来,吉林省少数民族人口数量不断增加,根据五次人口普查的统计结果,2000年第五次人口普查时吉林省少数民族人口数比1953年第一次人口普查时增加126.01万人,增加了1倍多,但少数民族人口比例却下降了1.42个百分点,表明吉林省少数民族人口增长速度低于汉族人口增长速度。少数民族中,第五次人口普查与第一次人口普查相比,朝鲜族人口增长38.97万,占总人口的比例下降了2.43个百分点;满族人口增长65.97万,占总人口的比例增加了0.76个百分点;回族人口增长6.97万,占总人口比例仅减少0.03个百分点;蒙古族人口增长12.46万,占总人口的比例增长了0.22个百分点;其他少数民族人口增长1.65万,占总人口的比例较低。

表5.8 吉林省五次人口普查各民族人口数及占总人口比例

民族	1953年 人口/(万人)	1953年 比例/%	1964年 人口/(万人)	1964年 比例/%	1982年 人口/(万人)	1982年 比例/%	1990年 人口/(万人)	1990年 比例/%	2000年 人口/(万人)	2000年 比例/%
汉族	1 009	89.43	1 432	91.43	2 073	91.89	2 213	89.76	2 434	90.85
朝鲜族	75.60	6.70	86.66	5.53	110.41	4.89	118.36	4.80	114.57	4.27
满族	33.34	2.95	33.80	2.16	51.91	2.30	105.45	4.28	99.31	3.71
回族	5.59	0.50	7.77	0.50	11.03	0.49	12.24	0.50	12.56	0.47
蒙古族	4.75	0.42	5.83	0.37	9.31	0.41	15.65	0.63	17.20	0.64
锡伯族	0.04		0.07		0.15	0.01	0.18	0.01	0.32	0.01
苗族					0.01		0.05		0.15	0.01
壮族			0.04		0.06		0.13	0.01	0.17	0.01
其他民族			0.03		0.06		0.48	0.02	1.06	0.04

（二）人口的文化结构

新中国成立初期的十几年中，吉林省人口的文化程度相对较低，1964年第二次人口普查时，全省有不识字人口（文盲人口）449.68万，文盲率高达28.70%；高中文化程度的人口28.79万，占总人口的比例仅为2.48%；大学及以上文化程度人口10.05万，占总人口的比例不到1%。

随着经济社会的不断发展和教育水平的提高，人口的文化层次逐步提高，2000年第五次人口普查时，文盲人数减少至163.23万，文盲率降为6.41%；高中文化程度增加到405.43万，所占比例提高到15.92%；大学及以上文化程度人口增加到132.19万，所占比例提高到5.19%。

表5.9 吉林省第二次至第五次人口普查人口文化结构变化

文化程度	1964年 人口/（万人）	1964年 比例/%	1982年 人口/（万人）	1982年 比例/%	1990年 人口/（万人）	1990年 比例/%	2000年 人口/（万人）	2000年 比例/%
不识字	449.68	28.70	366.27	18.31	308.03	14.03	163.23	6.41
小学	978.96	62.48	900.28	45.01	870.45	39.65	899.76	35.32
初中	99.26	6.33	470.92	23.54	650.34	29.63	946.79	37.17
高中	28.79	1.84	242.89	12.14	313.22	14.27	405.43	15.92
大学及以上	10.05	0.64	19.79	0.99	53.05	2.42	132.19	5.19
总计	1 566.86	100.00	2 000.15	100.00	2 195.09	100.00	2 547.41	100.00

第三节 人口空间布局变化

一、人口的城乡分布

吉林省人口城镇化水平较高。新中国成立以来，随着经济社会的不断发展，城镇化进程的不断推进，城乡人口构成发生了明显的变化。1949年城镇人口仅为180.3万（非农业人口数），占总人口的17.9%。2006年，城镇人口已达到1 208.8万（非农业人口数），占总人口的45.1%。吉林省人口城镇化水平总体来说呈上升趋势，但也经历了明显的波动过程。1949年到1960年，城镇人口比例逐渐增加，1960年提高到39.3%。20世纪60年代初，由于全国轰轰烈烈的上山下乡运动，大批城市人口向农村转移，城镇人口比例下降，1962年降低到32.5%，此后到70年代末期的20来年，城镇人口比例一直保持在30%～33%之间，波动幅度不大。从20世纪80年代开始，吉林省开始进入城镇化快速发展时期，全省人口城镇化比例持续提高，由1980年的32.7%提高到2006年的45.1%。目前吉林省的人口城镇化水平高于全国平均水平，在全国省级行政区域中居于前列。

长春、吉林两市为城镇人口密集分布区域，两市城镇人口占全省城镇总人口的44.34%，接近全省城镇人口的一半，但城镇人口占地区总人口比例则低于东部的白山市和延边朝鲜族自治州；四平市城镇人口占全省城镇人口比例较高，仅次于长春、吉林两市，但城镇人口占地区总人口的比例较低，在各地市中，仅高于松原市；辽源市和通化市城镇人口占全省城镇人口的比例不高，但占地区总人口的比例较高；位于西部地区的松原和白城两市，城镇人口占全省城镇人口的比例和占地区总人口的比例两项指标均较低，城市化水平落后于其他地区。

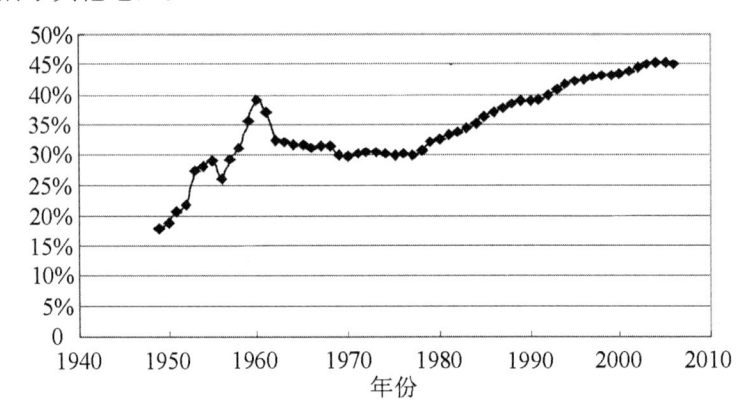

图5-4 新中国成立以来吉林省城镇化水平变化

表5.10 2006年吉林省各地区人口城乡分布

行政区域	总人口/(万人)	农业人口/(万人)	非农业人口 人口数/(万人)	非农业人口 比例/%	城镇化率/%
全省	2 679.51	1 470.73	1 208.78	100.00	45.11
长春市	739.26	413.61	325.65	26.94	44.05
吉林市	430.44	220.12	210.32	17.40	48.86
四平市	331.28	204.41	126.87	10.50	38.30
辽源市	123.22	67.57	55.65	4.60	45.16
通化市	226.87	121.99	104.88	8.68	46.23
白山市	129.97	42.31	87.66	7.25	67.45
松原市	278.24	202.89	75.35	6.23	27.08
白城市	202.44	121.91	80.53	6.66	39.78
延边朝鲜族自治州	217.79	75.92	141.87	11.74	65.14

资料来源：《吉林统计年鉴》（2007）。

从各县（市）、区级行政区域的人口城乡分布的比较上看，各地级城市的市区人口城镇化水平均比较高，除白城市市区（56.59%）外，其他各地级市市区均在60%以上。县级城市人口城镇化水平最高的是延吉市，城镇人口比率高达89.4%，抚松县、临江市、图们市、珲春市、和龙市人口城镇化水平也在60%以上，榆树市、德惠市、伊通满族自治县、东辽县、长岭县、扶余县人口城镇化水平较低，城镇人口比例不到20%。

表 5.11　吉林省各县（市）、区人口城镇化水平分布（2006 年）

城镇化率	地级市市区、县（市）
80%以上	四平市市区、辽源市市区、通化市市区、延吉市
60%～80%	长春市市区、吉林市市区、白山市市区、抚松县、临江市、松原市市区、图们市、珲春市、和龙市
40%～60%	桦甸市、梅河口市、靖宇县、长白朝鲜族自治县、白城市市区、敦化市、龙井市、汪清县、安图县
20%～40%	农安县、九台市、永吉县、蛟河市、舒兰市、磐石市、梨树县、公主岭市、双辽市、东丰县、通化县、辉南县、柳河县、集安市、前郭尔罗斯蒙古族自治县、乾安县、镇赉县、通榆县、洮南市、大安市
20%以下	榆树市、德惠市、伊通满族自治县、东辽县、长岭县、扶余县

二、人口的地区分布

吉林省人口地区分布不均，根据《吉林统计年鉴》，2006年全省总人口2 679.51万，其中一半以上分布在中部地区的长春市、吉林市和四平市（三个地区人口合计占全省总人口的56.01%）。长春市人口规模最大，为739.26万，占全省总人口的27.59%；其次为吉林市，人口规模为430.44万，占全省总人口的16.06%；辽源市和白山市人口规模最小，分别仅为123.22万和129.97万，占全省总人口的比例分别为4.60%和4.85%。

吉林省平均人口密度为142人/km²，高于全国平均人口密度。由于受各地自然环境、经济基础与发展水平的影响以及历史条件的不同，形成了中部人口密集、东西部人口稀疏的分布态势。中部的长春市、吉林市、四平市、辽源市虽然仅占全省35%的土地面积，但集中了全省60%的人口分布。东部地区的通化市、白山市和延边朝鲜族自治州和西部地区的松原市、白城市合计土地面积虽然占全省65%，但仅分布全省40%的人口。

表 5.12　2006 年吉林省各地区人口规模和人口密度

行政区域	地域规模 土地面积 /(10⁴ km²)	地域规模 占全省比例 /%	人口规模 人口数 /(万人)	人口规模 占全省比例 /%	人口密度 /(人·km⁻²)
全省	18.91	100.00	2 679.51	100.00	142
长春市	2.06	10.88	739.26	27.59	359
吉林市	2.71	14.34	430.44	16.06	159
四平市	1.41	7.44	331.28	12.36	235
辽源市	0.51	2.72	123.22	4.60	240
通化市	1.52	8.03	226.87	8.47	149
白山市	1.75	9.25	129.97	4.85	74
松原市	2.11	11.15	278.24	10.38	132
白城市	2.57	13.61	202.44	7.56	79
延边朝鲜族自治州	4.27	22.58	217.79	8.13	51

资料来源：《吉林统计年鉴》(2007)。

从各地级城市市区及各县（市）的人口密度比较看，地级城市市区人口密度普遍高于其所辖的各县（市）人口密度，体现出城市对人口的集聚作用。各县（市）中，延吉市人口密度最大，为 318 人/km²；汪清县人口密度最低，仅为 28 人/km²。

表 5.13　吉林省各县（市）、区人口密度分布（2006 年）

人口密度	地级市市区、县（市）
1 000 人/km² 以上	辽源市市区
500～1 000 人/km²	长春市市区、吉林市市区、四平市市区、通化市市区
200～500 人/km²	九台市、榆树市、德惠市、公主岭市、梅河口市、松原市市区、白城市市区、延吉市
100～200 人/km²	农安县、舒兰市、磐石市、梨树县、伊通满族自治县、双辽市、东丰县、东辽县、辉南县、柳河县、白山市市区、长岭县、扶余县、图们市
50～100 人/km²	永吉县、蛟河市、桦甸市、通化县、集安市、临江市、前郭尔罗斯蒙古族自治县、乾安县、镇赉县、洮南市、大安市、龙井市
50 人/km² 以下	抚松县、靖宇县、长白朝鲜族自治县、通榆县、敦化市、珲春市、和龙市、汪清县、安图县

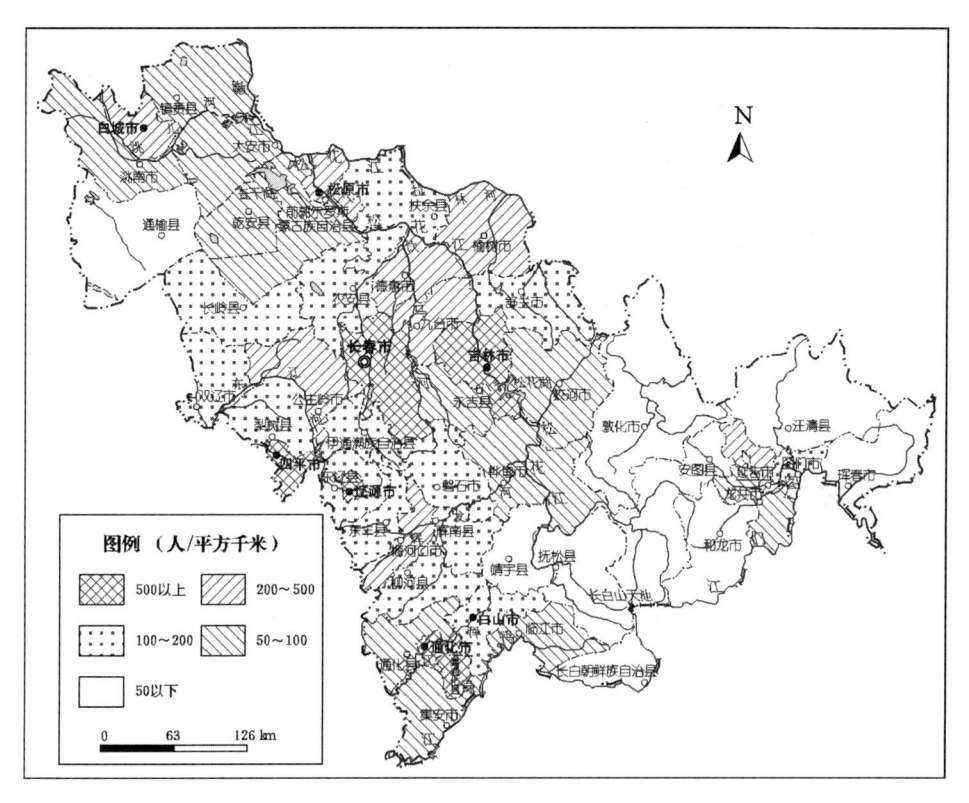

图 5-5 2006年吉林省人口密度分布图

第四节 人口城市化的变化趋势

一、人口城市化历程

新中国成立以来，吉林省走过了曲折的人口城市化发展道路。虽然不同学者对吉林省人口城市化发展阶段有过不同的划分，但大体上经历了以下三个阶段。

第一阶段，从新中国成立到20世纪60年代初期，为城市化发展的非正常增长期。这一时期正值国家"一五"和"二五"建设时期，国家为建设东北工业基地，在吉林省相继建设了一批重点工业项目，长春、吉林、四平等城市由此成为重要的工业基地，随着森林、矿产资源的开发与利用，吉林省东部地区成长了一批工矿城市。吉林省城市化水平迅速提高，人口向城市集聚，城市规模不断扩大，人口城市化率从1949年的17.9%增加到1960年的39.3%。

第二阶段，从20世纪60年代初期到改革开放初期，为城市化的停滞期。由于受自然灾害以及政治因素与经济因素的共同作用，城市化发展基本处于停滞状态，人口城市化率基本维持在30%左右。

第三阶段，从改革开放至今，为城市化的持续增长期。由于改革开放和工业化加快发展以及国家调整设市、设镇标准，人口城市化率从1978年的30.7%提高到2006年的45.1%。

二、人口城市化趋势

根据修正的Logistic模型，建立城乡人口增长率差额的时间序列模型，通过两次指数平滑导出修正的Logistic模型，然后根据这一模型进行吉林省人口城镇化水平预测（预测过程略）。吉林省城乡人口增长数据见表5.14，预测结果见表5.15。

表5.14 1990～2006年吉林省城乡人口增长状况

年份	城镇人口/(万人)	农村人口/(万人)	城镇化水平/%	城镇人口增长率	农村人口增长率	城乡人口增长率差额
1990	951.9	1 488.3	39.01			
1991	966.2	1 493.5	39.28	0.015 0	0.003 5	0.011 5
1992	985.4	1 488.6	39.83	0.019 8	−0.003 3	0.023 1
1993	1 021.2	1 474.9	40.91	0.036 3	−0.009 2	0.045 5
1994	1 050.4	1 465.2	41.76	0.028 6	−0.006 6	0.035 2
1995	1 077.8	1 473.1	42.25	0.026 1	0.005 4	0.020 7
1996	1 094.5	1 484.6	42.44	0.015 5	0.007 8	0.007 7
1997	1 115.9	1 484.2	42.92	0.019 5	−0.000 3	0.019 8
1998	1 122.9	1 480.3	43.14	0.006 3	−0.002 6	0.008 9
1999	1 131.9	1 484.2	43.27	0.008 0	0.002 6	0.005 4
2000	1 143.0	1 484.3	43.50	0.009 8	0.000 1	0.009 7
2001	1 154.7	1 482.4	43.79	0.010 2	−0.001 3	0.011 5
2002	1 177.8	1 471.6	44.46	0.020 0	−0.007 3	0.027 3
2003	1 195.4	1 463.2	44.96	0.014 9	−0.005 7	0.020 6
2004	1 202.4	1 459.5	45.17	0.005 8	−0.002 5	0.008 4
2005	1 206.3	1 463.1	45.19	0.003 2	0.002 5	0.000 8
2006	1 208.8	1 470.7	45.11	0.002 1	0.005 2	−0.003 1

资料来源：《吉林统计年鉴》(2007)。

表 5.15 吉林省人口城镇化水平各年预测值

年份	2007	2008	2009	2010	2011	2012	2013	2014
城市化水平/%	45.36	45.59	45.81	46.02	46.22	46.40	46.58	46.74
年份	2015	2016	2017	2018	2019	2020	2025	2030
城市化水平/%	46.89	47.03	47.15	47.27	47.37	47.46	47.72	47.69

由表 5.15 可知，未来 20 年吉林省城镇化水平仍呈上升趋势，但 2025 年预测人口城镇化水平仅为 47.72%，仅比 2006 年提高 2.61 个百分点，表明吉林省人口城镇化发展趋势缓慢。从 1990～2006 年的人口城镇化水平变化来看，吉林省近十多年来人口城镇化进程比较缓慢，特别是进入 21 世纪以来，人口城镇化水平提高不到 2 个百分点。预测的结果基本上反映了吉林省人口城镇化的发展趋势。人口城镇化进程缓慢的主要原因是吉林省作为农业大省，第一产业对农业人口仍有较大的影响力，而城镇第二、第三产业对农业人口的吸引力明显不足。吉林省人口城市化发展道路仍艰巨而漫长，提高城市第二、第三产业的人口集聚能力，促进农业人口向城镇转移是未来人口城镇化发展的必然趋势。

三、中心城市集聚的人口城市化空间布局

长春、吉林作为吉林省的特大城市，具有要素、产业和职能的空间集聚优势，产业发展的外部经济性强，产业结构层次高，是吉林省区域经济的增长极。目前长春、吉林两市正处于区域极化作用快速发展阶段，其承载人口集聚的功能逐步增强，未来的一定时期内仍将是全省城市化的核心地区。其他地级城市人口规模小，城镇对人口的吸引能力弱，其中四平市仅达到大城市的入门标准，通化、白山、辽源、松原、白城等城市人口规模都不足 50 万。这些地级城市区域要素、产业和经济职能的总体空间集聚作用不强，但具有区域发展的比较优势。县级城市及其以下的中小城镇，虽然人口规模小，但是城镇数量多，一些城镇正在发挥相对比较突出的地方优势，利用扩权强县契机，加强工业园区建设，培育企业群、产业群，培育区域增长极，促进工业化、城市化、现代化同步发展。吉林省人口城市化空间布局的总体格局，应继续强化和突出长春、吉林的核心地位，同时创造条件，积极培育大城市，增加数量，壮大规模，以工业园区建设带动小城市尤其是县城发展。

第六章　国家农业生产基地的形成

章前语

吉林省农业开发历史较晚，但却是全国重要农业省份之一，是国家在"六五"和"七五"期间建立的商品粮和玉米出口基地省。吉林省人均占有粮食量、粮食商品量、粮食商品率和粮食外调、出口量均居全国各省首位；粮食储备量则占全国粮食储备量的1/10，是国家重要的商品粮基地和粮食储备基地。二十多年来，吉林省建设与发展了33个商品粮基地县，为国家提供了大量的商品粮，为实现国家粮食安全作出了重要贡献，在全国粮食安全保障中起着举足轻重的作用。目前吉林省商品粮基地建设已进入追求数量与质量相统一、以内涵建设为主向综合功能建设方向发展的新阶段，商品粮基地建设的背景条件和市场环境发生了重大变化，特别是我国加入世贸组织后，商品粮基地面临着新的矛盾和问题，及时解决这些矛盾和问题是实现商品粮基地持续稳定发展、保证未来我国粮食安全的客观要求。

关键词

国家商品粮基地；玉米带；西部草原畜牧业

第一节　农业产业地位与生产布局特点

一、农业在吉林省经济体系中的基础地位

吉林省虽然农业开发历史较晚，但农业生产水平较高，农业在吉林省国民经济体系中占重要地位。随着全省工业建设和第三产业的不断发展，第二、第三产业产值持续快速增长，在地区生产总值中所占比重逐渐超过第一产业，农业在国民经济中的比重不断下降，但在整个社会经济中的基础性作用，特别是在提供农副产品和工业原材料方面的重要地位在不断提高。新中国成立初

期，吉林省三次产业中，第一产业产值占地区生产总值的比重最高，1952～1956年，第一产业产值比重在40%以上；1957～1987年，除1967、1968两年外，第一产业处于地区生产总值构成的第2位；1988年以后，第一产业产值比重下降到第3位，特别是20世纪90年代末以来，吉林省第一产业比重持续下降，到2006年仅为15.74%。

从吉林省第一产业产值比重与全国平均水平的比较来看，改革开放初期至20世纪80年代末，吉林省第一产业产值比重与全国比较互有高低，但总体相差不大；20世纪90年代以后，第一产业产值比重一直高于全国平均水平，表明农业在吉林省国民经济中的基础性地位。

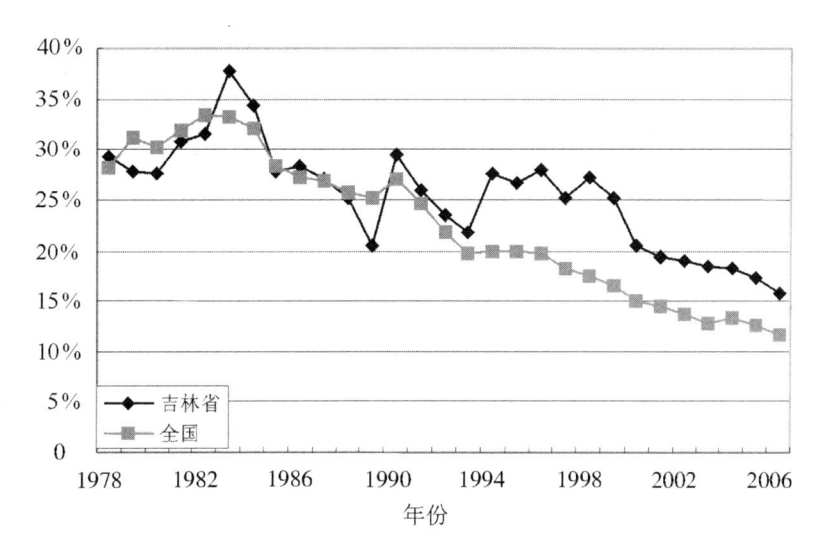

图6-1 1978年以来吉林省与全国第一产业产值占地区生产总值比重的变化情况

二、吉林省在全国农业地域分工中的地位

吉林省是农业大省，农业生产在全国劳动地域分工中占重要地位。2006年，吉林省农、林、牧、渔业总产值1 155.50亿元，农业产值597.02亿元，人均农业产值2 228.10元，居全国第5位；林业产值44.35亿元，人均林业产值162.87元，居全国第10位；牧业产值483.46亿元，人均牧业产值1 775.46元，居全国第2位。吉林省粮食总产量2 720.00×10^4 t，居全国第7位，人均粮食产量998.90 kg，居全国第1位。肉类总产量315×10^4 t，年均递增3.54%，人均占有量连续5年居全国第1位；蛋类总产量达到101×10^4 t，年均递增3.7%，人均占有量跻身于全国前5名。

区位熵反映各地区产业专门化水平。通过第一产业产值以及农、林、牧、渔业产值构成中各业的区位熵比较,吉林省第一产业的区位熵为1.34,在全国省级行政区域中居第12位,高于辽宁和黑龙江两省,为东北地区最高;农业区位熵为1.02,居全国第13位;林业区位熵为1.02,居全国第15位;畜牧业区位熵为1.30,居全国第6位;渔业区位熵为0.14,居全国第23位。

根据全国各省级行政区域第一产业及农、林、牧、渔等产业区位熵比较分析,吉林省第一产业总体地区专门化水平较高,在全国具有较大的比较优势;畜牧业地区专门化水平较高,在全国具有突出的比较优势;种植业和林业地区专门化水平略高于全国平均水平;渔业专门化水平最低,没有形成专门化生产优势。

表6.1 全国省级行政区域第一产业及农、林、牧、渔业区位熵比较

地区	第一产业	农业	林业	牧业	渔业
北京	0.11	0.80	1.45	1.42	0.35
天津	0.23	0.77	0.19	1.20	1.37
河北	1.18	0.99	0.42	1.28	0.30
山西	0.50	1.17	0.79	0.91	0.07
内蒙古	1.16	0.97	1.02	1.40	0.07
辽宁	0.91	0.76	0.75	1.11	1.90
吉林	1.34	1.02	1.02	1.30	0.14
黑龙江	1.02	1.12	1.30	1.08	0.21
上海	0.08	1.00	1.17	0.61	2.23
江苏	0.61	1.01	0.53	0.66	1.95
浙江	0.50	0.93	1.50	0.59	2.55
安徽	1.43	1.00	1.31	0.94	1.03
福建	1.01	0.83	1.87	0.58	2.96
江西	1.44	0.89	2.26	0.93	1.39
山东	0.83	1.08	0.43	0.89	1.27
河南	1.40	1.09	0.70	1.13	0.12
湖北	1.28	1.07	0.57	0.87	1.33
湖南	1.50	0.95	1.40	1.18	0.68
广东	0.51	0.93	0.67	0.76	2.04
广西	1.83	0.99	1.28	1.07	0.89
海南	2.79	0.78	3.43	0.57	2.61
重庆	1.04	1.05	0.93	1.17	0.33
四川	1.58	0.81	0.78	1.57	0.32
贵州	1.47	1.14	1.12	1.06	0.20
云南	1.60	1.03	3.12	0.93	0.21
西藏	1.50	0.89	1.08	1.47	0.02
陕西	0.92	1.28	0.94	0.84	0.06
甘肃	1.26	1.39	0.71	0.75	0.02
青海	0.93	0.74	0.52	1.74	0.01
宁夏	0.96	1.15	0.87	1.01	0.28
新疆	1.48	1.42	0.52	0.67	0.05

注:第一产业区位熵=省级行政区域第一产业产值占地区生产总值比重/全国第一产业产值占国内生产总值比重;农(或林、牧、渔业)区位熵=省级行政区域农(或林、牧、渔业)产值占农、林、牧、渔业总产值的比重/全国农(或林、牧、渔业)产值占农、林、牧、渔业总产值的比重。香港、澳门、台湾资料暂缺。

以上分析表明，吉林省第一产业总体发展水平较高，农业在全国地域分工中居重要地位，特别是作为产粮大省，在商品粮基地建设以及保障国家粮食安全方面发挥了巨大作用。近年来，由于国家加大对农业的扶持力度，实施农业税减免和种植粮食的直补政策，极大地提高了广大农民的种粮积极性，全省粮食生产稳步提高，为国家和外省区提供了大量的商品粮，保证了人民生活的需要。

三、农业生产与布局特点

（一）农业生产水平稳步提高

新中国成立以来，吉林省农业各项产值大幅度增长。第一产业增加值1952年仅为9.19亿元，到2006年增加到672.76亿元，增长了72倍，年均增长1.34倍。农、林、牧、渔业总产值1952年为12.42亿元，到2006年增加到1 155.50亿元，增长了92倍，年均增长1.70倍。其中农业产值由1952年的10.56亿元，增加到2006年的597.02亿元，增长了55.54倍，年均增长1.03倍；林业产值由1952年的0.26亿元，增加到2006年的44.35亿元，增长了169.58倍，年均增长3.14倍；牧业产值由1952年的1.07亿元，增加到2006年的483.46亿元，增长了450.83倍，年均增长8.35倍，增长幅度最大。

吉林省主要农产品的产量稳步提高。粮食作物产量1950年仅为553.9×10^4 t，2006年达到$2 720 \times 10^4$ t，增长了3.91倍，年均增长6.98%；油料作物产量由1950年的2.17×10^4 t提高到2006年的58.37×10^4 t，增长了25.90倍，年均增长46.25%；水果产量由1954年的0.33×10^4 t提高到2006年的67.95×10^4 t，增长了204.91倍，年均增长3.94倍；大牲畜头数由1949年的164.8万头提高到2006年的684.37万头，增长了3.15倍，年均增长5.5%；猪、牛、羊肉产量由1978年的15.64×10^4 t提高到2006年的218.25×10^4 t，增长了12.95倍，年均增长46.27%；水产品产量由1978年的1.03×10^4 t提高到2006年的13.07×10^4 t，增长了11.69倍，年均增长41.75%。

（二）农田水利基础设施投入不足

新中国成立以来，吉林省农业生产条件得到较大改善，在水利设施上，重点建设了江河治理、大型水利枢纽、病险水库除险加固、大型灌区节水改造、水土流失治理等项目，保障了农业生产的水利需要。但是农田水利设施投入少，基础设施老化严重。近10年来，吉林省农业基础设施建设投资额仅占整个基本建设投资额的5%，远低于全国9%的平均水平。许多农业基础设施年久失修，严重老化。全省现有的大中型水库中，险库占50%，80%的机械排灌站带病运行，无法发挥应有的作用和效益。由于重点灌区、涝区的排灌工程无钱配套，每年由此造成的粮食减收高达20亿斤[①]左右。

一直以来，干旱是吉林省农业生产面临的最严重的自然灾害，也是导致省内粮食产量不稳定的主要因素。据统计，吉林省粮食产量的波动系数为18.6%，是全国的两倍。吉林省有易旱地$200×10^4$ hm^2，易涝地$3.2×10^4$ hm^2，水土流失耕地近$205×10^4$ hm^2。而旱涝保收耕地仅占15.2%，有效灌溉面积仅占23%，加上农田水利基础设施薄弱，一旦发生旱情，难以抗灾保产。

（三）农业生产地区差异性显著

从各地区农业总产值比较上看，2006年长春市农业总产值所占比例最高，为25.01%；其次是四平市，占19.20%。从农业生产结构的地区分布上看，种植业主要分布在中部和西部的长春、吉林、四平和松原等地区，其中长春市种植业产值所占比例最高，为23.82%；林业主要分布在东部地区的白山市和延边朝鲜族自治州，其林业产值占吉林省比例分别为32.70%和28.06%；畜牧业主要分布在长春市和四平市，两市牧业产值合计占吉林省的一半左右；渔业主要分布在吉林市、白山市和松原市，渔业产值占全省比例分别为33.02%、18.71%和14.97%。

表6.2　2006年吉林省各地区农、林、牧、渔业产值比较

地区	农林牧渔业总产值/(亿元)	占吉林省比例/%	农业产值/(亿元)	林业产值/(亿元)	牧业产值/(亿元)	渔业产值/(亿元)
长春市	289.01	25.01	142.21	1.72	142.28	1.49
吉林市	172.51	14.93	85.71	5.52	74.20	5.61
四平市	221.81	19.20	100.80	1.51	113.80	0.21
辽源市	41.91	3.63	19.22	0.76	21.44	0.17
通化市	71.91	6.22	39.20	2.78	27.74	1.67
白山市	44.94	3.89	17.66	14.50	9.18	3.18
松原市	171.18	14.81	113.58	2.22	51.07	2.54
白城市	85.90	7.43	48.49	2.89	31.45	1.34
延边朝鲜族自治州	56.33	4.88	30.14	12.45	12.30	0.78
吉林省	1 155.50	100.00	597.02	44.35	483.46	16.98

资料来源：《吉林统计年鉴》(2007)。

（四）农业产业化经营取得较大进展

"十五"期间，吉林省围绕将农副产品加工业建成支柱产业的总体要求，重点加强了龙头企业建设，推动了农业产业化经营。2005年末，吉林省农业产业化国家级龙头企业20家，省级龙头企业113家，粮食加工转化能力达

---

① 1斤=500 g，下同。

$1\,153\times10^4$ t，畜产品加工能力达 2.72 亿头（只），乳业加工转化能力达 44.4×10^4 t。以粮食、畜产品为主的农产品加工业实现产值 670 亿元，相当于农业总产值的 71%。大成公司、吉林燃料乙醇、松原赛利事达等玉米加工项目竣工投产；九台金锣、华正牧业等生猪屠宰加工项目开工建设；长春皓月、德莱鹅业、长双鹿业、新希望乳业、广泽乳业、吉林正业等产业化龙头企业被列入国家东北老工业基地支持项目，打造出德大鸡肉、皓月牛肉、"鼎吉"大米、双阳梅花鹿等一批国际国内知名品牌，基本形成了以玉米、大豆、水稻、蔬菜、中草药、瘦肉型猪、肉牛、肉鸡、肉鹅、参茸为代表的龙头企业。农业产业化经营对"南资北移"形成强大吸引力，蒙牛、伊利、完达山、草原兴发、雨润集团等省外大型企业纷纷进入吉林省投资。

四、主要农作物地区分布

吉林省农作物的空间分布差异性显著，东部地区经济作物面积比例较大，中西部地区粮食作物分布普遍，西部地区杂粮作物和经济作物占较大比例。粮食作物分布普遍，但主要集中分布在中西部地区，其中长春市分布面积最大，为 100.69×10^4 hm^2，占吉林省的 25.71%；油料作物主要分布在吉林西部地区的松原市和白城市；蔬菜种植面积主要分布在长春市。全省其他经济作物种植面积较少，2006 年麻类种植面积 377 hm^2，主要分布在吉林市；甜菜种植面积 4 343 hm^2，主要分布在松原市、白城市和延边朝鲜族自治州；烟叶种植面积 24 153 hm^2，主要分布在长春市、延边朝鲜族自治州、白城市、通化市、松原市和吉林市；园参种植面积 3 339 hm^2，主要分布在延边朝鲜族自治州、白山市、通化市和吉林市。

表 6.3 吉林省各地区主要农作物播种面积及占吉林省播种面积比例

地区	农作物 播种面积	比例	粮食作物 播种面积	比例	油料作物 播种面积	比例	蔬菜 种植面积	比例
长春市	114.03	24.92	100.69	25.71	1.46	5.08	8.52	39.55
吉林市	57.95	12.67	53.02	13.54	0.34	1.18	3.45	16.01
四平市	69.96	15.29	62.63	15.99	4.07	14.15	2.44	11.33
辽源市	16.26	3.55	15.57	3.97	0.00	0.00	0.58	2.68
通化市	25.11	5.49	22.19	5.67	0.08	0.27	1.36	6.32
白山市	5.26	1.15	4.04	1.03	0.09	0.33	0.54	2.51
松原市	81.26	17.76	67.12	17.14	10.25	35.61	2.13	9.88
白城市	60.50	13.22	43.98	11.23	11.30	39.28	1.42	6.59
延边朝鲜族自治州	27.25	5.95	22.41	5.72	1.18	4.10	1.11	5.16
吉林省	457.58	100.00	391.67	100.00	28.78	100.00	21.53	100.00

资料来源：《吉林统计年鉴》（2007）。

主要粮食作物中，水稻种植面积 62.57×10⁴ hm²，主要分布在中部地势平坦，水资源丰富的平原和台地地区，东部的山间谷地平坦地区也有分布，长春市和吉林市水稻种植面积最大；玉米种植面积 247.96 hm²，主要分布在长春市、四平市、松原市、吉林市和白城市；大豆种植面积 44.84×10⁴ hm²，主要分布在延边朝鲜族自治州、吉林市和长春市。

表 6.4　吉林省各地区主要粮食作物播种面积及占吉林省播种面积比例

地区	水稻 播种面积	水稻 比例	玉米 播种面积	玉米 比例	大豆 播种面积	大豆 比例
长春市	15.61	24.95	69.21	27.91	10.01	22.31
吉林市	13.70	21.90	27.86	11.24	10.50	23.41
四平市	6.17	9.86	50.17	20.23	3.75	8.37
辽源市	1.72	2.74	11.55	4.66	1.87	4.18
通化市	7.10	11.35	11.97	4.83	2.49	5.56
白山市	0.16	0.25	2.16	0.87	1.54	3.42
松原市	7.24	11.58	45.88	18.50	2.16	4.81
白城市	6.60	10.55	23.18	9.35	1.20	2.68
延边朝鲜族自治州	4.27	6.83	5.99	2.42	11.32	25.25
吉林省	62.57	100.00	247.96	100.00	44.84	100.00

资料来源：《吉林统计年鉴》（2007）。

第二节　商品粮基地的建设与发展

一、商品粮基地建设优势

（一）资源与农业基础是商品粮基地建设的必要条件

吉林省地处松辽平原腹地，土地肥沃，是世界著名的三大"黄金玉米带"之一，是我国的大粮仓。吉林省耕地面积占全国的 4.9%，人均耕地面积 2.67 亩[①]，比全国平均水平高 1.53 亩。全省 90% 以上耕地地势平坦、连片，易于耕种，有利于机械化推广。夏季日照时间长，高温多雨，为粮食作物生长提供了良好条件；秋季光照充分，多晴少雨，昼夜温差大，有利于粮食作物营养积累。粮食主产县（市、区）粮食种植成本低，每斤玉米的物化成本比全国同品种粮食生产平均成本低 20%～30%。

土地优势和气候优势，保证了吉林省粮食产品的品质优势。吉林省黄玉

---

① 1 亩=666.7 m²，下同。

米一年一季，色泽好，淀粉和蛋白质含量较高，适宜作饲料和工业原料，近几年玉米出口量占全国玉米出口总量的一半以上；水稻是一季晚稻，因生长期长、温差大、土质肥沃、雨水适量，产出的大米色泽明亮、味香可口，颇受消费者喜爱，目前吉林省大米在全国市场上不仅销售好，而且价格也比较高，创出了自己的品牌；大豆是吉林省的又一重要农作物，因品种纯正、含油量高，深受消费者的欢迎。

吉林省作为全国重要的商品粮基地之一，在保证国家粮食安全方面具有重要的战略地位。粮食商品率一直保持在80%以上，高出全国平均水平20个百分点；人均玉米占有量、商品率、出口量、调出量一直位于全国之首。目前吉林省粮食综合生产能力虽然已达500亿斤的阶段性水平，但粮食增产的潜力仍有一定空间，潜在粮食综合生产能力增势强劲。

（二）农业技术及人才优势是商品粮基地建设的保障

改革开放以来，吉林省在促进农业科学技术发展方面发挥了重要作用。1983年，国家对吉林省商品粮基地重点县无偿投资6 379万元，主要用于建设农业技术推广体系、良种繁育推广体系和农田水利设施配套。"十五"期间，吉林省种植业良种覆盖率达到99%，畜、禽、水产良种普及率达到85%，初步实现了由传统农业向以绿色农业和有机农业为主的现代农业转变。同时加强扶持涉农的科研单位，整合科技资源，目前全省已经形成现代农业科技创新和服务网络体系。

吉林省农业信息化建设起步于2001年，经过几年的发展，信息化建设已经初具规模。部分村镇建立了有宽带接入的信息服务站，吉林网通ADSL专线已延伸到70%的村，吉林省实现农业信息网络进村入户的基本条件已经具备。目前吉林省"一站通"注册用户绝对数量在全国居第3位。

吉林省具有农业生产技术和管理的人才优势。统计资料显示，2006年吉林省每万名农村人口中拥有农业科技人员数是全国平均水平的两倍多。人才优势为吉林省农业的发展，特别是粮食生产能力的提高，提供了强有力的技术支持。

（三）便利的交通条件促进了农产品集散中心的形成

商品粮的输出需要较好的区位与交通条件。吉林省位于东北地区中部的区位优势，以及以长春市为中心、连接省内外的快速便捷的铁路与公路交通体系，为农产品市场的建立与商品粮的输出提供了优越的基础性条件。依托于东北亚区域中心的地理区位和便捷的交通运输条件，吉林省粮油批发市场发展迅速，2003年年底，由长春粮食集团与德隆集团共同建设的东北亚物流中心在长春市绿园区开业，全部建成后将成为东北亚最大的农产品集散中心。该中心的交易品种以成品粮油为主，辐射长春及四平、松原、白城等地区，延伸到辽宁、黑龙江、内蒙、新疆和沿海各省,其设备先进、功能齐全、交易方式现代化、市场管理信息化,是与国家粮食交易网及全国 35 个大中城市粮油信息中心联网的专业性粮油批发市场。此外,吉林玉米中心批发市场与长春粮油中心批发市场等已发展成为国家级市场。

(四)国家为商品粮基地建设提供了有力的政策支持

商品粮基地建设以来,国家及省内出台了相应的政策,从资金、技术、农田基础设施建设等方面支持吉林省商品粮基地建设。"七五"期间,吉林省共投资 5.25 亿元(其中国家投资 2.40 亿元,省内配套投资 2.85 亿元),建设了 28 个商品粮基地县(市、区)。玉米出口生产基地建设基金 3.00 亿元,主要用于 13 个玉米出口生产基地县(市)建设;发展粮食生产专项资金 2.25 亿元。2006 年《国务院办公厅关于落实中共中央国务院关于促进中部地区崛起若干意见有关政策措施的通知》为吉林省商品粮基地建设提供了政策保障。

2007 年 9 月启动的位于吉林省西部松原市和白城市的土地开发整理重大项目,总投资 62 亿元,是我国目前最大的土地开发整理工程,通过土地开发整理改良盐碱地、改造中低产田、改善区域生态环境,预计项目建成后可增加 458 万亩高标准农田。2007 年 10 月,国家开发银行与吉林省政府在京签署合作协议,为吉林省在 5 年内实现新增 100 亿斤商品粮生产能力提供资金支持。根据协议,在国家开发银行的融资支持下,吉林省将用 5 年时间,通过完善水利工程设施、进行土地整理复垦、建设高标准粮田、推进农业机械化、推广农业新技术和研发推广优质高产新品种等措施,实施引水、灌区建设、土地开发整理等重点工程建设,提升吉林省粮食增产能力。

2008 年 7 月 2 日由国务院常务会议讨论通过的《吉林省增产百亿斤商品粮能力建设总体规划》提出的大安灌区改造项目,建成后可增加水田面积 $54.8 \times 10^4 \text{ hm}^2$,计划改造的永舒榆、饮马河、洮儿河、梨树、宋沐、海龙、前郭尔罗斯、白沙滩、扶余、舒东、松城等 11 个大型灌区,可新增水田面积 131 万亩。黑土区治理项目、西部土地整理工程以及标准良田建设工程等建设完成后,可新增耕地面积 255 万亩。

二、商品粮基地空间布局

从"五五"计划时期吉林省商品粮基地规划建设开始,因行政区划调整及粮食生产变化影响,经过多次调整,目前已经建设形成吉林省商品粮基地县(市)25 个,分别为九台市、榆树市、农安县、德惠市、桦甸市、蛟河市、永吉县、舒兰市、磐石市、公主岭市、梨树县、伊通满族自治县、双辽市、东丰县、东辽县、梅河口市、辉南县、通化县、扶余县、洮南市、大安市、

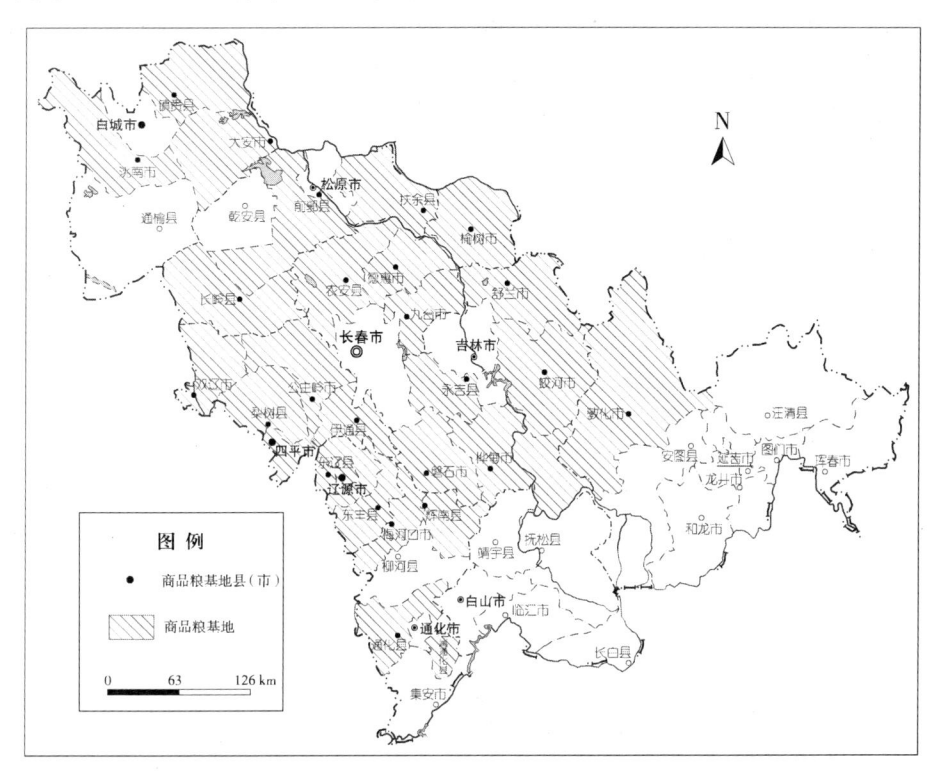

镇赉县、长岭县、前郭尔罗斯蒙古族自治县、敦化市等。

图 6-2　吉林省商品粮基地分布图

三、商品粮基地县（市）的主要特征

2006 年，吉林省 25 个商品粮基地县（市），土地总面积 1 135.68×10^4 hm^2，占全省土地总面积的 59.42%；农业人口 1 072.36 万人，占农业总人口的 72.91%；耕地总面积 346.78×10^4 hm^2，占全省耕地面积的 61.38%；农、林、牧、渔业总产值 901.29 亿元，占全省的 78.00%；粮食播种面积 306.06×10^4 hm^2，占全省的 70.76%；粮食总产量 2 561.13×10^4 t，占全省的 94.16%；每公顷粮食单产除敦化市外，均在 5 000 kg 以上，许多县（市）接近或超过 10 000 kg。

吉林省的商品粮基地在省内东、中、西部都有分布，但集中分布在中部和西部地区。

（一）东部地区商品粮基地

延边朝鲜族自治州只有敦化市为商品粮基地市，也是国家 500 个商品粮基地县（市）之一，拥有耕地 10×10^4 hm^2，粮豆年产量在 20×10^4 t 以上，主要农作物有黄豆、水稻、玉米，为全国优质小粒黄豆主要出口基地，占全国年出口的 90%。通化市有梅河口市、辉南县、通化县三个商品粮基地县（市），以生产水稻、玉米、大豆为主，其中辉南县境内盛产优质水稻、玉米、大豆等农作物，常年粮豆产量 3×10^8 kg，辉南大米清香可口、久负盛名、饮誉京城。

（二）中部地区商品粮基地

长春市是吉林省拥有耕地面积最多的地区，九台、榆树和德惠 3 个县级市及农安县先后被确定为国家重点商品粮基地和玉米出口基地。多年来，长春市的人均粮食占有量、人均商品粮、商品率与出口量等，在全国大中城市中均居首位。玉米、大豆和水稻是长春市主要种植的三大粮食作物。近年来在优良品种、优化品质方面都取得了很大进展，一批无公害作物已赢得了越来越多的市场份额。

吉林市是吉林省玉米带主产区，其所辖各县（市）均为国家的商品粮基地，也是国家级的绿色农产品基地。吉林市主要粮食作物有水稻、玉米、高粱、大豆。磐石市素有吉林省中南部粮仓之称，粮食总产量稳定在 50×10^4 t 的水平，其中玉米 26×10^4 t。舒兰市盛产水稻、玉米、大豆、小杂粮，年产粮食 6×10^4 t 左右。

四平市地处世界著名的"黄金玉米带"，被国家列为重点商品粮生产基地和玉米出口基地，所辖公主岭市、梨树县、伊通满族自治县、双辽市均为国家商品粮基地县（市）。粮食生产是四平市的传统优势产业，玉米、水稻、大豆优势突出，玉米出口量居全国第一位。

辽源市盛产大豆、玉米、高粱、水稻等农产品，粮食年均产量都在 10×10^8 kg 左右。东丰、东辽两县是国家商品粮基地县，"玉泉牌"大米获吉林省名牌农产品称号。

（三）西部地区商品粮基地

松原市是国家大型商品粮基地、油料基地。粮食年产量达 500×10^4 t，占吉林省的 1/4。除盛产玉米、大豆、水稻外，葵花年产量 20×10^4 t，占吉林省年产量的 60%；扶余"四粒红"花生属于稀有商品，畅销国内外。所辖扶余县、前郭尔罗斯蒙古族自治县、长岭县为商品粮基地县。扶余在清朝中叶就已是全国的粮仓，主要粮食作物有玉米、大豆、杂豆等。

白城市耕地人均占有量居吉林省首位，被国家确定为大型商品粮基地。下辖的大安市、镇赉县和洮南市为全国商品粮基地县（市）。其中镇赉市为吉林省生态农业试点县（市）和国家级生态示范区；洮南市土质比较肥沃，土壤类型多样，适宜多种农作物生长，盛产玉米、水稻、谷子、小麦。

第三节 区域农业产业结构调整与优化

一、农业产业结构现状特征

（一）种植业和畜牧业产值比重较大

2006年吉林省农、林、牧、渔业总产值为1 155.50亿元。其中，农业产值597.02亿元，占农、林、牧、渔业总产值的51.67%；畜牧业产值483.46亿元，占41.84%；林业产值44.35亿元，占3.84%；渔业产值16.98亿元，占1.47%；农、林、牧、渔服务业产值13.69亿元，占1.18%。吉林省农业生产结构中，种植业和畜牧业产值占绝对比例，两者合计占农、林、牧、渔业总产值的90%以上。

（二）种植业产值比重下降，畜牧业比重上升

20世纪90年代以来，吉林省种植业产值比例总体呈下降趋势，1990年种植业产值占农业总产值的比重为74.39%，比全国高9.73个百分点，到2005年降低为49.32%，接近全国平均水平；畜牧业产值比例呈上升趋势，1990年畜牧业产值占农业总产值的比重为21.90%，比全国平均水平低3.77个百分点，到2005年提高到44.51%，15年提高了1倍多，比全国平均水平高10.77个百分点，林业和渔业产值比重变化不大。

表6.5　1990～2005年吉林省农业总产值构成与全国水平比较　（单位：%）

年份	种植业产值占农业总产值比重 吉林	全国	林业产值占农业总产值比重 吉林	全国	牧业产值占农业总产值比重 吉林	全国	渔业产值占农业总产值比重 吉林	全国
1990	74.39	64.66	2.22	4.31	21.90	25.67	1.49	5.36
1991	72.06	63.09	2.35	4.51	23.97	26.47	1.62	5.93
1992	71.43	61.51	2.50	4.65	24.47	27.08	1.60	6.75
1993	71.58	60.07	2.09	4.49	24.74	27.41	1.58	8.02
1994	66.79	58.22	2.11	3.88	29.63	29.66	1.48	8.24
1995	61.48	58.43	1.69	3.49	35.35	29.72	1.48	8.36
1996	62.59	60.57	1.30	3.48	34.76	26.91	1.34	9.04
1997	55.78	58.23	1.41	3.44	41.27	28.73	1.54	9.60
1998	59.25	58.03	1.21	3.47	38.13	28.63	1.41	9.87
1999	57.52	57.53	1.55	3.61	39.51	28.54	1.42	10.31
2000	52.56	55.68	1.87	3.76	44.10	29.67	1.48	10.89
2001	58.60	55.24	2.00	3.59	38.05	30.42	1.35	10.75
2002	55.87	54.51	4.62	3.77	36.93	30.87	1.48	10.85
2003	55.34	50.08	4.26	4.18	37.68	32.13	1.71	10.57
2004	51.69	50.05	3.49	3.66	42.42	33.59	1.43	9.95
2005	49.32	49.72	3.80	3.61	44.51	33.74	1.42	10.18

资料来源：吉林省根据历年《吉林统计年鉴》数据计算；全国根据历年《中国统计年鉴》数据计算。

从吉林省农业总产值构成的变化与全国的比较上看，1990~1995年种植业产值比重下降幅度高于全国，1995年以后基本一致；林业产值比重在1990~2001年低于全国水平，但总体呈上升趋势，增长幅度不大，2001年后与全国平均水平基本接近；牧业产值比重吉林省与全国都呈上升趋势，但吉林省增长幅度大于全国的增长幅度，1990~1994年吉林省牧业产值比重低于全国，1995年以后，超过全国平均水平，并且在2005年高出全国10个百分点以上；吉林省渔业产值在农业总产值的比重一直较低，1990年以来基本没有多大变化，保持在1.5%左右。

（三）农业生产结构波动较大

吉林省农业生产结构受自然灾害和市场变化影响波动较大。农业以种植业和畜牧业为主，种植业耕作粗放，没有摆脱靠天吃饭的局面，抵御自然灾害的能力较差。牧业和种植业在很大程度上以家庭为单位组织生产，没有形成规模化经营优势，适应市场风险变化的能力弱，因此生产能力也不稳定。

从近年来吉林省主要农产品产量的变化上看，粮食作物、油料作物、糖料作物等农作物产量都有明显的波动。如粮食作物产量1995~2000年有较大波动；油料作物产量1990~1997年逐年下降，1997年以后呈增长趋势；糖料作物产量1990和1991两年都在100×10^4 t以上，2003年以后下降到不足10×10^4 t。

表6.6　1990~2006年吉林省主要农产品产量

年份	粮食产量/(10^4 t)	油料产量/(10^4 t)	糖料产量/(10^4 t)	水果产量/(10^4 t)	大牲畜头数/(万头)	猪牛羊肉/(10^4 t)	水产品产量/(10^4 t)
1990	2 046.52	46.74	116.40	13.33	309.07	43.38	7.09
1991	1 898.87	43.54	109.56	13.06	318.55	46.78	7.86
1992	1 840.30	35.82	91.81	14.57	341.12	50.12	8.49
1993	1 900.90	28.62	97.19	18.10	359.26	57.94	9.79
1994	2 015.70	28.68	97.56	18.67	424.03	74.77	10.50
1995	1 992.40	25.55	83.64	27.97	498.66	96.66	11.06
1996	2 326.60	21.70	70.21	31.06	572.20	108.20	12.08
1997	1 808.30	15.93	32.90	37.49	602.96	138.50	13.20
1998	2 506.00	21.28	55.56	45.54	494.80	148.12	14.20
1999	2 305.60	31.40	25.80	49.60	522.10	155.90	14.47
2000	1 638.00	38.96	44.39	48.62	539.80	163.80	14.01
2001	1 953.40	34.34	69.44	200.79	551.00	172.60	11.02
2002	2 214.80	46.12	76.18	80.27	560.39	175.32	10.51
2003	2 259.60	57.13	7.02	59.38	599.41	185.04	10.87
2004	2 510.00	38.10	3.55	68.30	615.20	195.97	11.98
2005	2 581.21	54.45	7.35	66.20	634.94	213.18	11.89
2006	2 720.00	58.37	11.07	67.95	684.37	218.25	13.07

资料来源：历年《吉林统计年鉴》。

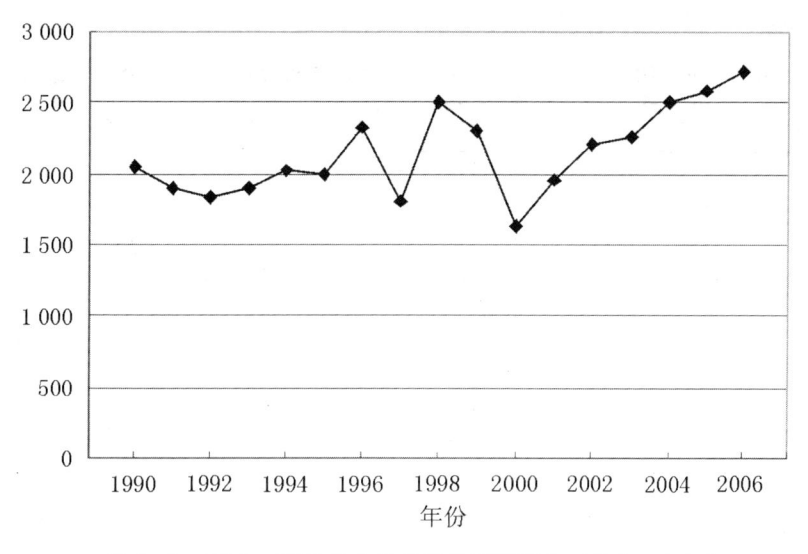

图 6-3　1990～2006 年吉林省粮食产量变化（单位：10^4 t）

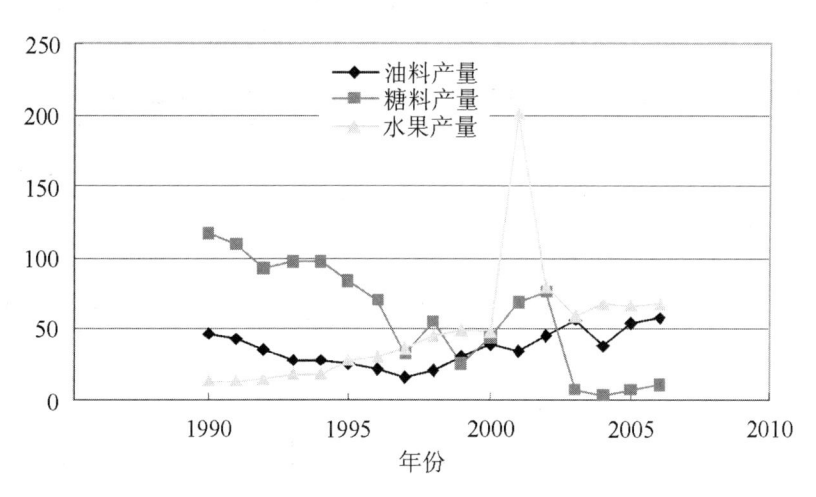

图 6-4　1990～2006 年吉林省主要经济作物产量变化（单位：10^4 t）

（四）种植业结构中，粮食作物占绝对比例

新中国成立初期，吉林省种植业主要为粮食作物，其他作物分布面积较少，如 1949 年，吉林省粮食作物播种面积比例高达 95.7%。50 多年来，吉林省粮食作物播种面积比例有所下降，经济作物和其他作物播种面积比例上升，但粮食作物播种面积仍占绝对比例。2006 年吉林省农作物总播种面积 498.46×10^4 hm², 其中粮食作物播种面积 432.55×10^4 hm², 占农作物总播

种面积的86.78%，其他作物播种面积比例不到15%。

表6.7 1999~2006年吉林省主要农作物播种面积占农作物播种总面积比例

年份	粮食作物	油料作物	麻类	烟叶	园参	蔬菜	水果
1999	86.13%	4.06%	0.02%	0.55%	0.04%	6.40%	2.53%
2000	82.66%	6.70%	0.02%	0.66%	0.05%	6.52%	2.85%
2001	82.38%	5.74%	0.03%	0.54%	0.10%	6.38%	3.97%
2002	87.00%	3.40%	0.05%	0.46%	0.05%	6.27%	2.28%
2003	85.09%	6.40%	0.03%	0.45%	0.10%	5.70%	2.02%
2004	87.93%	4.53%	0.02%	0.41%	0.07%	4.80%	1.51%
2005	86.70%	5.82%	0.03%	0.46%	0.07%	4.23%	1.37%
2006	86.78%	5.77%	0.01%	0.48%	0.07%	4.32%	1.30%

资料来源：历年《吉林统计年鉴》。

吉林省粮食种植结构已经改变了过去大豆、高粱、谷子三大作物三足鼎立的格局，形成了以玉米、水稻和大豆为主体，玉米占绝对优势的粮食区域化生产格局。2006年吉林省玉米播种面积占粮食播种面积的比例为64.86%，水稻为15.35%，大豆为10.37%，其他粮食作物播种面积不到10%。

表6.8 1999~2006年吉林省主要粮食作物播种面积占粮食作物播种总面积比例

年份	玉米	水稻	小麦	高粱	大豆	其他杂粮
1999	58.23%	11.40%	1.58%	2.78%	6.82%	19.19%
2000	44.84%	11.92%	1.90%	3.00%	13.27%	25.07%
2001	47.29%	11.42%	1.31%	2.43%	11.70%	25.85%
2002	55.58%	14.35%	0.50%	1.94%	8.94%	18.69%
2003	55.70%	11.47%	0.47%	2.02%	9.12%	21.22%
2004	59.17%	12.24%	0.23%	1.09%	10.72%	16.55%
2005	64.62%	15.23%	0.22%	1.98%	11.76%	6.19%
2006	64.86%	15.35%	0.17%	1.85%	10.37%	7.40%

资料来源：历年《吉林统计年鉴》。

（五）畜牧业生产水平落后，开发特色不足

吉林省畜牧业虽然取得较大发展，但还没有完全摆脱传统畜牧业的形态，还存在着总量不大、效率不高、疫病防治体系不健全、绿色产品少等问题。吉林省畜牧业仍主要依靠农民庭院小规模散养，规模化和科学化生产薄弱，大多数沿用传统的生产方式，缺乏统一的饲养标准及质量的有效保证，饲养管理技术落后，生产效率低。畜牧业产品结构单一，原料型产品、初加工产品多，深加工、精加工产品不足，尤其是缺乏具有地方特色的精品产品。

二、农业生产的结构性矛盾

（一）农业生产结构和种植结构不平衡

吉林省农业虽然改变了原来种植业单一发展的局面，形成种植业和畜牧业并进的特征，但林业和渔业发展速度较慢，产值比例较低。种植业结构中，重粮食作物，轻经济作物，导致种植业生产中粮食与经济作物、玉米同其他粮食品种比例失调。吉林省过去比较著名的甜菜、葵花籽和烟叶等三大经济作物，目前种植面积已经极度萎缩。种植结构的不合理，造成了农副产品品种余缺的矛盾越来越突出，也制约了农业经济的快速发展。畜牧业结构中，还没有完全摆脱传统畜牧业的形态，存在着总量不大、效率不高、绿色产品少等问题。

（二）农业产值与自然资源开发利用不适应

吉林省种植业用地面积占30%，林地面积占48%，牧草地面积占5%。尽管垦殖指数高于全国，耕地资源得到了较好的开发利用，但适合发展林业、牧业、渔业的土地资源尚未得到合理的开发利用，有的被闲置或破坏。2006年，吉林省林业产值占吉林省农、林、牧、渔业总产值的比例仅为3.84%，其中林产品产值仅占林业产值的15.15%。这样便形成了产业结构与土地资源开发利用结构的畸形发展，即占地面积30%的种植业创造了50%以上的农业产值，而占地面积48%的林地资源仅创造了3.84%的农业产值。

（三）农村剩余劳动力加大就业压力

农业产业是劳动密集型产业，过去一直是吸纳劳动力最多的产业部门。但是随着农业生产力水平的不断提高，大批农村富余劳动力从农业产业中分离出来，导致农业产业的劳动力结构发生较大变化。据测算，吉林省将有200万农村剩余劳动力资源从农业生产中解脱出来，农村劳动力人口素质较低，再就业能力较差，只能在建筑、餐饮服务等技术水平不高的劳动密集型产业部门从业。近年来虽然吸纳了一定数量的劳动力资源，但持续供给状态下的农村剩余劳动力资源必将给整个社会就业带来较大的社会压力。

（四）农产品商品量大，加工转化能力滞后

吉林省农产品商品率高，农产品加工转化能力低，农业产值受农产品价格变化影响大。吉林粮食商品率为65%左右，畜产品商品率接近80%，特产品商品率在80%以上。除少数发达县、市外，大部分地方农产品转化能力规模小、层次低，市场开拓能力不强。就农业生产自身的商品化程度而言，吉林省已基本接近发达国家工业化起步阶段水平，但农产品加工转化利用程度只有全国平均水平的60%左右，与发达地区差别较大。吉林省的农产品总价

值构成中,生产资料转移价值占40%左右,农业生产创造的价值占40%左右,产后流通的增值还不到20%。这种低层次的农业产业结构,使农业利益大量流失,直接影响到农村经济的整体产出功能,是农业高投入低效益的主要原因。

三、农业结构的调整与优化

(一) 种植业结构专门化、多元化和基地化

种植业是吉林省农业结构的基础,种植业应全面优化品种结构,改善品质,降低生产成本,提高种植效益、经营效益和转化效益;发展"专用玉米"、优质水稻等价值较高的适销对路品种,调减普通玉米的种植面积,适当增加小麦、大豆、小杂粮的种植面积;充分利用资源优势,改善环境质量,发展绿色食品;发挥比较优势,发展特色农业,因地制宜发展饲料作物,加快由粮食—经济作物二元结构向粮食—经济作物—饲料作物三元结构转变,突出特色,积极扩大水果、蔬菜、花卉、食用菌等的种植面积和产量,集中连片开发瓜菜林果等经济作物,向专业化、基地化方向发展。

(二) 畜牧业结构规模化和集约化

畜牧业是衡量一个国家和地区农业发展水平的重要标志。吉林省畜牧业已经具备了良好的基础,在农业产业结构进行战略性调整时期,要把畜牧业放在更加重要的位置,大力发展优质高效的畜种和品种,提高畜产品质量,降低成本,增强市场竞争力;培育和发展规模饲养户、场,建设高标准、专业化畜禽商品生产基地,以工厂化、规模化、集约化饲养为主体,形成畜禽良种化,配合饲料普及化,饲养管理科学化和疫病防治规范化的现代畜牧业生产体系;加强畜禽服务体系配套建设,加快无规定疫病区和重点加工项目建设,为开拓国内外市场奠定基础。

(三) 林业生产结构生态化与特色化

坚持生态效益、社会效益和经济效益并重的原则,加快发展经济林、特种用材林等经济价值较高的林种,建立发达的林业产业体系,乡村集体林业要大力发展生态经济和名优特产林,东部地区坚持退耕还林与经济效益相结合,西部地区坚持退耕还草与草场建设相结合。优化林业产业结构,形成森林经营、木材加工、野生动植物利用、林下资源开发、苗木花卉和森林生态旅游等多业并举发展格局。转变林业经济增长方式,提高资源利用效益,逐步由资源型林业向生态型林业转变,加快林业特色产品开发。

(四) 以龙头企业为主导的农业产业化

农业产业化是农业发展的必然趋势。吉林省农业产业化发展应以龙头企

业为主导，发挥农业产业发展优势，形成与优势农产品产业带相适应的加工业布局，建成一批农产品加工骨干企业和示范基地。围绕玉米、水稻和大豆为主的粮食集中区域，建设粮食深加工产业；围绕猪、牛、羊、禽为主的畜产品集中区域，建设畜产品深加工产业；围绕人参、鹿茸、中药材为主的特产品集中区域，建设特产品深加工产业。发展以玉米、水稻、大豆、蔬菜（山野菜、食用菌）、中药材、林特产品、生猪、肉牛、禽类和乳制品为原料的龙型经济。围绕优势产品的集中区域，在东部长白山区建设中药材、山野菜和林特产品基地；在中部松辽平原建设玉米、水稻、大豆、农区牧业产品基地；在西部地区建设优质杂粮、油料、糖料、草食牧业和乳业基地；在城市郊区建设肉、蛋、奶和蔬菜基地。

第四节　区域农业生产分异

一、东部长白山林业、特色农业经济区

包括：白山市、延边朝鲜族自治州及所属的各县（市）；通化市的集安市、通化县、辉南县、柳河县；吉林市的磐石市、蛟河市、桦甸县。土地面积为 9.1×10^4 km², 人口为658.5万，耕地面积为 97.33×10^4 hm², 分别占全省的47.7%、25.3%、17.4%。

农业产业发展方向：打造以山区林业、特产为主要类型，地上地下立体开发综合利用的农业经济区域。构建具有长白山区域特色和资源基础的绿色食品产业化体系、药用植物生产体系、林木产业化体系、畜牧产业化体系，重点培育发展绿色饮品、保健品、人参、西洋参、林蛙、食用菌、中药材、山野菜、山珍野果、林产品、畜产品、粮食蔬菜等产业部门，走良性循环生态经济型和林特结合型的农业发展道路。

在稳定原有的以水稻、玉米、大豆为主的粮食作物种植面积的基础上，加强以烟叶、马铃薯、水果、蔬菜、月见草、万寿菊、亚麻为主的经济作物种植；围绕现代中药制药产业，依托丰富的北药资源，重点进行人参、西洋参种植栽培，加强细辛、北五味子、北柴胡、关龙胆、党参等山区药材生产；依托长白山生态绿色食品宝库，建设以林蛙、食用菌、山野菜、特色果品为代表的生态山珍食品生产基地和山区特色养殖基地。

二、中部松辽平原粮、畜集约农业经济区

包括：长春市、四平市、辽源市、松原市的扶余县和前郭尔罗斯蒙古族

自治县、吉林市的永吉县和舒兰市以及通化市的梅河口市。区域土地面积6.5×10^4 km², 人口1 654.8万, 耕地面积346.15×10^4 hm², 分别占吉林省的34.0%、63.6%、62.1%。

农业产业发展方向: 形成以专用玉米、绿色水稻、优质大豆为主的粮食种植业; 以优质肉牛、生猪、肉鸡、肉鹅、梅花鹿、鸵鸟等为主的精品畜牧业; 以玉米、大豆、水稻和肉牛、生猪、肉鸡、肉鹅、梅花鹿为主的农产品精深加工业; 以蔬菜、花生、烟叶、杂粮、杂豆等为主的经济作物种植业; 以苹果梨、南果梨、金红苹果、鲜食葡萄、香瓜为主的林果业, 蔬菜、水果等保鲜—贮藏—加工业; 以君子兰、名贵鲜花为主的花卉业以及食用菌养殖加工业等各具特色的农业产业结构体系。

在种植业结构调整中要稳定粮食作物播种面积,根据市场需求和龙头企业加工需要,重点建设优质粮食作物种植基地,推进玉米由粮食作物向生化、饲料、食品等经济型作物转变。充分利用丰富的粮食饲料和秸秆饲料资源,重点建设肉牛、瘦肉型猪、肉羊、肉鸡、肉鹅及梅花鹿生产基地,促进粮食转化增值增效。

三、西部松嫩平原草、经、牧型节水农业经济区

包括: 白城市以及松原市的长岭县、乾安县, 土地面积3.5×10^4 km², 人口289.9万, 耕地面积114.35×10^4 hm², 分别占吉林省的18.3%、11.1%、20.5%, 属于农牧交错地带。区内1 000多万亩的科尔沁大草原和300多个泡沼960万亩水面, 为发展畜牧业和渔业生产提供了良好的条件, 是吉林省粮、牧、糖、蓖麻、油、渔业和水果商品生产基地, 也是吉林省三北防护林重点地区。

农业产业发展方向: 发展以玉米、水稻、大豆为主的粮食作物和以杂粮、杂豆、向日葵、蓖麻、小油料、花生、黑白瓜子、烟叶、薯类、西瓜、蔬菜为主的经济作物; 坚持以舍饲为主的粮、草结合型牧业方向, 发展以优质肉牛、肉羊、肉鹅为主的畜牧业; 拓宽发展空间和农民增收领域, 积极发展粮、油、畜以及经济作物等农副产品加工业; 发展以大水面养殖为主的渔业, 特种动物养殖业; 加强以兴修水利和植树种草为重点, 实施天然草场保护工程, 走生态草产业化之路, 推进生态草、经济草、富民草建设, 发展草业经济, 改善农业生产条件和农业生态环境。

结合地区实际, 压缩玉米面积, 稳定水稻面积, 扩大经济作物种植面积。充分利用沙地面积大、地下水丰富的特点, 积极发展以南果梨、仁用杏、葡萄、金红苹果为主的果树生产, 使其成为北方水果生产基地。重点发展优质

肉牛、肉羊、肉鹅，适度发展生猪、蛋鸡、肉鸡，在条件好的地方发展优质细毛羊。改变以放牧为主、粗放经营、盲目掠夺草原养畜的落后生产方式，向以舍饲为主、集约经营、保护草原、优质高效粮草结合型畜牧业方向发展。

四、环城高效复合型现代农业经济区

包括：长春、吉林、四平、松原、白城、辽源、通化、白山市和延边朝鲜族自治州首府延吉市近郊。该区农业产业发展条件是社会、经济基础好，投资环境佳，科技力量强，农民素质高，交通方便，能源充足，信息快捷。

农业产业发展方向：农业经济区从单一的肉、蛋、奶、蔬菜供应服务型转向服务、创汇、观光、多元高效复合型。产业发展重点是以保护地生产为主的蔬菜、花卉、瓜果种植业，以鲜活为主的肉、蛋、奶、鱼饲养业，以农产品为原料的农副产品加工业和食品加工业，逐步建立起为城乡人民服务、为出口创汇服务、为观光休闲服务的优质高效农业体系。

第七章 调整与完善中的加工制造业基地

章前语

作为东北老工业基地的重要组成部分,吉林省工业生产总体水平虽然与辽宁、黑龙江两省存在一定差距,但经过几十年的发展,依托于吉林省丰富的原材料资源和已有的产业基础,交通运输设备制造、石油化工、食品、医药、电子、冶金等工业部门在全国和东北地区劳动地域分工体系中的比较优势逐步确立。以长春和吉林的汽车、石化、医药、光电子信息及农产品加工,四平和辽源的农副食品加工、汽车零配件、机械、建材、煤炭开采,通化和白山的医药、森工、建材、冶金,延吉和图们的医药、烟草、森工、纺织,松原的石油及天然气开采、石化,白城和洮南的能源、纺织、汽车零配件为格局的工业地域空间体系逐步形成。以信息技术、生物技术、先进制造技术、新材料、现代农业和环保及资源综合利用六大领域为支撑的高新技术产业群体初步形成,并具有广阔的发展前景。

目前吉林省正在以国家振兴东北老工业基地政策为契机,结合吉林省实际,立足于现有支柱、优势产业基础,走新型工业化道路,实现产业创新和科技创新,围绕做大做强加工制造业,建设五大产业基地,改造提升传统产业,培育新兴产业,发展接续产业,积极构造具有吉林省特色的产业发展新格局。

关键词

汽车工业基地;化学工业基地;农产品加工基地;医药工业基地

第一节　吉林省工业生产结构与地域分区

一、不同区域背景下工业生产地位

(一) 在吉林省产业结构中的地位

工业在吉林省国民经济中长期占据主导地位，是拉动全省经济增长的主要力量，工业增加值在国民经济中所占的份额始终保持在35%左右，在国民经济中所占份额也最大。从各种统计指标上来看，吉林省工业目前的发展态势良好，从2000年开始，工业增加值始终呈增长趋势。2006年，全省实现工业总产值4 752.72亿元，产品销售收入4 456.24亿元，利润总额206.4亿元，实现工业增加值1 514.36亿元，占地区生产总值35.4%。

吉林省工业是带动和促进其他部门快速发展的产业，是农业产业化的基础和第三产业发展的前提。

(二) 在东北三省工业中的地位

在东北三省比较中，吉林省的工业各项指标均处于末位，工业规模和经济效益与辽宁、黑龙江相比有一定的差距。吉林省工业增加值在三省中所占的比例保持在20%左右，近年还有下降的趋势，如2006年仅占18%。

表7.1　2006年东北三省工业经济指标比较

项目	辽宁省	吉林省	黑龙江省	三省合计
工业总产值/(亿元)	14 167.95	4 752.72	5 440.17	24 360.84
工业增加值/(亿元)	4 141.22	1 514.36	2 564.28	8 219.86
资产总计/(亿元)	14 140.89	5 449.59	5 690.43	25 280.91
利润总额/(亿元)	449.75	206.42	1 267.58	1 923.75

资料来源：《中国统计年鉴》(2007)。

与辽宁省和黑龙江省相比，吉林省工业总体生产能力较弱，但在行走机械、石化、食品、医药、电子、冶金等产业部门上具有一定的地位。其中行走机械、光电子和生物医药等在东北地区处于领先水平。交通运输设备制造业中的汽车（特别是轿车），石化工业的乙烯、ABS、聚乙烯生产及精细化工，食品工业中的玉米和大豆深加工、畜禽肉类加工，医药中的中成药和生物药，冶金中的碳素制品和铁合金等在东北三省占有绝对优势。吉林省是东北三省唯一的铁路客车生产基地，同时以一汽集团为主的汽车产业，不仅是吉林省的支柱产业，也通过跨地域合作带动了黑龙江、辽宁两省的汽车及零部件的生产制造业的发展。

表7.2 2006年吉林省优势工业产品产量与东北三省比较

项目	辽宁省	吉林省	黑龙江省	三省总和
汽车/(万辆)	29.12	63.25	24.42	116.76
轿车/(万辆)	8.91	40.14	6.81	55.86
化学纤维/(10^4 t)	22.47	24.60	12.84	59.91
乙烯/(10^4 t)	49.27	75.18	51.67	176.12

资料来源：《中国统计年鉴》(2007)。

(三) 在全国工业中的地位

吉林省的工业生产规模在全国处于中下等的发展水平。工业增加值、利润总额、总资产贡献率等指标在全国排名分别为第21位、第22位、第25位，主要工业经济效益略强于新疆、甘肃、青海、西藏等西部省区，在全国处于较低的发展水平。但是，作为老工业基地，雄厚的工业基础还是造就了一些整体实力较强的工业部门，如汽车、石化、农产品加工业等。

吉林省汽车行业在全国占有重要位置，汽车产量列全国第一位，销售量为全国第二位。汽车零部件行业发达，配套产品达2 200多种，部分产品产量如汽车离合器、轿车用制动器居国内同行业领先地位，轿车用车灯等产品在国内同行业也具有一定的地位。

吉林省也是全国重要的石化工业原料基地。中国石油吉林石化分公司是中国最大的ABS工程塑料生产基地，也是聚乙烯、乙二醇、乙丙橡胶及苯类产品的主导生产企业之一。农产品加工业是吉林省的优势产业之一，粮食深加工、畜禽屠宰及深加工、饲料酒及酒精制造业在全国都具有一定的地位。医药工业已形成了一批在国内有一定知名度的大企业和名牌产品。生物制药居全国领先水平，全省生物制药工业主要集中在长春地区，其生物技术制药研究与开发能力在全国名列前茅。

表7.3 2006年吉林省工业效益指标与部分省市比较

地区	工业增加值/(亿元)	工业增加值排名	利润总额/(亿元)	利润总额排名	总资产贡献率/%	总资产贡献率排名
全国	90 351.51		18 783.61		13.51	
北京	1 848.56	19	407.90	16	5.82	31
天津	2 290.82	15	690.98	9	15.54	8
上海	4 641.63	7	1 086.71	7	11.41	19
江苏	11 047.52	3	1 901.80	3	12.42	14
浙江	7 537.96	4	1 324.62	4	12.16	15

续表

地区	工业增加值/(亿元)	工业增加值排名	利润总额/(亿元)	利润总额排名	总资产贡献率/%	总资产贡献率排名
辽宁	4 167.68	8	434.35	13	8.73	28
吉林	1 628.52	21	201.01	22	10.52	25
黑龙江	3 081.91	11	1 275.91	5	32.70	1
安徽	2 200.53	16	230.93	21	10.63	22

资料来源：《中国统计年鉴》(2007)。

二、工业结构的主要特征

（一）非国有工业经济比重不断提高

吉林省非国有经济工业产值占全部工业产值的比重由 2000 年的 57.7% 提高到 2006 年的 83.4%，非国有经济工业的主体地位越来越突出，国有经济工业产值所占的比重呈不断下降的趋势，非国有经济工业发展速度快，在全部工业中所占份额日益提高。2006 年全省工业总产值为 4 752.72 亿元，其中国有经济实现工业总产值 786.77 亿元，占全部工业总产值的比重为 16.6%；非国有经济工业产值 3 965.95 亿元，占全部工业总产值的比重为 83.40%（图 7-1）。

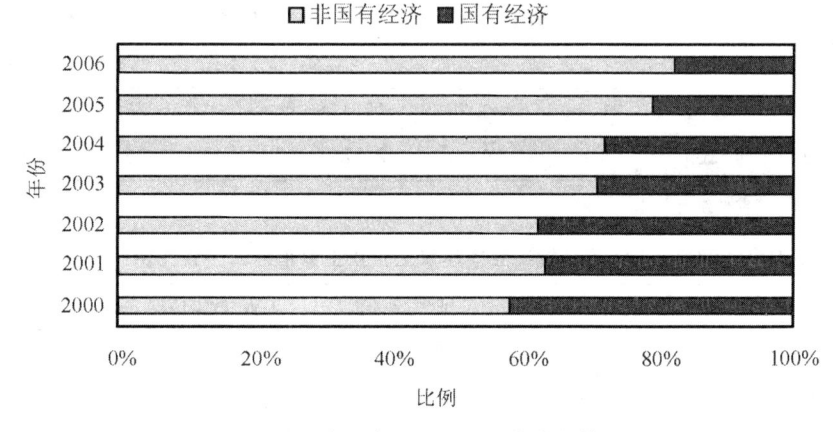

图 7-1 吉林省工业组织结构变化情况

2006 年，吉林省拥有规模以上工业企业 3 249 个，按照企业组织类型比较，股份制企业占 61.59%，其他企业类型占 14.44%，国有企业、集体企业和外资企业所占比例不高，分别为 8.25%、5.26% 和 9.51%。从工业总产值、工业增加值和工业销售产值等三项指标比较上，排在前三位的均为股份制企业、外资企业和国有企业，所占比例较大，其他类型所占比例较低（表 7.4）。

表7.4 吉林省各经济组织类型规模以上企业主要指标占全省比例　（单位：%）

经济组织类型	企业单位数	工业总产值	工业增加值	工业销售产值
国有企业	8.25	16.55	14.34	16.83
集体企业	5.26	1.31	1.19	1.37
股份合作企业	0.95	0.27	0.27	0.16
股份制企业	61.59	52.21	55.25	52.35
外商和港、澳、台商企业	9.51	26.32	25.28	25.93
其他企业	14.44	3.33	3.67	3.35
全省总计	100.00	100.00	100.00	100.00

资料来源：《吉林统计年鉴》(2007)。

（二）重工业持续高位运行

传承吉林老工业基地传统工业结构基础，重工业一直在吉林省工业结构中占重要地位。2000年以来，吉林省重工业总产值占工业总产值比例一直保持在80%左右，表明工业结构偏重型化，轻工业所占比例不高。比较2006年重工业与轻工业的企业数量、工业总产值、工业增加值和工业销售产值等主要指标，重工业均明显高于轻工业。

表7.5 吉林省轻重工业总产值比例变化情况　（单位：%）

类型	2000年	2001年	2002年	2003年	2004年	2005年	2006年
轻工业	21.91	21.38	20.76	19.12	18.64	20.65	21.40
重工业	78.09	78.62	79.24	80.88	81.36	79.35	78.60

资料来源：《吉林统计年鉴》(2001～2007)。

表7.6 2006年吉林省轻重工业规模以上企业主要指标占全省比例　（单位：%）

轻重工业类型	企业单位数	工业总产值	工业增加值	工业销售产值
轻工业	38.29	21.50	24.22	21.33
重工业	61.71	78.50	75.78	78.67
全省总计	100.00	100.00	100.00	100.00

资料来源：《吉林统计年鉴》(2007)。

（三）以大中企业为主导的工业规模结构

2006年全省大型企业所占比例仅为1.29%，但大型企业所创造的工业总产值、工业增加值和工业销售产值所占比例分别高达59.13%、57.65%和58.60%；小型企业虽然企业数量最多，占企业总量的87.57%，但所创造的工业产值和工业增加值等经济指标较低。这表明大型企业在吉林省工业规模结构中仍占主导地位，中、小型企业的发展水平、层次、规模仍需提高。

表7.7 2006年吉林省按规模分类主要指标占全省比例 （单位：%）

项目	企业单位数	工业总产值	工业增加值	工业销售产值
大型企业	1.29	59.13	57.65	58.60
中型企业	11.14	19.25	19.29	19.64
小型企业	87.57	21.62	23.06	21.76
全省总计	100.00	100.00	100.00	100.00

资料来源：《吉林统计年鉴》（2007）。

（四）以制造业为主体的工业部门结构

吉林省工业部门结构中，制造业占主体地位。2006年吉林省工业行业规模以上企业中，制造业工业企业2 752个，占全部规模以上工业企业的84.70%；工业总产值3 992.06亿元，占全部规模以上工业企业的84%；工业增加值1 119.57亿元，占全部工业增加值的73.93%；工业销售产值3 807.24亿元，占全部规模以上工业企业的83.49%。采矿业及电力、燃气及水的生产和供应业所占比重较低。

表7.8 2006年吉林省按工业行业分组规模以上企业主要指标

企业结构类型	企业单位数/个	工业总产值/亿元	工业增加值/亿元	工业销售产值/亿元
采矿业	288	405.97	293.25	398.82
制造业	2 752	3 992.06	1 119.57	3 807.24
电力、燃气及水的生产和供应业	209	354.69	101.54	353.83
工业总计	3 249	4 752.72	1 514.36	4 559.89

资料来源：《吉林统计年鉴》（2007）。

在具体的工业部门中，规模以上工业增加值占全省比重最高的是交通运输设备制造业，为27.9%；其次为石油和天然气开采业，占15.1%；农副食品加工业、电力、热力的生产和供应业、化学原料及化学制品制造业、医药制造业所占比重在5%以上。上述工业部门已经成为吉林省工业发展的主要部门。

表 7.9　吉林省主要工业行业产值情况

工业行业	位次	增加值/(亿元)	占全部工业增加值比重/%
交通运输设备制造业	1	421.58	27.95
石油和天然气开采业	2	232.56	15.11
农副食品加工业	3	122.44	8.10
电力、热力生产和供应业	4	93.21	6.42
化学原料及化学制品制造业	5	89.95	5.96
医药制造业	6	88.53	5.97
黑色金属冶炼及压延加工业	7	64.12	4.21
非金属矿物制品业	8	56.44	3.73
煤炭开采和洗选业	9	36.68	2.40
饮料制造业	10	34.59	2.35

三、工业发展的主要问题

(一) 工业生产结构性缺失

吉林省工业部门结构性缺失明显，轻工业部门少，重工业比重过高，2006 年轻重工业比例为 1∶4，与全国平均比例 4∶5 相差近四倍。工业专业化部门主要是重工业，包括汽车、石油、化学、机械、森工等工业部门。进入工业化中期阶段，重化工业结构符合我国整体经济结构演进趋势，也是吉林省参与全国产业地域分工的优势所在。但是重化工业结构升级相对缓慢，偏重型工业结构又加大了改革的难度。从目前吉林省产业发展的情况来看，汽车、石化两大产业是绝对的支柱产业，这样较为单一的产业发展格局，必然导致全省经济抵御风险能力下降，同时，也增加了产业结构调整的难度。

从产品结构上看，吉林省工业产品仍以初加工、中低档、内销产品为主，初加工产品多，深加工产品少，低附加值产品多，高附加值产品少，加工层次较高的以非农产品为原料的轻工业和重工业中的加工工业占规模工业比重仅为 40% 左右。除交通运输设备制造业（主要是汽车、铁路客车）外，科技含量高、产业关联度大的机械工业、电子通信制造业、电器设备制造业和仪表仪器等行业产值比重依然低于全国平均水平。

(二) 工业空间布局不平衡

吉林省的工业布局主要集中在中部地区，东部和西部地区所占比重较小。从吉林省 2006 年各市工业总产值比较上看，中部地区整体发展水平与经济总量明显要高于东部和西部地区,并且由中部向东西逐渐递减,说明了吉林省中部地区的工业经济集中布局的发展态势。从轴带形态上看,主要沿哈大铁路线集中分布,其他的增长带不十分明显,即使在哈大产业带,其工业的布局也是分散的,集聚或规模经济效应并不明显。

从城市之间的工业布局来看,各城市差别较大,工业布局过于集中于少数大城市,以长春市最强、最集中,其次为吉林市。而数量众多的小城市工业密度低下。

(三) 产业信息化、知识化不足

信息化社会,知识经济时代,产业的发展对广阔的市场、方便的交通以及通达的信息网络要求越来越高,产业在发展的过程中对信息化必然有所响应。高技术人才资源的流失,中小企业的低水平发展,都反映出吉林省产业的信息化、知识化严重不足。同时,吉林省资源配置主要服务于国民经济宏观构造,产业发展缺乏集聚动力,产业集中度不高,规模经济效益不强,园区经济发展滞后,在空间布局上也与信息化时代的要求不相匹配。

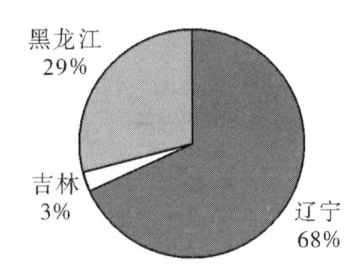

图 7-2　东北三省高新技术产业产值比较

吉林省高等院校、科研院所云集,知识和人才资源密集,但这种科研优势并未转化成产业优势。高新技术产业单位的规模普遍不大,还没有很好地把技术引进与消化、吸收、创新结合起来,产业自主创新能力不强,无法真正掌握核心技术和关键技术,核心零部件和元器件依靠进口,没有自主品牌,很多高新技术产业只能是处于全球高新技术产业链的加工制造环节。2006年,吉林省全部规模以上工业企业有3 250个,拥有规模以上高新技术产业119个,占全部规模以上企业比重仅为3.7%。在东北三省高新技术产业中也长期处于落后状态,而且差距也在不断加大。

(四) 产业链条短与产业集群效应低下

吉林省计划经济时期形成的传统工业体系升级缓慢,现代新的产业关联体系尚未建立,产业间处于一种松散的、游离于区域内部,倾向于域外经济联系的发展模式，导致区域内部的潜在优势没有发挥，产业整体竞争力偏弱。工业发展存在着重工业以自我发展为主，与轻工业发展关联度低的问题。优势产业，如汽车、石化、冶金、纺织、木材加工等产业部门，普遍产业链条短，上游产业对中下游产业带动作用较弱，其他非优势产业相互配套程度低，优势产业配套产业链条就近布局效应低下，从而限制了优势产业竞争能力的提高，阻碍了区域优势产业的可持续健康发展。

表7.10 吉林省主要工业产业链条构成

产业部门	产业链条	工业总产值比重
纺织业	纺织业	0.87%
	纺织服装、鞋、帽制造业	0.40%
	皮革、毛皮、羽毛（绒）及其制品业	0.08%
木材加工业	木材加工及木、竹、藤、棕、草制品业	2.50%
	家具制造业	0.26%
石化工业	石油加工、炼焦及核燃料加工业	1.93%
	化学原料及化学制品制造业	14.47%
	化学纤维制造业	1.13%
	橡胶制品业	0.18%
	塑料制品业	0.67%
冶金工业	非金属矿物制品业	3.79%
	黑色金属冶炼及压延加工业	6.45%
	有色金属冶炼及压延加工业	1.26%
	金属制品业	0.63%

从表7.10可以看出，化学工业作为支柱产业其发展方式以向外输送化工原料为主，产品增值效益主要在区外实现，对化工原料的加工利用率低下，没有形成围绕着丰富化工原料综合利用的轻工产业群。汽车工业的协作配套企业65%分布在省外，75%的配套产值在省外实现，没有充分发挥出对全省轻重工业发展的带动作用，企业间联系松散，在当地配套较少。工业生产与农业生产关联度低，全省农业生产所需化肥、农药、农业机械40%要从省外调入，轻工业对全省农业产品的加工利用率低，而农产品作为工业原料向区外输送的比例较高。

四、工业生产地域分区

吉林省工业生产的地域总体格局是依托交通轴带、中心城市、各地的资源优势以及工业发展基础，形成了以下六个具有区域特色的主要工业区。

表 7.11 吉林省工业地域空间体系

工业地域分区	区域优势	主导产业
长春—吉林工业区	中心城市、交通、人才资源	汽车、石化、医药、光电子信息、农产品加工
四平—辽源工业区	交通枢纽、煤炭资源	农副食品加工、汽车零配件、机械、建材、煤炭开采
通化—白山工业区	森林资源、铁矿资源	医药、森工、建材、冶金
延吉—图们工业区	森林资源、地缘优势、交通	医药、烟草、森工、纺织
松原工业区	石油及天然气资源	石油及天然气开采、石化
白城—洮南工业区	石油及天然气资源、煤炭资源	能源、纺织、汽车零配件

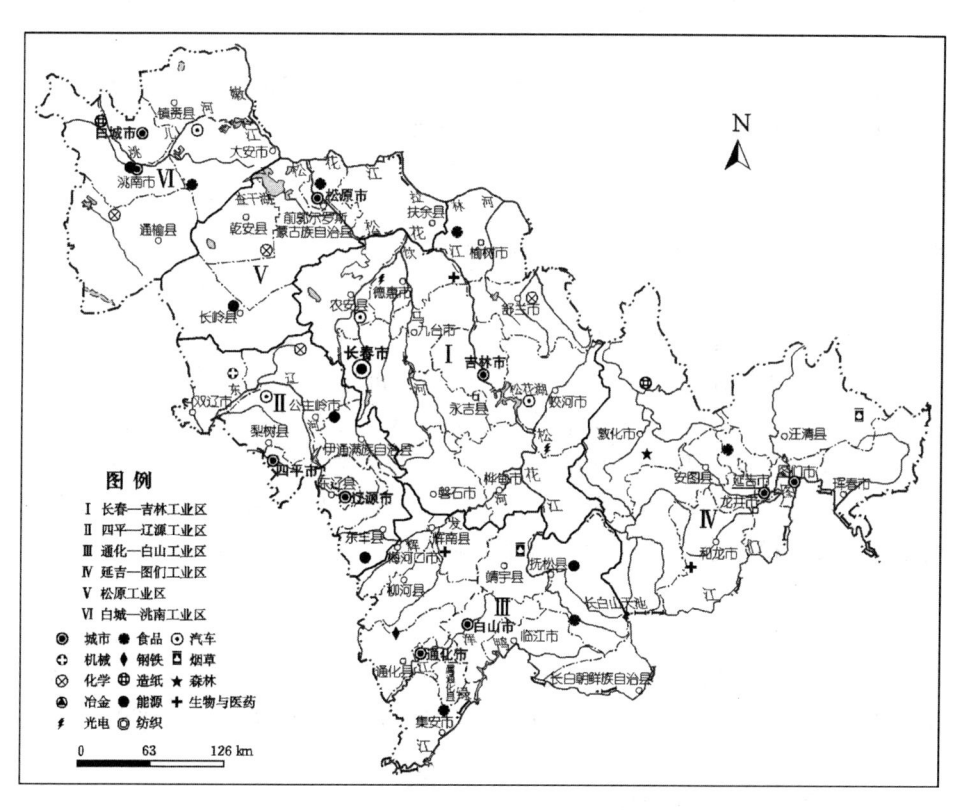

图 7-3 吉林省工业地域分区图

（一）长春—吉林工业区

区位优势明显，依靠中心城市的基础设施、信息、人才以及交通、产业基础等优势，形成了工业专业化程度较高，规模强大，以汽车、石化、农产品加工等为主导的加工制造业基地。这也是吉林省工业生产的核心区域。

2006年，长春市实现工业总产值2 140.42亿元，占全省工业总产值的45%，对吉林省工业增长的贡献率为40.5%；吉林市实现工业总产值902.77亿元，占全省总量的19%，对吉林省工业增长的贡献为17.0%。

目前长春市形成了以汽车、食品、生物与医药、光电子信息四大产业为主导，具有一定现代化水平的加工型工业体系，是省内最大的加工制造业中心。以一汽集团为龙头的汽车及零部件工业成为吉林省第一大支柱产业，在全国也有重要的地位；光电子信息产业和生物工程、生物制药等新技术企业集聚；生物制药企业以及吉林大学酶工程实验室、长春生物制品所等科研开发单位，其生物技术制药研究开发能力在全国位居前列。同时，长春市地处吉林省中部，是玉米高产区，乳畜产量高，形成了以玉米深加工及肉制品加工为主体的农产品加工业体系。

吉林市形成了以化工、汽车、冶金、电子为主，实力雄厚的综合性大型工业基地，碳素制品、电石、乙烯、化学纤维、半导体器件等产品是吉林市的主要工业产品。吉林市是全国著名的化工城，是重要的化学工业原料基地之一，建有化学工业园区。与长春一汽汽车产业园区配套建设的吉林市汽车产业园区以生产轻型汽车和汽车零配件为主。

（二）四平—辽源工业区

四平市是东北地区的重要交通枢纽，辽源地区煤炭资源丰富，离长春市较近，该地区以农副食品加工、汽车零配件、机械、煤炭开采为主。2006年实现工业总产值403.33亿元，占全省总量的8.5%，实现利润总额24亿元。

四平市加工制造业产业基础较好，工业生产主要以机械、精细化工、农产品加工、专用车及汽车零配件为主。公主岭市、伊通满族自治县等汽车配套工业初具规模，近年来汽车零部件企业发展迅速，为中国一汽的汽车配套能力不断增强。

辽源市发展煤矿工业接续产业上选择新材料工业、选煤机械制造业，同时纺织业也有相当的实力。东丰县以汽车零部件生产、冶金建材及食品饮料生产为主。东辽县矿产资源储量多、品位高，优质煤炭储量达$2\,000 \times 10^4$ t，是本地区发展煤炭工业和煤化工工业的重要资源基础。

（三）通化—白山工业区

本区工业发展的资源依赖性较强，是全国重要的森工基地，是以医药、森工、煤炭、建材等为主的资源型工业区。2006年，两市实现工业总产值482.71亿元，占全省的10%，实现利润总额44.3亿元。

通化市以中成药、冶金为主要产业部门，是吉林省的医药生产基地，拥有通化东宝、通化金马等一大批中成药生产企业，以长白山中草药为原料，年产量近 8 000 t，占全省中药产量的近 50%。通化钢铁集团公司是国家中型钢铁企业，年生产能力 350×10^4 t。同时，通化地区以野生山葡萄为原料的酒类生产驰名全国。

白山地区依赖长白山森林资源，在全区六个县市都有森工产业的发展，主要产品有长白山绿色食品、板材家具等。江源市依靠煤炭资源发展煤炭开采和洗选业。

（四）延吉—图们工业区

该区地处边境地区，地缘、交通优势突出，在发展医药、森工产业的同时，食品、烟草、纺织、造纸等也是工业生产的主要领域。2006 年，延边朝鲜族自治州实现工业总产值 193.17 亿元，占全省的 4%，实现利润总额 27 亿元。

依托长白山丰富的药材资源，目前该区已形成以敦化市敖东药业为龙头的医药工业；烟草生产主要是延吉卷烟厂，是国家大型企业和全国烟草行业 36 个重点企业之一，年生产能力达 45 万箱；敦化、珲春等城市以森林资源为基础，森林工业发展迅速；延吉市民族特色的食品制造业也是本地区主要的工业生产部门；图们市依托区位、资源和存量优势，主要发展民族塑料用品制造业，并逐步向规模化、集团化方向发展。

（五）松原工业区

松原市利用石油、天然气资源优势，发展能源开采及石油化学工业，是吉林省石油加工的重要地区。2006 年松原地区实现工业总产值 416.03 亿元，占全省总量的 9%；实现利润总额 145.51 亿元，占全省总量的 31%，仅次于长吉地区；2006 年对全省工业增长的贡献率为 11.4%。

年产超过 500×10^4 t 原油的中国石油吉林油田分公司、年加工 150×10^4 t 原油的中国石化前郭石化分公司、年产 32×10^4 t 化肥的长山化肥厂、年发电能力 69×10^4 kW 的长山热电厂等大企业构筑了松原石化产业的主体构架。吉安生化乾安酒精有限责任公司 50×10^4 t 玉米深加工、吉粮赛力事达玉米工业有限公司 30×10^4 t 玉米深加工、草原兴发集团长岭 50 万只肉羊加工等企业项目，构成了松原农畜产品加工业的骨干群体。

（六）白城—洮南工业区

该地区工业发展较为落后，白城市在发展能源工业的同时，工业生产以汽车零配件、石化、纺织、造纸以及食品工业为主。2006 年白城地区实现工业总产值 80.07 亿元，仅占全省总量的 2%，实现利润总额 4.91 亿元。

近年来，白城市汽车配套业发展较快，全市有白城金鹏齿轮股份有限公司、大安市轴承厂、白城德尔福派克汽车电线股份有限公司等 20 多户汽车零部件生产企业，基本形成了轿、轻、中、重等各类车型的综合配套生产能力。此外该市还发展了纺织、服装、食品、医药等具有一定基础的传统行业，以及造纸、建材两项具有比较优势的行业和能源、化工等具有潜力的行业。洮南以纺织、服装、食品酿造、油脂化工、造纸等几个行业为主，纺织及食品酿造水平在全省居于前列。

第二节　成长中的全国汽车工业基地

一、汽车工业发展现状

吉林省是中国汽车工业的摇篮，经过几十年的建设，已形成了以一汽集团公司为核心，集整车、各类专用车和汽车零部件研发、生产、贸易为一体，中重型卡车，中、高级轿车，轻型车和微型车等车型全系列发展的较为齐全的汽车工业体系，并已成为国内具有相当实力的汽车制造基地。

2006年吉林省汽车行业完成工业总产值1 509.7亿元，占全省工业总产值的31.80%，占全国汽车产业工业产值的9.70%，在全国排名第二，仅次于广东省；工业销售产值1 422.53亿元，占全国的10.01%，居全国第三位；汽车工业新产品产值944.77亿元，占全国的17.15%，居全国第一位；汽车工业主营业务收入1 257.24亿元，占全国的9.11%，居全国第三位；汽车工业实现利润总额44.22亿元，占全国汽车工业利润总额的5.76%，居全国第七位。

表7.12　2006年吉林省汽车工业主要经济指标及其在全国地位

项目	总量	占全国比重	列全国位次
企业数量	272个	4.22%	8
工业总产值	1 509.70亿元	9.70%	2
工业销售产值	1 422.53亿元	10.01%	3
新产品产值	944.77亿元	17.15%	1
出口交货值	21.08亿元	1.60%	13
主营业务收入	1 257.24亿元	9.11%	3
利润总额	44.22亿元	5.76%	7

一汽集团是吉林省汽车产业的龙头，2006年完成工业总产值1 240亿元，占全省汽车工业总产值的82.3%。2006年汽车销售量116.57万辆，仅次于

上海汽车集团。2006年一汽集团营业收入1 491.69亿元，位于中国制造业汽车行业首位。全年完成汽车产量63.25万辆，其中轿车40.7万辆。中重型车占有率连续四年保持国内第一位，轻微型车进入同行业前五位。2006年全省汽车零部件完成产值289亿元，完成销售收入286亿元，实现利润17亿元，汽车及零部件出口交货值突破19.7亿元。

二、汽车工业发展问题

（一）自主研发能力不足

吉林省汽车企业中，除一汽集团外，省内绝大部分企业不具备自主开发能力，大多数企业的核心技术不是被跨国合资企业所掌控，就是根本没有核心技术。从产品来看，除一汽解放系列载重车外，轿车开发技术主要依赖国外，自主品牌产品尚在培育之中，零部件企业的配套产品开发仍依赖主机厂或购买国外技术。

（二）企业发展能力较弱

目前，除长春一汽以外，省内多数汽车及零部件生产企业规模小，零部件企业投入不足，2005年在全省251户配套企业中，年配套产值超1 000万元的不到30%；多数产品技术含量不高，低水平的传统零部件多，高科技含量的配套产品少，特别是模块化供货能力不足；多数企业融资渠道单一，投入不足，缺乏持续改造能力。此外，专用车品种少，技术水平低，缺乏自身产品特色。

（三）零部件配套能力不足

2005年汽车零部件企业实现产值220亿元，仅占全省汽车工业总产值的15.2%；企业结构不合理，往往是几十家企业围绕一个整车厂生产同一类型的零部件产品；产品工艺水平低，省内零部件厂家多以结构件为主，微电子元件偏少，关键零部件仍需国外进口。

三、汽车产业空间体系的形成

随着吉林省汽车工业发展规模的进一步扩大，部分汽车配套零部件开始由一汽向地方转移，改装汽车开始出现，一汽整车生产的批量化，带动了吉林省地方汽车零部件生产企业的快速发展。辽源汽车电器厂、长春汽车水箱厂、长春齿轮厂、公主岭气门芯厂、公主岭轴承厂、公主岭机油滤清器厂等为整车配套的零部件企业陆续建成，为一汽提供数百种配套产品，汽车工业布局体系正在初步形成。

近年来，汽车工业调整产品结构和生产方式，整车生产规模不断扩大，带动了地方企业为一汽配套的热情,一些机械行业企业纷纷转产为一汽生产零部件,吉林省汽车零部件行业主要分布在中部的长春、公主岭、四平、辽源地区。近年来白城市和长春周边的伊通满族自治县等一些地方县(市),也把汽车零配件产业作为当地经济发展的重要产业,为一汽大众轿车配套的汽车零部件企业迅速壮大,成为吉林省汽车零部件产业的新兴地区。

目前,依托长春一汽集团,吉林省已经形成了以长春市为核心、吉林市为辅助的汽车整车生产发展格局。汽车零部件产业则以长春、四平、公主岭、辽源、白城等中部和西部地区为主,初步构成了汽车产业整体空间布局体系(图7-4)。

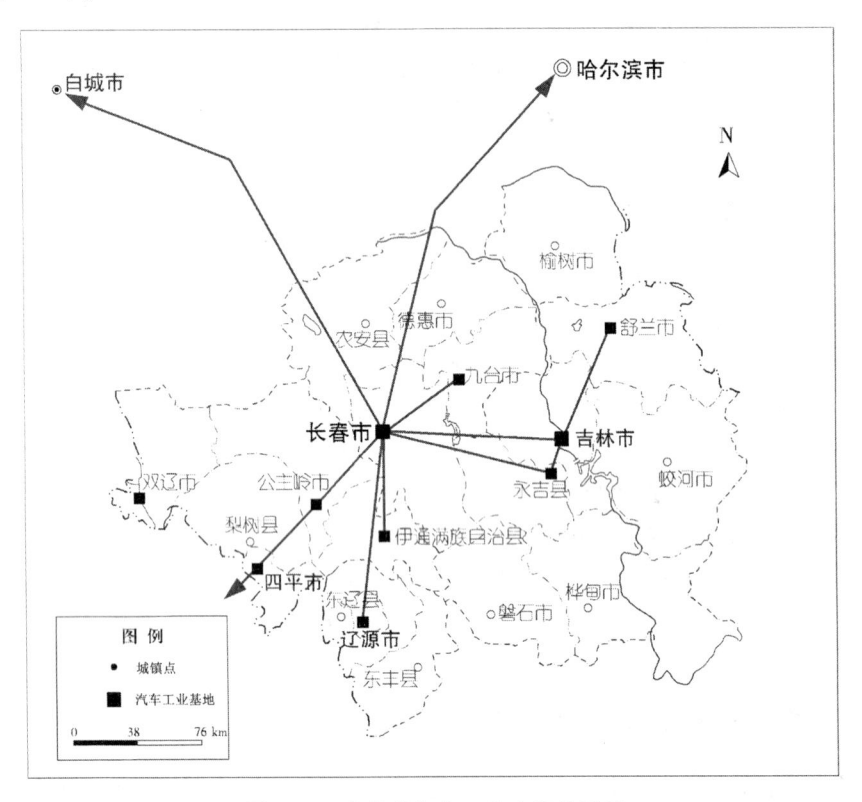

图7-4 吉林省汽车工业空间体系图

四、汽车产业发展重点

(一)优化汽车产业产品结构

建设长春市汽车产业开发区和吉林市汽车基地,以轿车为重点,同时发展中重型车、商务车、多用途/多功能车、轻微型车、专用车和客车。轿车生产上加强与跨国公司合资与合作，培育与世界先进水平同步的规模制造体系，积极培育自主品牌，扩大市场规模。在长春市或吉林市发展经济型轿车；中重型车要按需求进行结构调整，向重型化、专用化、轻量化方向发展，保持规模效应和国内车优势；轻微型车要按中低端产品自主开发，高端产品引进的思路，优化产品结构，逐步形成多元化产品优势；客车要充分利用已有的客车底盘和整车基础，引进新的合作者，拓展产业规模。

（二）零部件产业的整合发展

围绕一汽的整车生产，重点发展车身内外饰、底盘、环境、转向及传动、车轮、发动机附件、电子电气七大系统模块，形成系统化、专业化、集成化。对现有零部件配套体系进行整合。加快发展具备自主开发能力、产品技术含量高的企业，提高省内零部件产业的竞争力；将一汽集团的省外配件企业吸引到省内来，做技术整合、区域整合；与国外优势企业合资合作，积极参与国际分工，引进国外先进技术企业。发展专业化协作企业，为企业集团和第一层次企业提供配套，形成规模效益。依托一汽，立足国内市场，进入国际市场，在为主机厂配套的同时注重服务社会市场，努力扩大出口。

（三）区域技术体系升级

汽车工业是国际性产业，要瞄准世界汽车工业发展的趋势，依托吉林省汽车产业基础和人才优势，促进产学研一体化发展，充分发挥高校、科研院所和汽车研究中心在技术上的优势，立足于汽车的整车生产和零部件生产，以发展汽车电子技术、新型能源技术、制造过程自动化技术和管理等先进技术为重点，提升整个行业的技术水平和综合竞争力。

促进自主品牌的发展，鼓励企业提高研发能力和技术创新能力，积极开发具有当代先进水平和自主知识产权的整车和零部件产品。实施品牌经营战略，在整车上，突出发展解放和红旗两大自主品牌，积极发展新的自主品牌。使之具备国际竞争力。在零部件上，培育一批实现规模生产并进入国际汽车零部件采购体系的优势企业，形成若干驰名的零部件产品自主品牌。

（四）发展汽车产业衍生经济

汽车产业关联度大，带动力强。汽车工业每增值1元，可带动上游产业增值0.63元，下游产业增值2.65元，汽车工业每增加一个就业人员，可带动上下游产业增加就业岗位10个到15个。因此，在做大做强汽车产业的同时，要发挥其产业特点，拉动化工、冶金、机械、电子、轻纺、科研设计等上游行业的发展，推动商贸流通、交通运输、金融保险、租赁、售后服务、二手车市场、旅游等下游产业的发展，拉伸产业链，形成上、中、下产业共同发展的集群优势。在不断壮大关联产业的同时，支撑促进汽车产业整体的规模扩大与结构升级。

第三节 改造与振兴中的全国化工基地

一、石油化学工业的发展历程

新中国成立以来，吉林省化学工业从起步到现在，经历了几十年的发展过程。吉林省化学工业起步于国家"一五"计划时期，"一五"期间在吉林市兴建以染料、化肥、电石"三大化"为标志的全国第一个大型化学工业基地，在发展初期，产业及产品结构单一，企业数量少，规模较小。

改革开放后，吉林省加大了对化学工业的投入力度，产业和产品结构的范围不断扩大，工业结构不断进行调整和升级，1978年完成吉林油田的开发建设，建成了三大炼油厂和增加了基本化工原料、有机化学品、日用化工品、橡胶和轮胎生产企业，以及化学矿采选、化工机械厂等相关企业，兴建了以吉林省长山化肥厂为代表的几十个化肥和农药生产企业。吉化公司完成了二十多项改扩建项目，成为我国第一个大型化工基地，吉林省初步形成了以吉化公司和吉林油田为核心的石油化工产业体系。

在由计划经济向市场经济转轨的过程中，吉林省石油化工企业与其他老国有企业一样，连续出现亏损，石化工业发展一度陷入困境。1998年，中国石油天然气总公司入驻吉化公司，相继投产了 30×10^4 t/a 乙烯项目、100×10^4 t/a 延迟焦化等项目。这一时期，受吉化公司巨额亏损的影响，石油化工行业效益大幅下滑，多数企业生产经营出现困难。

2003年开始，中石油吉林石化公司集中全力对 60×10^4 t 乙烯及配套装置进行了大规模的技术改造，并当年实现扭亏为盈。中石油吉林石油集团有限责任公司也完成了技术更新改造，2004年油气产量跨越 500×10^4 t，2006年跨越 600×10^4 t。目前，吉林省石化工业产业关联度加强，依托吉化的产品优势，精细化工逐渐发展，使石化产业链不断向下延伸。目前吉林省已经形成具有现代生产能力的全国重要的化工基地。

二、石油化学工业发展现状

2006年吉林省石化工业企业共有267个，其中石油加工、炼焦企业27个，化学原料及化学制品制造企业240个，资产总计562.99亿元。全年实现工业总产值853.05亿元，占全省工业总产值的18%，在全国各省石化工业中处中等水平；化学工业增加值102.25亿元，约占全省工业增加值的7%，在吉林省工业发展中占有重要地位。

表 7.13　2006 年吉林省化学工业发展状况

行业	企业单位数/个	工业增加值/(亿元)	资产总计/(亿元)	产品销售收入/(亿元)
石油加工、炼焦及核燃料加工业	27	12.30	34.20	75.40
化学原料及化学制品制造业	240	89.90	528.80	599.90

三、石油化学工业存在的问题

吉林省煤炭、天然气、油页岩和玉米等化工原料资源丰富，但目前主要以原油为主，原油一次加工能力超过 900×10^4 t，吉林油田原油产量 600×10^4 t，每年从省外调入超过 300×10^4 t。现有石化工业产品有原油、乙烯、化肥、农药，以及其他有机、无机产品等千余种。主要以基础原料型产品为主导，粗加工、初级产品多，最终产品少，产业链短。大多数产品科技含量低，精细化工产值率只有30%左右，远远低于全国55%的平均水平。多年来，大部分化工原料产品流出省外，而各行业生产所需的下游化工产品和精细化工产品大都从省外购入。

从企业结构上来看，中直企业（吉化公司、吉林油田、前郭炼油厂等中直大型企业）占吉林省石化行业总量的90%以上，是石油化学工业的主要增长点。地方石化企业大多数基础薄弱，自我发展能力差，布局分散，而这些规模较大的中直企业与地方企业的关联度较低。吉化公司每年 180×10^4 t 基本化工原料、35×10^4 t 合成树脂、15×10^4 t 合成橡胶作商品出售，而在吉林省石化企业应用的很少。吉化公司、吉林油田、前郭炼油厂每年所需的上百种"三剂"等辅助配套产品大部分从省外购进。这样就很难形成良性经济模式产品链，影响行业的整体效益。

四、石油、化工产业基地建设

吉林省石油化工产业在空间布局上，应围绕吉林市吉化为中心的化工产业布局，和以西部石油、天然气产区为副中心的石化工业布局，在总体上以吉化、吉林油田为龙头，构筑吉林、长春、松原石油化工产业发展带。在空间配置上，以工业园区为平台，发展产业集群，依托吉林石化、吉林油田、长山化肥厂等大企业集团，发展精细化工、高性能合成材料和特种材料，推进产品加工精深化、原料路线多元化的新型综合性化工产业体系。建设以化工深加工和精细化工为主的化工园区，为实现产业集群创造发展平台和载体。

（一）吉林市综合化工基地

吉林市化工产业规模大、点集中、行业多。目前，吉林市化工企业数占全省的20%，工业产值占76%，其中大中型企业数占72%。仅吉林石化分公司一个企业的工业产值就占全市大中型企业化工总产值的83%，占全省大中型企业化工总产值的60%。吉林市化工产业历史悠久，产品类型多样，产品涉及领域相当广泛，ABS、乙二醇、苯胺、苯乙烯等11套生产装置的生产能力为国内第一，苯酐、聚乙烯、有机硅三套装置的生产能力居全国第二，是乙丙橡胶、MDI级苯胺、工业乙醇的国内唯一生产企业。吉林市已经成为重要的综合性化工基地。

（二）松原市石化工业基地

松原市毗邻吉林油田，20世纪70年代开始发展石化工业。目前，松原市以年产 $500×10^4$ t原油的中国石油吉林油田分公司、年加工 $150×10^4$ t原油的中国石化前郭石化分公司、年产 $32×10^4$ t化肥的长山化肥厂为主体，形成了石油开采、石油炼制、石化、石化机械制造的石油化工工业基地。

中石油前郭石化分公司，依托玉米主产区的原料优势，采用先进工艺生产四氢呋喃，不仅减少了对石油的大量消耗，而且还改变企业产品结构单一、产品附加值低的劣势，每年实现利税8 200多万元。

（三）其他重要的化工中心

除吉林市、松原市以外，目前吉林省也初步形成了若干化工中心。长春市化工行业结构以化工产品制造为主，如橡胶、塑料加工制造均占全省重要地位，且历史发展较久，现状基础较好，为适应汽车等机械制造业的发展需求，在与主要产业关联度高的化工产品制造上，生产塑料、轮胎、润滑油等化工产品。

四平市化工原料丰富，煤化工基础好，是吉林省化肥、烧碱的主要生产地，其化工产值在全市仅次于机械工业，目前四平市精细化工发展势头良好。此外，通化化工总公司是吉林省氮肥的主要生产企业；图们则以生产民族塑料制品为主。

第四节 潜力巨大的农产品加工业

一、农产品加工业发展现状

吉林省农产品加工业初具规模，是全省新兴支柱产业。2006年全省农产品加工企业中省级以上重点龙头企业216个，其中国家级重点龙头企业20

家;实现工业总产值 670 亿元;实现工业销售收入 1 260 亿元,增长 25.6%。全省粮食加工能力达 350 亿斤,辐射带动农户 242 万户,占农户总数的 69.1%。

从粮食加工业看,玉米、大豆加工的主导产业地位已经确立。长春大成集团是亚洲最大、技术领先的玉米加工企业,玉米加工能力达到 200×10^4 t,拥有世界规模最大的赖氨酸和化工醇生产基地;鲜玉米加工企业以吉林天景食品有限公司为主。从畜禽产品加工看,生猪、肉牛、肉鸡加工的主导产业地位已经确立,以国内最大的肉鸡加工企业吉林德大有限公司、清真肉牛羊生产企业长春皓月清真肉业股份有限公司为主要企业。从保健食品及特产品看,人参、鹿茸加工以及保健食品、园艺产品加工的规模初步形成。

然而农产品加工业还没有真正壮大起来。目前,吉林省农产品加工产值与农业产值之比仅为 0.5∶1 左右,仅相当于发达国家的 1/7 和沿海发达省份的 1/3 左右。大多数企业开发能力弱、技术水平低、经营规模小,尤其是名牌产品少。应该说,吉林省近年发展农产品加工业虽然取得了很大成绩,但差距还很大。同时,农村二、三产业发展仍然缓慢,总量很小,吸纳农村富余劳动力的能力不强。

二、农产品加工业发展重点

依托丰富的农产品资源和生态优势,大力发展玉米大豆精深加工、畜禽乳精深加工、长白山生态食品三大产业,建设生态型绿色农产品加工基地。

(一)粮食深加工业

发展饲料加工业、淀粉下游产品、吉林特色的营养型白酒及无水酒精、玉米早餐食品、休闲食品和速冻鲜玉米食品。玉米加工围绕原材料和能源等方向,发展赖氨酸、高果糖、L 乳酸、聚乳酸等淀粉深加工系列产品、饲料、燃料和食用酒精。依托玉米资源优势,培育玉米加工型企业集群;依托大豆资源优势,重点发展大豆磷脂、分离蛋白等精深加工产品,加快发展保健食品源,培育大豆加工型企业集群;依托环境优势,培育绿色食品加工型企业集群。

(二)畜禽乳深加工

发展绿色饲料工业,加大肉、蛋、奶等绿色食品产出。发展分割肉、冷却肉、肉制品、奶制品等精深加工终端产品,丰富产品品种。依托畜禽资源优势,培育畜禽业加工型企业集群。

(三)长白山生态食品

创立长白山品牌,发展长白山生态食品产业。深度开发"吉林人参",提高科技含量，发展产业化经营。积极开发矿泉水、山葡萄、山野菜、林蛙等生态食用资源，发展园艺林地特产业和森林食品。依托长白山自然资源优势，培育中药、特产品加工型企业集群。

三、农产品加工业空间布局

农产品加工业在空间布局上，与地域的资源基础相结合，坚持全面布局，发挥地方特色的原则，形成东、中、西各具优势和规模的农产品加工产业空间布局。

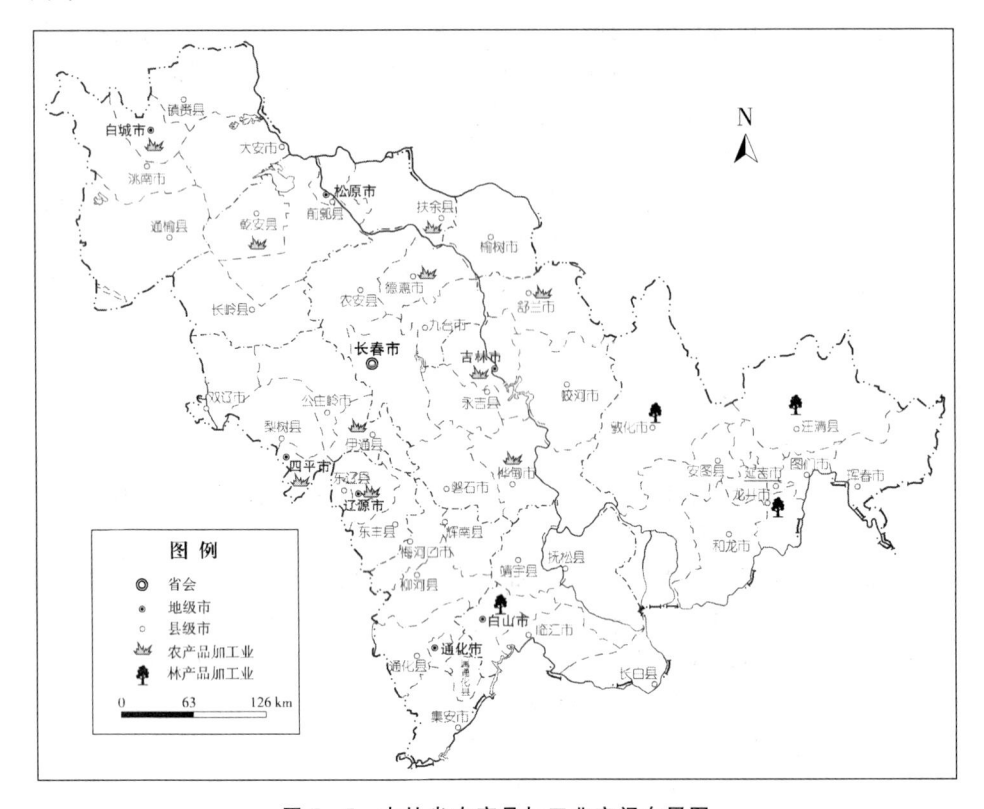

图 7-5 吉林省农产品加工业空间布局图

（一）中部粮、乳、畜农产品加工产业群

依托丰富的粮食资源和畜产品资源，借助中部地区大、中、小城市的加工工业基础，大力发展粮食深加工、畜产品深加工。发挥玉米生产优势，在长春市皓月集团、大成集团等农产品加工企业的发展基础上，促进哈大沿线的以玉米生物、乳畜产品为特色的中部农产品加工产业集群的形成。

(二) 东部林、特农产品加工产业群

东部农业应突出发展山地生态农业,在不破坏长白山自然环境的前提下,发展山特农产品。同时依托绿色山特产品,发展加工工业。山特产品的加工工业应避免在山区零散发展,要适当向附近地区的城镇集中,形成颇具长白山特色的品牌农业。

(三) 西部粮、畜特色农产品加工产业群

西部地区生态环境脆弱,环境承载力弱,农业的发展要以环境保护为前提,不能盲目的过度放牧或农业开发,适度发展西部小杂粮和经济作物以及畜牧业,依托西部城市发展相关特色农产品加工工业。

第五节 具有广阔发展前景的医药工业

一、医药工业发展现状

2006年全省医药产业实现工业总产值266.11亿元,工业增加值118.9亿元,利润19.3亿元;其中中药工业实现产值143亿元,中药材产值达到60亿元,年均增长44%。建立了五味子、林蛙等22个品种的36个优良中药材基地,核心区面积达30万亩,示范性种植面积发展到65万亩,已有人参等4个中药材品种、7个基地通过国家GAP认证,数量占全国GAP基地总量的20%。

医药工业结构中,中药及生物制药产业总量占医药产业总量的70%以上,以中药及生物制药为主体的医药产业已成为全省资源利用率高、发展速度快、效益好的优势产业之一。截至2006年年底,吉林省中成药工业总产值已占全国的近1/10,利润和税收等指标均列全国第一位。2006年生产中成药3.28×10^4 t,化学药品原药1.30×10^4 t。医药制造业规模以上企业工业增加值79.76亿元。

在生物制药领域,吉林省作为我国生物技术产业的发源地,产品种类涵盖菌苗、疫苗、单克隆抗体等诸多类型,占全国现有生产品种的63%。在国家已经批准上市的25种基因工程技术产品中,吉林省能够生产的有11种;全国35种疫苗产品中的26种已在长春生产,长春已成为亚洲最大的基因工程药物和疫苗生产基地。

围绕国家中药现代化基地建设,吉林省目前已建成从中药材资源标准到新药开发、工业化中试、产品检测等比较系统的中药公共研发与检测平台,组建了10个具有一定实力的研究开发实体,并重点扶持和建设了20个国家

及省级企业技术中心。建立了自主开发和对外合作的专业队伍，形成了社会公共研发平台和企业自主技术研发平台相结合、充满活力的全省现代中药及生物制药科技支撑体系。

二、医药工业发展重点

依托长白山中药资源和现代中药、生物制药技术、人才及产业方面的比较优势，大力发展现代中药和生物制药工业，建立从中药种植、新药研发、临床实验、规模生产的完整产业链条和标准化产业体系，提高和扩大中药和生物药产品的出口能力，壮大通化、敦化两大药城，建设长春、吉林医药产业园区，培育产业集群，辐射带动周边地区发展。

建立以现代中药及生物制药为主、以精密医疗器械等为补充的有特色的吉林医药工业体系，建设成为全国和东北亚国际区域现代中药及生物制药科研、生产和贸易的区域中心，发展在国内外具有重要影响的中国北药基地。加快推进中药材种植GAP、中成药生产GMP标准化和规范化，建设中药材种植基地、中药饮片加工基地。

生物制药产业，围绕生物技术制药和生物制品制药，加快开发和引进基因重组技术、单细胞融合技术、酶工程和现代生物发酵技术，重点发展生物疫苗、基因工程药和生物中药，扩大人胰岛素、人生长素、干扰素、干细胞等生物药品生产。建设通化东宝基因重组人胰岛素工程、长春生物制品所生物制品高技术产业园区、吉大通源公司干细胞国家工程研究中心。利用吉化医药中间体的优势，不失时机地发展合成药。

三、培育医药工业集群

以长春为龙头，长春市、通化市和延边朝鲜族自治州敦化市为区域发展中心，以长春、吉林、延边和长春、通化、白山两条产业带为两翼，形成现代中药及生物制药产业基地的"三个中心、两条产业带"的"三足鼎立"发展战略格局，带动三大医药区域中心发展。

（一）长春生物医药产业群

建立长春中药现代化和生物制药科技产业园。其中，中药现代化科技产业园是集科研、开发、生产、加工、销售、服务于一体的多功能园区。长春生物制药科技产业园将围绕研制、开发和引进以基因重组等技术为主要内容的生物工程技术，建设成熟的生物技术研发基地和技术平台，建成全国最大的生物疫苗、基因工程药物、生物中药工业园区。

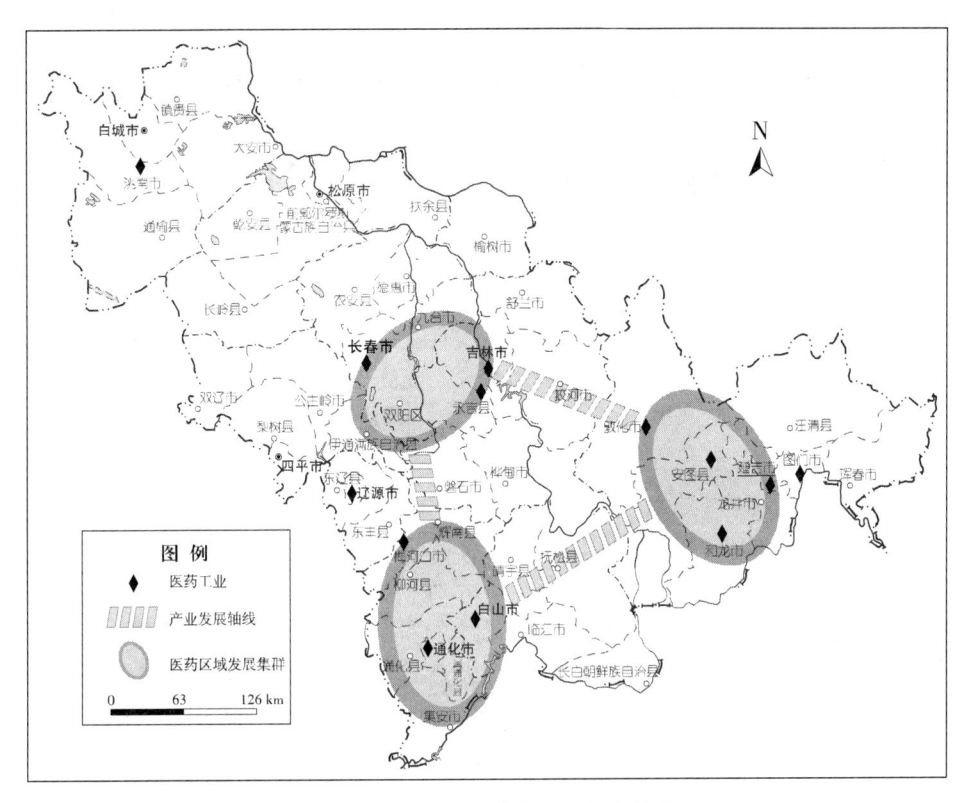

图 7-6　吉林省医药产业空间布局图

（二）南部医药产业带

通化市立足药材资源和生产优势，构筑以医药工业为龙头，医药工业、医药流通、医药科研、医药教育、中药材基地五位一体全面发展的产业格局。形成以企业为主体，大专院校、科研机构为依托，政府引导扶持的新型运行机制，将通化建设成生产、科研、经贸发达的中国"药都"和国际化医药名城，并立足通化医药城建设，带动相关地区医药企业发展，形成吉林省南部医药产业带。

（三）东部医药产业带

在延边地区，以敦化市为中心，带动周边地区中药产业发展，建设贸工农并进、产加销并举、带动相关产业发展的制药经济体系。重点以中药企业敖东、华康、力源三大药业集团为核心，建立三大现代中药制药工业园区，突出新产品和系列品牌的开发。同时立足延边敖东医药城建设，带动周边地区医药企业发展，形成吉林省东部医药产业带。

第六节　快速推进的高新技术工业基地建设

一、高新技术工业发展的支撑条件

（一）技术支撑体系

吉林省高新技术工业发展的技术和智力资源丰富，其中长春市高校和科研院所众多，具有雄厚的技术基础和研发能力。中国科学院长春光学精密机械与物理研究所在发光学、现代应用光学、光学工程、信息显示技术、微纳科学与技术等领域取得了一大批创新成果；吉林大学在集成光电子、光电子材料、新型半导体光电子器件及系统、光通讯器件、计算机软件等领域的研究与开发上居国内领先水平。长春理工大学在国防光电子、光电医疗仪器、光电监测仪器、半导体激光器等多个领域取得了具有国内领先水平的成果。

此外，中国科学院长春应用化学研究所、长春地理所以及长春汽车研究所、吉林省激光研究所等一大批实力雄厚的科研院所，拥有一批独具特色的光机电科研成果。长春还拥有一批国家及省部级光电子重点实验室。光电信息技术国家级重点实验室3个，省部级实验室30个。这些都为吉林省新技术工业的发展提供了强大的技术支撑。

（二）人才保障体系

吉林省新技术工业发展的人才支撑条件较好。长春市是全国智力密集型城市之一，高密度的智力资源为高技术产业的发展提供了人才保障，尤其是光电子信息领域人才济济，拥有一批高层次的光电子技术、信息技术专家。全市从事光电子技术及相关领域研究的两院院士10人，副教授以上的高级人才达3 000多人，海外学人创业园集中了一批留学归来从事光电子技术的高级专门人才。长春市拥有一支实力雄厚的高科技技术人员和产业工人队伍，有从事高技术产业的工程技术、管理人员和产业工人1.5万人，特别是经过多年的市场实践，造就了一支懂技术的企业家队伍，成为吉林省新技术工业发展的重要技术力量。

（三）环境支撑体系

吉林省地处东北亚经济圈的地理中心，具有国际经济、技术合作的地缘优势。长春光电子产业基础、研发力量、良好的环境，构成了良好的国际投资和合作的优势，是发达国家向我国转移和扩散技术项目的理想场所。目前，已有美国、英国、德国、日本、韩国、加拿大、芬兰以及我国香港、台湾等国家和地区的光电子企业在长春投资。俄罗斯、乌克兰等国家已在非线性光学晶体、光学材料、红外光学仪器、应用光学工艺等领域与长春的科研机构和企业进行合作。同时，吉林省先后制定了一系列支持发展的政策，在税收、土地、人才、金融和中介服务各个方面，为高新技术工业的发展提供了有力的支撑。

二、高新技术工业的发展现状

吉林省高新技术产业发展较快，目前基本形成了以信息技术、生物技术、先进制造技术、新材料、现代农业和环保及资源综合利用六大领域为支撑的高新技术产业群体，培育了液晶显示器、基因工程新药、现代中药、热缩材料和玉米深加工等新的经济增长点。

2006年，吉林省认定规模以上高新技术企业119户，产值200.6亿元，利税39亿元，年平均增长均在30%以上。全年实现高新技术产业增加值229亿元，占GDP的比重达到6.3%；高新技术产业增加值占全部规模以上工业增加值的比重为19.1%，其中机电等高新技术产品在外贸出口总额中占有较大比重。高技术产业初具规模，初步形成了以信息产业、生物产业、新材料产业、现代农业为支撑的高技术产业构架。

长春已经成为继武汉之后国家批准的第二家光电子产业基地，成为国家首批认定的生物产业基地之一；汽车电子和软件产业发展优势逐渐显现，全市有国家规划布局内的重点软件企业10家；光显示器件、光电仪器仪表、光电子器件及材料、疫苗、基因工程药物、现代中药等优势领域加快成长，引领性强，带动作用明显，加快了上下游领域及产品迅速发展，促进了相关产业加速拓展形成较为完整的产业链条，带动了全省高技术产业全面协调健康发展。2006年长春市实现产值210亿元，初步形成了光电子信息技术企业群，全市规模以上的光电子信息企业150家，主要产品270种。

三、高新技术工业发展面临的问题

（一）高新技术开发的产业化程度低

与辽宁和黑龙江两省相比，吉林省的突出优势表现在科学研究和综合技术服务上，但目前科研优势并未转化为产业优势。1995～2003年，吉林省高新技术产业总产值仅占东北三省的16%左右，远远落后于辽宁和黑龙江两省。虽然具有明显的技术研发优势，但与产业的衔接不够紧密；技术研发机构较多，资源整合不够、共享性差；科研机构每年都有大批成果产生，但由于体制、机制和其他因素的制约，转化率低。高新技术工业企业虽然数量多，但规模小，企业和科研部门缺乏紧密的经济技术联系，产业链短，力量分散，竞争能力和抗风险能力不强。

(二) 产业结构性矛盾突出

在高新技术产业的产品结构方面，占据主导产品地位的仍是附加值较低的中低档产品，高技术含量、高附加值产品较少，优势名牌产品少。长春光电子产业起步较早，能力很强，优势明显，但由于原来主要服务对象是国防军工和科研，市场狭窄，产业化进程仍然缓慢。在企业结构方面，能带动和支撑产业发展的大型骨干或龙头企业少，外资和民营企业的数量及规模仍然偏小，企业的经营、管理水平有待提高。

(三) 产业发展的投融资渠道不畅

总体来看，吉林省新技术工业企业的融资能力较差，缺少带动产业发展的重大项目，产业集聚效应不明显；资金短缺，投入不足，资金投入是推动高新技术产业发展的重要条件，而吉林省用于高新技术产业发展的投资较为有限，无论政府筹措资金还是金融机构贷款数都明显少于辽宁和黑龙江两省，严重制约了高新技术工业的发展。而国家与地方政府投入重点是支持基础研究和应用研究，支持产业化的投入不足。高新技术工业企业受到经营上的制约，R&D投入比重不大。社会上高新技术产业投融资体系不健全，产业发展投资基金和风险投资基金数量偏小，使企业融资困难。

四、高新技术工业的空间布局

目前吉林省已经初步培育形成了长春光电子，长春生物医药，吉林、辽源新材料，松辽平原现代农业等高新技术产业集群，成为推动国民经济发展的重要力量。同时，吉林省未来高新技术产业的发展也将主要依托上述产业的基础优势，促进高新技术产业的全面发展。

高科技产业在区位选择上具有智力密集、信息网络发达、交通条件便捷的城市核心区及外围地区的空间指向性。吉林省未来高新技术产业的空间布局应立足于长春市、吉林市已有的高科技产业园区发展基础，形成光电子工业产业基地、北方医药研发基地等高新技术产业集群，从而带动其他地区如延吉市高新产业发展。

以长春、吉林两个国家级高新技术产业开发区为依托，形成全省高新技术产业集群平台，引导集成研发、成果转化、孵化，以及优化产业发展环境，加速有优势特色高新技术产业集群的发展。长春高新区重点发展生物医药、光电技术、先进制造技术、信息技术、新材料五个产业部门；吉林高新区重点发展精细化工、电子信息、机电一体化、新材料、生物医药五个产业部门。

第八章 快速建设的综合交通运输通道

章前语

交通运输业作为区域产业结构体系中的基础性产业部门，对促进各地区经济要素流通，加强区域内外经济联系具有重要的作用。新中国成立以来，吉林省交通运输业不断发展，但在改革开放前的 30 多年里，交通运输结构比较单一，铁路运输在交通运输体系中占绝对比重，公路基础设施建设缓慢，公路在运输结构体系中相对较弱。改革开放以后，吉林省加强了交通基础设施建设投入，"十五"计划时期为吉林省交通投入最大，发展速度最快的时期，尤其是公路基础设施建设和公路客货运输能力都取得了较大发展，高等级公路建设不断完善。目前吉林省已经形成了以公路、铁路为骨干，以内河航运、民用航空和管道运输为补充的现代化交通运输结构体系；以长春市为核心，8 个市（州）中心城市为主要结点，辐射省内各市县的密集的交通运输空间网络和站场服务体系。交通运输业对全省经济社会发展的基础性作用正在不断加强。

关键词

密集的铁路运输网；纵横交错的公路运输网；快速发展的航空运输

第一节 现代综合交通运输体系的形成

一、吉林省综合交通运输发展概况

改革开放以来，吉林省交通运输业取得了很大发展，特别是"十五"时期，经济社会持续快速发展，为公路、水路和地方铁路交通带来了巨大的需求，也为其快速发展创造了有利条件。通过推进公路建设、养护管理、运输的全面协调发展，运输条件得到很大改善，现代化的公路、铁路、水运及民用航空构成的综合交通运输体系逐步建立起来。

"十五"期间，是吉林省交通发展史上投入最大、发展速度最快的时期，交通发展完成总投资720亿元，是"九五"时期的2.49倍，增加431亿元。目前已经形成以铁路和公路为运输骨干，包括内河、航空、管道等运输方式在内相互协调配套的现代化综合交通运输网络。

表8.1 2000年以来吉林省主要交通运输营运里程 （单位：km）

年份	铁路营运里程	公路里程	内河航道里程	民航运输里程
2000	3 474	35 216	1 787	84 732
2001	3 562	39 747	1 787	93 407
2002	3 562	41 095	1 787	101 284
2003	3 562	43 779	1 444	128 996
2004	3 562	46 796	1 444	127 720
2005	3 562	50 308	1 609	163 244
2006	3 562	84 444	1 621	187 000

资料来源：《吉林统计年鉴》（2001～2007）。

在公路交通发展方面，吉林省公路营运里程逐年增加，公路等级和质量也有大幅度的提高，公路通行条件与公路自身因素相关的安全状况得到改善；同时，由于公路交通设施和运输条件的改善，全省公路的客、货运输量均有较大程度的增长。公路运输成为吉林省最为重要的运输方式，初步形成了依托长春公路主枢纽和8个市（州）中心城市，辐射经济较发达县市的运输站场服务体系。

表8.2 2000年以来吉林省公路发展状况

年份	公路里程总计/km	等外路/km	等级路/km	高速公路/km	一级公路/km	二级公路/km	客运量/(万人)	货运量/(10^4t)
2000	35 216	1 518	33 698	354	410	4 150	18 170	23 640
2001	39 747	2 783	36 964	381	723	4 752	19 001	23 649
2002	41 095	2 687	38 408	542	1 120	4 918	19 904	24 777
2003	43 779	2 417	41 362	542	1 258	5 625	20 112	25 211
2004	46 796	2 103	44 693	542	1 364	6 320	22 293	26 659
2005	50 308	1 821	48 487	543	1 529	7 335	22 870	27 441
2006	84 444	15 875	68 569	543	1 726	8 115	24 198	28 965

资料来源：《吉林统计年鉴》（2001～2007）。

在铁路运输方面，吉林省铁路营运里程并未发生较大的变化，主要是对地方铁路的建设和集中进行铁路基础设施的改造，完善区域铁路网络和提高铁路的运输能力。近年来吉林省铁路的客运总量略呈下降趋势，而货物运输总量持续增加，仅次于公路货物运输量。

表 8.3 2000 年以来吉林省铁路交通发展基本情况

年份	营运里程 /km	客运量 /(万人)	旅客周转量 /(10^8人·km)	货运量 /(10^4t)	货物周转量 /(10^8t·km)
2000	3 474	5 785	130	5 629	406
2001	3 562	5 346	133	5 671	414
2002	3 562	4 962	133	5 786	409
2003	3 562	4 306	122	6 153	440
2004	3 562	4 687	147	6 552	500
2005	3 562	4 618	152	6 634	507
2006	3 562	4 590	163	6 107	505

资料来源：《吉林统计年鉴》（2001~2007）。

二、交通运输体系现状特征

（一）综合交通运输能力显著增强

随着客、货运量增长速度的提高，吉林省不断加大对交通基础设施，特别是公路基础设施建设和改造的力度，提高了区域交通运营能力。1990 年，旅客运输总量为 1.87 亿人，货物运输总量为 2.31×10^8 t；到 2006 年，旅客运输总量达到 2.91 亿人，货物运输总量达到 3.88×10^8 t。

表 8.4 1990 年以来吉林省主要交通运输指标增长情况

年份	铁路里程 /km	公路里程 /km	客运量 /(万人)	货运量 /(10^4t)	旅客周转量 /(10^6人·km)	货物周转量 /(10^6t·km)
1990	3 472	26 468	18 731	23 148	43 471	14 788
1991	3 473	27 110	19 259	23 591	45 028	15 511
1992	3 473	27 192	20 135	24 055	46 776	17 221
1993	3 473	28 374	18 667	23 497	47 980	17 171
1994	3 487	29 581	20 716	26 285	49 564	17 809
1995	3 480	31 321	21 367	26 655	49 731	17 711
1996	3 479	32 098	20 620	27 604	50 188	16 821
1997	3 479	33 075	21 124	27 582	52 070	17 609
1998	3 474	33 812	22 376	28 039	59 094	18 409
1999	3 549	34 516	23 366	32 435	61 781	19 683
2000	3 568	35 216	24 084	33 323	61 204	20 667
2001	3 568	39 747	24 492	33 059	61 394	21 223
2002	3 564	41 095	25 027	34 291	61 552	23 232
2003	3 562	44 008	24 513	34 804	62 017	21 649
2004	3 555	47 255	27 192	36 683	69 917	25 615
2005	3 641	50 308	27 724	37 529	70 825	26 602
2006	3 475	84 444	29 050	38 829	72 212	28 063

资料来源：《吉林统计年鉴》（1991~2007）。

（二）主要交通运输方式在全国的地位差距较大

吉林省铁路运输总体水平较高，2006年铁路营运里程3 475 km，占全国铁路总里程的4.72%，居全国第6位；铁路路网密度为每千平方千米19.01 km，比全国平均水平高11.15 km，居全国第9位。

公路运输方面，2006年公路里程84 444 km，仅占全国公路总里程的2.61%，居全国第20位；高速公路里程542 km，仅占全国高速公路总里程的1.32%，居全国第28位；公路路网密度为每百平方千米26.84 km，居全国第20位。吉林省公路交通基础设施水平在国内处于中下等水平，交通基础设施的建设还不完全适应经济发展水平提高的需求。

表8.5 2005年吉林省主要交通运输指标与全国部分省市比较

地区	铁路营运里程/km	公路里程/km	高速公路里程/km	铁路路网密度/(km·10⁻³km⁻²)	公路路网密度/(km·10⁻²km⁻²)
上海	269	8 110	560	42.44	127.92
天津	665	10 836	593	55.85	91.06
北京	1 125	14 696	548	66.99	87.48
江苏	1 616	82 739	2 886	15.75	80.64
广东	2 225	115 337	3 140	12.50	64.80
山东	3 319	80 131	3 163	21.18	51.14
浙江	1 292	48 600	1 866	12.70	47.74
重庆	1 269	38 215	748	15.40	46.38
湖南	2 902	88 200	1 403	13.70	41.64
河北	4 652	75 894	2 135	24.79	40.44
辽宁	4 171	53 521	1 773	28.59	36.69
吉林	3 562	50 308	543	19.81	26.84
陕西	3 131	54 492	1 226	15.23	26.51
四川	2 960	114 694	1 758	6.10	23.64
黑龙江	5 655	67 077	958	12.43	14.75
全国	75 438	1 930 543	41 005	7.86	20.11
吉林省列全国位次	第6位	第20位	第28位	第9位	第20位

资料来源：《中国统计年鉴》(2006)。

(三) 交通运输以公路和铁路运输为主体

新中国成立以来,吉林省铁路运输结构发生显著变化。从新中国成立初期到 20 世纪 80 年代中期,铁路运输一直在交通运输结构中占主导地位,铁路运输能力在各种运输方式中排第一位,客运量、货运量公路运输及旅客与货物周转量等指标铁路均高于公路。在 20 世纪 80 年代后期这种结构特点发生了变化,从客运量和货运量等运量指标上看,公路已经超过铁路,而且其差距在逐渐扩大;从货物周转量和旅客周转量等指标上看,铁路仍明显高于公路,主要原因是铁路运输一般多为长途运输,而公路运输多为短途运输。水运和航空运输由于受自然和社会经济等条件的影响较大,其运输能力与铁路、公路相比,差距很大,在交通运输结构中所占比重较低。

表 8.6　1985 年以来吉林省交通运输基本情况

年份	客运基本情况/(万人)					货运基本情况/(10^4 t)				
	总计	铁路	公路	水运	航空	总计	铁路	公路	水运	航空
1985	17 181	9 432	7 744	4	1	11 680	5 762	5 902	16	
1990	18 731	7 810	10 889	17	15	23 148	6 122	17 005	21	
2000	24 084	5 785	18 170	62	67	33 323	5 766	23 640	46	
2001	24 492	5 346	19 001	70	75	33 059	5 671	23 649	60	
2002	25 027	4 962	19 904	78	84	34 291	5 781	24 777	79	
2003	24 513	4 232	20 112	87	82	34 804	6 044	25 211	72	
2004	27 192	4 687	22 293	108	104	36 683	6 552	26 659	75	
2005	27 724	4 618	22 870	113	123	37 529	6 634	27 441	87	2
2006	29 050	4 590	24 198	115	147	38 829	6 107	28 965	89	2

资料来源:《吉林统计年鉴》(1986、1991、2001~2007)。

(四) 交通运输基础设施与运输能力的地区差异性

由于区位条件、经济发展状况和交通基础状况等因素的不同,各地区交通基础设施及运输能力存在较大的差距。从铁路营运里程和铁路路网密度的比较上看,各地区中铁路营运里程最长的是通化市,铁路路网密度全省最大,为每千平方千米 59.76 km;辽源市铁路营运里程最短,仅为 71 km;铁路路网密度最小的是松原市,仅为每千平方千米 8.11 km。从公路里程和公路路网密度比较来看,等级公路里程最长的为长春市和吉林市,各占全省等级公路总里程的 20%;等级公路里程最短的是辽源市,仅为 3 809 km,但由于其行政区域面积也最小,其等级公路路网密度全省最大,为每百平方千米 74.12 km;等级公路路网密度最小的是延边朝鲜族自治州,仅为每百平方千米 16.89 km。

表 8.7　2006 年吉林省各地区主要交通运输设施指标

地区	境内铁路营运里程/km	境内等级公路里程/km	境内高速公路里程/km	铁路路网密度/(km·10^{-3}km^{-2})	等级公路路网密度/(km·10^{-2}km^{-2})
长春市	493	13 632	281	23.97	66.27
吉林市	603	13 567	63	22.23	50.03
四平市	268	6 599	128	19.03	46.87
辽源市	71	3 809		13.82	74.12
通化市	908	5 579		59.76	36.72
白山市	300	6 329		17.16	36.20
松原市	171	5 160	42	8.11	24.47
白城市	479	6 651		18.61	25.83
延边朝鲜族自治州	453	7 214	29	10.61	16.89
全省	3 475	68 540	543	19.81	36.24

资料来源：《吉林统计年鉴》(2007)。

公路运输能力最大的为长春市，其公路客运量、旅客周转量、货运量和货物周转量等运输指标均明显高于其他地市，此外吉林市和四平市等相关指标也较高。公路客运能力最低的是白城市，其主要运输能力指标基本排在全省的末位。从大的区域空间格局上看，位于中部地区的长春、吉林、四平和辽源等地市交通基础设施最发达，一方面，因为中部地区有最优的区位条件，是东北地区的地理中心，京哈铁路和高速公路穿过，为交通枢纽地区；另一方面，中部地区也是全省经济总量的主要分布地区，是经济核心地区，社会经济发展对交通运输业的发展提供了更为广泛的需求。东部和西部地区交通基础设施水平落后于中部，东部和西部地区比较，从总体水平上看，东部地区要优于西部地区。

表 8.8　2006 年吉林省各地区公路客货运输量

地区	客运量/(万人)	旅客周转量/(10^{7}人·km)	货运量/(10^{4}t)	货物周转量/(10^{7}t·km)
全省	24 198	1 002	28 965	1 063
长春市	5 248	273	9 942	371
吉林市	3 688	154	3 928	105
四平市	2 930	104	2 796	106
辽源市	1 859	49	1 817	34
通化市	2 567	92	3 625	117
白山市	1 414	52	1 681	96
松原市	2 354	108	1 448	71
白城市	703	42	656	38
延边朝鲜族自治州	3 435	129	3 072	126

资料来源：《吉林统计年鉴》(2007)。

吉林省有内河航道主要集中在松花江、嫩江、鸭绿江、图们江四条河流上，以松花江（吉林市—松原市）为主干道，有内河港口3个（大安港、吉林港、扶余港），年吞吐能力 $140×10^4$ t，并利用俄罗斯扎鲁比诺港和朝鲜罗津港，开辟了对韩国、日本的海运航线，不定期地开展东出日本海的对外海运业务。吉林省航空运输业主要以长春为中心、以延吉为补充，目前民航客货运量主要分布在长春和延吉两个机场，其他地区均不具备民用航空运输能力。

三、交通运输业发展中存在的问题

（一）交通运输呈现阶段性紧张

近几年来，在国家采取的积极财政政策的引导下，省内工农业生产全面复苏，使原本基本适应的交通运输变得日趋紧张。虽然公路、铁路、民航运输生产一直保持着增长的态势，客、货平均年增长5％和3％左右，但相对于10％的经济增长速度明显偏低，同全国的运输形势还有差距。客运出行次数在人均10次/年左右，水平明显偏低；货运多年来一直是以原材料、原始产品为主要运输品类，一旦经济发展出现高峰，经济结构调整，产业布局到位，对运输生产的需要还要逐步增加，运输矛盾将进一步加剧。铁路主要运输通道能力十分紧张，在国民经济持续快速增长的情况下，瓶颈制约日趋严重，特别是铁路繁忙干线运输能力与运输需求量的矛盾十分突出，客运快速和货运重载难以兼顾，无法满足客货运输的巨大需求。

（二）综合运输的效能没有充分发挥

吉林省目前已初步形成了铁路承担大宗、长距离运输；公路承担大量、短距离运输；民航承担快速、远距离运输的分工格局。但是，经济社会的进一步发展，对交通运输提出了更高要求，质优价廉已成为交通运输必须达到的服务目标；但从省内交通运输的现有条件看，各种交通运输方式发展不平衡，综合交通运输的效能没有充分发挥，运输成本仍处于不断增长的趋势，铁路和民航运输服务业经营效率总体水平不高。

（三）公路网的整体功能不强

目前吉林省的公路网络体系已初步形成，但是公路的整体功能还不强，高等级公路里程较短，在全国排名位次很低；其中国道和省道承担着公路运输的主要功能，线路十分繁忙，客、货运输总量很大；而地方公路等级较低，运输量小。同时国道主干线尚未全部建成，沟通各市州的便捷的高等级公路网还不完善，国、省干线仍有430 km未建成沥青（水泥）路；高速公路出省通道较少，促进东北地区整体协调发展的能力有限。

第二节　密集的铁路运输网络

一、铁路路网结构与密度

吉林省是我国铁路路网密度较大的省区之一，2006年全省铁路营运里程占道路交通里程的6.61%，路网密度为每千平方千米19.81 km，为全国平均水平的2.52倍，属国内铁路路网较稠密地区之一。虽然高于全国平均水平，但铁路路网的技术状况普遍较低，90%以上的铁路是在新中国成立前的日伪时期建造的，坡度大、半径小、速度慢、能力低。新中国成立后虽然进行了部分改造，但更新改造的力度不够。目前铁路提速里程、复线铁路和电气化铁路里程分别仅占其营运里程的8.3%、16.4%和8.4%，大大低于全国11.6%、39.2%和29.9%的平均水平。铁路路网的技术状况普遍较低，导致输送能力低，干线运输负荷过重，支线存在多处断头，很难适应新形势下大运力、高速度运行的需要。

吉林省的铁路路网大体可分为西北—东南和西南—东北两个走向。目前有铁路干线、支线23条，联络线4条，形成了"五纵二横"的铁路干线网络，以长春为中心，以吉林、四平、梅河口等为主要枢纽，有哈大线、平齐线、沈吉线、长图线、四梅线、长白线、梅通线、通让（大庆）线、拉滨线、龙舒线、牡图线11条主要干线，其中全国主要铁路干线京哈线贯穿吉林南北，整体上形成连接各市、州及广大城乡的铁路路网。

"五纵"包括：①京哈（哈大）线。南起北京，北至哈尔滨，在吉林省境内途经四平、公主岭、长春、德惠、扶余等市县。②平齐线。南起四平市，北至齐齐哈尔市，在吉林省境内途经双辽、太平川（与通让线相交）、通榆、洮南、白城、镇赉等市县。③通让线。南起内蒙古通辽市，北到黑龙江省大庆市（让路湖），在吉林省境内经过太平川（与平齐线相交）和大安市。④沈吉、吉舒、拉滨线。沈吉线，南起沈阳，北至吉林市；吉舒线，南起吉林市，北至舒兰；拉滨线，南起长图线上的拉法，北至哈尔滨。这三条铁路线在吉林省境内途经梅河口、辉南、磐石、永吉、吉林市、舒兰等市县。⑤牡图线。北起黑龙江省牡丹江市，南到吉林省图们市，与长图线相连。

"二横"包括：①白阿、长白、长图线。白阿线，东起吉林省白城市，西至内蒙古阿尔山市；长白线，东起长春，西至白城；长图线，西起长春，东至图们。这三条铁路线横亘于吉林省经济最发达的中心腹地，途经白城、大安、松原、前郭尔罗斯、农安、长春、九台、吉林、蛟河、敦化、安图、延吉等市县。②四梅、梅集、鸭大、长林线。四梅线，西起四平，东至梅河口；梅集线，西起梅河口，东至集安；鸭大线，西起通化市（鸭园），东到临江市（大栗子）；长林线，西起白山市（浑江），东到长白山下的白河镇。这四条铁路线，横亘于吉林省南部山区，途经东辽、辽源、东丰、梅河口、柳河、通化、白山、抚松等市县。

其中烟白（自沈吉线上的烟筒山站向东引出，经呼兰、桦甸、苇沙河折向东南，经磨盘山而达白山镇）、通让等铁路线均为近几年所兴建，并完成了图们—珲春—长岭子地方口岸铁路的建设，实现了中俄国际联运。

表8.9 吉林省主要铁路干线基本情况

序号	线路名称	起讫点	省内营运里程/km	建成年份	轨数	车站数
1	哈大线	哈尔滨—大连	286	1903	双	
2	长图线	长春—图们	531	1933	单、双	77
3	四梅线	四平—梅河口	1 491	1936	单	16
4	梅集线	梅河口—集安	252	1939	单	27
5	长白	长春—白城	331	1935	单	41
6	平齐线	四平—齐齐哈尔	367	1928	单、双	
7	沈吉线	沈阳—吉林	263	1925	单	
8	图佳线	图们—佳木斯	127	1937	单、双	
9	通让线	通化—让胡路	168	1966	单	
10	拉滨线	拉法—三棵树	128	1934	单	
11	鸭大线	鸭园—大栗子	114	1940	单	15
12	龙丰线	龙潭山（吉林）—大丰满	23	1938	单	4
13	白阿线	白城—伊尔施	45	1941	单	
14	朝开线	朝阳川—开山屯	59	1934	单	8
15	和龙线	龙井—和龙	52	1940	单	8
16	长林线	咋子—白河	217	1973	单	27
17	新通化线	通化—新通化线	3	1943	单	1
18	陶榆线	陶赖昭—榆树	56	1943	单	4
19	吉舒线	龙潭山（吉林）—舒兰	86	1966	单	17
20	烟白线	烟筒山—白山镇	151	1976	单	24
21	团衫线	团林—衫松岗	42	1960	单	5

资料来源：叶宝明，刘家仁，米德长．东北区运输地理[M]．长春：吉林人民出版社，2002。

二、主要铁路干线及功能

（一）京哈（哈大）线

京哈线途经吉林省中部地区，在吉林段全长 286 km，是吉林省最大的客货运输主干线，同时也是联络吉林省乃至东北地区与华北地区的重要交通通道。作为东北三省的核心铁路线，目前已完成沈阳至哈尔滨段电气化改造，铁路运营能力和效率大幅度提高。在该区段的物资运输中过境物资占很大比重，承担着东北区的客流及区内的粮食及原材料等重要物资的运输、转运等，由此成了全国旅客列车最多、货运密度最大的铁路线。

与东北地区其他两省相比，吉林省在京哈线的物资输送比重相对较低，但对吉林省特别是吉林省中部地区发挥着重要的枢纽作用。长春和四平是京哈线上两个重要的枢纽和咽喉；长春枢纽是京哈线与长白线、长图线的交会处，是吉林省内最重要的铁路枢纽，主要运输工业品、粮食、矿建、煤炭等物资。四平枢纽位于东北铁路网偏南，是京哈（哈大）线与平齐线和四梅线的交会处，物资运输主要以木材、石油、粮食、工业品等为主。

（二）沈吉线

南起沈阳，北至吉林，是哈大线以东连接辽、吉两省的重要南北干线，分为沈吉北道和沈吉南道两条线路。沈吉北道是由沈阳站，经沈阳北、沈阳东、抚顺、梅河口、磐石，直至吉林；沈吉南道自苏家屯站，从苏家屯编组站北端向东分叉，在榆树台站与浑河—榆树台线汇合，经大官屯站到抚顺站，与沈吉北道汇合。

沈吉线对京哈（哈大）线来说起着重要的分流作用，在一定程度上减轻了哈大线的运输压力，在吉林省内的铁路运输中占有重要的地位。该线以梅河口市为界，吉林—梅河口区段兼有省内和省际的物资运输，省际主要物资运输为煤炭、石油、矿建物资等；梅河口—沈阳区段调往外省的物资运量巨大，以东北地区的木材、金属矿石、焦炭等为主。

（三）长图线

由原吉长、吉敦、敦图铁路组成，从长春起，依次经吉林、蛟河、敦化、安图、延吉，至中朝边界图们市。东连牡图线，中连吉舒—拉滨线和沈吉线，西接哈大线，是吉林省东西方向的主要的交通大动脉，也是吉林省境内汇入哈大线南下货流最大的一条干线。

该线是吉林省内中东部地区重要的物资运输通道，东部地区大量的木材、煤炭、矿建、化肥等物资通过该线运到中部的长春，而石油、煤炭等物资又通过该线运到东部地区。其中吉长区段是长图线最繁忙的区段，吉沈线虽然分流了一部分长图线东端货流，但主要部分还是由吉长区段承担，加之吉林和长春两地的客运任务繁重，长图线的吉长段成为吉林省境内仅次于哈大线的第二条客货运量最大的一条干线。

（四）四梅—梅集—鸭大—长林线

除四平、辽源间的部分区段外，绝大部分都在吉林省境内。四梅线是由原丰海铁路梅四支线和四西铁路组成；梅集线即原来的梅辑线；鸭大线为鸭园至大栗子铁路，是日本帝国主义为掠夺长白山资源而建；长林线是咋子至白河的铁路，由原浑三、松湾及新中国成立后新建的长林线组成，走向几乎与长图线平行，是吉林省东部连接东北东部山区与中部平原的一条大动脉。白河—白山区段为以运输木材和煤炭为主的货运专线，白山—通化区段经过吉林省铁矿和焦煤产区，通化—梅河口是此线的重要区段，是全线的咽喉部位，主要承担运出木材、煤炭、矿石等，运入粮食、石油等省内外运输任务。

（五）平齐线

南起四平，北迄齐齐哈尔，全长 571 km，由原四洮、洮昂、昂齐支线组成，贯穿黑吉辽三省，部分区段经过内蒙古自治区的东部边缘，60%的路段在吉林省内，由于其所处的地理位置有着一定的优越性，其运量高于通让、哈吉、沈吉、牡图等线，仅次于哈大线，是吉林省乃至东北三省重要的交通干线。在分流哈大线承担黑龙江西部和内蒙古东北部的林、粮、牧产品方面，发挥着非常重要的作用。平齐线在白城西接白阿线，东连长白线，对东北区木材的南下运输有着巨大的影响。平齐线北段的齐齐哈尔是该线上的重要的交通枢纽，连接大兴安岭林区、松嫩平原农业区和呼伦贝尔大草原牧区及滨州、齐北、富嫩、嫩林等铁路，对吉林省与黑龙江省的物流发展起着巨大的作用。

另外，平齐线在吉林省西部最大的车站太平川，与通让线交会，对吉林省中部与西部及省外的物流起到了一定推动作用。该线在太平川将南去的货流分为两路，一路进关物资全部转让给通让线，然后转给京通线和大郑、沈山线入关；另一路去辽宁，继续由南平齐线汇入哈大线南下。

（六）长白线

该线是开发吉林省西部的一条重要通道。长白铁路，又称长洮铁路，自长春站向西北岔出，经王府与土家子间的丘陵地带后，进入第二松花江南岸的前郭尔罗斯蒙古族自治县，经安广、舍利至白城市，与平齐线、白阿线相接。

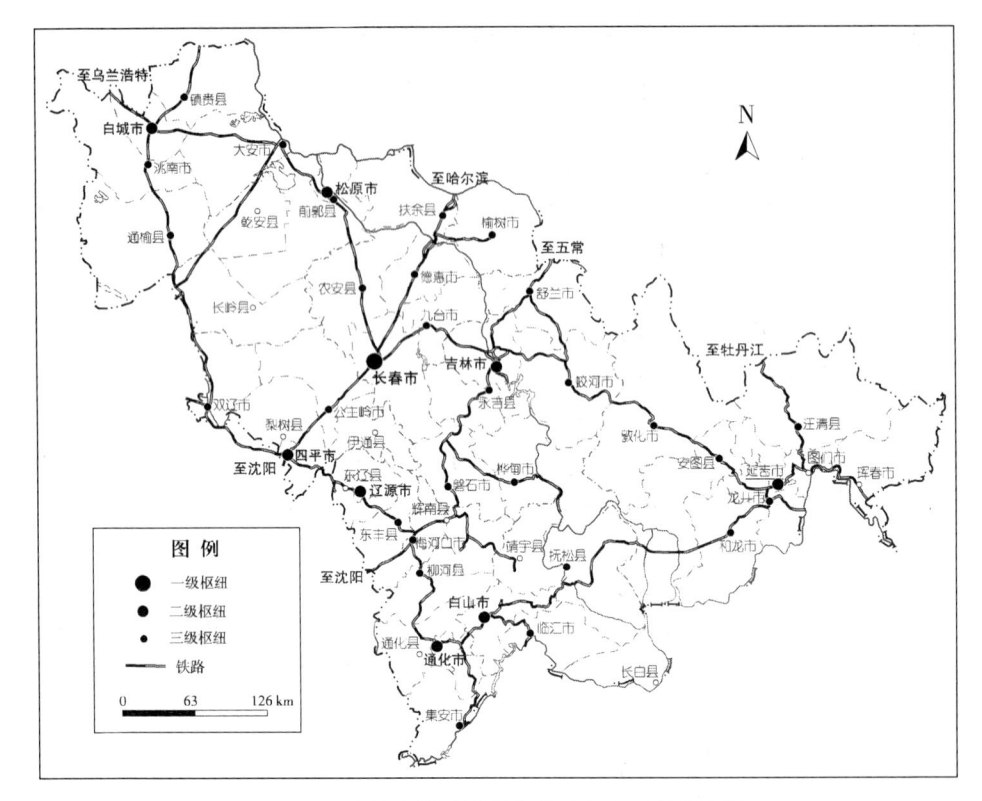

图 8-1 吉林省铁路路网与铁路枢纽现状分布图

三、铁路运输线路与枢纽的未来变化

吉林省"十一五"规划提出，在"十一五"期末，使吉林铁路建设初步形成以哈大客运专线为主通道，沈吉、长图、梅集、锦齐、长白等线为骨架，以长春为中心，连接吉林、四平、通化、梅河口、白城等主要城市为支点的快速客运网，形成长春至沈阳、大连、北京双层集装箱运输通道和东北东部通边达海铁路通道为主的货运网。

（一）建设大能力通道

建设哈大铁路客运专线，形成与辽宁、黑龙江相连接的快速、便捷的大能力旅客运输通道。哈大铁路客运专线北起哈尔滨市，直抵大连，途经三省九市，是联系港口城市大连与东北腹地的大动脉。客运专线全长 911.74 km，其中，吉林省境内 277.28 km。省内共开设新扶余、新德惠、长春西、新公主岭、新四平五站。将与既有的哈大铁路实行"客货分线"运输，充分释放既有哈大线能力，缓解货运紧张状况，确保东北三省煤、木、粮、油等大宗物资的进出关调运以及港口、口岸货物的集散运输。

建设长春—龙嘉国际机场—吉林的城际铁路，将吉林省两个最重要的城市连接起来，融为一体。城际铁路自长春站引出后，线路穿行于既有铁路和高速公路，进入长春龙嘉国际机场后与吉林站相接。该铁路建成后，可与哈大客运专线相通，使吉林市民跨省出行更加便捷。

（二）扩大既有线路能力

目前，哈大线、沈吉线、锦齐线南北方向的铁路运力紧张，货流密度偏高，通过能力利用率接近饱和。西部的平齐线、通让线通过能力利用率达93.9%以上，东部的沈吉、长图、梅通等线的能力利用率均超过90%，轴向的交互联系作用明显。根据通道运量增长和地方经济发展需要，对白河至和龙段、新通化至灌水段，锦齐线（白城至街基段）、沈吉线（吉林段）等增建二线，对长图线、梅通线、四梅线等进行扩能改造等16项工程，以提高吉林境内繁忙铁路的运输能力。

（三）完善区域铁路网络结构

在既有铁路的基础上，通过新建铁路增加区域路网密度，优化路网结构。目前吉林省主要是通过建设东部铁路通道，把东北地区边境沿线的重要城市全部串联起来，从而使东北的铁路路网发生质的改变。现在这条线路已经有了一些零星的铁路，通过建设南北两段新的铁路并与既有的13条铁路线连通（哈大、金城、城庄、丹大、沈丹、凤上、新通化、梅集、鸭大、浑白、和龙、朝开、长图），把整个线路贯通起来，形成北起黑龙江省牡丹江市，途经吉林省图们、通化市，辽宁省丹东、庄河市，南至大连市，形成一条沿东北黑吉辽三省东部中俄、中朝边境线走向的南北铁路大通道，对于吉林省东部铁路发展状况有较大的提升。

东部铁路通道的建设将打通吉林省东部北进黑龙江和俄罗斯，南下辽宁和渤海湾、黄海的陆路通道。同时，以珲春为起点，经图们—吉林—长春—白城的铁路，由乌兰浩特继续向阿尔山和蒙古延伸，构建吉林省至中亚的新欧亚通道。

（四）铁路枢纽的改造升级

对长春枢纽和吉林站、白城站进行扩能改造，规划建设长春铁路集装箱站，实现点线能力配套，提升铁路路网综合运输能力。

长春枢纽衔接哈大线、长图线、长白线3条铁路4个方向。随着哈大客运专线、长吉城际铁路、长双烟铁路的引入，修建相关联络线、疏解线，可形成客货基本分线运行的"十"字形铁路枢纽。

吉林枢纽衔接长图线、沈吉线、吉长线、龙舒线四条铁路多个方向。该枢纽对东北东部铁路路网南北、东西车流的集结、组织、协调，完成吉林省东部铁路运输任务，缓解多条线路的客货运输压力等都发挥着十分重要的作用，应对其进行改造。

白城枢纽是吉林省西部与吉林省中东部、内蒙古等省内外交通联系的重要节点，对白城枢纽的修建与改造，对吉林省西部的建设有着不可估量的作用。枢纽改造对解决点线能力不协调问题、满足吉林省货物运输需要、促进吉林省经济发展将起重要作用。

第三节 功能逐步增强的公路运输

一、高等级公路建设与布局

吉林省位于东北地区的中心地带，过境交通量大，提高公路运输能力，特别是快速公路运输通道能力，不但对省内经济发展有着关键性的作用，而且对整个东北地区的交通运输网络建设意义重大。由六条国道和省内高速公路交织成的吉林省公路网络，尤其自 1996 年长春至四平高速公路通车以来，长平、长吉、吉江、长营、长春绕城、长余、延图七条高速公路相继建成通车，标志着以长春为中心的高速公路网络初步形成。

长平高速公路，始于长春兴隆山，省内终于辽吉交会处的五里坡，与沈阳至四平高速公路相连，通过连接线与 102 国道相连，主线总长 133.26 km，营运里程为 158 km，沿线设长春、公主岭、四平三个服务站和两个停车场。

长吉高速公路，是长春至珲春支线的重要一段，起于长春东郊杨家店，终于吉林市西郊虎牛沟，全线长 83.56 km，营运里程 94 km。

吉江高速公路，始于吉林市西魁元屯，与长吉高速公路相接，至江密峰，与 302 国道相接，与正在建设的江密峰至珲春高速公路相连，主线全长 26.59 km，营运里程 36 km。

长营高速公路是长春至白山公路中的一段，是"四纵三横两环出口成网"交通运输格局的重要组成部分。主线全长 68.74 km，营运里程 72 km。

长春绕城高速公路，是国道主干线同江至三亚高速公路的重要组成部分，该路起自小上沟与长余高速公路相接，主线全长 42.07 km，营运里程 54.07 km。

长余（长春—拉林河）高速，主线长 154.36 km，营运里程 169 km，北起吉林省与黑龙江交会处的拉林河，终与长春市的兴隆山，与长平高速公路、长春绕城高速公路相接。

延图高速公路，主线长 28.73 km，营运里程为 33 km，起于延吉市延吉乡，至图们市小南村，是吉林省第一条山区高速公路。

此外，全程 223 km 的吉（林）珲（春）高速公路、249.7 km 的营城子至松江河高速公路、349 km 的江密峰至珲春高速公路等也都正在建设中，其中江珲高速公路的长春至江密峰段 107 km 已经竣工通车。这些高速公路的建设完成，将使吉林省内部的高速交通网络更加完善，给吉林省经济发展注入了新的活力。

二、区域公路网络体系的形成

目前，吉林省内"四纵三横"的公路主骨架已经全面建成，通过加快公路主骨架，国省道主干线和县、乡、村三级公路网络的建设，促进了"公路经济"的形成和发展，从而促进了综合运输体系发展，为社会经济发展注入了动力。为了加快吉林省连接国外、省外的公路交通运输通道的建设，确立了 4 条贯穿南北，3 条贯穿东西的交通主通道布局结构，以便为形成进关出海、沟通工业城市和产业基地、连接周边省区和重要口岸的综合运输发展轴线打好基础。

（一）国家级公路网络体系

目前吉林省境内共有 6 条国道通过，全长 2 760 km，占全省公路里程的 5.5%，是吉林省社会经济发展的有力支撑。其中南北方向有四条国道，分别是 102 国道、201 国道、202 国道和 203 国道；东西方向有两条国道，分别是 302 国道和 303 国道；国家级公路在吉林省内呈现"四纵两横"的主干道公路网络体系，对省内的客运和货物运输起到极其重要的作用。

表 8.10 吉林省境内国道的基本情况

国道名称	方向	吉林省境内起讫点	全长/km
102	京哈线	南北	四平灵神庙—扶余蔡家沟	273
201	鹤大线	南北	敦化小沟岭—通化岗山岭	618
202	爱大线	南北	榆树牛头山—梅河口桦树河	426
203	明沈线	南北	扶余下班德—王奔乡站东屯（双辽）	295
302	图乌线	东西	图们—洮南岭下石头井子	968
303	集锡线	东西	集安—双辽县那木乡硬井子	448

102 国道是北京连接东北地区的一条最重要的公路大动脉，与京哈铁路几乎平行，是京哈铁路的重要辅助线和分流线。京哈线从吉林省中部地区穿过，

南起四平市南郊的灵神庙，经四平、公主岭和长春，北至扶余县蔡家沟乡；其货运量为全省公路的运输之首，是吉林省运输最为繁忙的一条公路干线。

201国道南起大连市旅顺口区，北至黑龙江省鹤岗市，贯穿辽、吉、黑三省东部地区。在吉林省境内途经通化、白山、抚松、长白山景区、敦化等市县，省内全长589.3 km。该线绝大部分穿过长白山地区，对长白山地区的资源开发和旅游资源的开放发挥着重要作用。

202国道南起大连市旅顺口区，北至黑龙江省黑河市，吉林省境内途经梅河口、磐石、永吉、吉林、榆树等市县，省内全长406.7 km，南北走向，基本与沈吉、吉舒、拉滨铁路平行。该线在吉林省内除小部分的省际运输外，主要是省内的短途运输。

203国道与京哈铁路基本平行，是京哈线最重要的辅助线和分流线。南起沈阳市新城子区，北至黑龙江省明水县，吉林省境内途经双辽、长岭、前郭尔罗斯、松原等市县，省内全长222.6 km，主要承担东北三省的物资交流，横向经济交流的任务。

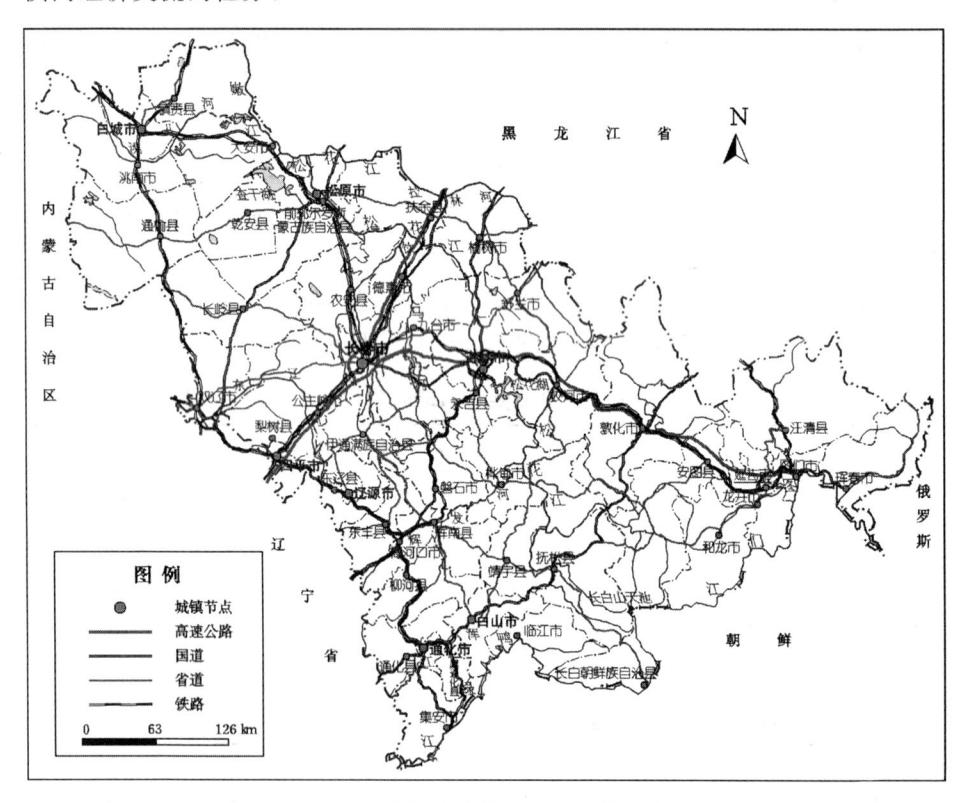

图8-2 吉林省高等级公路现状分布图

302国道东起吉林省图们市，西至内蒙古乌兰浩特市，省内经由延吉、敦化、蛟河、吉林、长春、农安、松原、大安、白城，省内全长919.2 km，与白阿、长白、长图铁路平行，是联系省内的重要纽带，在国内、国际商业贸易中占有十分重要的地位。

303国道是吉林省偏南的东西向干线，东起吉林省集安市，西至内蒙古锡林浩特市，经由通化、柳河、梅河口、东丰、辽源、四平、双辽等地，省内全长419.3 km，东西走向，与梅集、四梅铁路平行，联结吉林—内蒙（锡林郭勒盟）。

（二）省级公路网络体系

省级公路网络体系中有长春—吉林、长春—大蒲柴河、长春—东丰、长春—郑家屯、长春—白城、图们—鸡西、松江—老松岭、吉林—五常、白城—齐齐哈尔、开通—方正、营城子—抚松、白山—长白等16条省道，是铁路和国道的辅助线和补给线，其中主要有三条干线。

长白西线全长355.6 km，从长春西向偏北方向延伸，经农安县东南部的烧锅、三岗等乡镇进入长岭县境，然后向西南方向经长岭县城到达平齐（四平—齐齐哈尔）、通让（通辽—让胡路）两条铁路的交会点太平川。再沿平齐铁路北上，经通榆、洮南两市一直延伸到白城市，是省会通往西部地区的重要通道，也是沟通长岭县城与省会联系的最佳路径，具有极其重要的政治经济意义。

白长线位于吉林省东南部山区，全长291 km，连接白山市与长白朝鲜族自治县，是长白朝鲜族自治县对外联系的重要公路通道，对长白山区旅游等产业的发展影响巨大。

长春—大蒲柴河线，全长356.9 km，经由双阳、磐石烟囱山镇后，与烟白铁路并行，经呼兰、桦甸，在红石离开铁路，夹皮沟镇转向东北，进而经杨河林场向东南直到大蒲柴河，到达大蒲柴河后，即与国道鹤大线相交，向东北可至敦化市，向东至安图县明月镇与国道图乌线相会，向南沿鹤大公路可至安图县松江镇，由此东行可至和龙市，西南行可至长白山天池及抚松、通化等地。该公路是长春与东南部山区联系的重要交通通道，而且也是一条具有旅游意义的旅游公路。

长吉、长大、长东、长郑、长白、营抚是从省会长春向外放射的六条连接各省市的主要公路网络体系，总长度占全省省道的一半左右，长吉线基本与长吉铁路平行，是为了缓解长吉两地的运输需求而建；营抚线从长东线的营城子延伸，经辉南连接靖宇县和抚松县，是长春通往长白山区的捷径；长郑线是长春经四平到郑家屯的公路捷径。图鸡与松老线是吉林、黑龙江东部山区重要的通道，对开发长白山区有着重要的意义；吉五线（吉林—舒兰—五常）、白齐线（白城—镇赉—齐齐哈尔）、开方线（开通—乾安—前郭尔罗斯—扶余—榆树—方正）等线路对于吉林省中部地区的商品粮基地的运输发展具有重要意义。

（三）"四纵三横"的综合交通运输通道

"四纵"包括：①哈尔滨—北京（哈尔滨—长春—四平—沈阳—北京），由长春—沈阳、长春—哈尔滨两条高速公路组成，在吉林省内段为长春—拉林河（吉黑交界）高速公路（简称长余高速公路），全长 160.8 km，是东北区中部纵贯南北的铁路、公路交通运输主通道；②牡丹江—大连（牡丹江—敦化、牡丹江—汪清—延吉—白山—通化—丹东—大连）；③哈尔滨—沈阳（哈尔滨—榆树、舒兰—吉林—梅河口—沈阳）；④齐齐哈尔—沈阳（齐齐哈尔—白城/松原—双辽、太平川—通辽—沈阳）。

"三横"包括：①圈河—珲春—图们—延吉—吉林—长春—松原—白城—乌兰浩特；②集安—通化—锡林郭勒；③白山—大蒲柴河—长春—白城。其中长春至大蒲柴河段是吉林省重点建设的省道，也是吉林省东部山区的重要的旅游公路，此段已基本达到 2 级公路标准。

三、公路运输及网络布局的变化趋势

随着吉林省经济和人口增长，公路运输供给量和需求量不断提高，客、货运输量保持较快增长，运输条件和环境将明显改善，运输能力不断增强，科技、管理和服务水平将显著提高，社会运力紧张状况将得到缓解。

在公路网络布局上，以现有国道为基础，加速公路基础设施的建设，使高速公路网骨架形成一定规模，国省干线公路技术等级全面提高，农村公路覆盖面更广，基本建成比较完善的公路网络。根据吉林省高等级公路发展规划，省内高速公路将形成"五纵五横三环三联出口成网"的空间分布格局。

"五纵"包括：鹤岗至大连公路（小沟岭—敦化—大蒲柴河—抚松—白山—通化—岗山岭）；嘉荫至大连公路（五常—舒兰—吉林—烟筒山—磐石—梅河口—草市）；北京至哈尔滨公路（五里坡—四平—公主岭—长春—德惠—扶余—拉林河）；大庆至广州公路（肇源—松原—长岭—双辽）；嫩江至丹东公路（坦途—镇赉—白城—洮南—通榆）。

"五横"包括：五常至科右中旗公路（五常—榆树—扶余—松原—乾安—通榆—科右中旗）；珲春至乌兰浩特公路（珲春—延吉—敦化—吉林—长春—松原—大安—白城—石头井子）；大蒲柴河至科左中旗公路（大蒲柴河—桦甸—烟筒山—双阳—长春—长岭—科左中旗）；抚松（松江河）至双辽公路

（松江河—抚松—靖宇—辉南—长春—双辽）；集安至双辽公路（集安—通化—梅河口—东丰—辽源—四平—双辽）。

"三环"包括：长春绕城公路；长春经济圈环线（农安—德惠—九台—双阳—伊通—公主岭—秦家屯—农安）；中部城市群环线（松原—扶余—舒兰—吉林—梅河口—辽源—四平—松原）。

"三联络"包括：伊通至辽源（伊通—西苇镇—辽源）；快大茂至下排；大蒲柴河至汪清（大蒲柴河—松江—龙井—延吉—汪清）。

第四节　航空港与综合运输枢纽的空间布局

一、民用航空港空间分布

吉林省的航空运输业与其他发达地区相比，起步较晚，但发展速度相对较快。1985 年全省航空客运量仅为 1 万人；到 2006 年航空里程达到 18.7×10^4 km，客运量达到 147 万人，旅客周转量为 $176\,755 \times 10^4$ 人·km，民航货运量为 2×10^4 t·km，货物周转量为 $2\,565 \times 10^4$ t·km。

目前在民用航空方面已有长春龙嘉和延吉朝阳川两个国际机场，长白山机场正在建设中。民航线路已拥有 47 条航线，其中 10 多条国际航线、30 多条国内航线。通航城市达 40 多个，国际上已开通长春至首尔、仙台、名古屋、海参崴等，延吉至汉城、海参崴等国际航线；国内可直达北京、上海、广州、成都、海口、宁波、厦门、西安、汕头、大连、昆明、香港、深圳等国内主要城市。基本上形成以长春为中心，以延吉为补充，航线辐射东北亚地区的航空布局形式。

龙嘉国际机场位于长春市东部九台市东湖镇与龙嘉镇的交会处，地处长春、吉林两市之间，于 2003 年 5 月开工建设，2005 年 8 月底正式启用。该机场为国内干线机场和空运口岸特定机场，可同时为省内长春、吉林两大中心城市提供航空服务，随着吉林省高速公路网的形成，还将为白城、松原、四平、辽源、通化等省内城市群服务。目前除开辟了北京、上海、广州、香港等 20 多个国内城市航线外，还开通了俄罗斯伊尔库茨克、首尔、东京、仙台、海参崴、韩国、日本等 20 多条国际航线。长春龙嘉国际机场的建成，不仅改善了吉林省民航交通基础设施，也结束了吉林省没有民航专用机场的历史。同时，新机场对于吉林省进一步扩大对外交往、发展对外贸易、扩大利用外资、加强国际国内经贸交流与合作、提高旅游接待能力等将起到积极的促进作用。

延吉机场位于延边朝鲜自治州首府延吉市西南约 5 km，是吉林省重要的中型空港，为延边地区的对外交往发挥重要作用。机场始建于 1952 年抗美援朝时期，最初为小型军用歼击机场。1985 年，改建为军民合用机场，属国内支线，1991 年以后，根据图们江下游地区开发开放新形势的要求，对延吉机场进行了扩建改造。自通航以来，先后开通了北京、上海、烟台、大连、韩国首尔等 18 条国内、国际航线，目前已形成一个多功能、多层次的航空服务网络，是图们江、长白山地区重要的航空港。

长白山机场位于吉林省白山市抚松县松江河镇东南 10.6 km 处，于 2006 年 7 月 10 日开工，现正在建设中。该机场兼顾辐射通化市，距长白山（西坡）天池公路 54 km，建成后将成为我国首个森林机场。预计 2015 年完成，可满足年旅客吞吐量 54 万人次、年起降飞机 9 407 架次、年货邮吞吐量 1 080 t。作为国内支线旅游机场，其主要服务于开发长白山地区旅游资源、发展吉林省东部地区旅游网络，改善长白山地区的投资环境，兼顾发展通用航空事业。该机场将填补长白山地区无民用机场的空白，有力地促进长白山地区的对外开放、经贸交流和旅游业的快速发展，为长白山地区走向全国、通向世界架起便捷的空中桥梁。

二、主要交通枢纽空间分布

随着交通运输网络体系的不断形成，承接交通网络节点的交通枢纽的功能也逐渐增强。目前公路运输网络形成了以长春为主枢纽，8 个市（州）中心城市为辅的公路运输站场服务体系；铁路运输网络形成了以长春为中心，以吉林、四平、梅河口等为主要枢纽的铁路运输网络体系；民用航空运输体系形成以长春与延吉一主一辅的航空运输港布局。

长春、吉林为吉林省中部铁路和公路运输枢纽中心；四平、梅河口、通化等地为吉林省南部主要枢纽，其中四平和梅河口主要为铁路运输枢纽；敦化、延吉、图们等为吉林省东部主要交通枢纽，敦化和图们为铁路运输枢纽；松原、白城、通榆等地为吉林省西部的主要交通运输枢纽，形成贯穿全省的网络化的交通运输通道。

三、交通枢纽空间布局规划

吉林省中部的长春、吉林、四平三个重要的交通枢纽既承担着铁路运输枢纽的任务，又是省内重要的公路运输节点，具有双重运输和调节的功能。从整体上看，应当重点培育东部和西部的现有的主要交通枢纽，如东部的图们、通化、延吉，西部的白城、松原等，使它们也成为具有双重运输功能的枢纽，这样既可以加大吉林省西部与内蒙古地区的经济合作，又可以增强东部地区与俄罗斯、朝鲜的贸易往来。

除巩固和加强以上主要公路和铁路交通枢纽外，还应重点发展具有单功能的枢纽城市和东西部的其他次枢纽的发展。重点培育和提升吉林市铁路、公路枢纽的功能，将其发展为东北地区南北向中部地区哈尔滨与沈阳之间的重要交通枢纽节点城市，通过构建长吉都市整合区，强化哈大轴与沈吉轴之间的区域整合，并与哈尔滨、沈阳、大连成为东北区的四个重要经济增长极。通过对延边交通运输条件的建设，强化其在图们江中下游地区的区域中心城市的区域地位，提升延吉民族文化旅游与长白山生态旅游的服务中心功能，强化和健全松江河镇、集安市的旅游服务职能，与北部延吉市共同构筑吉林省东部旅游产业发展的城镇支撑点。强化梅河口市为沈吉沿线城镇对沈大城市带经济联系通道节点的功能，打通和提升通化至沈阳、丹东、大连的对外联系通道，强化通化市在吉林省东南部的交通枢纽功能，把通化市发展为东部边境生态轴沿线城镇对沈大城市带、丹东边境城镇群的经济联系通道的节点城市。

第九章　蓬勃发展的现代服务业

章前语

　　现代服务业是产生于工业高度化发展阶段、主要依托信息技术和现代管理理念而发展起来的知识和信息相对密集的服务业。以现代商贸业、金融业、物流业、旅游业、会展业、文化信息产业、中介咨询服务业等为主的现代服务业的发达程度已成为衡量区域现代化、国际化和竞争力的重要标志之一，是区域经济的新的增长点。

　　近年来，吉林省服务业整体水平不断提高，服务功能日益增强，对吉林老工业基地振兴发挥了重要作用。目前吉林省已经进入服务业比重迅速提升的时期，服务业结构不断调整、优化，商业贸易快速发展，金融业发展面临历史性机遇，物流业发展潜力巨大，具有地方特色的旅游业蓬勃发展，文化产业具有广阔的发展前景，初步形成了以商业贸易、现代金融、现代物流、旅游业、文化产业以及会展业为主体的现代服务业结构体系。随着整体经济水平的提高和服务业结构的不断优化，依托吉林省区域资源优势、文化信息优势、人才科技优势，现代服务业将向产业化、规模化、多元化方向发展，成为推动全省经济快速发展的重要力量。

关键词

　　区域性商贸金融中心；前景广阔的文化会展业；独特的长白山旅游

第一节　快速增长的商贸金融业

一、快速发展的商业贸易

（一）吉林省商业贸易发展现状

　　改革开放以来，吉林省商业贸易经历了由低速发展向快速发展的阶段性转变。1978年至20世纪90年代初期，吉林省商业贸易总体发展速度较低，全省社会消费品零售总额由1978年的38.56亿元增长到1991年的223.69亿元，年均增长36.93%。从20世纪90年代初期开始，吉林省商业贸易进入快速发展阶段，到2006年，全省社会消费品零售总额达到1 675.84亿元，比1991年增长了6.49倍，年均增长43.27%。

2006年，全省社会消费品零售总额中，批发零售贸易销售总额1 440.08亿元；亿元以上商品交易市场74家，市场总成交额达到30亿元；百货零售企业年销售额超亿元企业21户，实现销售总额88.4亿元。连锁经营业发展较快，已有连锁企业310个，连锁门店3 300个，销售额达到190亿元，占全省零售额的15%。商品市场发展迅速，城乡集市贸易市场近2 000个，市场成交额达500多亿元。初步形成了大中小型并存，综合与专业性兼有，批发与零售业结合，城市与农村相衔接的市场网络，构建了以大型商业企业为龙头、特色化商业街和中小商业网点为补充的商业流通体系。

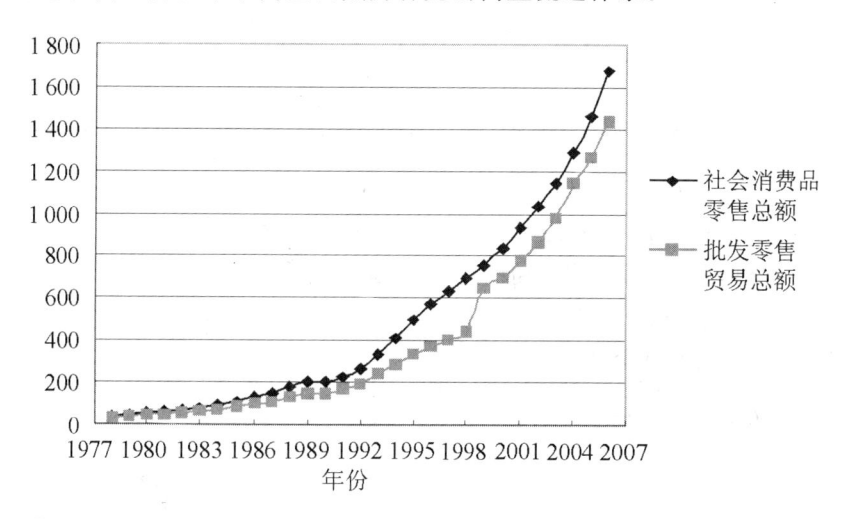

图9-1　1978～2006年吉林省社会消费品零售总额增长情况（单位：亿元）

长春、吉林两市是全省商业贸易发展的核心地区。2006年，长春市社会消费品零售总额为666.28亿元，占全省的39.76%，其中批发零售贸易总额589.86亿元，占全省的40.96%；吉林市社会消费品零售总额为329.66亿元，占全省的19.67%，其中批发零售贸易总额280.93亿元，占全省的19.51%。两项指标长春、吉林两市合计占全省的比例在60%左右。商业贸易的分布特点与全省经济社会地域发展的空间不平衡性是密切相关的，长春、吉林两市经济发展水平高，产业要素分布集中，人口密度大，城市化水平高，具备商业贸易发展的产业基础和社会经济条件，特别是随着城市产业结构的调整，第三产业向城市集聚作用不断增强，城市作为商业贸易活动的主要场所，商业贸易向城市化水平高的地区指向性与吉林省商业贸易发展的空间分布形态是吻合的。

表 9.1 吉林省各地区社会消费品零售总额分布情况

市、县	社会消费品零售总额/(亿元)	社会消费品零售总额占全省比例/%	批发零售贸易总额/(亿元)	批发零售贸易总额占全省比例/%
长春市	666.28	39.76	589.86	40.96
吉林市	329.66	19.67	280.93	19.51
四平市	128.11	7.64	114.11	7.92
辽源市	51.07	3.05	44.71	3.10
通化市	106.23	6.34	80.29	5.58
白山市	66.09	3.94	54.13	3.76
松原市	130.63	7.79	105.61	7.33
白城市	78.46	4.68	71.23	4.95
延边朝鲜族自治州	119.31	7.12	99.20	6.89
全省	1 675.84	100.00	1 440.08	100.00

在对外贸易方面，吉林省改革开放初期，对外贸易水平较低。1991年前，全省进出口总额不到100亿元；1991年以后，虽然受国际市场变化的影响，全省进出口总额有较大幅度的波动，但总体仍呈现快速上涨的趋势。2006年，全省进出口贸易总额达到617.99亿元人民币，比1992年增长7.63倍，对俄、对朝贸易有较大突破。

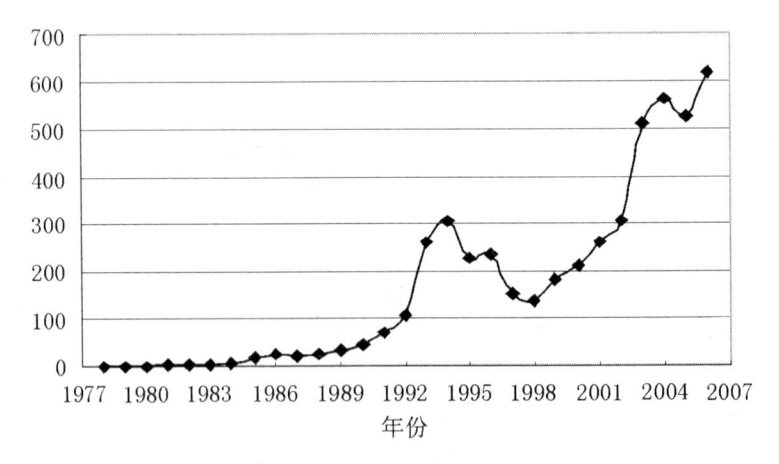

图 9-2 1978~2006年吉林省进出口贸易总额增长情况（单位：亿元）

（二）吉林省商贸发展存在的主要问题

国内贸易方面表现为：流通规模总量不够，现代流通结构比例偏低，传统业态形式仍居主导地位；流通组织化程度不高，连锁经营有待加速发展；现代流通技术和手段普及不够，人才聚集能力不强，营销技术水平低；农村流通设施建设滞后，城乡差距较大；流通领域对外开放程度还要进一步提高。

对外贸易方面表现为：对外贸易程度低，对外贸易总量偏小，对外贸易市场狭窄；出口产品附加值低、竞争力不强，出口产品以初级产品为主，生产过程中过多依靠资源、人力等生产要素的投入，出口商品附加值和技术含量较低；优势产业与外贸出口关联度较低，出口产品品牌少，省内企业自主创新能力不强，拥有自主知识产权的出口商品较少。

（三）吉林省商贸发展趋势

从国际环境上，商业竞争将更加激烈，网络技术在流通领域的渗透与应用将加快流通业信息化进程，企业虚拟化为服务的个性化提供了广泛的空间，物流业的发展必将促进传统批发业、仓储运输业的转型，从而改变整个商品流通环节，服务贸易将成为各经济体重点发展的领域。

从国内环境上，商品流通业主导经济的作用更加明显，将成为拉动经济增长的重要力量；人民币升值导致的出口减缓加快东部发达地区向中西部地区进行资本、产业和人才的转移，商业资本将出现明显的流动趋势，流通业面临产业升级的新机遇；连锁、物流、电子商务等现代流通方式发展步伐加快，连锁商业覆盖领域和范围不断扩大，市场辐射力不断增强，成为开拓市场、扩大需求新的增长点。

从省内环境上，随着国家对东北老工业基地的扶持和在政策上的倾斜，以及在东北亚经济圈的中心区位、资源、产业优势，吉林省将成为众多外资进入的区域。加工制造业能力的增强，要求发展适应生产发展的分销体系，将为流通发展提供更多的机会，流通业将成为商品供应链中的重要一环。

从行业趋势上，吉林省连锁经营多种经济成分共同发展的格局已基本形成。加快城市化进程，发展城乡经济和县域经济，必然带动城乡流通业的发展。随着消费的升级带动和流通服务功能的创新，商业用房、流通设施的投资将成为热点。

二、机遇与挑战并存的金融业

（一）吉林省金融业发展的条件与机遇

国家实施振兴东北老工业基地战略使吉林省面临新的发展机遇，长期制约吉林改革发展的体制性、结构性矛盾逐步破解，制约金融业加快发展的制度性束缚和障碍正在被打破。随着全球经济一体化步伐的加快，金融市场联系更加紧密，资本流动规模不断扩大，金融创新日新月异，金融活动的全球化进程加快，国家、地区之间的金融合作是必然的选择。特别是面临东北亚地区金融合作的国际背景，为吉林省金融业提供了发展的机遇，并提出了新的挑战。

（二）吉林省金融业发展现状

多年来，吉林省金融机构数量不断增多，市场发育程度不断提高，形成了良好的产业基础和合作基础，金融业市场化机制正在形成。存贷款持续增加，资产规模不断壮大，金融资源配置功能增强，金融市场日趋活跃，监管能力以及支持地方经济发展的水平都有了很大提高，金融业运行质量和效益得到了显著提升，在促进经济社会发展、维护社会稳定方面发挥了重要作用。

2006年，全省有各类金融机构合计5 019个，金融机构从业人员83 853人，金融机构各项存款达到4 963.7亿元，各项贷款达到3 870.3亿元。全省金融机构现金累计收入16 219亿元，现金累计支出16 364.5亿元。

全年金融机构本外币各项存款余额5 071.8亿元，本外币居民储蓄存款余额3 195.2亿元，金融机构人民币各项存款余额963.7亿元，人民币居民储蓄存款余额3 107.5亿元，分别比年初增加698.1亿元、308.2亿元、693.3亿元、310.8亿元，同比增长15.9%、10.6%、16.2%和11.1%。

（三）吉林省金融业发展问题

吉林省金融业在快速发展的同时，也面临着自身的困境，在金融市场和金融体系建设中表现出"规模小、结构差、效率低、创新不足、发展滞后"的特征，金融业实力仍然较弱，缺乏金融支持成为制约吉林省经济发展的主要瓶颈。供给总量不足导致省内金融机构成为国有商业银行的储蓄所，资金放贷能力差，资金授信额度小。中小企业发展资金问题突出，高额不良资产占压资金、各种准备金占用存款、亏损占压资金、借款成本高、资金流动性差等问题一直困扰着金融业的可持续发展。在信贷结构上，金融贷款主要面向国有企业、大型企业、工业企业、城市企业等，而民营企业、中小企业获得授信非常难；在区域分布上，信贷资金主要集中于中部地区，东部地区和西部地区资金紧张。企业融资渠道主要依靠银行和债券公司，间接融资业务单一，难以有效地运用资金，资本市场对社会资源的合理配置功能不能有效发挥。

（四）吉林省金融业发展趋势

随着金融市场的逐步放开，外资银行进入吉林省将是必然趋势，先进、高效的金融服务手段和新型的金融产品将充斥吉林省金融市场，金融服务的国际化将成为一种必然。引进域外金融机构在省内设立分支机构，建设长春区域性金融中心,加快金融产品创新,发展以银行卡为依托的电子商务、网上银行等新兴业务产品和融资、结算手段,不断开发和完善新型中间业务等将是吉林省金融业发展的方向。

三、商贸金融空间体系的构建

(一) 吉林省商贸发展的总体空间格局

依据区域资源条件、人口环境、产业特征、开发重点及潜力,逐步培育各具特色的发展区域,即以长春、吉林为核心,辅助带动四平、辽源发展的中部地区,以生态与边境区位优势和长白山自然资源为主要特色的延边、通化、白山等东部地区,以具有能源优势和土地资源丰富的白城、松原等西部地区,东中西互动,形成分工合理、各具特色、优势互补、协调合作、共同发展的商贸区域新格局。

东部地区充分发挥其资源和区位优势,建设医药、冶金、木制品、果仁、人参等出口基地;中部地区依托较强的经济实力和工业基础,重点推动扩大机电和高新技术产品出口,建设成为汽车及零部件、石油化工产品、农产品加工、现代中药和生物制药、光电子信息等领域外贸进出口聚集区,成为引导消费,新兴业态发展最快,最先实现流通现代化的区域;西部地区依托畜牧、农业、石油等资源,建设农、畜产品出口和原材料供应基地,发展外向型农畜产品深加工企业,形成新的出口增长点,通过对吉林油田及所属前郭炼油厂等企业的培育,形成采油机械出口和第二个石油化工产品出口基地。

(二) 区域性商贸中心城市的建设与发展

充分发挥长春、吉林两大城市经济发达、人口密集、工业基础雄厚、服务业发展水平较高的优势,改造提升传统服务业,加快发展现代服务业,逐步形成服务经济为主的产业结构。

长春市作为全省的商贸中心,其商业贸易的中心职能不断增强,城市市场培育发展较快,长春蔬菜中心批发市场、长春汽车中心批发市场、吉林粮食中心批发市场、长春粮油中心批发市场等国家级市场,以及长春市中东大市场、绿新大市场和吉林市江山集团等一批新兴市场,发展潜力较大,发展空间广阔,成为区域经济商品市场的发展重心。超市、仓储式商场、专卖店等新型流通业态所占比重逐渐提高。目前,长春市与东北地区以及东北亚中心区位条件相比,其地区性与国际性的商贸中心职能尚未形成。立足于良好的区位条件,加强综合性贸易市场和服务体系建设,提高区域性和国际性的综合商贸中心地位,应是长春市商贸中心建设的总体方向。

吉林市具有与长春市较近的地缘空间条件和便利的交通条件,随着长春、吉林两市的经济社会与产业的不断整合，共同打造区域性以及国际性商贸中心的优势将更加明显。

白山、通化、辽源等地区，依托当地资源优势，一批各具特色的专业批发市场，如白山市长白山山货市场、抚松万良人参市场、梅河口果仁市场等逐渐建立起来，在国内产生重要的影响，形成具有专门化特色的地区性商贸中心。

四平、辽源、通化、白山、松原、延吉、白城等区域中心城市结合各地资源和区位优势，发展各具特色的服务业。中小城市重点加快发展传统服务业和市场体系建设，提高交通、商贸等优势行业的竞争力。东部延边地区突出与东北亚各国经贸合作的重点和方向，构建吉林省对外贸易的核心区域。

（三）区域金融中心的构建与培育

长春市作为吉林省的金融中心，其总体实力较弱，金融市场不活跃，经济发展的资金"瓶颈"制约十分突出。长春市虚拟经济与实体经济的结合度低，虚拟经济对实体经济的支撑作用小，虚拟经济的落后已经严重影响了产业结构的调整、经济发展的速度和质量以及城市的竞争力。

长春市具有发展金融产业的能力，未来几年有希望保持高速增长态势。目前长春市规模以上工业产值居东北城市前列，且效益总量同步增大，制造业的四大主导行业定位准确，成长性良好，有巨大的投资与获利空间；长春市有全国最好的农业基础条件，农业领域的投资平台已有雏形。这些都为长春市建设金融中心城市奠定发展基础。

在经济金融全球化、市场化及信息化不断发展的背景下，金融机构的空间集聚现象日益凸显，金融产业集聚成为现代金融产业组织的基本形式。针对当前吉林省金融市场存在的问题和特点，未来吉林省区域金融中心的构建与金融市场的培育应该以长春、吉林、延边地区为重点，吸引中资及外资商业银行设立分支机构或设立筹建法人机构，引进外资银行现代管理理念与先进技术，以城市商业银行、农村信用社、城市信用社、信托、担保机构为主，培育和完善中小企业、县域经济服务的多元化、市场化的地方金融体系。

第二节　潜力巨大的现代物流业

物流是指社会物质在一定的劳动组织条件下，凭借相应载体，从供应方向需求方的定向移动过程，是以商品的运输、发送、保管、装卸、包装等为核心的商品时空性转移的各种活动。现代物流业是一个新型的跨行业、跨部门、跨区域、渗透性强的复合型产业。

一、吉林省物流业发展概况

吉林省现代物流业起步较晚，但发展速度较快。2006年，吉林省从事社会物流活动涉及的相关行业共有企业19 341户，从业人员227 338人，实现增加值594.05亿元，比上一年增长15.36%。

交通基础设施建设的加快，特别是对外大通道的建设，具备了物流业发展的基础条件。同时，商业连锁企业不断发展壮大，促使商业物流联盟的形成，现代技术的应用推进了第三方物流业的发展。目前，省内各中心城市围绕产业发展建设了各具特色的现代化物流园区，涌现出一大批规模较大的商贸物流、大中型企业物流和第三方物流等现代物流企业。现代物流业发展初具规模，整体实力不断增强。

表9.2　2006年吉林省物流行业企业基本情况

行业	企业法人单位数/个	从业人员/(万人)	增加值/(亿元)	增加值比上一年增长/%
铁路运输业	7	7.12	58.72	11.15
道路运输业	739	2.99	114.25	13.03
水上运输业	14	0.06	1.92	18.52
航空运输业	18	0.45	3.49	19.52
装卸搬运及其他运输服务业	86	1.37	7.45	19.77
仓储业	250	1.65	5.85	11.22
批发业	9 363	4.64	150.49	11.80
零售业	8 864	4.44	251.88	19.71
合计	19 341	22.73	594.05	15.36

资料来源：《吉林统计年鉴》(2007)。

随着传统批发业、零售业、仓储运输业的快速发展，吉林省商品流通环节逐渐改善，现代流通服务功能不断创新，连锁、物流、代理、电子商务等现代流通方式不断发展，逐渐形成了商业物流联盟，实现利益共享。

目前，吉林省共拥有限额以上法人连锁经营批发零售企业12个，拥有直营店和连锁店440个，实现营业收入14.59亿元，有11个企业在不同程度上实现了统一配送，统一配送商品购进额占购进总额的64.3%。企业实行统一进货，可以在最大的限度内降低进货价格，提高厂家折扣比例，并获得其他进货优惠，使联盟内部各企业的经济效益有了较大幅度的提高。目前，吉林省商业物流联盟已有会员386个，会员网络覆盖全省，并辐射到内蒙、河北等地，开发统一进货品种1.2万个，效益十分明显。

一汽集团、吉林石化、吉林化纤、长春客车等企业逐步实现了财务概念上的零库存管理。特别是一汽大众在生产制造部设有物流管理机构，建立了一汽大众红旗、宝来、捷达轿车仓储发运基地，通过对生产制造物流的全面管理，实现了50 km配套半径内的准时化供货，并把简单的零部件组装交给第三方物流公司来完成，有效地降低了生产成本。吉林省专业化物流企业还处于起步阶段，数量少，服务领域和范围较为有限，从物流总体质量方面的状况分析，大力发展专业物流服务，充分挖掘物流利润的潜力巨大。

现代技术应用提高了物流业水平。将电子商务、网上交易等先进交易方式逐渐应用到物流领域，对降低物流社会成本、加快资金周转、减少企业库存，起到了积极作用。长春市大众物流贸易公司、吉林省华航实业公司，采用先进物流管理技术和手段，专门从事汽车物流储运服务，目前资产已逾亿元以上，发展成为省内较大型专业化物流企业。

二、吉林省物流业发展存在的主要问题

吉林省物流业刚刚起步，发展水平仍处于初级阶段，物流需求有限，尚未形成一个比较完整的体系，与现代物流业要求相比还存在一定差距。

（一）现代物流意识薄弱，物流管理体制分散，缺乏整体规划

物流是跨部门、跨行业、跨区域的复合型产业，物流业在管理上涉及多个部门，各部门都抓物流工作，缺乏统筹规划和整体协调，各行其是，政出多门，形不成合力。目前吉林省尚未出台与现代物流业发展相关的产业政策和规划，在物流市场进入与退出的竞争规则上无统一法律法规可循。现代电子商务、物流配送、大型连锁超市的经营企业少，企业科技含量不高，缺乏现代化的经营管理手段。

（二）物流产业发展环境欠佳，物流企业经营困难

吉林省的物流企业大多是从传统运输与仓储企业转型或工业企业剥离出来的，缺乏现代物流理念，不能科学地管理物流运程，致使物流成本居高不下，物流企业经营困难。另外，融资渠道不畅，缺乏服务物流企业的金融运作方式，致使企业资金紧张，周转不快，使企业拓展发展空间受到限制。

（三）物流系统效率低下，技术装备水平质量不高

吉林省交通运输硬件设施的技术水平仍较低，货运高速和运营管理现代化还处在起步阶段，装卸、运输、搬运设备落后。目前吉林省营运货车仍以普通货运车辆为主要车型，多数企业仍停留在传统货运阶段，延伸服务少，以单车个体经营形式为主，运输企业的规模化、专业化、现代化程度较低，影响了企业的市场竞争力。

（四）物流人才短缺，缺乏专业人才

随着吉林省物流业的迅速发展，物流人才已经成为紧缺人才。主要缺乏物流规划人员、物流外向型国际人才和物流研究人员。物流人才匮乏的原因一是因为物流教育培训工作起步晚、规模小，市场上受过正规教育的物流人才有限，而正在受教育的学生尚未成才入市；二是物流教育还不能适应市场需求的变化，职业培训的市场秩序较为混乱，输送给社会的"人才"未能真正成才。

三、物流中心与物流区域的空间布局

目前，吉林省正逐步形成以长春、吉林为物流中心区，四平、辽源、通化、梅河口、白山、延吉、白城、松原八个城市为物流节点的物流网络。长、吉两市已初步形成依托汽车、石化、冶金、农副产品深加工等产业的进向、销向物流通道。八个物流节点依据自身条件分别发展了果菜、小商品、工业物资、生产资料等相对综合的商品和物资市场。

结合吉林省社会经济和现代物流业发展实际，未来发展将确立"两个中心、两个平台、七个物流节点、七个配送节点和一个环境"的整体发展思路。

"两个中心"即长春、吉林两市，充分发挥其承载、辐射、带动功能，增强集聚效应；"两个平台"即建立物流信息平台和基础设施平台，提高管理水平，实现信息资源共享，完善基础设施平台功能，提高场站的货运交易、信息配载、存车服务、仓储理货等服务功能；"七个节点"即以地级市（州）的中心城市四平、辽源、通化、白山、延吉、白城、松原作为物流节点，形成以长春、吉林为中心，辐射全省的物流网络；"七个配送节点"即以农安、榆树、德惠、桦甸、舒兰、九台、磐石作为消费品、工业物资、生产资料、农副产品等的配送中心，完善物流配送网络，形成通达中心城市、城镇、乡村的配送服务体系；"一个环境"主要指政策环境，确定政府在发展现代物流中的功能定位。

利用长春市公路、铁路、机场立体交通运输条件，建设覆盖全省、辐射东北及全国的保税物流园区；按照汽车及汽车零部件产业链条，在长春汽车产业开发区建设 $20×10^4$ m^2 的汽车零部件物流园区，重点建设长春绿新汽车零部件国际物流保税园区；依托吉化、吉林油田，在吉林、松原两市建设石油化工物流基地；依托长春大成和华润生化集团以及德大，在长春兴隆山建设农产品加工物流基地；依托长春、吉林产业园区和吉林修正、通化东宝、延边敖东等制药企业，建设长春、通化、延边现代中药和生物药物流基地；依托长春市空港、铁路优势及现有物流业基础，重点打造以东北亚国际采购

中心为龙头的商贸物流中心、以东站铁路口岸为依托的运输配送中心、以长江物流园区为龙头的现代仓储中心,形成以集散处理生产、生活资料为主的多功能区域性物流中心;依托延边聚星货运站有限公司、珲春宇通国际物流有限公司、吉林东北亚铁路集团有限公司等公路、铁路货运站场,重点发展对俄、对朝国际商贸物流;依托白城、洮南等现有物流基础设施和粮贸市场,发展农特产品贸易物流。

第三节 具有地方特色的现代旅游业

一、吉林省旅游产业发展概况

(一)旅游产业持续高速增长,在国民经济中地位明显提升

比较近十年来吉林省旅游业发展变化,可以看出,旅游业发展的各项指标持续快速增长,旅游产业实现了跨越式发展,积极向主导产业迈进。2006年,旅游接待总人数3 237.9万人次,比1997年增加1.57倍,年均增加15.7%。其中,入境旅游44.9万人次,比1997年增加1.25倍,年均增加12.45%;国内旅游3 193万人次,比1997年增加1.58倍,年均增加15.75%。2006年旅游业完成总收入275.97亿元,比1997年增长11.72倍,年均增长1倍以上。其中国际旅游外汇收入14 244万美元,比1997年增长1.4倍,年均增长14.00%;国内旅游收入264亿元,比1997年增长14.80倍,年均增长1.48倍。2006年国内旅游人均消费826.9元,比1997年增加692.1元,增长5.13倍。

表9.3 1997~2006年吉林省旅游业主要指标变化

年份	入境旅游人次/(万人次) 总人次	入境旅游人次/(万人次) 外国人人次	国际旅游外汇收入/(万美元)	国内旅游人次/(万人次)	国内旅游收入/(亿元)	国内旅游人均花费/元
1997	20.00	18.10	5 935	1 240	16.71	134.80
1998	13.10	11.60	3 783	1 317	26.61	202.10
1999	15.90	14.10	4 483	1 463	34.90	238.60
2000	22.30	19.20	5 804	1 809	51.94	287.10
2001	27.20	23.70	7 579	2 225	77.39	347.80
2002	29.40	25.90	8 700	2 455	108.17	440.60
2003	21.20	18.50	6 638	2 331	136.22	584.30
2004	32.40	27.70	9 600	2 588	175.92	679.80
2005	37.30	30.70	11 953	2 851	219.34	769.40
2006	44.88	36.83	14 244	3 193	264.00	826.90

资料来源:《吉林统计年鉴》(1998~2007)。

2006年共实施旅游项目248个，总投资71.9亿元，完成投资58亿元。2007年新开发137个旅游项目，完成投资30亿元。目前，净月高尔夫球场、松花江沿江旅游带系列景区、长白山环保客车改造及景区修缮等100个项目交付使用，投入运营。2006年，新评国家4A级旅游景区4个，3A级旅游景区4个，长白山景区、长春伪满皇宫博物院作为全国首批5A级旅游景区试点单位，接受了国家旅游局的验收。截至2006年年底，全省已有A级旅游景区72个，遍布省内各地。

（二）旅游客源市场不断扩大，接待能力不断增强

近年来，吉林省积极开辟国际国内旅游客源市场，旅游客源区域不断扩大，游客人数不断增加。2006年旅游客源构成中，入境旅游者为44.88万人次，占旅游业总人数的1.39%；国内旅游者为3192.75万人次，占98.61%。入境旅游者中，外国人36.83万人次，占82.06%；港澳同胞旅游者4.20万人次，占9.36%；台湾同胞旅游者3.85万人次，占8.58%。从入境旅游者的客源国和地区的客源数量变化上看，2006年与2001年相比均有大幅度提高。从各客源国家和地区的构成上看，2006年入境游客中，排在前五位的国家和地区依次为韩国、俄罗斯、日本、我国港澳地区和台湾地区，所占比例分别为34.21%、24.61%、11.80%、9.36%和8.58%，其他国家所占比例相对较低。吉林省的国际旅游客源市场主要集中于东北亚地区。

表9.4 2001~2006年吉林省接待入境旅游客源国（地区）旅游人数

国家及地区	2001年	2002年	2003年	2004年	2005年	2006年
入境旅游人数/（万人次）	27.18	29.39	21.17	32.39	37.32	44.88
外国人/（万人次）	23.72	25.94	18.52	27.66	30.68	36.83
日本游客/（万人次）	1.45	2.49	2.32	4.04	4.51	5.30
韩国游客/（万人次）	9.79	13.28	3.46	4.67	12.95	15.35
菲律宾游客/（万人次）	0.02	0.05	0.03	0.11	0.14	0.08
新加坡游客/（万人次）	0.37	0.27	0.34	2.53	0.54	0.62
英国游客/（万人次）	0.08	0.09	0.11	0.21	0.25	0.11
德国游客/（万人次）	0.28	0.50	0.75	4.71	1.07	1.14
俄罗斯游客/（万人次）	0.11	7.29	9.05	0.07	8.59	11.05
加拿大游客/（万人次）	0.05	0.07	0.07	0.28	0.31	0.11
美国游客/（万人次）	0.23	0.36	0.24	1 046	0.39	0.47
港澳同胞游客/（万人次）	1.15	1.04	1.35	2.34	3.20	4.20
台湾同胞游客/（万人次）	2.31	2.41	1.29	2.39	3.44	3.85

资料来源：《吉林统计年鉴》（2007）。

从国内旅游客源市场来看，旅游人数从"十五"时期的1 809.2万人次增长

到2005年的2 850.69万人次，同比增长10.17%。2005年，吉林省接待的国内旅游者中，本省客源1 352.1万人次，占47.43%；外省客源1 498.6万人次，占52.57%。客源市场按各大区分布为：东北地区占66.82%；华北地区占13%；华东地区占12.03%；华南地区占3.84%；西南地区占1.86%；华中地区占1.27%；西北地区占1.18%。国内旅游市场主要集中于东北地区。

随着旅游客源市场的不断扩大，旅游接待能力也进一步提高。2006年，全省被评为优秀旅游城市的有4个，星级饭店210个，比上一年增长6.06%；旅行社398个，比上一年增长27.56%；客房数18 144间，比上一年增长7.53%；客房床位数35 777张，比上一年增长7.45%。

（三）旅游产业部门结构与产品结构多样化

吉林省的旅游产业部门结构多样，由多行业综合构成：景区、公园、游乐区、主题公园等游憩行业；宾馆、餐饮、会展等接待行业；旅行商务、旅游媒介广告等营销行业；公路客运、铁路客运、航运等交通行业；园林绿化、生态恢复等建设行业；游乐设施生产、土特产品加工、旅游工艺品加工、饭店用品生产等生产行业；旅游购物、购物休闲等商业行业；规划、策划、管理、投融资、景观设计等。

在旅游产品结构方面，继续发挥吉林省特色旅游资源优势，积极开发新的旅游产品。如长春市汽车文化园和长影世纪城二期工程的建设，净月潭冰雪节和瓦萨国际滑雪节项目，都已成为吸引海内外游客的特色品牌。而汽车展、农博会、东北亚博览会等会展旅游的兴起，使区域旅游产品体系更加完善。吉林市着眼于大旅游、大市场，成功举办了雾凇冰雪节、开江鱼美食节、松花湖休闲度假旅游节、蛟河红叶节和桦甸白桦节5个大型节庆活动。另外，红色旅游、农业旅游、工业旅游等项目也得到较快发展。2006年，长春皓月集团、白山板石矿业集团被国家旅游局批准为全国工农业旅游示范点，长白朝鲜族自治县果园村被批准为全国农业旅游示范点。工农业旅游示范点的建立，完善了旅游产品结构，促进了工农业旅游资源的开发利用。

（四）旅游产业发展的地区差异性

旅游产业发展的区域差异主要取决于区域旅游资源、旅游资源开发利用能力以及旅游资源吸引力的差异。从入境国际旅游人数来看，以延边朝鲜族自治州人数最多，为214 425万人次，占全省的47.88%，入境客源国主要为韩国，其原因是延边朝鲜族自治州与韩国地域邻近，并且具有相似的民族文化特征；其次为长春市，为151 141人，占全省的33.75%。国内旅游人数最多的是长春市，为1 366.74万人，占全省的42.81%；其次为吉林市，为893.86万人，占28.00%；辽源市最少，仅占1.46%。

国际旅游外汇收入最高的是长春市，为 6 665.43 万美元，占全省的 46.21%；其次为延边朝鲜族自治州，占 35.01%；辽源市最低，仅为 5.7 万美元。国内旅游收入最高的也是长春市，为 143.1 亿元，占全省的 54.20%；其次为吉林市，占 21.22%。

表 9.5　2006 年吉林省各地区旅游产业主要发展指标

地区	星级饭店数/个	入境旅游人数/(人次) 总人次	入境旅游人数/(人次) 外国人人次	国际旅游外汇收入/(万美元)	国内旅游人数/(万人次)	国内旅游收入/(亿元)
长春市	47	151 141	117 292	6 665.43	1 366.74	143.12
吉林市	35	40 213	16 944	1 090.16	893.86	56.01
四平市	9	1 257	874	32.00	60.51	3.92
辽源市	4	66	31	5.70	46.61	2.88
通化市	20	17 059	16 646	557.40	177.43	11.32
白山市	20	16 536	14 318	533.80	166.27	9.59
松原市	12	7 100	5 324	309.70	93.95	6.14
白城市	14			180.00	70.75	4.98
延边朝鲜族自治州	49	214 425	196 992	5 050.10	316.63	26.06

资料来源：《吉林统计年鉴》(2007)。

二、旅游业发展存在的问题

（一）资金投入有限，旅游基础设施不完善

虽然吉林省拥有丰富的旅游资源，却并没有将其资源优势转化为经济优势，匮乏的资金支持造成了旅游发展的"瓶颈"。旅游经济与邻省差距较大，造成这种被动局面的主要原因在于资金投入力度不够，每年用于旅游基础设施建设的固定拨款较少，导致旅游基础设施不完善。

（二）游客人均花费低，缺乏过硬的旅游产品

从统计数据来看，2006 年来吉林省的旅游者人均消费为 441 元，明显地低于相邻省份黑龙江省的 520 元和辽宁省的 630 元，直接影响到旅游业经济效益的提高。游客人均花费较低的一个重要原因是旅游纪念品品种少，质量差，缺乏过硬的品牌和特色商品，目前，在吉林省旅游市场上销售的当地土特产品，质量保证差，削弱了旅游者的消费欲望。

（三）管理水平还有待提高

建设旅游强省需要一支具有现代管理素质、较高经营能力和服务水平的高素质旅游队伍。旅游的经营管理能力和服务水平也是产品，其质量的好坏，直接影响旅游客源市场和经济效益。一些旅游景点经营管理水平和服务质量较低，景点环境卫生差、部分旅游景点门票较高，使游客望而却步。

（四）忽视宣传对旅游业发展的推动作用

在旅游产品对外宣传过程中，自然资源及人文资源均未能得到充分展现，吉林省大部分自然风光及民俗风情均未能走出"深闺"，尚不为世人所知，现有的关于旅游资源的宣传片制作简单粗糙，只停留在对自然情况的介绍，缺乏巧妙的构思和视觉冲击力，因而缺乏深度和美感。

三、区域旅游产品的开发

旅游产品开发是以旅游资源为基础，受旅游资源地域空间分布的影响。吉林省旅游产品空间格局为"三区一带"。"三区"指东部民俗与自然旅游产品区、中部城市旅游产品区、西部湿地草原生态产品区；"一带"指东起珲春的土字碑，沿图们江、鸭绿江至通化的集安边境旅游带。吉林省旅游产品开发可归纳为八个产品群：自然生态旅游产品群、冰雪旅游产品群、史迹访古旅游产品群、民族民俗旅游产品群、城市、环城游憩带旅游产品群、产业旅游产品群、边境境外旅游产品群、节事会展旅游产品群。

从产品结构来看，以长白山为代表的自然生态旅游产品，以吉林雾凇、北大湖、净月潭为代表的冰雪旅游产品，以及延边朝鲜族民俗旅游为吉林省旅游产品体系中的三大主打产品。中华名山长白山、中国四大自然奇观之一吉林雾凇、世界文化遗产集安高句丽古迹、中国最大的电影主题公园长影世纪城为吉林省四大旅游精品。历史遗迹、工业旅游、观光农业、电影文化、特色美食、会展节庆等为吉林省的特色旅游产品。

吉林省正全力构建旅游品牌系列，以长白山为中心节点，推进长白山旅游机场、长白山高速公路、长白山大峡谷、长白山环保客车运输工程、长白山温泉群改造等项目的建设开发。构建"长白山大旅游区"，把长白山旅游主线和周边旅游资源的开发联系起来，大力发展生态旅游、冰雪娱乐旅游、度假旅游、满族与朝鲜族民俗体验旅游、历史遗迹旅游和边境旅游，将图们江风光旅游和鸭绿江风光旅游与异国风光旅游结合起来。把温泉度假旅游与冰雪旅游、生态观光旅游等旅游产品有机结合，建立多元化、复合型的旅游产品体系。

随着旅游产品的细化，工业旅游逐渐突出，往往成为区域特色旅游产品。工业旅游是以工矿企业和工业生产活动为旅游吸引物，供旅游者参观、考察、体验和学习的一种新的旅游形式。工业旅游产品的开发，深受广大旅游者的欢迎。目前，吉林省的工业旅游包括：中国第一汽车集团公司、吉林市丰满发电厂、吉林化纤集团有限责任公司、吉林市左家特产观光生态园、松原市前郭灌区莲花泡农场农业旅游等。其中，素有"中国汽车工业摇篮"美誉的"一汽"在国内外具有广泛影响。"一汽"工业旅游发展迅速，已成为游人了解新中国汽车发展历史、体验现代化汽车生产过程、观览具有苏联古老建筑风格的汽车城风貌必到的新兴工业旅游区。未来工业旅游的建设与发展应该进一步扩大规模和对外宣传力度，依托"一汽"工业旅游的兴起，推动整个吉林省工业旅游业的发展。

第四节 具有广阔发展前景的文化产业和会展业

文化产业是以地方优秀传统文化为基础，以"文化创意"为核心，通过技术的介入和产业化的方式，从事文化产品生产和提供文化服务的经营性行业。会展业是指在一定地域空间，许多人聚集在一起形成的定期或不定期、制度或非制度的传递和交流信息的群众性社会活动，包括各种类型的博览会、展览展销活动、大型会议、体育竞技运动、文化活动、节庆活动等。

一、吉林省文化产业发展状况

吉林省文化产业发展迅速，形成了较为完整的产业体系，媒体传播、新闻出版、文娱演艺、文化旅游、文化体育、文博会展、教育科技等已成为全省文化产业的主导产业群。1990～2006年，吉林省文化产业增加值由5 258万元增加到5.6亿元，增长10倍多。在国家大力发展文化产业的宏观背景下，吉林省文化产业呈现强劲的发展态势。

吉林省民族文化产业蓬勃发展，民族地区的文化基础设施建设进一步加强，以边境文化长廊、朝鲜族艺术馆、满族博物馆、蒙古族草原文化馆为代表的多元民族文化设施初具规模。

文化市场发育完善，形成了会展业、体育产业、教育培训业、各类文化服务销售业等相关行业部门。特别是以长春电影制片厂为代表的影视制作具有一定的基础和比较优势。以长春市雕塑公园为代表的雕塑文化，以长春亚泰、吉林延边两支足球队为主体的足球和体育文化，以延边朝鲜族为特色的民族特色文化产业等均已形成一定规模，并具有一定知名度和影响力。

近年来，初步形成了影视、出版、歌舞、动漫等特色优势产业。这些产业目前已经具备较大实力、较强竞争力，成为吉林省文化市场的主导力量和新的经济增长点，并在全国具有一定影响。

在影视动漫方面，长影集团每年生产10部以上电影，吉林省有41部电视剧在央视播出，有59部获全国大奖，被称为"吉林电视剧现象"。吉林艺术学院动画学院被批准为国家动画教学研究基地，长影集团、吉林出版集团和吉林艺术学院动画学院3家被批准为国家动画产业基地。一所大型、并将产生规模效应的吉林省动漫游戏原创产业园区正在建设中，有关扶持动漫产业发展的政策正在研究制定中。

在歌舞演艺业方面，吉林市歌舞团已成为吉林省文艺院团的一大品牌，已经11年参加中央电视台的春节联欢晚会，并多次赴国外演出。2006年全年演出达256场，收入2 677万元，在取得经济效益和社会效益双丰收的同时，也成为一支享誉海内外的吉林歌舞品牌。

在出版印刷业方面，吉林出版集团通过体制机制创新，企业得到较快发展。长春市文化印刷产业开发区工程建设取得重大进展，该项目计划投资60亿元，目前一期工程已部分完成，引入企业19户，到位资金10亿元，建成后将成为东北亚最大的印刷产业基地。通化《英语辅导报》报社不断发展壮大，已拥有600余种报纸、期刊、图书和音像制品，年销售码洋3亿元。此外，双阳的宝凤剪纸、东丰的农民画、吉林的浪木根雕以及光明艺术学校的古筝表演等民营文化产业发展也势头强劲，具有一定的市场占有率和发展潜力。

二人转目前已经成为吉林省文化产业的一大亮点。东北风剧场、和平大戏院和刘老根大舞台等民间二人转经营场所异常活跃，仅长春市一地，每晚就有10家二人转剧场进行演出。年卖票总收入约为2 200多万元，已形成了具有相当规模的民间二人转文化产业。

吉林省的雕塑文化享有盛誉，长春市区南部的现代城市雕塑公园，既有传统山水园林的自然景致，又有现代雕塑的文化品位。雕塑公园内有目前国内最大的雕塑艺术馆，馆内展示着数百件非洲马孔德木雕和大批中外著名雕塑家的精品雕塑。

二、吉林省文化产业发展的主要问题

（一）文化产业总量不足，产业规模小

吉林省文化产业的资产总额、产业增加值，无论与发达的省市比还是与相邻的辽宁、黑龙江比，都有较大差距。2006年，吉林省文化产业增加值5.6亿元，在全国31个省级行政区域中列第24位，在东北三省中排在末位。文化产业收入仅为黑龙江省的1/3，不到辽宁省的1/10，文化产业资产总额仅为黑龙江省的50%，辽宁省的30%。国有文化产业很难承担起"龙头"的

重任，标志性的文化产业项目几乎为零。民营文化产业项目繁杂且规模小，有效经营期短。组织形式处于小规模分散经营状态，除吉林歌舞集团有限公司外，至今全省还没有一家在全国较有影响的文化企业集团。

（二）文化资源开发整合不够，资源优势没有真正转化为产业优势

丰富的自然资源和人文资源，悠久的历史文化，浓郁的人文环境赋予了吉林省特殊的文化底蕴。但是这些文化资源缺乏合理的开发利用，没有充分转化为产业优势和经济优势。资本资源、信息资源、人才资源、品牌资源未能进行有效配置，群众喜闻乐见的文化产品较少。

（三）文化精品欠缺，缺乏全国知名的品牌

文化精品的生产是一个地区文化发展水平高低的集中表现。近年来，吉林省文化精品生产有一定发展，但从数量和质量上，还不尽如人意，文化产品缺少知名品牌，尚无全国乃至世界有影响且有吉林特色的文化精品展示活动，未能充分体现吉林应有的文化水平。虽然有电影节、汽博会、农博会等会节，但这些文化活动都是单一的，缺乏与经济相联系的综合展示的优势，难以全面反映吉林特有的文化水平和时代风貌，在全国的影响较小。

（四）文化产业资本结构单一，投融资渠道狭窄，投资严重不足

吉林省缺少投资文化产业的良好氛围，社会资金难以进入文化产业。一方面投资主体单一，尚未建立文化产业投融资体系，融资已成为制约文化产业规模发展的瓶颈，一些中小型文化产业只能靠家族资本的积累实现滚动发展，很难上规模上水平。另一方面，受经济基础、发展环境、发展政策的限制，市场对人才、资金、技术、信息、项目等文化资源配置没有起到应有作用，资源闲置、浪费严重。

（五）文化管理模式落后，运行机制僵化

吉林省文化产业管理体制和运行机制还没有理顺，没有形成全面系统的引导文化产业发展的政策体系。政府文化管理部门机构分设、职能交叉、管办不分，行业指导和管理薄弱，文化市场零散分割，流通渠道不畅通，没有形成统一的市场网络。文化企业进入市场程度不高，缺乏适合于商业化运作的文化单位，市场主体地位尚未确立，产权主体不明晰，符合市场经济要求的规范化的管理模式还没有形成。

（六）文化产业经营管理人才匮乏

吉林省文化从业人员数量远低于发达地区，从人才素质结构上看，文化产业从业人员中，高中及以下学历者占51.9%，这种状况难以适应文化产业发展的需要。从人才专业分布上看，大中专以上学历的人才在传统产业领域者居多，且多从事生产与销售，而从事新兴文化产业者明显偏少。特别是文化经营和管理者、策划人、经纪人等更是寥寥无几。目前吉林省在高附加值的电子游戏动漫制作、网络服务等方面，人才短缺问题尤为突出。

三、吉林省文化产业发展对策

（一）提高文化产业的组织化程度

优化整合文化资源，突出重点，实行规模化经营和专业化协作，建立以资产为纽带的跨地区、跨部门、跨所有制直至跨国经营的大型文化企业集团。优化产业结构，发展文化产业中的支柱产业，在报业、出版、广电、旅游、电影业率先建立起文化产业的龙头企业，同时，要探索建立跨行业、跨地区、多形式的"多媒体"集团。

（二）发挥比较优势，突出特色，提高产业竞争力

挖掘文化产业的主导项目、特色项目，创造品牌效应。文化差异是区域在竞争中能够依赖的比较优势。重点支持有规模效益、有影响的，能够壮大企业品牌、拉动相关产业发展的大项目。在净月潭旅游开发区基础上，以长影世纪城项目为依托，重点开发影视文化、旅游文化、汽车文化、博览会展、文化艺术教育等项目。大力发掘和发展吉林省具有国内、国际竞争力的特色项目。

（三）培养文化产业专门人才，建立人才激励机制

培养有创造力、懂文化、善经营、会管理的文化产业复合型人才，建立高素质的文化经营者队伍；建立规范的人才有偿转让和自由流动机制，创造有利于高新技术和先进管理运营的模式，改造传统文化产业的政策环境和法律环境；推进收入分配制度改革，通过灵活多样的市场化的收入分配方式，逐步拉开收入分配差距，形成激励机制与约束机制相结合的收入分配制度，使具备技术、管理和营销等生产要素的各类高级人才的收入与其贡献相适应；建立产业内部人才市场，与社会人才市场相衔接。

（四）培育文化市场，放宽市场准入标准条件

借鉴国有企业改革的成功经验，遵循市场经济规律，允许非文化系统的、各种所有制类型的社会资本，包括财团、企业、基金会及其他合法的企事业单位、社会组织及个人，投资和参与经营文化产业。通过引进新资本和新机制，盘活国有文化资产存量。以较少的国有资本，吸引和撬动更多的社会资本。

注重对文化消费市场的培育，建立有利于刺激文化消费的市场环境。加强对消费者的引导，培养消费者良好的文化品位，不断提高其消费文化产品和服务的水准；建立有利于文化消费的市场拉动机制，形成竞争机制，促进文化产品通过市场选择优胜劣汰；整顿和规范文化市场秩序，保护知识产权，保护和激发文化原创精神。

（五）以市场为取向，加大文化产业体制改革力度

对公益性文化事业，政府要加以支持和保障，并切实加强管理。把可经营的广告、频道、报刊、专栏、文艺演出、旅游项目、运动项目及场馆资源等推向市场。对营利性文化产业单位，要逐步改制为企业或实行企业化管理，有的要与财政彻底脱钩，实行自主经营、自负盈亏。

文化企业要探索建立现代企业制度，通过股份制、股份合作制等形式，建立新的产权制度。以资产为纽带，通过市场实现联合，组建一批跨行业、跨所有制、跨地区的文化产业集团。文化产业单位按市场规律运作，搞好兼并重组，重点扶持效益好、有竞争力、能够做大做强、形成规模化经营的文化产业单位及文化产业项目。

（六）加强对文化产业发展的宏观指导

调整文化产业的税收政策和投融资政策，拓宽文化产业的筹资渠道。争取金融机构在独立审贷的基础上，安排一定的政策性贷款，用于发展基础性的以及与科技、信息产业相结合的新兴文化产业。鼓励组建各级各类文化产业基金组织、文化投资公司。有条件的文化企业可利用企业债券、股票等融资手段加速发展。推进引进外资工作，利用国外先进的管理、技术和资金，提高文化产业水平和质量。制定文化产业地方性法规，对文化资源使用、文化企业的投融资办法、文化产业管理等以明确指导，规避入世对全省文化产业的冲击。

四、为商贸文化产业搭建交流平台的会展业

（一）吉林省会展业发展过程

随着改革开放的深入和经济社会的进步，会展业作为朝阳产业和新的经济增长点，在国内取得了快速发展。1992年举办的第一届中国长春电影节是吉林省会展业发展的起点，此后每年举办相应的展览和经贸活动。会展业发展初期，行政起主导作用，企业参与的积极性不高，一些活动仅仅体现出"成果展"、"成就展"的色彩。从长春国际展览中心的建成开始，会展业的发展有了固定场所，展会数量每年达到二三十个，会展业的发展逐渐步入快速推进时期。

1999年，第一届汽车博览会在长春举行；2000年，在长春国际展览中心举办了第一届农博会。各种形式和内容的博览会的召开，使得企业不断从中寻找商机，企业参与会展业的积极性提高。2000年以后，大部分企业以每年的专项会展为契机，宣传、展示企业产品，树立企业形象。东北亚博览会、中国长春国际汽车博览会、中国长春国际农业·食品博览（交易）会、长春

电影节等会展品牌的影响力不断扩大，举办全国性、国际性大型展会能力不断增强，展会市场化运作程度不断提高，会展企业和会展专业人才队伍不断壮大。吉林省会展业已进入稳步提高的发展阶段。

（二）吉林省会展业发展特点

1. 品牌展会层次升级

随着会展业发展水平的提高，吉林省会展品牌层次也开始升级，举办的展会在全国的影响力日益增强。其中，品牌层次最高的为中国长春国际汽车博览会，现已发展成为国内著名的三大车展之一，也是第二个获得国际展览联盟认证的专业汽车展览会。被誉为"国际光学奥运会"的国际光学委员会大会是近年来长春举办会议中层次、规模、专业性最高的一次国际会议，大会期间有包括诺贝尔奖获得者在内的近千名知名学者来长春参会。2005年举办的由商品展洽谈、投资洽谈、专业国际会议三大部分组成的第一届东北亚博览也属于级别较高的展会。

2. 市场化步伐加快

长春市十分注重会展业市场化，商业运作份额不断加大。长春汽博会是市政府重点培育的品牌展会之一，从筹备到举办均按市场化模式和国际惯例进行运作，先后向社会推出了30多个项目。通过汽博会平台，众多企业展示自己的产品和技术，学习同行的先进经验，开展商贸交流合作，探讨行业发展趋势，结识客户，拓宽市场。同时，通过国外众多知名品牌汽车厂家到长春参展参会，推进了国外汽车厂家到长春市合资合作的步伐，为拉动长春汽车工业的快速发展起到了重要作用。

3. 地方特色明显

吉林省所举办的各种类型的展会均与区域经济、社会、文化联系紧密，并且充分体现了地域特征，地方特色鲜明。其中，冰雪旅游节重点突出了冰雪文化，使冰雪与旅游相得益彰；汽车博览会以人为本，突出汽车文化。2005年，依托长春市光电子产业发展优势，长春市成功举办了第一届光博会，取得了良好的社会效益和经济效益，从高科技角度展示了新中国成立以来"中国光电子业的摇篮"的科学技术发展水平和光电产业发展的实力。

（三）吉林省会展业发展趋势

1. 创新性趋势

会展业的创新可分为经营观念创新、会展产品创新、运作模式创新和服务方式创新四个方面。经营观念创新是指会展企业应树立"不求最大，但求最佳"的经营思想，即在最大限度地满足参展商和观众需求的前提下，实现企业综合效益的最大化；产品创新主要包括不断开发新展会和大力培育品牌展会；运作模式创新指在组织方式或操作手段上进行变革，以适应新的市场形势，如推进会展企业上市、开展网上展览等；服务方式创新则指按照"以人为本"的原则，并充分利用各种现代科技成果，为参展商和观众提供更超前、更便捷的配套服务。在今后的一段时间里，推进创新将成为吉林省发展会展业必须坚持的一项重要原则。

2. 多元化趋势

从整体上看，会展业正在向多元化方向发展，具体包括产品类型的多行业化、活动内容的多样化和经营领域的多元化。会展业的蓬勃发展对会展产品类型提出了越来越高的要求。吉林会展企业应根据当地的产业经济基础和自身的办展实力，开发新的专业性展会，内容可涉及汽车、电子、花卉等各个行业，尽快形成自己的品牌。会展形式从传统的静态陈列转向融商务洽谈、展会参观、旅游观光、文化娱乐等于一体，这是会展业发展的必然趋势。

3. 趋向品牌经营

品牌是会展业发展的灵魂，也是会展业在 21 世纪实现可持续发展的关键。综观中国所有会展业发达城市，几乎都拥有自己的品牌展会，如北京国际会展中心、上海国际会议中心、大连星海国际会展中心、深圳高交会等，这些品牌企业或展会为吉林省发展会展业提供了宝贵经验。为增强吉林省会展业的竞争力，品牌化是必由之路。吉林省会展业的品牌化应围绕培育品牌展会、建设会展名城和扶持领导企业三个方面进行。

4. 引入生态理念

生态化将成为会展业发展的必然趋势，投资者在兴建会展场馆时将从会展场馆选址、建筑材料选择到内部功能分区上，突出生态化特色，有关管理部门也会对此制定相应的规范。会展城市在组织整体促销或展会主办者在对外宣传时，大力倡导绿色营销，强调自身的生态特色和环保理念，以迎合参展商和大众的环保需求心理。除积极建设绿色场馆外，还要注重节能降耗和三废处理，在布展用品的选用上也应做到易回收的材料优先。随着会展业的日益成熟，与环保相关的专业会议或展览，具有极大的市场潜力。

5. 重视与旅游业的合作

从会展业的管理体制、组织机构、配套服务、整体营销四个方面可见两者的关系越来越密切。吉林省的会展主管部门设置在政府旅游管理部门之下，由旅游部门统一促销、统一管理，会展行业协会也设置在旅游行业组织之下。旅游业可为会展业提供全方位的优质配套服务，而且各个旅游景点、各种文化体育事件等更可为会展目的地增添吸引力。旅游业还可以促进会展业的整体营销，会展业与旅游营销活动共同促销，可达到加大对外宣传营销力度的效果。

第十章 城市发展与城镇化进程

章前语

城市发展与布局、城镇体系的形成与演变、中心城市和大都市区产业集聚与空间重组以及省内城市群和城市组群地域的形成发展等，都是构成并影响区域人地关系系统特别是经济地域系统的重要因素。纵观吉林省历史发展各个阶段，都伴随着城镇的兴衰。吉林省城镇化起步较早，城市发展和城镇化进程，在时间上呈现特有的规律性，在空间上具有明显的地域差异和吉林特色。古代，吉林省生产力水平低下，城镇发展缓慢；近代，吉林省城镇发展较快，但是由于特殊的历史背景，城镇发展的殖民地色彩显著；新中国成立后，吉林省城市化虽然经历曲折过程，但仍然取得了较大的发展，20世纪90年代以后，在工业化带动下，吉林省城市化建设步伐明显加快，现代城镇结构体系正在逐步确立。

关键词

吉林中部城市群；长吉都市区；东西两翼城镇组团

第一节 城市发展与布局特征

一、新中国成立以来城市发展过程

新中国成立以来，吉林省城市发展与全国一样，经历了曲折的发展历程。新中国成立初期至20世纪60年代初期，吉林省城镇人口比例大幅度提高，但城镇主要体现的是生产功能，与城镇发展相适应的其他经济职能、社会服务职能、城市基础设施建设相对比较落后。20世纪60年代后期，受自然灾害、经济和政治环境影响，吉林省人口城镇化水平下降，城市建设几乎陷于停顿。改革开放以后，吉林省进入城市快速发展时期，城镇化水平迅速提高，城市经济职能、社会服务职能逐步增强。总体来看，60年来，吉林省城市发展虽然经历了曲折过程，但总体方向没有变化，特别是20世纪90年代以来，各城市基础设施投入大幅度增加，城市功能不断提升，城市发展与建设进入持续发展轨道。

1949~2006年的57年间，吉林省设市城市数量由2个增加到28个，其中包括8个地级城市和20个县级市，小城镇数量也迅速增加至425个。城镇规模不断扩大，近十几年以来，吉林省城镇数量基本没有发生变化，城镇规模扩张成为城镇化的主要推动力。城市经济总量不断增加，在吉林省国民经济发展中占有重要地位，28个城市2006年地区生产总值之和为3 631.1亿元，占全省的82.39%，其中8个地级市总和为2 401.8亿元，占全省比重为54.49%。

表10.1 吉林省地级城市发展状况

地区	建成区规模/km² 1995年	建成区规模/km² 2006年	人口规模/(万人) 1995年	人口规模/(万人) 2006年	城市GDP/(亿元) 1995年	城市GDP/(亿元) 2006年	城市GDP占地区比例/% 1995年	城市GDP占地区比例/% 2006年
长春	124.00	267.38	269.96	348.76	217.96	1 267.19	60.04	72.78
吉林	107.00	165.63	138.48	180.45	147.80	405.58	64.58	55.65
四平	32.00	38.85	44.39	60.27	30.49	95.94	26.15	25.24
辽源	28.00	41.00	44.43	47.78	16.49	104.23	43.37	60.71
通化	24.00	46.16	42.61	45.75	25.58	106.31	29.96	37.34
白山	27.00	35.74	30.87	33.70	13.68	69.09	26.57	36.00
松原	26.00	36.59	48.40	52.61	47.94	192.44	49.99	40.63
白城	24.00	38.11	45.83	50.79	13.18	69.88	28.63	36.77

二、城镇化特征

（一）城镇化率高于全国平均水平

吉林省人口城镇化水平和非农化水平较高。2006年总人口为2 679.5万人，城镇人口为1 442.4万人，人口城镇化水平为53.8%，高于全国平均水平9.9个百分点，属于城镇化发展水平较高的省份。按照非农业人口口径，2006年吉林省人口非农化水平达到45.1%，高于全国人口非农化水平约4.5个百分点。但这一较高的城镇化水平并不是城镇化发展的真实反映，由于吉林省东部和西部地区许多以森工、农垦为依托发展起来的城镇，在计划经济时期，森工、农垦工人在人口统计中计为非农业人口，按其所从事的产业部门来看，森工、农垦工人绝大多数从事的是第一产业，使人口城镇化水平高于经济发展水平，存在"虚高实低"的问题。

表 10.2　改革开放以来吉林省城市发展状况

年份	总人口/(万人)	非农业人口/(万人)	非农化水平/%	城市总数/个	建制镇总数/个
1978	2 149.30	659.50	30.70	9	109
1985	2 298.00	837.00	36.50	12	254
1990	2 440.20	951.90	39.10	22	288
1995	2 550.90	1 077.80	42.30	27	442
2000	2 627.30	1 143.00	43.50	28	458
2006	2 679.50	1 208.80	45.10	28	425

从城镇化发展速度来看，自 20 世纪 90 年代以来，吉林省人口城镇化速度远落后于全国平均水平。按非农业人口口径，1990~2006 年吉林省人口城镇化水平年均增长只有 0.38 个百分点，而全国人口城镇化水平同期年均增长 1.11 个百分点，吉林省人口城镇化增长速度仅为全国平均水平的 1/3。按照人口城镇化发展的规律，当人口城镇化水平进入 30%~70% 之间时，应处于加速发展阶段，而吉林省由计划到市场体制的转轨过程中，经济、产业结构调整使人口城镇化速度减慢。

（二）城镇化水平地域差异显著

吉林省城镇化水平存在显著的地域差异性。以各地区为单位，按照所处空间区位分为东、中、西三大区域。从这三大区域的城镇化水平比较上看，东部地区人口城镇化率最高，平均为 58.2%；西部地区最低，为 32.4%；中部地区处于中等水平，为 44.2%。从各市（州）的人口城镇化率比较来看，东部的白山市和延边朝鲜族自治州人口城镇化率最高，2006 年分别为 67.5% 和 65.1%；西部的松原市人口城镇化水平最低，2006 年仅为 27.1%。由此可见，城市化水平的东、西差异十分显著。

各地区人口城镇化水平增长速度也存在较大差异。1990~2006 年，人口城镇化率增长最快的是长春市，年均增长 0.68 个百分点；其次为延边朝鲜族自治州，年均增长 0.62 个百分点；辽源市、吉林市和白城市人口城镇化水平增长速度较慢，分别年均增长 0.15 个、0.24 个和 0.25 个百分点。按东、中、西比较，人口城镇化率增长最快的是中部地区，其次为东部地区，西部地区增长最慢。

表 10.3 吉林省各地区人口城镇化水平变化　　　　（单位：%）

	地区	1990 年	1996 年	2001 年	2006 年
东部地区	通化	40.30	45.10	46.00	46.20
	白山	60.40	64.40	65.80	67.50
	延边	55.20	60.60	62.80	65.10
	东部地区平均	51.90	55.30	56.90	58.20
中部地区	长春	33.10	39.40	41.60	44.10
	吉林	44.90	47.50	48.50	48.90
	四平	30.30	34.00	36.40	38.30
	辽源	42.70	45.80	45.90	45.20
	中部地区平均	37.70	41.10	42.80	44.20
西部地区	松原	21.60	24.50	25.00	27.10
	白城	35.70	39.20	39.80	39.80
	西部地区平均	28.60	30.80	31.20	32.40
	全省平均	39.00	42.40	43.80	45.10

表 10.4 吉林省各地区人口城镇化率年均增长情况　　（单位：%）

	地区	1990～1996 年	1996～2001 年	2001～2006 年	1990～2006 年
东部地区	通化	0.80	0.18	0.05	0.37
	白山	0.67	0.28	0.33	0.44
	延边	0.90	0.44	0.47	0.62
	东部地区平均	0.57	0.32	0.26	0.39
中部地区	长春	1.05	0.44	0.49	0.68
	吉林	0.43	0.20	0.07	0.25
	四平	0.62	0.48	0.38	0.50
	辽源	0.52	0.02	−0.15	0.15
	中部地区平均	0.57	0.34	0.28	0.41
西部地区	松原	0.48	0.10	0.42	0.34
	白城	0.58	0.12	0.00	0.26
	西部地区平均	0.37	0.08	0.24	0.24
	全省平均	0.57	0.28	0.26	0.38

(三) 城镇化水平滞后于经济发展

新中国成立以来，吉林省城镇化历程可以分为计划经济和市场经济两个发展时期。计划经济时期，受到严格的户籍制度的制约，城乡二元结构明显，自上而下的国家投资和政策是拉动城镇化进程的主要动力。改革开放后，市场经济体制逐步建立，市场对经济的调控作用不断加强。吉林省城镇化进程受到计划和市场经济体制的双重影响，但由于国有经济长期居于主导地位，地方民营和乡镇经济薄弱，所以其间国有经济仍是拉动城镇化进程的主要动力，民营、乡镇经济仅起到辅助作用。

20 世纪 90 年代以后，吉林省经济发展速度超过全国平均水平，占全国经济总量的比重稳步提升，而同期吉林省人口城镇化速度仅为全国的一半左右，人口城镇化滞后于经济发展步伐。由于工业结构调整带来了第二产业就业岗位的大幅下降，非农业从业人口数量减少。1990 年代以来吉林省第二、第三产业从业人员总数处于下降趋势，而同期第二、第三产业产值迅速提升，非农经济增长并没有带来就业岗位的增加，而城镇就业岗位的下降直接造成人口城镇化动力不足，许多县市区人口城镇化水平发展缓慢，甚至出现倒退。

(四) 省域城镇集聚能力存在差异

在非农人口聚集能力方面，地级市强于县级城镇，中部强于东部、西部，哈大轴线极化作用较为明显。地级中心城市是吉林省非农人口聚集的主要空间载体，1995～2006 年，吉林省非农业人口增长了 131.0 万。其中，地级城镇增长了 101.3 万，占 77.3%；县级城镇增长了 17.9 万，占 13.7%；建制镇增长了 11.8 万，占 9%。地级城市是拉动城镇化进程的主要动力，县级城镇是辅助动力，而建制镇对吉林省城镇化进程的拉动作用最弱。

目前，吉林省首位城市中心作用不断强化，城镇体系处于强极化阶段。从 1995～2006 年非农人口增长量的行政等级构成来看，长春市区占总增加量的 34%，其他地级市区占 31%，县级市区占 10%，建制镇占 25%；从 1995～2006 年吉林省非农人口增长幅度的行政等级构成来看，长春市对地级市非农业人口增长幅度的贡献率超过 50%，其次是四平市占 20%，吉林市超过 10%，而其余五个地级市累计不足 20%。吉林省镇级平均总人口规模约 2.8 万，乡级平均总人口规模约 0.88 万。乡镇建制非农人口聚集总量严重不足，未能形成县域经济资源整合的载体效应。

三、城镇化发展存在的问题

(一) 中心城市带动能力不强

吉林省内中心城市的区域中心作用指向不明显，辐射带动功能差，城镇化发展自上而下的动力不足。长春、吉林两个特大城市的规模和实力在全国同类城市中均处于中等偏下水平。四平、辽源、通化、白山、松原、白城等地级城市的规模较小、实力较弱，区域中心作用不强。2006年，除长春、吉林、辽源和松原以外，其他地级城市市区国内生产总值占全地区国内生产总值的比例均在40%以下。

受城乡二元结构和条块分割的影响，中心城市对周边农村的辐射、带动作用较差，城镇与城镇之间的横向联系薄弱，公务联系多，经济联系少。同等级、不同等级的城镇之间，产业结构趋同，特色不突出，横向联系松散，职能分工互补性不强。

（二）中小城市职能较弱

吉林省市、县中心城市多是作为地方行政中心发展起来的，长时间受计划经济的影响，未能形成良好的经济特色和经济结构。在向市场经济过渡过程中，原有的经济基础受到很大冲击，大部分市、县中心城市第二、第三产业相对萎缩，原本承担的一些经济职能转由更高层次的城市分担，从而造成行政职能突出而经济职能薄弱的状况。

小城镇数量多，质量差，功能低下。吉林省现有建制镇457个，平均人口规模8 000左右，超过5 000人规模的不足150个，人口不足2 000的达200多个。总体上看，多数小城镇人口规模较小，经济实力弱，产业结构层次低，第二、第三产业发展滞后，制约了县域经济和城镇经济的发展。一些以资源开发为主的工矿镇和林业镇，由于资源枯竭、林木限采，城镇经济萎缩、人口外流严重。

（三）农村城镇化进程缓慢

吉林省城镇化发展途径与广东、江苏、浙江等沿海经济发达省份不同，乡村地区工业化进程缓慢，自下而上的城镇化动力较弱。1990年乡村劳动力总数为614.4万人，其中从事非农产业的劳动力为73.2万人；2006年乡村劳动力总数增长到691.9万人，从事非农产业的劳动力为192.1万人，农村非农劳动力中工业部门劳动力总数为33.6万。

1990～2006年吉林省转为非农产业的农业劳动力的年均人数约为7.4万人，非农产业劳动力比例由1995年的11.9%提升到2006年的27.8%，但仍低于全国平均水平，更远远低于广东、江苏、浙江等发达省份，由此可见，吉林省农村城镇化发展进程缓慢、水平低。

（四）城镇体系发育不完善

目前，吉林省已初步形成了包括特大城市、中小城市和小城镇的城镇体系框架，但城镇体系构建中存在诸多问题：一是城镇等级规模构成不合理，除长春、吉林两个特大城市外，人口在 50 万～100 万之间的大城市发展缓慢，四平市刚刚迈入大城市序列，其他都是中小城市；二是城镇空间分布不均衡，从城市的空间布局上，主要分布在中部和东部地区，而地域广阔的西部地区城镇密度较低；三是受交通通达度和城市辐射力的影响，各城市间人口流、商品流的联系不强，有的城市经济实力弱、发展较慢。

此外，作为吉林省城镇体系的中心环节的中部城镇群经济联系不够，没有发挥应有的作用，结构松散，处于城镇组群发展阶段。从其空间结构演变来看，长春、吉林两市仍处于极化发展的过程中，对城镇群内其他城镇的辐射带动作用不强；北部松原、扶余、舒兰等城镇受到哈尔滨的强烈辐射；南部辽源、梅河口等城镇则与沈阳市的联系更为紧密。

四、城镇布局的主要特征

（一）城镇布局地区差异显著

历史上吉林省社会经济发展形成了东部、中部、西部三个地带的发展格局[①]。由于区域位置、自然资源、经济基础、历史等原因，东、中、西三大地区之间城镇的空间分布差异明显。但基本上与各自的自然条件、资源状况以及经济开发历史、生产力发展水平相适应。

中部地区城镇分布密集，城市数量占吉林省城市总数的 39.28%，建制镇数量占 47.3%，同时约 1/3 的中等城市、小城市也分布于中部地区，城镇密度每千平方千米为 3.9 个，是全省的 1.6 倍；东部地区城市分布较多，42.86% 的城市和 35.29% 的建制镇分布在东部地区，尤其是中等城市和小城市的比重接近全省总数的一半，城镇化水平高出全省 12.1 个百分点，东部地区城镇密度较低，每千平方千米为 1.9 个，低于全省平均水平；西部城镇数量较少，规模也相对较小，城市数量与建制镇数量分别占全省的 17% 左右，城镇密度为每千平方千米 1.7 个，是吉林省城市分布稀疏的地区。

（二）城镇依托交通干线呈轴线布局

吉林省中部地区的交通呈现出网络化的趋势，整体上形成了以长春为中心的放射状格局，并且出现了吉林市、四平市、通化市、梅河口市等交通密

---

① 东部地区包括延边朝鲜族自治州、白山地区、通化地区（梅河口市除外）、吉林地区的蛟河市、桦甸市；中部地区包括长春市区及长春市所辖的榆树、农安、九台、德惠四县市，吉林市区及吉林市所辖的舒兰、永吉、磐石三县市，四平市区及四平市所辖的公主岭、梨树和伊通三县市，辽源市区及辽源市所辖的东辽、东丰两县，以及松原市所辖的扶余县和通化市所辖的梅河口市；西部地区包括白城市全部，松原市区及松原市所辖的前郭尔罗斯蒙古族自治县、长岭县、乾安县，四平市的双辽市。

表 10.5　吉林省东、中、西三大地区城镇分布

指标		吉林省	东部城镇	中部城镇	西部城镇
总面积		18.74×10^4 km²	8.73×10^4 km²	5.44×10^4 km²	4.57×10^4 km²
城市数/座		28	12	11	5
其中	特大城市/座	2	0	2	0
	大城市/座	1	0	1	0
	中等城市/座	9	4	3	2
	小城市/座	16	8	5	3
建制镇数/座		425	150	201	74
城镇密度		2.4 个/(10^3 km²)	1.9 个/(10^3 km²)	3.9 个/(10^3 km²)	1.7 个/(10^3 km²)
城镇化水平		45.1%	57.2%	43.0%	36.4%

集地区。由于交通运输与城镇之间的相互作用，促使吉林省主要城镇依托交通干线发展，形成较为突出的沿交通轴线分布的格局。

目前，吉林省依托哈尔滨—大连、沈阳—吉林、图们—白城、双辽—四平—集安四条交通轴线的"井"字形城镇发展轴带已见雏形，大多数城镇沿此发展与布局。其中，哈大交通轴线由南向北连接四平、公主岭、长春、德惠、三岔河等城镇节点。沈吉铁路由南向北衔接梅河口、辉南、磐石、吉林、舒兰等城镇节点；图乌公路依次连接白城、松原、长春、九台、吉林、敦化、延吉、图们、珲春等城镇节点；双辽—集安交通轴线分布有四平、辽源、梅河口、通化、集安等城市。上述主要城镇都是依托交通干线发展建设的，它们构成了吉林省城镇体系的空间框架，成为全省经济发展的重要经济轴带。

（三）城镇布局出现集群化现象

目前，吉林省城镇在空间布局上已经形成了分布较为集中的 4 个城镇组群（团），即中部城镇组群、图们江中下游城镇组团、通化—白山城镇组团和白城—洮南城镇组团。这些城镇组群（团），构成了吉林省城镇发展的主体框架。

中部城镇组群以长春市、吉林市为中心，包括四平市、辽源市、松原市以及通化市辖的梅河口、辉南及柳河三市县，以汽车、化工、农产品加工、高新技术产业为特色；图们江中下游城镇组群位于吉林省东部，以延吉为主、珲春为辅，主要依托长白山资源、沿边开发开放、旅游和民族经济发展；通

化—白山城镇组群位于吉林省东南部、长白山中南部，以通化为主，白山为辅，以医药、钢铁、旅游为特色；白城—洮南城镇组群位于吉林省西部，以白城为中心，以发展牧草产业、畜禽养殖和加工为主。

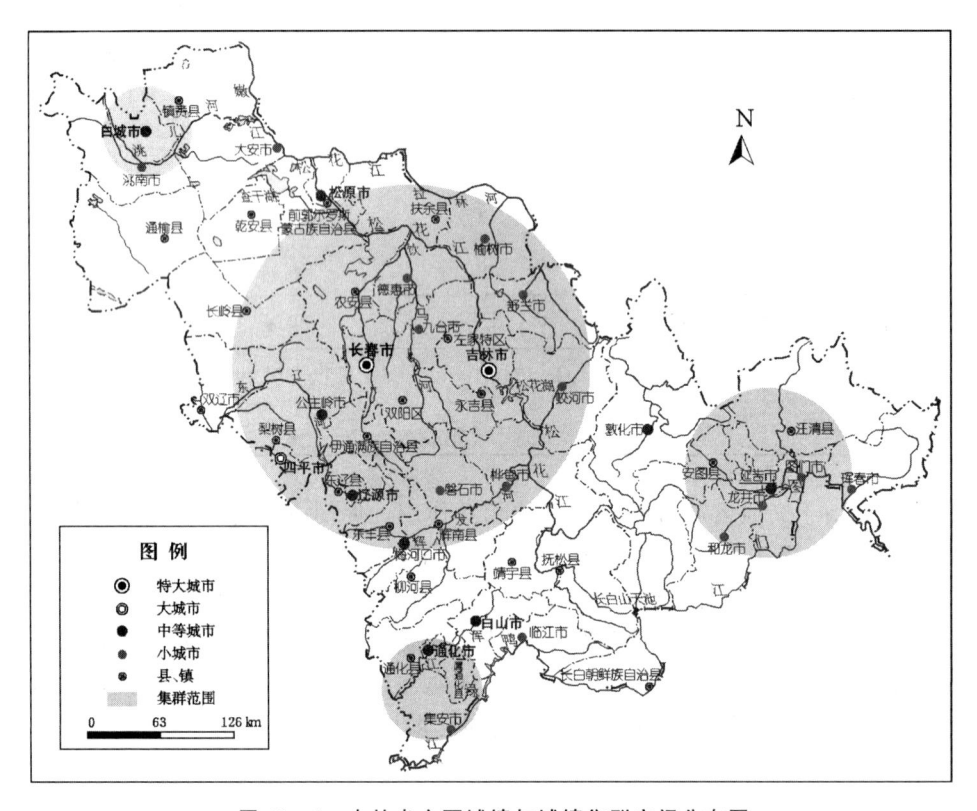

图 10-1 吉林省主要城镇与城镇集群空间分布图

第二节 大城市为主的城镇结构体系

一、城镇等级规模体系的变化

计划经济时期，国家投资的重点是省内的大中城市，大中城市发展速度较快，而小城镇在这个时期却没有得到发展。改革开放以前，吉林省大、中城市数量和人口所占比重都有所上升，而小城镇却有不同程度的下降，1979年建制镇仅为 96 个。改革开放后，在"控制大城市规模，合理发展中等城市，积极发展小城市"的城市发展方针指导下，吉林省中小城市获得快速发展。1985 年至今，吉林省大城市只增加了一个四平市，而中小城市的数量却增加了15个，小城镇增加171个。

目前，吉林省已形成了以特大城市和大城市为中心、中小城市为纽带、小城镇为基础的多层次的系统。在28个设市城市中，小城市占城市总数的57%，数量最多；中等城市占城市总数的32%；特大城市占城市总数的7%；大城市只有四平市一个，占城镇总数的3.5%。小城镇建设在吉林省城镇化建设中发挥着重要作用，2006年年末，小城镇已达425个。但是从吉林省的经济地域差异和水平来看，其城镇规模等级体系并不合理，尤其大中小城市比例不协调，非农人口为50万～100万的大城市不够发育，属于首位型城市结构体系。

表10.6 吉林省不同时期城镇规模结构

年份	城市数	城镇数	特大城市	大城市	中等城市	小城市
1985	12	254	长春	吉林	白山[①]、敦化、辽源、四平、通化	公主岭、延吉、白城、梅河口、图们
2006	28	425	长春 吉林	四平	松原、白城、公主岭、辽源、通化、梅河口、白山、延吉、敦化	蛟河、舒兰、磐石、双辽、临江、洮南、大安、图们、龙井、珲春、和龙、德惠、九台、榆树、集安、桦甸

二、城镇职能结构体系的演变

新中国成立以后，经过50多年的发展，吉林省城镇体系职能结构有一定程度的调整，由单一化逐步向多样化、新型化转变，城市职能明显加强。概括起来，吉林省城镇体系职能结构的变化主要如下。

（一）行政中心城市职能加强

这类城市大多是历史的延续，如长春、吉林、四平等。新中国成立后，国家注重重工业化建设，一般依托这些城市进行布局，加之在计划经济体制下，政府往往通过计划列项将项目安排在政府所在的城市建设，促进了特大城市、大城市的生产与非生产性职能增强，从而形成了行政职能和经济职能融于一体的综合性城市。

（二）工矿型、加工型城市发展

新中国成立后，随着大规模工业建设的展开，吉林省的矿产资源、森林

---

① 白山即原浑江市，1994年浑江市改称白山市。

资源得到大规模开发，在资源丰富地区先后形成了许多新城镇，原有的工矿业城市也得到了进一步的发展，如吉林油田的开发加速了松原的发展。此外，一大批矿区、林区、农垦城镇（辽源、白山等）相继涌现并迅速发展起来。

（三）边境口岸城市出现

随着吉林省对外开放的发展，在吉林省边境地带相继设立了几个对外开放的边境口岸城市，如珲春、图们、临江、长白。这些边贸口岸城市带动了吉林省的对外开放，成为全省对外开放的前沿阵地。

（四）旅游城镇兴起

由于悠久的历史、独特的自然环境，吉林省地域范围内有丰富的人文和自然旅游资源。旅游业已经成为吉林省方兴未艾、前景广阔的产业部门。依托丰富的旅游资源兴起了舒兰、集安、松江河、北大湖等一批旅游型城镇。

目前，吉林省城市职能及其分布的主要特点是大多数中心城市为综合性城市，专门化经济职能不突出，绝大多数中小城镇职能雷同，没有形成地方特色。吉林省城市职能结构大体分为综合城市、工业城市、工贸城市、工矿城市、旅游城市、口岸城市和交通型城市等主要类型。一些中小城镇具备的优势和条件，使其在城镇职能专门化方面具有一定的发展潜力，进而引导着城镇职能演变的方向。

表 10.7　吉林省城市职能类型

职能类型	城市
综合型城市	长春、吉林、四平、辽源、通化、梅河口、白山、松原、白城、延吉、敦化
工业型城市	农安、九台、德惠、永吉、磐石、梨树、公主岭、双辽、东丰、东辽、通化、辉南、柳河、前郭尔罗斯、镇赉、洮南
工贸型城市	榆树、蛟河、桦甸、抚松、靖宇、长岭、乾安、扶余、通榆、龙井、和龙、汪清、安图
工矿型城市	江源
旅游型城市	舒兰、伊通、集安
口岸型城市	长白、临江、图们、珲春
交通型城市	大安

注：综合型城市中的"通化"指通化市（地级市）；工业型城市中的"通化"指通化县县城快大茂镇。

三、城镇空间结构体系的变化

（一）城镇空间结构的演变

20世纪50年代中期到六七十年代，国家对吉林省森林、矿产、石油等资源的开发，促进了生产力由中部向东部、由腹地向边远地区逐步展开。在城市空间分布上，中部、东部地区由于大型工业项目的建设和矿产资源的开发，城镇发展较快，城镇数目较多。西部平原的经济以农牧业为主，城镇人口占总人口的比例一直处于全省最低水平。

计划经济时期，长春市由消费型城市转变为以汽车工业为主体的生产型城市，吉林市由于吉林油田的开发而成为具有全国意义的化工城，1954年吉林省省会由吉林市迁往长春，吉林市的政治地位下降，成为一般性的地区政治中心。吉林市、长春市的核心地位突出，形成了省内城镇空间的"双核心"结构。同时，以哈大铁路吉林段和图们—吉林—长春—白城一线为主体的"十"字形城镇发展轴带已见雏形。

改革开放后，长春市作为吉林省的省会和首位城市，发展迅速。次首位城市吉林市区位优势不明显，无论是政治还是经济文化均处于长春市的"阴影"之下，加之近年来"东北现象"的影响，经济发展缓慢。尤其是近年来，长春市人口、经济聚集强度明显强于吉林市，出现了"双核"向"单核"变化的发展态势。

（二）城镇空间结构的现状特征

目前，吉林省城镇空间呈现出"单核极化、轴带扩展"的发展模式，总体结构为"一心、双轴"，长春市在全省城镇空间发展中处于极化核心地位，是全省城镇体系发展的主要支撑。并且，随着经济的发展以及现代化交通设施的建设和完善，城镇之间联系日益紧密。以哈大铁路吉林段和图们—吉林—长春—白城一线为主体的"十"字形双轴逐步形成。"一心、双轴"构成吉林省城镇空间发展的主体框架。

近年来，沿沈吉轴线、南部门户轴线城镇发展较快，呈现出与原有"十"字形轴带相结合形成"井"字形城镇发展轴带的趋势。此外，受制于省内各地的自然条件、发展基础等因素的影响，目前吉林省城镇主要分布在中部和东部地区，而地域广阔的西部地区城镇密度较低的状况没有得到改变。

第三节　大都市区的形成与发展

一、中心城市的集聚与扩散

中心城市的集聚与扩散发展是长春大都市区形成与发展的重要基础，也是大都市区空间演变和功能提升的重要空间动力机制。长春市已经成为吉林省省域经济发展的龙头，是全省的资源、人才、资金、信息、交通和物资的重要空间聚集地，是长春大都市区构建和发展的核心。

2006年长春市区总人口348.8万，占全省总人口的13.0%，非农人口为250.84万，人口非农化水平为71.9%。地区生产总值占全省的29.6%，工业总产值占全省的42.1%，经济发展的空间集聚非常明显。目前长春市规模以上工业企业单位数量为600个，占全省的18.5%；此外，长春市还是吉林省科技教育资源高度集聚的区域，拥有全省60%以上的高等院校，各类科技、管理人才云集。

在向心集聚发展的同时，长春市扩散效应初步显现，城市部分职能向外转移，带动了郊区城镇的建设和发展。中心城区产业转移与扩散主要集中在其周边乡镇，呈现近域扩散的特征。以汽车零部件企业为例，范家屯、西新两镇产值过百万的企业多达68家，城西、兰家两镇共计22家。中心城区外迁企业也主要集中在米沙子、合隆、兰家、范家屯、兴隆山等近域乡镇。随着中心城区及其近域乡镇的经济与产业联系日益紧密，彼此之间的通勤联系也趋于紧密。

表10.8　2006年长春市主要社会经济指标与吉林省比较

指标	长春市	吉林省
年末总人口/（万人）	349	2 679
地区生产总值/（亿元）	1 267	4 275
工业总产值/（亿元）	2 003	4 753
固定资产投资额/（亿元）	836	2 804
规模以上工业企业数/个	600	3 249
普通高等院校数量/所	28	45

资料来源：《吉林统计年鉴》（2007）。

二、大都市区形成与空间界定

大都市区是中心城市与其腹地构成的高度一体化空间地域。目前，人口密度、城镇化水平、城镇规模结构、中心城区产业转移和扩散、人口联系等，都反映出长春市中心城区与近域乡镇间已呈现出一体化发展的趋势，成为市域人口和产业集聚的区域。无论是从区域发展的历史沿革来认识，还是目前城镇之间、城乡之间的经济社会联系来辨识，以及未来的发展趋势来预测，长春市市域行政管辖空间都是一个合乎逻辑的大都市区。

长春大都市区由中心城市——长春市区、外围各级中心——县市中心城镇与小城镇、腹地——广大的农村地域组成。长春都市区包括长春市区、德惠市、榆树市、九台市、农安县四市县以及所辖的97个城镇，由于四平市的公主岭、伊通两个县市也与长春市具有极为密切的经济、生态联系，长春大都市区也应该包括这两个县市。

总体来看，长春大都市区是吉林省发展基础最好，实力最强的地域综合体，是吉林省城镇发展的核心区。2006年都市区人口总数为892.2万，其中非农人口为367.0万，GDP达1 893.4亿元，人均GDP达21 221.9元，居全省第一。三次产业比例为11.9∶46.8∶41.3，第三产业增长较快。都市区工业基础较好，基本形成了以汽车及其零部件、生物制药、光电子、农产品深加工等为主的工业体系。2006年全区共有规模以上工业企业943个，实现增加值2 199.98亿元；批零贸易业总额达638.3亿元；粮食总产量达到1 116.7×10^4 t。

三、大都市区的发育特征

（一）大都市区发展阶段特征

20世纪90年代以来，长春市区进入了郊区化阶段，但郊区化地域主要限于城市中心区以外约10 km范围内，与北京、上海、武汉等城市相比较，长春大都市区郊区城镇化地域的空间范围小、发育程度低，还不能称之为真正意义上的郊区化。从内部区域联系的特点来看，主要以经济社会联系为主，是一个经济紧密合作圈，尚未发展成为城乡居民的共同日常生活圈，还不具备大都市区的典型特征。但是促进长春大都市区大规模发育、发展的一些基本条件与要素正逐步形成。可以认为，长春大都市区已经处于萌芽时期。

（二）大都市区社会经济发展特征

长春大都市区是吉林省的政治、经济、文化、教育、科技的核心地区，在东北地区是最具经济实力和发展潜力的城市聚集区之一。2006年，长春大都市区地区生产总值1 893.4亿元，占吉林省地区生产总值的44.3%，人均GDP达到21 221.9元，比全省平均高5 501.9元。

但是，都市区内各单元经济发展水平差异明显。其中人均GDP最高的长春市区是最低的伊通满族自治县的2.7倍。从产业结构来看，大都市区国内生产总值中，三次产业的所占比重分别为11.9∶46.8∶41.3，优于吉林省的三次产业结构15.7∶44.8∶39.5，第一产业比重比全省平均低3.8个百分点，第二产业比重高2个百分点，第三产业高1.8个百分点。其中，长春市辖区三次产业比重达到了9.3∶48.9∶41.8，产业结构向高层次转化。

（三）大都市区城镇化水平特征

长春大都市区是吉林省经济最为发达、最富活力、产业集聚程度最高的区域之一，也是吉林省城镇化水平最高的地区。但城镇化空间差异较大，在都市区367万非农人口中有68.3%集中于中心市区，中心市区的非农化水平为71.9%，外围县（市）平均为21.4%。这种城镇化水平的地域差异在区域城镇体系的规模结构上，表现为卫星城与中心市之间存在着巨大落差，卫星城的规模普遍偏小。

（四）大都市区的地域扩展特征

长春都市区的地域扩展目前仍以较低级的圈层或外向发展为主，城市地域缺乏飞地扩展，主要限于中心城市的近域推进，城市地域沿市区外缘不断向外扩展，处于"摊大饼"式的漫溢和蔓生扩展，中心城区已经出现臃肿的问题，缺乏卫星城镇、副城的建设。

（五）大都市区的区域基础特征

农村劳动力的结构转移和非农产业的发展水平从一个侧面反映着都市区的区域基础条件。2006年长春大都市区农村经济结构中，非农产业产值占农村社会总产值的80%以上，高于吉林省的平均水平。与农村经济结构演化相对应，农村劳动力就业结构也发生着明显的变化、农村非农劳动力的就业比重逐年提高，长春都市区是吉林省非农化水平最高的区域。然而与国内沿海都市区（带）相比，农村非农化水平仍有较大差距。

四、大都市区的结构与功能

（一）大都市区的结构特征

1. 规模结构

目前，长春大都市区约占全省1/10的土地面积，居住了全省约1/3的人口，集聚了全省近1/2的产值，经济总量位居吉林省首位，发挥了经济中心功能。虽然长春大都市区主要国民经济总量指标在全国处于中等水平，有的甚至处于落后状态，但是，长春大都市区各种指标的经济增长速率位居前列，存在潜在的、强有力的发展后劲。

从城市人口要素集聚来看，长春大都市区域总人口占全省1/3，非农业人口占全省近1/3，1972年中心城区人口突破100万，跨入特大城市之列，现已突破200万，特大城市的地位得到进一步加强；同时每增加50万城市人口所需的时间段也在急剧缩小，这说明了长春大都市区中心城市处于人口集聚的快速发展时期，区域中心城市集聚功能显著增强。

2. 产业结构

1992年开始，长春大都市区产业结构由"二、一、三"结构类型转变为"二、三、一"结构类型，第一产业规模彻底退出了长春大都市区经济结构主导地位的历史舞台，实现了产业结构演化进程中质的跃进；第三产业以后发优势开始进入经济结构的主导地位，成为长春大都市区经济发展的新增长点，目前大体与第二产业持平，但有上升趋势。

长春大都市区社会经济发展正处于工业化中期阶段，整体上来说，产业经济发展进入到加工制造型产业结构地域类型。长春大都市区交通运输设备制造业占有绝对优势，汽车工业增加值占长春市工业增加值的1/2以上，汽车工业企业数占长春市工业企业数的1/4以上。第三产业仍以交通运输仓储业、批发零售贸易餐饮业等传统服务业为主导，金融保险、教育、房地产业、信息等现代服务业还未上升到主体地位，但已经呈现出向现代服务业转变的趋势。

3. 空间结构

目前长春市区占有全省13%的人口，占据了全省约40%以上的工业经济总量、全市88%的固定资产投资、全省30%的固定资产投资、全市91%的限额以上批发零售贸易企业数、全省的38%的限额以上批发零售贸易企业数。总体上来说，长春大都市区产业经济发展主要集中在中心城区。

从近几年发展态势来看，长春大都市区产业经济有继续极化的趋势，城乡经济总量差距在继续拉大。在长春大都市区内，中心城区经济密度最高，是其他县市的100倍以上，成为长春大都市区产业经济发展的核心。沿哈大线的德惠市方向，经济密度较高，而沿长白线的农安县方向、沿长图线的九台市方向及榆树市的经济密度偏低。可见，长春大都市区属于典型的"单核"集成型城镇地域组合类型，产业空间聚集形态是典型的工业枢纽型，空间形态分布呈现点轴辐射型组合趋势。

(二) 大都市区的功能特征

1. 管理功能

长春大都市区主要行使政治、交通、文化、教育、卫生、体育等社会服务性管理功能，生产性管理功能尚未形成。作为生产性管理功能主体的汽车产业在全国占据一定的地位，但主要是汽车生产，管理、研发、贸易等均不具有绝对优势，目前全国汽车产业三足鼎立，而不是垂直分工的态势。长春大都市区对域外能产生重大影响的主导功能尚待形成和完善，对域外城市或区域的功能服务不是主导的，主要为腹地区域服务。

2. 国际化功能

20世纪90年代以来，通过吸引外资，以开发区为载体，以经济全球化为动力，长春大都市区开始了国际化的现代都市发展进程。通过改革开放，依托特色资源、优势产业，长春大都市区的地方商品开始跨入国际市场，都市国际化功能开始发挥。目前，需要解决的是扩大开放力度，更积极主动地参与国际化进程。

对于长春大都市区来说，跨国公司的投资导致的国际化功能是自上而下的，使得长春大都市区成为高层次大都市区的一个子系统或加工制造基地；长春特色优势商品的国际输出，主要是初级产品、劳动密集型产品、低科技含量产品、低附加值产品的输出，相对于高精端产品的进口输入是微不足道的。长春大都市区国际化功能总体层次不高，国际化水平有待提升。

3. 创新功能

虽然，长春大都市区是全国重要的科技文教基地之一，但是，由于长期计划经济体制的作用，这种科技资源未能与地方经济发展联系起来，科技成果本土转化率低，对地方经济拉动力不强。随着市场经济体制的建立，科技资源的市场化程度将日益加深，长春大都市区创新功能正处在提升过程中。

4. 信息功能

长春大都市区基本完成了社会公共服务功能的信息化改造，如互联网、长春信息港、通信等设施的建设。但作为拉动整个大都市区社会经济系统的信息化服务产业尚未形成，相应的信息功能尚未发挥，为长春大都市区第二产业、第一产业、第三产业发展的信息咨询、信息加工处理、信息传播、信息创新等功能没有相应的产业支撑。同时，作为区域性的大都市区，目前长春市主要为地方性的腹地区域发挥信息服务功能，跨区域性的信息服务功能尚未形成。

第四节　吉林中部城市群的形成

一、中部城市群的历史演变

新中国成立以前，长春、吉林等城市开始从传统的封建统治结构中分离出来，成为近代资本主义的商业中心地；铁路的建成通车和工矿业的发展，促使一批交通枢纽和工矿业城镇相继出现，如吉林中部的辽源、蛟河等。这一时期吉林省中部城镇体系的地域空间格局初步发育，城镇主要沿铁路线分布，且以资源型城镇为主，城镇人口比重较高，但城镇之间基本上没有联系，整体发育水平较低。

新中国成立后，国家设在吉林省的 11 项重点工程，集中分布在长春、吉林等中部地区，奠定了该区域以重化工业为主体的工业结构基础。吉林、长春两市先后成为吉林省的政治中心，在吉林省的经济地位举足轻重。吉林中部城市组群中的单体城市人口规模不断扩大，后由于受到政治因素影响，吉林省中部城镇发展停滞不前。

改革开放后，经济体制改革和对外开放的推进为吉林中部城镇的经济发展提供了新的动力和支点，吉林中部地区的整体城市化水平由 1978 年的 28.9% 上升到 1995 年的 37%。同时，城市规模结构也发生了较大变化，50 万人口以上的城市从无到有，发展迅速，并且中小城市发展迅猛，总数激增至 10 个。在此阶段，虽然中部城镇整体仍然保持省会长春市（综合经济中心）、吉林市（化学工业）、四平（机械工业）、辽源（煤炭工业）、松原（石油工业）的功能分工，但城市间的联系日益加强，城市规模不断扩大，城市群的整体功能开始体现。

20 世纪 90 年代后期，吉中城市群中的城市由 12 个增加到 14 个，城市市区人口增加 254.5 万。长春、吉林两个特大城市人口继续增长，四平市进入大城市行列，桦甸和舒兰同时晋升为中等城市，整个城镇群区域的城市化率也由 1992 年的 36.21% 升至 2006 年的 41.4%。

二、中部城镇群发展特征

（一）城市群空间范围

吉林中部城镇组群的范围包括长春市、吉林市、四平市、辽源市、松原市的全部以及通化市辖的梅河口、辉南及柳河三市县，由 5 个地级城市、10 个县级市（榆树、德惠、九台、桦甸、蛟河、舒兰、磐石、公主岭、双辽、梅河口)、12个县（农安、永吉、梨树、伊通、东丰、东辽、长岭、前郭尔罗斯、乾安、扶余、辉南、柳河）组成。以长春市为主中心、吉林市为副中心。

表10.9 吉林中部城镇群发展现状

主要城镇	总人口/(万人)	非农人口/(万人)	非农化水平/%	GDP/(亿元)	工业产值/(亿元)
长春	739.26	325.65	44.05	1 741.19	684.03
吉林	430.44	210.32	48.86	728.83	289.83
四平	331.28	126.87	38.30	380.17	96.34
辽源	123.22	55.65	45.16	171.61	64.40
松原	278.24	75.35	27.08	473.68	260.76
梅河口	61.77	26.07	42.20	78.33	20.92
辉南	35.93	13.17	36.65	26.82	7.50
柳河	36.56	10.06	27.51	22.76	5.18
吉林中部城镇组群	2 036.70	843.14	41.40	3 623.39	1 428.96
吉林全省	2 679.50	1 208.8	45.1	4 275.12	1 659.29
吉林中部城镇组群占全省的比例	76.01%	69.74%		84.76%	86.12%

数据来源：《吉林统计年鉴》(2007)。

（二）城镇群发展地位

吉林省中部城镇群聚集了全省70%以上的生产要素和产值，是吉林省经济增长最快，发展潜力最大的核心地域。2006年中部城镇群地区生产总值占吉林省的84.76%；其中第二产业增加值占吉林省的89.1%，工业增加值占吉林省的86.1%。

（三）城镇群职能特征

吉林中部城镇群的特点是工业发达，是全国重要的汽车工业基地、光学和应用化学研究中心，各主要城市已经形成了相对完整的工业体系。长春市经过多年的发展建设，基本上形成了以交通运输设备制造业为主体的、门类比较齐全的工业体系，以汽车、高新技术、粮食深加工为三大主导产业；吉林市是以基本化工和电力为主要工业部门的城市；四平市是一座新兴的工业城市，以汽车零部件、机械加工、电子、日用化工、建材为主；辽源市是省内最大的煤炭生产基地，电力、机械、化工及轻纺工业较发达；松原市已形成包括石油开采、石油炼制、医药、纺织、机械、电子、建材、食品等较为完整的工业体系。

梅河口初步形成了以食品、医药、包装材料为支柱产业和以机械、冶金、建材、化工为优势产业的工业体系；辉南县工业已形成冶金、制药、机械等十几个行业；柳河县旅游产业成为经济发展新的支撑点。

表 10.10　吉林中部城镇群主要城市产业发展情况

城市	主要产业
中部城市群	汽车工业、石化工业、农产品及食品加工工业、光电子工业、现代医药工业
长春市	汽车工业、农产品加工工业、光电子工业、生物制药业
吉林市	石油化工工业、冶金工业、非金属矿物制品工业、化纤工业、汽车零部件工业
四平市	汽车零部件工业、机械加工工业、食品及农产品加工工业
松原市	石油化工工业
辽源市	设备制造业、纺织工业

三、中部城镇群的结构与功能

（一）中部城镇群的结构

1. 等级规模结构

吉林省中部城镇群按各市非农人口统计，人口规模在 100 万以上的特大城市 2 座，50 万以上的大城市 1 座，20 万～50 万之间的中等城市 4 座，20 万以下的小城市 8 座，是吉林省比较发育的城市密集区。

表 10.11　吉林中部城镇群城镇等级规模结构

人口规模	城市数量	城市名称
>100 万	2	长春、吉林
50 万～100 万	1	四平
20 万～50 万	4	辽源、松原、公主岭、梅河口
<20 万	8	九台、榆树、德惠、蛟河、桦甸、舒兰、磐石、双辽

资料来源：《吉林统计年鉴》(2007)。人口规模按各市非农人口统计。

2. 产业结构

2006 年，吉林中部城镇群实现地区生产总值为 3 623.4 亿元，其中第一产业增加值477.7亿元，第二产业增加值1 707.3亿元，工业增加值1 429.0亿元，第三产业增加值1 345.4亿元。总体产业结构呈"二、三、一"发展格局，工业发展仍是中部城镇群产业发展的主导力量，但近年来，第三产业发展迅速，成为城镇群经济发展的新的增长点。

3. 空间结构

中部城镇群空间结构表现出明显的极化特征。以长春为中心的大都市圈逐渐呈现，吉林、四平、松原、辽源等城市的经济中心地位不断加强；作为哈大经济轴带一部分的"四平—公主岭—长春—德惠—扶余"一线呈现出快速集聚的特点，初步形成以汽车和农副产品加工为主的产业带。

城镇群区域的基础设施建设不断完善，城镇群内部以长春、吉林、四平和梅河口为枢纽的"口"字形铁路和以长春为中心呈放射环状的公路串联着城镇群内大部分城镇，为城镇之间、城乡之间的经济社会联系奠定了基础。

（二）中部城市群的功能

1. 经济载体功能

吉林中部城镇群的发展是实现省域经济快速发展的基础，在省域社会经济发展中起到重要的核心载体功能。长期以来，吉林中部城镇群以汽车、石化、农产品加工以及高新技术为代表的制造业发展较快，成为提高吉林省在东北地区乃至全国经济地位的重要砝码。

此外，吉林中部城镇群又是吉林省科技教育资源高度集聚的区域，拥有全省90%以上的高等院校、科学家和工程师。可以说，中部城镇群是吉林省先进生产力发展的主要载体，在吉林省新一轮的经济增长和产业升级优化中将发挥重要作用，不断强化中部城镇群的经济载体功能。

2. 辐射带动功能

吉林中部城镇群对于全省区域发展具有较强的辐射和带动功能。这种辐射既包括中心城市——长春市对群体内其他城市的辐射，也包括城镇群整体对省内其他地区的辐射。长春市和整个中部城镇群所具有的辐射带动作用将发挥"火车头"效应，带动中部地区其他城市以及周边经济发展，从而使吉林省经济整体都得到发展。

对于中心城市长春而言，其最基本的功能是对所辐射区域内的社会经济发展能量与要素进行高效、有序的聚集与扩散。吉林、四平、松原、辽源等市是地区性的中心城市，一方面要通过吸引和辐射带动市域城乡一体化的发展，另一方面在城镇群区域中，又有自身的功能定位，并承接来自长春市的功能辐射；城镇群功能优化还有利于改善下级县市行政职能突出、经济职能由上一级城市承担的功能现状，使其职能走向多元化，功能不断进化。

3. 优化配置功能

城镇群的发展是有限资源得以合理配置的有效途径，吉林中部城镇群的形成和发展将发挥重要的资源优化配置功能。中部城镇群的发展强化城市职能分工，促进吉林省中部地区的产业、空间的协调有序发展。通过中部城镇群的培育和完善，将成为城市合作与联动发展的平台，能够弥补单个城市在资源、腹地等方面的不足，可以在更大的区域范围内调整资源配置，在促进吉林省中部地区各城市经济持续快速健康发展的同时，实现共同增长。

第二篇 分 论
地域分异特征与地理区域划分

第十一章 总体空间格局与地理区域划分

章前语

吉林省地域空间范围辽阔，自然条件存在明显的空间差异性。地貌类型由东部的长白山地向西逐渐变化为低山丘陵、台地高平原和冲积平原，气候条件的变化也由东部暖湿的海洋性气候向西部的干旱大陆性气候过渡。这种经向变化的地貌格局和气候条件决定了水文、土壤及动植物等自然要素的地域分布形态，并且对人口、产业结构、经济活动形式、土地利用结构等经济社会地域空间格局的形成具有重要的影响和制约作用。根据自然条件的地域分异规律、经济社会发展的空间差异性特征以及生态环境的地域限制，对吉林省进行地域分区，目的就是揭示不同地区之间各种自然、社会经济和环境要素的空间差异性特征，发挥各区域的比较优势，促进资源的优化配置，实现产业的合理分工和布局，有针对性地提出各区域的发展目标和战略措施，统筹各地区经济社会发展方向，促进吉林省经济社会协调、稳定、健康地发展。

关键词

东部生态敏感区；中部经济隆起区；西部生态脆弱区

第一节 区域自然经济地域特征

一、东、中、西差异的自然地理环境

吉林省地处亚洲大陆东岸，省域轮廓为东西狭长（跨经度 9°41′），南北宽窄不一（东宽西窄，跨纬度 5°26′），由于南北所跨纬度较低，南北气温相差不大，纬度地带性因素作用不明显。受海陆位置作用以及大地构造与地貌形态东西分异等综合影响，其自然地带偏离纬线方向，呈现明显的与海岸平行、近南北向延伸、从东到西、从沿海向内陆依次更替的经向地带性分布规律。

吉林省地势由东南向西北降低，以中部大黑山的西麓为界，可分为东部山地和西部平原两大地貌单元。东部山地约占全省面积的60%，西部平原约占全省面积的40%。东部山地属长白山地的中段，主要由数列东北—西南走向的山脉组成，山脉之间常有宽谷盆地，构成盆—山地形。西部平原属松嫩平原的南段并包括松辽分水岭和辽河平原的北缘，平原西部直抵大兴安岭山麓。平原的东部以波状起伏的冲积洪积台地和泛滥平原为主；西部以开阔平坦的冲积平原为主，并覆盖有大片低缓的沙丘，构成坨子与甸子相间分布的沙地景观。

东部山地距海较近，与夏季风的接触呈垂直方向，湿润多雨；而位于山地背风侧的西部平原，由于距海洋距离加大，且地势东高西低，影响海洋气流深入内陆，夏季风的势力从东向西迅速递减，地形作用使得大气降水在东多西少的总形势下，又有干湿逐渐过渡的气候规律，而气温分布则自东南部山地向西北部平原递增。吉林省气候上的突出特点是水热分布不均。东部水分充足，热量资源略显不足，低温冷害概率较大；中部水热条件配合较好，洪涝、内涝时有发生；西部热量多于东部，但水分不敷使用，风沙干旱危害突出。

地形、气候的地带性差异，导致水文、土壤、植被、动物的分布等经向地带性的分异规律比较显著。

水文环境的空间差异上，吉林省东部山地区是许多大河的发源地，河网密度大，沼泽发育，地表水比较丰富，地下水常以泉的形式补给河流，河流切割较深，河槽窄深，河床多为块石、砾石、卵石或沙石组成，冲淤变化小。与中、西部河流比较东部地区具有河道坡度陡，径流模数大，径流量年际变化小，含沙量小和河床稳定的特点。中部丘陵区（含局部低山），河谷逐渐开阔，河道弯曲，多宽浅或复式河槽，河床多为卵石、砂卵石或粗、细沙组成，有冲淤变化。中西部台地平原，河道弯曲，河床宽浅，河床多为细沙或淤泥组成，冲淤变化大，与山地河流比较，河道坡度缓，径流模数小，径流年际变化大，含沙量大，河床不稳定。西部平原河网密度较稀，主要是几条过境的大、中河流，湖泊较多，地下水较为丰富。

在土壤类型的分布上，东部为山地暗棕壤区，区内岭谷相间，土壤有明显的垂直分化现象，自东向西又分为长白中山低山暗棕壤、白浆土亚区和吉东低山丘陵暗棕壤、白浆土亚区。中部为平原黑土和黑钙土区，位于东部山地暗棕壤区和西部平原半干旱暗栗钙土亚区之间，自东向西可划分为东部山前台地黑土亚区、中部平原黑钙土亚区和西部平原淡黑钙土、风沙土亚区等三个土壤亚区。西北部为大兴安岭山前台地栗钙土区，仅有一个土壤亚区，即白城西部台地暗栗钙土亚区，该亚区位于白城地区的西部，地势较高，土壤有不太明显的垂直分布现象，自上而下为粗骨暗棕壤、山地暗栗钙土、碳酸盐草甸土。

吉林省植被分布以大黑山为界，以东的广大山地丘陵为温带针阔叶混交林区域，以西的松嫩平原与台地为森林草原和草原区域。东部山地温带针阔叶混交林区域自东向西分为长白山高原红松阔叶混交林亚区和吉东低山丘陵次生落叶阔叶林亚区。西部平原台地森林草原和草甸草原区域自东向西分为山前台地森林草原亚区、松嫩平原草甸草原亚区和大兴安岭山前台地灌木草原与干草原亚区。

二、中部隆起的经济与城镇空间结构

（一）中部隆起的经济地域格局

吉林省不仅自然条件存在明显的东、中、西差异性特征，经济社会发展也表现为明显的中部隆起的经济地域特征，尤其是长春、吉林两市显著的核心功能与地位，对中部地区隆起经济轴带的形成具有十分重要的作用。为了比较方便，按照现有的地市级行政区域及所处的空间区位进行简单的区域划分：即东部地区（包括延边朝鲜族自治州、通化市、白山市）；中部地区（包括长春市、吉林市、四平市和辽源市）；西部地区（松原市和白城市）。根据以上的划分，中部地区土地面积仅占全省总面积的35%，但却集中了全省60%以上的人口，城镇建设用地面积也占全省城镇建设用地总面积的一半以上。中部地区人口稠密，人口密度为238.55人/km^2，远大于东、西部地区和吉林省平均水平（表11.1）。

表11.1 吉林省东、中、西人口与城镇化水平差异比较

地区	面积/(10^4 hm^2)	总人口/(万人)	人口密度/(人·km^{-2})	城镇化水平/%	城镇用地面积/(10^4 hm^2)
东部地区	765.91	576.31	74.96	58.01	3.46
中部地区	677.51	1 622.36	238.55	44.44	5.99
西部地区	467.82	480.84	102.39	32.35	1.98
吉林省	1 911.24	2 679.51	139.67	45.19	11.44

注：表中数据均为2006年数据；人口数据来源于《吉林统计年鉴》（2007）；面积数据来源于"吉林省土地利用变更调查数据"。

中部地区既是主要商品粮分布地区，也是人口和产业的密集分布地区。

中部地区第二、第三产业发达，国内生产总值以及三次产业产值均远远大于东部和西部地区。根据 2006 年的统计数据，中部地区国内生产总值为 3 006.67 亿元，占全省国内生产总值的 68.14%，为东部和西部地区的 4～5 倍；人均国内生产总值 18 441 元，明显高于东、西部地区。其中，第一产业产值占全省的 63%；第二产业产值占 66%；第三产业产值占 73%。东部、中部和西部地区经济与产业发展的比较表明全省的经济地域具有中部明显隆起的空间结构特征（表 11.2）。

表 11.2 吉林省东、中、西国内生产总值与三次产业产值比较

地区	国内生产总值/(亿元)	人均GDP/(元·人$^{-1}$)	第一产业产值/(亿元)	第二产业产值/(亿元)	第三产业产值/(亿元)
东部地区	753.39	12 473	123.27	346.93	283.19
中部地区	3 006.67	18 441	432.56	1 374.13	1 199.96
西部地区	652.52	14 660	133.73	354.67	164.11
合计	4 412.58	15 720	689.56	2 075.73	1 647.26

注：表中数据为 2006 年数据，来源于《吉林统计年鉴》(2007)。

（二）完善的城镇空间结构体系

中部地区在经济快速发展的同时，也形成了以长春、吉林两市为核心，不同等级规模的城镇体系。在东、中、西三个地域中，中部地区包含了所有人口规模等级的城市数量，其中人口在 50 万以上的大城市有三个，而东部和西部地区没有人口超过 50 万以上的大城市。中部地区有各级城镇 232 个，平均每千平方千米城镇数为 3.4 个，均高于东部和西部地区。

由于连接东北各中心城市的重要交通干线经过吉林省中部地区，并且已经形成以长春市为中心，以铁路、公路和航空运输为主体的快速交通运输网络体系，这对人口在中部地区流动、降低运输费用、节约生产成本、加强产业和劳动力在中部地区集聚以及城镇体系的发展具有极其重要的促进作用。

表 11.3 吉林省东、中、西不同人口规模城镇数量比较

不同人口规模的城镇个数	东部地区	中部地区	西部地区	吉林省
人口大于 100 万的城市个数	0	2	0	2
人口在 50～100 万的城市个数	0	1	0	1
人口在 20～50 万的城市个数	3	1	2	6
人口在 10～20 万的城镇个数	3	8	2	13
人口小于 10 万的城镇个数	175	220	86	481
城镇总数合计	181	232	90	503
每千平方千米城镇数（平均值）	2.4	3.4	1.9	2.6

三、东西两翼生态环境的敏感性与脆弱性

由于吉林省东、中、西差异的自然条件和不同土地利用特征的综合作用，形成类型多样、结构各异、对外界干扰和敏感程度不同的生态地域结构。这种结构的突出特征表现为东部长白山地区在吉林省生态环境系统中的重要功能、地位，对外界干扰较强的敏感程度，以及吉林西部地区生态环境的脆弱性。

（一）东部长白山地区生态环境特征

东部长白山地区的主要地貌类型是长白山地，华夏系的山地与山间盆谷地相间分布是其地貌的主要特征。区内自东向西分布有图们江谷地、鸭绿江谷地、长白山、龙岗山、蛟河及辉发河谷地、张广才岭、吉林哈达岭。区内降水量大，为许多河流的发源地，森林生态系统完整，生物多样性十分丰富，是全国重要的林业基地和物种基因库。长白山自然保护区作为我国第一批被列为联合国教科文组织"人与生物圈"计划的国家级自然保护区，具有重要的生态资源和自然文化价值。

东部地区生态环境的变化对吉林省生态环境将产生重要影响，保持良好的生态系统平衡对中西部地区水汽的输送、气候的变化、生态功能的提高都会产生积极的作用。相反如果生态系统平衡遭到破坏，对中西部地区的生态环境也会产生负面的影响，因此可以说，东部地区是吉林省重要的生态屏障地区。

（二）西部平原地区生态脆弱性特征

吉林省西部地区在大地构造上属于松辽凹陷的西部沉降带，自中生代以来大幅度下沉，形成深厚的中生代和新生代沉积物。区内地形较为平坦，除西部大兴安岭东麓有小面积的丘陵分布外，大部分地段以台地、阶地及平原为主，地面广泛分布着沙垄、沙丘和泡沼湿地，且有一部分地区为无排水出口的封闭区。吉林省西部地区是我国北方生态环境脆弱带东部起点，也是吉林省生态环境最脆弱的地区。

西部地区生态环境脆弱性主要表现为：①由于人类活动影响，尤其是不合理土地开发利用的干扰，生态环境负效应表现强烈，土地退化严重，土地沙化、土地盐碱化、草场退化和湿地萎缩现象普遍存在。②生态系统稳定性差，抵御自然灾害的能力低，自然灾害发生频率高。③自然因子之间协调性差，西部水分利用效率高的土壤（沙土）肥力低，而坡度和缓、占地面积大的平地以及低平地土质黏重，通透性差，且常与盐碱化相伴生。④吉林西部地区多年平均降水量多于国内其他干旱、半干旱地区，且地下水资源丰富，

人口密度低，人类干扰的时间相对较短（不足百年），比其他地区生态修复的本底条件好。

第二节 地理区域划分的目的与原则

一、地理区域划分目的

吉林省作为一个由多种自然要素和社会经济要素组成的自然—社会经济地域系统，其内部既存在自然要素的地域分异，也存在社会经济要素的地域分异。虽然自然要素和社会经济要素都有各自不同的地域空间分异规律，但它们在地域上往往形成不同的空间组合形式，由于存在这种组合形式的差别，也就形成了各具特色的经济地域特点。

地理区域划分的根本目的就是从全省自然—经济地域系统的整体出发，揭示系统内自然、经济要素的地域分异和空间组合规律，充分发挥各地区的比较优势，实现产业的合理分工和布局以及资源的优化配置。根据不同地区自然条件、经济水平、产业发展、资源潜力和生态环境等限制因素的差异性，有针对性地提出相应的发展目标和战略措施，指导区域经济发展，促进区域繁荣；根据地区经济联系程度、宏观空间区位、资源与产业结构特征、经济发展水平以及社会文化风俗等区域特征因素，按照统一规划与基础设施建设，构建地区协调发展的空间格局，从而为吉林省制定区域发展战略、协调区域发展提供参考依据。

二、地理区域划分原则

（1）强调自然、经济社会条件，区域发展潜力，产业发展方向，土地利用结构特征、利用方向和存在问题，以及生态环境限制等因素的区域内部相似性和区域之间宏观差异性。

（2）体现吉林省重点地区的发展，不同地区经济社会主导功能的发挥，强调以长春、吉林为核心的吉林省中部城镇群建设，东部地区森林生态功能的恢复，西部草地生态系统建设。

（3）有利于区域资源的合理保护，尤其是基本农田的动态平衡、区域重点基础设施建设与区域生态环境保护。

（4）体现分区方法的综合性，强调主导因素与综合因素分析相结合、定性分析与定量分析相结合、发展现状与远景目标相结合。

（5）保持县级行政界线的完整性。

三、地理区域划分依据

（1）自然条件和经济社会发展的地域空间分异规律是区域划分的主要依据。如前所述，吉林省的自然条件、经济社会发展以及生态环境特征等均存在明显的东、中、西经向地带性差别，地理区域的划分要充分体现这种差别。

（2）区域发展的自然资源、社会经济等要素的空间分异、组合水平、特点是区域产业与城镇体系结构优化的基础，同时现状也在一定程度上反映了它所赖以形成的自然资源条件特点。

（3）以中心城市为核心的城镇结构体系是地理区域的主要组成部分，中心城市和各级城镇承担地理区域内组织专业化生产和社会经济活动的重要职能，对地理区域的发展起着举足轻重的作用，中心城市的群体结构是地理区域划分的又一依据。

（4）省和地区国民经济和社会发展规划以及部门发展规划为吉林省各地区今后的发展明确了基本目标和发展方向，地理区域的划分要充分考虑区域未来的发展，必须以此作为重要参考依据。

第三节　地理区域的划分

一、地理区域划分方法

对吉林省地理区域的划分首先采用量化的方法，即根据选定的指标体系，运用主成分分析和聚类分析的方法初步确定分区方案和区域范围；然后采用定性方法，根据地区自然与经济的空间格局，并充分考虑地域经济联系特点，对定量划分的地理区域范围进行适当修正。

地理分区指标体系的选择既要充分体现地理区域划分的目的性和原则性，又要考虑指标体系的完整性和数据的可获取性。对于地貌形态和水文及土壤等自然条件的指标一般难以量化，可以通过耕地、林地和牧草地等主要土地利用方式等指标反映，在量化分区时不单独考虑，但在修正时可作为重要参考；一些经济社会指标主要选择体现经济社会发展水平和经济结构特点的指标，指标间不具有相互影响和相互作用的关系，以免影响分区效果。根据以上考虑，最终选择自然条件基础指标、土地利用指标和产业发展状态指标。自然条件基础指标，从土地利用自然要素地带性分异特征出发，选择$\geq 10°C$积温、年平均降水量两个指标；土地利用指标，将耕地、林地、牧草地的用地比重作为土地利用主要结构指标，这些用地指标不仅反映区域用地结构状况，而且体现区域土地利用的地形地貌的空间分异特征；同时，将人口密度、建设用地比重作为土地利用人地关系的主要指标；产业发展状态指标，主要从反映土地利用功能地域分异表现出发，将种植业、牧业产值、人均GDP和地均GDP作为主要指标，这些指标从不同角度反映了区域产业发展状态与水平。

根据以上建立的分区指标体系（指标采用2006年数据），运用数据处理模型、主成分与聚类分析模型，应用SPSS软件，对分区指标进行影响度筛选，然后以县级行政单位为基本单元进行区域聚类，得出地理分区方案。

主成分分析是把原来多个指标转化为少数几个综合指标的一种统计方法。用这些综合指标来代替原来较多的指标，而这些综合指标能尽量多地反映原来较多指标的信息，而且它们彼此之间是独立不相关的。

主成分分析的步骤包括：对原始地理数据进行标准化处理、计算相关系数矩阵 R、计算特征值和特征向量、计算贡献率、计算主成分得分。

聚类分析是根据地理变量（或指标或样本）的属性或特征的相似性、亲疏程度，用数学的方法把它们逐步地分型划类，最后得到一个能反映个体或样点之间、群体之间亲疏关系的分类系统。聚类分析的步骤包括数据的标准化、相似性测度、聚类过程、绘出聚类图。

以上主成分分析和聚类分析方法均应用SPSS软件，通过计算机完成。

二、地理区域划分方案

遵循地理区域划分原则，参照以上定量区域划分方法，并进行定性修正，将吉林省划分为东部山地林业工矿区、中部台地平原农业、制造业区和西部平原农牧交错区等三大地理区域（表11.4、图11-1）。

表11.4 吉林省地理分区

区域名称	区域面积/(10^4 hm²)	区域范围
东部山地林业工矿区	872.46	延吉、图们、敦化、龙井、珲春、和龙、汪清、安图、桦甸、蛟河、通化市区、集安、通化县、辉南、柳河、白山市区、抚松、靖宇、长白、临江、江源
中部台地平原农业制造业区	586.54	舒兰、磐石、永吉、辽源市区、吉林市区、东丰、东辽、梅河口、长春市区、榆树、九台、德惠、农安、四平市区、公主岭、梨树、伊通、扶余
西部平原农牧交错区	452.24	双辽、松原市区、长岭、前郭尔罗斯、乾安、白城市区、洮南、大安、镇赉、通榆

注：表中面积数据是根据"吉林省土地利用变更调查数据"统计得到的。

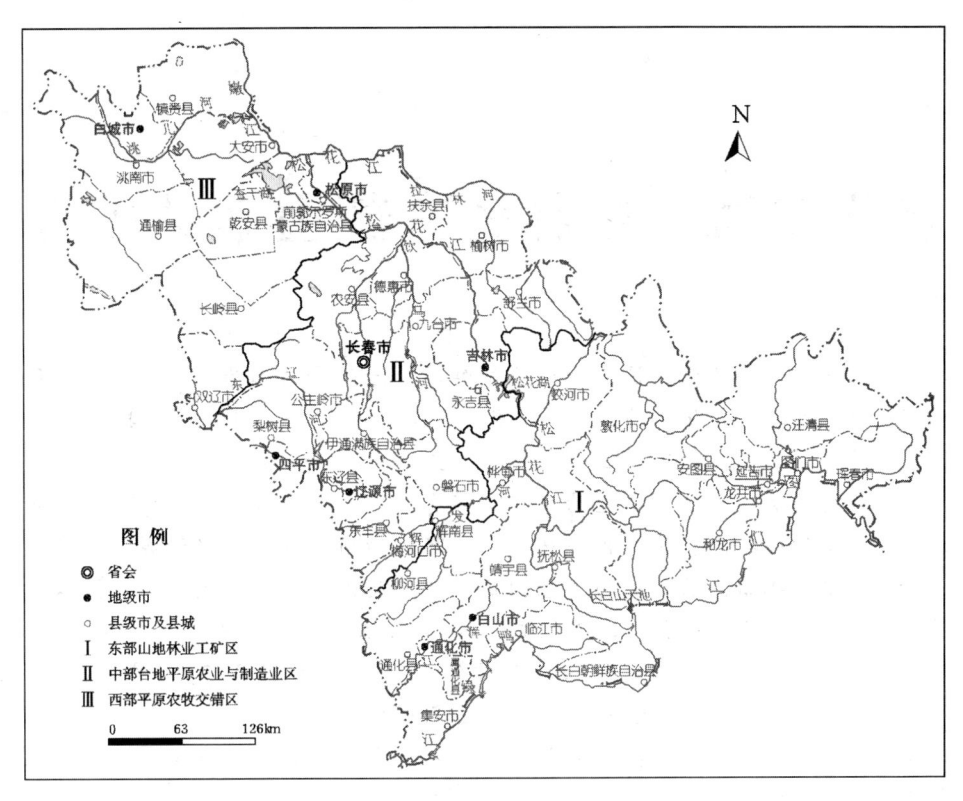

| 第十一章　总体空间格局与地理区域划分 |

图 11-1　吉林省地理分区图

第十二章　吉林省东部山地林矿区

章前语

吉林省东部山地林矿区包括延边朝鲜族自治州和白山市，吉林市东部的蛟河、桦甸两市，通化市的市区、通化县、集安市、辉南县和柳河县等共21个县（市、区），总面积 8.72×10^4 km^2，占全省总面积的 45.65%。

本区地貌类型以长白山地为主，局部有丘陵和台地分布，地势呈现出东北高、西南低的特点。区域内森林资源、野生动植物资源、水资源、矿产资源和旅游资源丰富。区内分布有长白山、天佛指山、龙湾等国家级自然保护区。其中，长白山是松花江、图们江、鸭绿江的发源地，是吉林省和整个东北地区重要的生态屏障，加强长白山区的综合开发与生态保护具有重要意义。

森林、煤炭、钢铁、水电、建材、医药是本区主导工业部门，木材及加工制品、煤炭、钢材、水泥、中成药等产品的生产在全省占有重要地位，承担着能源、原材料工业基地职能。同时，本区丰富的长白山医药资源，近年来快速发展的医药工业，使本区成为我国重要的"北药"工业基地。随着东边道铁路的建设和图们江地区国际经济合作进程的加快，本区将成为新的产业集聚区和对外开放的前沿。

关键词

长白山自然保护区；工矿业基地；医药工业基地；东边道铁路

第一节　区域经济社会发展的生态屏障

一、东部山地的生物多样性

生物多样性是生物及其环境形成的生态复合体以及与此相关的各种生态过程的总称，包括数以万计的动物、植物、微生物和它们所拥有的基因以及它们与生存环境形成的复杂的生态系统。吉林省东部山地地区的动、植物生物多样性特征明显，生物种类极为丰富。

（一）生物多样性种类

吉林东部地区拥有丰富的动植物资源。目前，长白山自然保护区已知有野生植物 2 277 种，分属于 73 目 246 科，有国家重点保护植物 25 种。其中，真菌类植物 15 目 37 科 430 种；地衣类植物 2 目 22 科 200 种；苔藓类植物 14 目 57 科 311 种；蕨类植物 7 目 19 科 80 种；裸子植物 2 目 3 科 11 种；被子植物 33 目 108 科 1 245 种。野生植物资源按用途分为 13 类，主要包括：材用植物 62 种、食用植物 260 余种、观赏植物 100 余种、芳香油类植物 20 余种、油脂类植物 40 余种、纤维类植物 40 余种、编织类植物近 20 余种、蜜源植物 280 余种、染料植物近 50 种、鞣料植物 10 余种、饲料植物 300 余种和土农药类植物 7 种。

表 12.1　吉林省东部山地植物多样性分类及代表植物

序号	用途分类	代表植物
1	材用植物	红松、沙松、臭松、长白落叶松、长白鱼鳞松、红皮云杉、胡桃楸、水曲柳、椴树
2	药用植物	人参、龙胆、东北细辛、天麻、刺人参、刺五加、五味子、红景天、杜香、草苁蓉
3	食用植物	兰果忍冬、笃斯越橘、猕猴桃、山葡萄、山荆子、红松、胡栎楸、榛子、牛毛广、蕨、大叶芹、龙芽葱木
4	观赏植物	蔷薇、花楸、短果杜鹃、兴安杜鹃、金老梅、东北红豆杉、百合、鸢尾、石竹
5	芳香油类植物	蔷薇、香芹、香薷
6	油脂类植物	松子、榛子、核桃、月见草
7	纤维类植物	荨麻、芦苇
8	编织类植物	灯心草、香蒲
9	蜜源植物	椴树、胡枝子
10	染料植物	松树皮、桦树皮、蔷薇根
11	鞣料植物	紫草、鼠李、兰果忍冬
12	饲料植物	山毛榉科、豆科、禾本科、莎草科
13	土农药类植物	毛穗藜芦、苦参、白头翁

长白山自然保护区野生动物资源有 1 225 种，分属于 73 目 219 科。其中：森林昆虫害虫 6 目 48 科 387 种，森林昆虫天敌 7 目 29 科 94 种；圆口类 1 目 1

科3种；鱼类2目4科11种；两栖类2目6科13种；爬行类1目3科11种；鸟类18目48科285种另4亚种；哺乳类6目19科51种；脊椎动物30目61科370种。野生动物中，国家重点保护动物59种，如东北虎、金钱豹、梅花鹿等为国家一级保护动物，豺、麝、黑熊、水獭、猞猁、斑头秋沙鸭等为国家二级保护动物。

表12.2　吉林省东部山地主要国家级保护动物

保护级别	主要动物
国家一级保护动物	东北虎、金钱豹、梅花鹿、紫貂、黑鹳、白鹳、金雕、白肩雕、丹顶鹤、中华秋沙鸭
国家二级保护动物	豺、麝、黑熊、棕熊、水獭、猞猁、马鹿、青羊（斑羚）、鹗、鸢、蜂鹰、苍鹰、乌雕、秃鹫、鹊鹞、游隼、燕隼、红隼、雕鸮、鹰鸮、白琵鹭、大天鹅、小天鹅、松雀鹰、普通鵟、毛腿渔鸮、白尾鹞、白头鹞、灰背隼、红脚隼、黄爪隼、黑琴鸡、蓑羽鹤、花田鸡、红角鸮、领角鸮、褐渔鸮、乌林鸮、长耳鸮、短耳鸮、赤颈鸫、黄嘴白鹭、黑脸鹭、灰脸鹰、长尾林鸮、花尾榛鸡、斑头秋沙鸭

（二）生物多样性的生态意义

吉林省东部的生物多样性特征对改善局地气候环境、保持区域生态平衡、促进区域可持续发展都起到了重要的作用。生物多样性的丰富度直接影响生态系统的能量利用效率、物质循环过程和方向、生物生产力、系统缓冲与恢复能力，对维持生态系统基本能量流动和物质循环具有重要作用。吉林东部森林生态系统的多样性在调节气候、防止水土流失、维持吉林省自然生态系统平衡和环境的稳定等方面起到了关键性作用。

生物多样性还可以促进农业生态系统的稳定，维持和提高农业生产能力。如果生物多样性降低，生态系统就会变得非常脆弱以致无法恢复。利用生物多样性，借助天敌，可适当减少在机械化、化肥、灌溉、病虫害化学控制、农药控制等方面的投入而获得可观的经济效益。吉林作为一个农业大省，生物多样性对农业持续稳定的发展具有重要意义。

（三）生物多样性的经济社会意义

生物多样性为工业的发展提供了物质基础。现代工业中很大一部分原料直接或间接来源于动植物资源，吉林省东部地区多样性的生物资源为吉林省工业发展提供了物质基础。依托生物多样性的资源优势，吉林省的木材加工、农产品加工、生物制药等加工业获得了快速发展。其中，生物制药发展最为迅速，成为吉林省主导产业之一，吉林东部也成为我国著名的"北药"基地。其主要以独特的动植物资源为支撑，依托先进的生物技术、现代设备和制药工艺，不断提高和扩展动植物的药用价值。

生物多样性不仅具有较大的经济价值和生态价值，同时又具有一定的社会、文化价值。吉林东部长白山自然保护区以其丰富的生物资源（尤其是珍稀物种），每年吸引大量中外游客观光，不仅提供给人们独特的旅游观赏价值，同时也给地方带来较大的经济收益。

（四）生物多样性的保护

生物多样性对人类的可持续发展有着极为重大的意义，经济的持续稳定增长与保护生态环境和生物多样性相互依赖、相互制约、共同发展。长白山自然保护区的建设就是以全球区域生物多样性天然基因库保护为目的，1980年加入了联合国教科文组织"人与生物圈"计划，成为世界生物圈保留地之一。自然保护区的建立有助于生物多样性的持续、濒危物种的保护、自然遗产的保存和生态环境的改善。

在生物多样性保护的科学研究方面，每年都以长白山为主题召开国内国际学术会议，专家们根据调查研究结果探讨如何采用科学研究途径，运用先进技术来探索现存野生生物资源的分布、栖息地、种群数量、繁殖状况、濒危原因以及开发利用等状况，在此基础上进行保护性规划。随着天然林保护工程的实施及全面禁止过度开发和集中过量采伐，大量种植人工林、森林植被逐年恢复。森林生态系统的稳定性和生态功能不断增强，大量珍贵动植物物种、经济动植物物种及遗传基因得以保存。

二、区域河流上游的生态意义

（一）区域河流上游自然环境及其变化

吉林省境内河流主要发源于东部地区，其中长白山区是第二松花江、图们江、鸭绿江三大水系的发源地。长白山区自然地理条件优越，生物物种丰富集中，目前已查明的野生动物 1 225 种，其中珍稀濒危野生动物 43 种；植物资源已查明的有 2 077 种，其中珍稀濒危野生植物 24 种。

新中国成立以来，由于忽视对长白山区生态屏障的保护，过度砍伐森林，采育失调，导致森林面积大幅度减少。森林生态系统的破坏给区域可持续发展带来严重的生态危机。在旅游资源开发过程中，由于没有科学规划和管理不善，也给生态环境保护带来较大负面作用。如长白山高山植被遭到践踏，某些群落受到人为干扰，特别是长白山北坡，垃圾、污水、粪便等的排放已给天池和三江上游造成污染。人为破坏活动日益严重，影响了生态系统自然演替的正常进行，生物种群数量不断减少，整个生态系统受到的威胁日益严峻。

(二) 区域河流上游生态意义

长白山区以森林植被为主，森林系统在涵养水源、保持水土、调节气候、改善环境、维护生态平衡等方面发挥着重要作用。长白山区森林生态系统比较完整，是北半球同纬度带上生物种源最为丰富的地域之一。其独有的四个植物垂直分布带所海拔相差近 2 000 m，浓缩了从温带到极地几千千米的生物景观，堪称"典型的自然综合体"。

作为第二松花江、图们江、鸭绿江三大水系的发源地，长白山地区生态环境质量不仅关系到区内水资源的开发和利用，而且也将直接影响水资源的水质环境。如果不注意上游水源地保护，可能使下游某些河段河道水量锐减，供水能力势必下降，供水水质也会恶化，城乡供水的水量和水质将难以得到保证。此外，上游生态环境的破坏将导致水文失衡，从而造成流域水土流失加剧和土壤的贫瘠化，同时也会造成水库泥沙淤积加重，水库库容减小，对水库的供水、发电、灌溉、防洪等功能的发挥不利。因此，保护水源地，为吉林省经济发展长期提供可靠水源，具有十分重要的现实意义和长远意义。

三、长白山国家自然保护区

长白山国家自然保护区建于1960年，是我国建立最早的自然保护区之一，主要是以保护森林和野生动物为主的森林生态系统类型的自然保护区。自然保护区地处吉林省东南部，安图、抚松、长白3县交界处，东南与朝鲜毗邻。全区南北最长为 80 km，东西最宽达 42 km，总面积 1 964.65 km^2。其中，核心区面积为 1 283.12 km^2，缓冲区面积 200.44 km^2，实验区面积为 481.10 km^2。

该区域气候属于受季风影响的大陆山地气候，冬季漫长寒冷，夏季短而温暖湿润，年平均温度 3～7℃，年平均降水量 700～1 400 mm，日照时间年均 2 300 h，无霜期一般为 100 d。从低到高垂直分布 4 种类型土壤，海拔 700～1 600 m 属于暗棕色森林土，1 100～1 700 m 分布着棕色针叶土（山地棕色森林土），1 700～2 000 m 为山地草甸森林土，2 000 m 以上为山地苔原土。长白山是松花江、图们江和鸭绿江三江之源，另外还有二道白河、漫江、锦江、红丹水、虚川江、老黑河、槽子河、松江河、头道白河、露水河等也发源于长白山天池周围，分别流入三江。保护区内分布着大小不等的湖泊，较大的有长白山天池、银环湖（小天池）、天池浴躬池（圆池）、王池鸳鸯泡，其中长白山天池面积最大、最为著名。

保护区内地貌可分为火山熔岩构造地貌、流水地貌、冰川冰缘地貌三种类型。其中心是长白山火山锥体，为复合式休眠火山，由多次火山岩浆喷发物叠加而成，在火山锥体上，还分布着寄生的小火山体，海拔都在 1 700 m 以上。锥底部半径 20 km 左右，从锥体底部向下，地势呈台阶状向下倾斜，高度渐低，坡度渐缓，向下过渡到山麓倾斜熔岩高原和熔岩台地。长白山是东亚大陆最大的一个火山作用区，火山活动时间长、喷发次数多、活动规模大造成了复杂的地质结构，因此形成了面积达 1 000 m^2 的温泉群。

长白山自然保护区最初是以保护温带森林生态系统、自然历史遗迹和珍稀动植物为目的建立起来的。区域复杂的生境条件构成了动植物分布的垂直地带性和多样性，使长白山具有世界"物种基因库"和"天然博物馆"的美誉。据统计，这里生存着 1 800 多种高等植物，栖息着 50 多种兽类，280 多种鸟类，50 种鱼类以及 1 000 多种昆虫。长白山的密林深处盛产人参、北五味子等药材；野生动物有濒临灭绝的东北虎及马鹿、紫貂、水獭、黑熊等，鸟类有鸳鸯、黑鹳、绿头鸭等。随着长白山保护区加入国际生物圈保护区网，被列为世界自然保留地，在世界自然保护区中的地位日益突出，成为具有世界意义的自然保护区。

第二节　长白山区的综合开发

长白山森林植被的垂直带谱明显，丰富的生物物种资源、独特的火山地貌景观、浓郁的民族风景，为旅游业的发展提供了丰富的资源，这里也是理想的地质、地貌、生物与生态环境科学研究和教学实习场所。另外，森工产业依托长白山的资源优势，已形成了自己独特的品牌，其中山珍绿色产品开发、中草药加工、矿泉水开发已经相当有竞争力。目前长白山生态经济已成为吉林省经济发展新的亮点。

一、区域资源的开发利用

（一）生物资源开发利用

长白山地区历史上以生产原木为主，重采伐、轻抚育，造成森林资源不断减少，森林质量不断下降，并且用材林的面积和蓄积量占绝对优势，而防护林的比例较少，这对大多数野生动植物的生长产生了不同程度的影响。近年来，由于加强了营林建设和管理，重视对生物多样性的保护，森林覆盖率不断提高，森林生态功能逐渐恢复，野生动物开始出现。

长白山地区动植物资源的开发利用较早，但是一直处于低水平、无序利用状态，一些有价值的动植物种类还没有受到应有的重视和保护，野生动植物资源直接的经济效益所占比重小。近年，吉林省加强了对长白山地区动植物资源的合理开发利用与保护措施，取得了较大的经济、社会和生态效益。

表 12.3　长白山地区野生生物资源开发利用情况

种类	种数	利用状况	市场产品的主要来源	发展前景
材用植物	50	作为中国的重点林区之一，几乎所有的用材树种都受到不同程度的采伐利用，天然林面积急剧减少	仍然以天然林为主，人工林比例也逐渐增大	保护现有天然林资源，发展人工林
药用植物	800	是中国著名的三大药材生产基地之一，以传统的人参、天麻、草苁蓉等为主，常见的有 20 余种	除了人参、天麻等主要靠人工培育以外，其他基本上是采挖野生资源	前景广阔，可以促进药品、保健品等相关产业的发展
食用植物	200	主要有红松、榛子、山葡萄、山核桃、猕猴桃等近 50 种，还有蕨菜、刺嫩芽、桔梗等 30 多种山野菜	主要采集野生资源，刺嫩芽、桔梗等有较多的人工种植	前景广阔，可发展具有地区和民族风格的食品加工业
蜜源植物	280	主要以紫椴、糠椴、核桃楸等高产和高质蜜源树种为主，以蜂蜜为主的养蜂业产品是本地区的大众产品之一	以野生资源为主	潜力不大，应维持现状
香料植物	70	处于初步研究阶段，对玫瑰、丁香等类植物已有认识，但尚未开发利用	未利用	有潜力，但近期内不会有大发展
观赏植物	300	主要有玫瑰、花楸、杜鹃、百合、长白松等，各地园林部门在城市绿化中有利用	木本类植物有人工培育，草本类利用较少	有潜力，但近期内不会有大发展
食用菌类	100	以木耳、榛蘑、榆黄蘑等为主，近年来松茸的市场很好	木耳、榆黄蘑等以人工栽培为主，但大部分种类仍主要靠野生资源的采收	前景广阔
毛皮动物	31	主要有黄鼬、松鼠、紫貂、水獭等，但由于多年滥捕滥猎，目前毛皮收购量很少	以捕猎野生资源为主	前景广阔
药用动物	60	主要有梅花鹿、马鹿、黑熊、林蛙等系列产品，东北虎已近于灭绝	梅花鹿、马鹿、黑熊、林蛙等有人工养殖，其他种类则很少，野生动物仍受到捕杀	前景广阔
食用动物	60	主要有野鸡、花尾榛鸡、狍子、东北兔、野猪、林蛙及蛇等	捕杀野生为主，少量有人工养殖	前景广阔
昆虫资源	700	研究的很少，基本未利用	未利用	药用、食用价值前景广阔

资料来源：李英洙. 中国长白山地区野生生物资源开发利用的现状及趋势 [J]. 延边大学农学学报，1999，21（2）：114～118.

（二）水资源开发利用

长白山地区水资源总量 322.63×10^8 m³，占全省的 90.1%。其中地表水占全省的 66.6%，河网稠密，众多河流发源于此，以长白山火山锥为中心，松花江、图们江、鸭绿江呈放射状流向东、北、西三个方向。地下水资源占全省 45.5%，地下水以大气降水补给为主，地下径流和排泄条件良好，季节性泉多。长白山天然矿泉水资源丰富，是国内少见的矿泉水集中地区，已通过国家级和省级鉴定的矿泉水产地 162 处，允许开采量 23.7×10^4 t。长白山地区年平均降水量 700 mm 以上，蒸发量较小，属湿润半湿润地区，河流水量多、含泥沙量少、水能丰富，水力资源占吉林省的 76.3%。

表 12.4　吉林东部矿泉水资源分布

水源地类型	日开采量 /(m³·d⁻¹)	总允许开采量 /(10⁴ m³·d⁻¹)	主要分部地区	占全省比例/%
特大型	>10 000	15.86	白山、延边、通化	48.95
大型	1 000～10 000	10.24	白山、延边	31.60
中小型	<1 000	2.67	通化	8.20

（三）矿产资源开发利用

长白山地区矿产资源比较丰富，已发现矿产 130 余种，探明储量的 80 余种，矿产地 760 余处，已开发利用的有 77 种。硅藻土、硅灰石等 10 余种矿产储量居全国首位。镁保有储量居全国第二位，钼、宝石保有储量居全国第三位。硅灰石、硅藻土、火山渣等非金属矿产，是吉林省出口贸易的主要矿种。

能源矿产以煤为主，开采品种主要有褐煤、长焰煤、焦煤、气煤、贫煤和少量无烟煤，多以原煤为主。油页岩和地热主要分布在桦甸市、安图县、抚松县和临江市，但开采规模很小。金属矿产品种较多，其中铁的生产能力基本得到了发挥，而储量丰富的镁开采规模却很小。非金属矿产的开采普遍存在着精加工水平较低，矿山企业经济效益不好的现象。总的来说，矿产资源开发利用"三率"指标都偏低，开采方式粗放，生产技术、设备落后，对资源的破坏和浪费严重。矿产勘察程度低，后备资源不足，但矿产资源分布相对集中，为规模化、集约化开发提供了条件。

表 12.5　长白山地区主要矿产开发利用情况

	矿产种类	产量/(10^4 t)	产品
金属矿产	铁矿石	408.81	铁精粉、富矿粗粉
	铅锌矿	0.80	精矿
	镍矿	39.60	高冰镍
	钼矿	64.73	钼精粉
	镁矿锑矿	很少	
	金矿	171.53	金精矿、成品金
	银矿	13.30	精矿
非金属矿产	石灰岩、大理岩、硅灰石、硅藻土、硼、石膏、泥炭、耐火黏土、火山渣、膨润土、浮石、石墨、沸石	5 598.18	

资料来源：吉林省发展和改革委员会. 吉林省矿产资源"十一五"规划[R]. 2006。

（四）土地资源开发利用

长白山地区是一个以山地为主的区域，水热条件随海拔升高而发生规律性的变化，从而引起土壤和植被的相应变化。宜农土地大部属于积温较高的河川地和高阶地，以及熔岩台地和坡度较小的丘陵及低山下部。本区除熔岩峡谷和极严寒的高山部分和沼泽外，基本都属于宜林地，土壤为暗棕壤，腐殖质多，土层较厚，排水良好，土壤湿润，肥力较高，适宜各种树木的生长。宜林地与某些宜农地交错与重复分布。由于长白山地区的自然条件适宜，且大部分为宜林地，故本区的土地利用应以林地为主。

区域土地利用主要是林、农两个方面，基本上是粗放经营。林业以采伐为主，多年忽视造林和抚育；农业用地由于开发历史不长，集约化程度不高。畜牧业和多种经营用地利用率不高，人参用地虽然近年有些好转，但参后还林一直未能从根本上得到解决。林业用地占绝大部分，但林业经济效益不高。耕地面积虽然较少，但已达到或超过开发极限，出现大量坡耕地。本区林下草地、草甸、草坡分布普遍，但多年来并未得到很好的利用。城镇、乡村居民点、工矿、交通等占地严重，并还有继续发展之势。

（五）旅游资源开发利用

长白山地区旅游资源特色突出，除有长白山天池、原始森林、火口湖群、喀斯特地貌等优美自然风光外，抗联遗址、民族风俗、风土人情都是旅游价值很高的资源,东北"三宝"以及山野菜、山果、药材、皮毛兽、野禽等珍贵长白山特产对旅游者也具有极大的吸引力。著名的旅游胜地有长白山自然保护区、集安高句丽古墓群、龙湾群国家森林公园、松花江三湖保护区、蛟河拉法山红叶岭自然保护区。现已建成 A 级以上旅游区景点 33 个。

长白山地区旅游资源丰富,但目前开发的景点却很少,仅围绕长白山自然保护区进行了部分建设。许多景观奇特,足以吸引游人的地方都没有开发利用,或者仅处于开发的初级阶段。长白山地区人文景观的开发,目前还没有纳入长白山旅游业发展规划,不仅带来保护区内旅游活动的超负荷,而且使其他可开发利用的旅游资源被白白浪费。同时围绕长白山自然保护区所开展的旅游活动,规模越来越大,给自然保护工作带来很大的麻烦,自然资源遭到破坏、环境受到污染。因此,对长白山区的旅游资源应该充分挖掘利用,并注意对保护区自然环境的保护。

二、区域产业发展与功能特征

长白山地区属于山地资源经济,大多数产业依托资源优势发展,资源型经济成为区内经济的支柱。生态产业逐渐在本区兴起,生态食品加工业、生态旅游产业、中医药产业蓬勃发展,使长白山成为生态产业的形象核心。目前本区三次产业比重为 19.4∶36.4∶44.2。第一产业增加值达到 3.05 亿元,农业和农村经济结构调整步伐加快,农村经济全面发展。第二产业增加值达到 5.72 亿元,农副产品加工业、土特产品加工业、旅游产品加工业、林木加工业等初具规模。第三产业增加值达到 6.94 亿元,第三产业依托旅游业发展比较快,在三次产业中占有较大比重。今后将重点发展生态旅游、生态食品、现代中医药、特色农业、林木加工等产业,推动长白山生态经济的发展。

(一) 旅游产业以生态为中心

长白山地区的旅游业以生态旅游为主导,在保护中开发,整合长白山资源,打造长白山品牌,逐渐壮大旅游经济。目前已经形成南、西、北 3 条旅游线路、14 个景区、多个旅游景点,以长白山天池为中心的生态旅游产业蓬勃发展。2006 年旅游经济综合收入达到 3 亿元,旅游市场日趋繁荣,带动了交通运输、商贸餐饮等服务产业整体水平的提高。

随着旅游资源的开发,区域内旅游景区获得快速发展,服务水平不断上升。辖区内国内旅行社 3 家,规模以上旅店 45 家,其中二星级以上酒店 12 家,日可接待游客 5 000 人次;规模以上旅游购物店 32 家。

通过整合旅游资源,重点发展森林旅游、冰雪旅游、民俗旅游、红色旅游、边境旅游等拳头旅游产品，把生态旅游开发与生态文化宣传联系起来，开发精品旅游线路。实现"一个龙头，两条主线，三张王牌，四个特色区域旅游发展框架，构建一山两线连四区"的总体格局。把特色区域和景点有机联系起来，完善旅游基础设施，开发区域特色的旅游商品，力争把旅游业发展为区域经济增长点和支柱产业。

（二）食品产业以健康为特色

长白山林下动植物资源丰富，以长白山山珍和矿泉水等为原料发展起来的生态食品产业已具有鲜明的地方特色。生态食品以健康为中心，充分利用当地资源，以人参振兴工程和野生动植物资源开发为重点，建设一系列生态食品基地。长白山天然矿泉水日可采量大，含有多种微量元素，对人体健康非常有益，目前已形成矿泉水基地，实施矿泉水资源开发保护工程。由建设生态食品园到发展生态食品基地，生态食品产业有了很大的发展。长白山地区特色健康食品主要面向俄罗斯、朝鲜和韩国出口，但目前所占出口份额还比较小，应该积极促进出口创汇型增长。

（三）医药产业以"北药"为特色

建设以长白山野生动植物药材为资源的现代医药产业，围绕长白山特色中药材资源的保护、利用和开发，打造"吉林长白山中药"品牌，建立具有吉林特色的我国北方现代中药及生物制药生产基地，为国内外提供疗效确切的名特优现代中药及生物制药产品，保持和增强吉林省现代中药及生物制药科技产业的竞争优势。通化市、延边朝鲜族自治州分别以"通化医药城"和"延边敦化医药城"建设为重点，建成长白山药材规范化生产开发基地和现代中药及生物制药基地，进一步加强与辽宁、黑龙江两省的广泛合作，建立"北药"开发联盟，形成区域优势。

（四）林业以可持续发展为原则

林业产业的发展要坚持可持续发展的思想，加快产业结构调整，壮大森林资源培育，加快森林旅游业和林下多种资源开发，不断延长产业链。按照实现现有加工业改制和由市场配置资源的原则，加快林产品加工业的发展，推动林产品加工业向深精加工转变，提高林产品的附加值，实现林业产业的健康、协调发展。最大限度地满足国民经济发展和社会进步对林产品不断增长的多样性需求。依靠科技进步，不断提高林产品的科技含量，实现林业产业经济增长方式由粗放型向集约型转变。进一步调整林业发展战略，实现"五个转变"，即：以木材生产为主向以生态建设为主转变；以采伐利用天然林为主向全面经营培育自然林转变；由毁林开垦和以牺牲生态环境为代价发展向退耕还林和追求可持续发展转变；由无偿占用森林生态效益向有偿利用森林生态效益转变；由部门办林业向全社会办林业转变。

三、区域生态环境保护

长白山地区在资源利用开发的同时应遵循自然规律和经济规律，注意恢复原有的自然生态环境，坚持开发与保护并重，实现可持续发展，促进经济效益、社会效益与生态效益的统一。

保护长白山水资源环境，注意水资源的合理开发、优化配置和有效保护，确保重要水系达到环境功能标准，特别要实施饮用水源地保护。

加强河流上游水土流失与面源污染防控体系的科学研究，摸清水土流失与面源污染现状，分析水土流失与污染动态关系，全面掌握水土流失与面源污染过程，制订科学的防控措施体系。以生态沟建设为切入点，结合原有村落形态和布局机理，少占地，不改地形，建设具有山区特色的依山傍水、错落有致的小山村立体空间形态。

实施长白山天然林保护工程，大幅度降低天然林的采伐量，全面禁止截伐，鼓励适宜择伐，维护长白山林区的生态环境和原始物种，避免人为造成森林的逆向演替和退化。培育森林资源，进一步推动全社会开展造林绿化，采取人工造林、飞播造林、封山育林等多种方式造林，加快经济林、速生丰产林、生态林和水源涵养林建设，更新造林，搞好森林抚育和低质低产林改造。加强森林病虫害防治和森林防火工作，严格执行森林采伐限额和林木采伐许可证制度，建立森林资源有偿使用机制。

根据长白山自身的特点，旅游发展定位于自然生态旅游，开发方向基于自然生态环境和旅游资源的生态旅游，在旅游环境承载力的约束下开发，完善基础设施建设，在科学规划合理开发各类旅游资源的基础上，对容易遭受破坏的资源直接采取保护措施。

建立各种类型森林及野生动植物自然保护区，保护和抢救珍稀野生动植物，维护长白山区生物多样性、长白山区生态资源和生态环境。重点以国家级、省级自然保护区为核心，以市州级自然保护区为网络，以县（市）自然保护区和自然保护小区为通道，构建类型齐全、布局合理、生态效益和社会效益明显的自然保护区体系。

第三节 工矿业与医药产业基地建设

一、工矿业产业基地

(一) 能源产业基地

1. 煤炭生产基地

吉林省探明的煤炭保有地质储量,主要分布于东部的白山市、延边朝鲜族自治州等地区,目前已经建有延边、白山两个产量超千万吨的煤炭生产基地。

延边的煤炭资源集中分布在珲春,探明储量 7.78×10^8 t,远景储量 12×10^8 t 以上,是吉林省最大的煤田。通过对英安煤矿的技术改造和改扩建、八连城煤矿的扩建、板石一矿的建设、城西煤矿的恢复,珲春矿区最终将达到 500×10^4 t 规模,形成延边地区动力煤生产基地。同时,以电力和煤炭生产建设为重点,通过珲春电厂二期和三期扩建工程、板石二井建设工程、采煤塌陷治理工程、金山矿业煤炭开采扩建工程等一批项目的建设,珲春将成为吉林省东部重要的能源生产基地。

白山市煤炭储量居吉林省第一位,原煤产量约占全省产量的1/3。大多数原煤直接出售,资源利用率低。应改变煤炭的单一生产和销售,提高产品附加值,以煤炭深加工为主,开发型煤、精煤系列产品,延长产业链,发展接续产业,将资源优势转换为经济优势,市场前景必将非常广阔。目前,白山市正在大力推进煤炭资源整合,合并小矿井,增强安全系数,提高生产力,做大煤炭产业。

通化地区整合煤炭资源,淘汰落后产能,提高技术装备水平,加强煤炭瓦斯等安全综合治理,实现安全高效生产,建设现代化煤炭矿区。主要加快通化矿业集团八宝立井的 180×10^4 t 扩建、松树矿 120×10^4 t 达产速度,同时依托长白矿区资源优势,加快勘探和规划建设,把通化矿业集团公司打造成 500×10^4 t 以上的焦煤企业集团。

2. 油页岩基地

油页岩是重要的油气替代资源化石燃料,属新能源。吉林省油页岩资源丰富,理论推测总资源量约为 $3\,000\times 10^8$ t,已探明资源储量为 174.26×10^8 t,占全国油页岩探明资源储量的55%。

吉林东部油页岩资源主要分布在吉林的桦甸市和延边的汪清县,其中桦甸市油页岩储量超过 30.6×10^8 t,地质储量 5.02×10^8 t,可开采量 3.16×10^8 t,加权平均含油量为10.81%,油页岩品位高。汪清境内现已探明

油页岩储量 5.46×10^8 t，其中可利用工业储量 3.17×10^8 t。

计划建设的桦甸、汪清油页岩综合开发项目，充分开发利用储量丰富、品质较好的吉林桦甸油母页岩矿藏，生产页岩油，利用干馏炉不能利用的小块页岩及页岩半焦进行发电，用电厂页岩灰生产水泥及砌块等建筑材料，对减少资源浪费、减少大量排放页岩灰造成的污染，具有重要意义。桦甸油页岩综合开发项目已于 2003 年 11 月经国家发改委批复立项，并于 2004 年 7 月被纳入吉林老工业基地调整改造范围。该项目主要包括油页岩开采、干馏、发电和新型建材四个子项目，包括建设年产 285×10^4 t 油页岩的矿井，年产 20×10^4 t 页岩油的干馏厂，2 台 5×10^4 kW 机组的热电厂，年产 120×10^4 t 水泥、20×10^4 m³ 陶粒的建材厂，总投资 27.5 亿元。

3. 水资源开发基地

吉林东部河流水量多、泥沙含量少，水能丰富，水资源开发较早，大中小型电站俱全，小型电站多为径流式，可开发水能资源总量为 500.81×10^4 kW，其中 98% 集中在东部长白山区。吉林省可开发的水力发电站点计 662 处，其中大型（25×10^4 kW 以上）4 处，中型（$2.5\times10^4\sim25\times10^4$ kW）24 处，小型 634 处，总计可开发电能约 129.15×10^8 (kW·h)/a。水能资源超过 1×10^4 kW 的县（市）都集中在长白山区周围，已建成达标的 12 个农村水电初级电气化县都分布在长白山区，包括了由水利部门管理的 6 个县（市）的农村电网。

东部地区还将继续建设通化市桃园水利枢纽工程、白山市曲家营水利枢纽工程。拟建的项目有蛟河团山子水库工程、"引龙入梅"工程、集安山城子水库工程、白山市西北岔水利枢纽工程、抚松县城市供水工程、延边烟集水利枢纽工程、汪清明月沟水利枢纽工程、敦化大川水利枢纽工程、和龙市红旗河引水及松月水库二期工程。

4. 新能源基地

长白山地区蕴藏着丰富的地热资源，地热田位于长白山天池至二道白河地区，包括天池、二道、黄松蒲三个地热区。

长白山地热田的热源能量来源于岩浆房，天池湖水和大气降水是地热田地热流体的主要补给源。长白山地热作为一种新型的绿色能源，其开发利用符合我国能源产业发展方向，有利于提高人民的生活质量。如果地热资源能得到合理的开发利用，将会大大促进长白山地区经济发展，对创建节约型社会起到极大的推动作用。目前对地热资源开发利用的相关工作已经展开，即将建立长白山地热基地。

（二）金属和非金属矿业基地

金属矿产已开采的矿种有铁、铜、铅、锌、钼、镍、镁、锑、金、银 10 余种。其中铁矿石年产量 408.81×10^4 t，产品为铁精粉和富矿粗粉；铅锌矿石年产量 0.8×10^4 t，产品为精矿；镍矿矿石年产量 39.6×10^4 t，回采率达 90% 以上，产品为高冰镍；钼矿矿石年产量 64.73×10^4 t，产品为钼精粉；金矿矿石年产量 171.53×10^4 t，产品为金精矿、成品金；银矿矿石年产量 13.3×10^4 t，产品为精矿。非金属矿产共开发 66 种，主要矿种有石灰岩、大理岩、硅灰石、硅藻土、硼、石膏、泥炭、耐火黏土、火山渣、膨润土、浮石、石墨、沸石，总产量 $5\,598.18\times10^4$ t。

东部地区的主要矿业基地有延边矿业基地和通化—白山矿业基地。延边矿业基地内有 6 个铁矿、2 个大型金矿、2 个中型金矿、10 个小型金矿、3 个宝石矿，还有多处建材类非金属矿，是重要的黄金、建材工业基地。目前已形成了珲春黄金生产基地；安图黄金生产基地，汪清灰岩、大理岩生产基地等。

通化—白山矿业基地是吉林省金、钴、铜、铁多金属成矿区，以及硅藻土、石膏、火山渣等矿产最为集中的地区。区内有 1 个大型和 19 个中小型铁矿、1 个大型和 5 个中小型硅藻土矿、1 个大型和 3 个中型石膏矿、1 个大型火山渣矿、2 个中型和 8 个小型金矿、1 个小型镍矿。区内以优势资源为依托，以通钢等现有工业为基础，构成全国重要的钢材生产基地和黄金、建材矿产基地。目前已形成了通化钢铁生产基地、白山—通化黄金生产基地、长白—临江硅藻土生产基地、白山—通化石膏生产基地、辉南火山渣生产基地、辉南石灰岩生产基地等。

（三）矿泉水生产基地

吉林东部矿泉水类型多样，除分布普遍的偏硅酸型、锶型、偏硅酸锶复合型矿泉水外，还分布有碳酸（即含气）型、锂型及高矿化型矿泉水。矿泉水主要分布在长白熔岩台地（临江、长白、抚松、安图、和龙等市/县）和靖宇熔岩台地区（靖宇、辉南、柳河等县），面积约 3.33×10^4 km^2。天然矿泉水多以泉的形式出露，多大型、特大型矿泉水水源地，经勘察评价，矿泉水资源量达 23.33×10^4 m^3/d，占全省总量的 65.09%；远景资源储量大于 33.18×10^4 m^3/d，允许开采资源总量达 20.23×10^4 m^3/d，占全省总量的 62.43%。从矿泉水水源规模而言，允许开采量大于 10 000 m^3/d 的特大型矿泉水水源地全部集中分布在白山、延边和通化地区，总允许开采量达 15.86×10^4 m^3/d，占全省总量的 48.95%；允许开采量 1 000～10 000 m^3/d 的大型矿泉水水源地主要集中分布在白山、延边两地，其总允许开采量为 10.24×10^4 m^3/d，占全省总量的 31.60%。

在已探明的 333 处天然矿泉水水源地中,已有 79 处得到初步开发利用,年产量近百万吨,年产值近 15 亿元。其中产量在 5×10^4 t/a 以上的企业有 9 家,分布在白山和延边地区,9 家企业的总生产规模达 87.2×10^4 t/a,占吉林省矿泉水生产规模的 87% 以上,初步形成了靖宇、抚松、泉阳和安图二道白河 4 个矿泉水生产基地,天然矿泉水已成为吉林长白山地区特有的资源和优势产业。在产品开发上,以饮用天然矿泉水为主,其次为矿泉饮料、矿泉啤酒、果酒等。其产品销售已覆盖华北、华中和东北广大地区,逐步占领了北京、天津、大连、长春等北方大城市部分矿泉水市场,矿泉水产业已步入一个新的发展阶段。

二、医药产业基地

(一)以中药和生物制药为主体的医药产业结构

近年来,吉林省充分利用长白山地区丰富的药用动植物资源,重点扶持和建设了吉林敖东等 20 个国家及省级企业技术中心,建立了自主开发和对外合作的专业队伍,构建了从中药材资源标准到新药开发、工业化中试、产品质量检测等比较系统的公共研发与检测平台,形成了社会公共研发平台和企业自主技术研发平台相结合、充满活力的现代中药及生物制药科技支撑体系。医药企业的大规模 GMP 改造已经完成,企业装备水平明显提升。中药及生物制药产业总量占医药产业总量的 70% 以上,以中药及生物制药为主体的医药产业已成为吉林东部资源利用率高、发展速度快、效益好的优势产业之一。

医药产业不断发展的同时,也面临一些发展问题,主要表现为:①现代中药及生物制药企业规模普遍较小,对产业发展带动作用不强,缺少具有突出竞争优势的大型现代中药及生物制药企业集团,直接影响了吉林东部现代中药及生物制药产业的发展壮大。②现代中药及生物制药大品种的更新换代问题紧迫,由于发达地区新上现代中药及生物制药产业项目一般都是规模大、起点高,一批原本销路好的大品种的竞争优势受到挑战,在国内有知名度、竞争优势明显的产品不多,特别是新产品市场培育期较长,培育大品种尚需要相当长时间的市场开拓。③政府引导性科技投入仍显不足,对中药材资源保护缺乏统一的组织协调,致使野生中药材资源掠夺式采集严重,加工项目低水平重复问题仍然存在。④产业组织化程度不高,多数企业还处于相对封闭、自我发展状态,企业与企业之间各自为战,缺乏协调与合作,产业集聚的优势没有充分发挥。

(二)医药产业空间分布

以敦化敖东医药产业为龙头,由吉林药业、蛟河中国北药高新技术园区、长白山中药加工企业集群,以及安图、延吉等医药业,组成医药产业带。以"通化医药城"和"延边敦化医药城"建设为重点,建成长白山药材规范化生产开发基地和现代中药及生物制药产业基地。

通化医药城建设立足通化市药材资源和生产优势,构筑以医药工业为龙头,集医药工业、医药流通、医药科研、医药教育、中药材基地五位一体全面发展的产业格局,形成了以企业为主体,大专院校、科研机构为依托,政府引导扶持的新型运行机制,提高了"医药城"整体功能和形象,逐渐发展成为集生产、科研、经贸发达的中国"药谷"和国际化医药名城。并以万通、金马、修正、东宝药业为龙头,以中药现代化、生物制药和滋补产品为代表,形成五大医药走廊,即通化—集安公路出口的金厂医药走廊、通化—快大沿线医药走廊、通化—二密医药工业走廊、梅河口市北环路医药走廊、辉发河沿岸医药走廊。

延边敦化医药城建设以敦化市为中心,以安图为辐射点,贸工农并进,产加销并举,形成带动相关产业发展的制药经济体系,实现制药行业现代化、规模化、国际化。以敖东药业为龙头,通过调整布局、优化结构,组建拥有自主知识产权的公司、大集团,建设集药材基地、科研、工业、商贸为一体的"敖东医药城";以华康制药为基础,建设以现代中成药为主,集生化医药、动物药物为一体的"华康园区"。

吉林蛟河医药园区建设形成了"五大集团、三大园区、两大基地"的制药工业中心格局。五大集团为吉林九鑫、恒和、远东、神华、招商五个产值10亿以上的大型企业集团;三大园区为高新医药园区、吉林经济医药园区、九鑫医药园区;两大基地为化学原料药基地、GAP中药材种植基地,以及蛟河与中晨集团合作开发的北药基地。另外,规划建设中国北药中药高科技产业园,产业园为集人参、鹿茸、五味子、林蛙等长白山资源种养、加工、深度开发、市场销售于一体的生物制品加工基地,占地面积 18 km^2,形成一带五区,即北药拉法河自然亲水景观带、北药生命高科技工业园区、北药经贸物流服务区、北药中医药科研教学区、北药生活养生休闲区和北药产业金融服务区。

(三)医药产业集群的形成

作为高新技术产业中的一枝新秀,吉林东部生物医药产业近年来得到了长足的发展,已呈现出了集群效应。其中,通化市是医药产业集聚地,也是医药产业集群的代表区域。通化市依托长白山丰富的药材资源,先后发展起来了通化东宝、修正、茂祥等68个以中药为主的生产企业,占吉林省药业利润的近80%。

通化医药产业集群的发展历程可以分为初始、极核、形成和快速发展四个阶段。

初始阶段（1985年以前）：产业空间运动以集聚为主导，呈现地方空间型的地域组合形式，主要是近域扩散，以点扩展型空间形态为主。此阶段建立起来的医药企业属于低成本型医药生产企业，生产工艺多采用传统工艺，产品档次较低，也采用传统工艺与现代科学技术相结合的生产工艺，推出了一定量的新产品。由于这一时期全国处于短缺经济时期，产品销路好，为企业的发展提供了广阔的市场，企业都能获得外部利益，竞争不激烈，大量类似产品生产形成规模经济效益，因而发展速度较快。但企业的规模较小，且分布分散，企业之间合作较少。

极核阶段（1986~1994年）：聚集和扩散并重，呈现跨区域空间型的地域组合类型，邻域扩散、点扩展、点轴辐射等空间形态同时并存。这一阶段由于政府的干预，银行为医药企业发放贷款，大量社会资金投入建厂，加上大批企业迁入，通化市制药企业数量大幅度增加，原来的药厂纷纷扩大规模，通过企业自身规模的扩大来产生规模优势。为了利用城镇的基础设施和技术力量，企业不断向城镇集聚。企业间的联系也迅速建立，各县、市、区中的有关工业、部队、农业、劳动、卫生、特产、二轻、商业、乡镇等部门相继通过横向联合、合作等形式建立了一批制药分厂，企业基本完成了原始资金的积累。

形成阶段（1995~1998年）：1995年，提出建设"通化医药城"宏伟目标，政策的优惠使通化医药经济进入了一个新的发展时期。制药企业由1995年的48户，发展到1998年的59户，企业规模有所扩大。同时，企业由原来追求数量规模转向追求质量和高附加值方向发展，重点发展中药制药和生物制药，专业化分工更加完善，为了避免集群内过度竞争和促使集群发展，不同组织关键决策制定者之间的相互诚信关系，如联合协商、共担风险、非正式联盟和有关交易关系的互惠安排等，是这一阶段的主要特征。随着通化市经济迅速发展，通化市医药产业已经成为全市的支柱产业。医药产业集群发展所积聚的人流、物流、资金流以及信息流，带动了运输、仓储、电信等十余种行业的发展。

快速发展阶段（1999年以后）：1999年至今，医药生产企业数量不断增加。先后有东宝、金马、玉金、天泰4户企业进入全国中药制药企业50强。10户企业被命名为吉林省医药知名企业，占全省医药知名企业总数的60%。这一阶段企业、大学、研究机构、中介、金融和政府间形成互动机制，彼此交换关键信息，促进创新和生产能力的升级。由于企业规模进一步扩大，部分企业开始向异地发展，在全国各地建立营销网络，或在大中城市重建企业总部，促进了相关医药企业之间分工与合作。东宝在北京建立了研发中心，通化各药厂都成立了全国销售网络，并成立销售公司。为加快企业 GMP 改造和认证步伐，企业不断进行深化改革，全市医药工业股份制已达 28 户，有限责任公司达到 14 户。重点产品产量增加，开发的国家一类新药 12 个，国家二类新药 34 个，产品品牌形象逐渐树立。

第四节　"东边道"建设与对外开放

一、东边道建设规划背景

（一）新中国成立前东边道的建设

"东边道"最早是对清政府修筑的"柳条边"墙以东的东北东部地区的泛称。鸦片战争后，日俄为掠夺东北资源纷纷在东北修建起铁路。沙俄于 1898～1903 年在东北地区修筑了两条铁路主干线，一条是自西向东的满洲里至绥芬河铁路，另一条是自北向南的经哈尔滨、长春、沈阳、大连的南满铁路（即哈大线）。这两条铁路呈"丁"字形将东北分为三块，其中哈大线以东、满绥线以南的地区，被称作东边道地区。

"九·一八"事变后，日本占领东北，在东北东部地区修建了一些放射线状铁路，1933 年 8 月长春—图们铁路全线贯通，后在此基础上，在东北东部又修建了南北纵贯铁路。其中敦图线以北铁路包括图宁（今牡图线）、兴宁、绥宁、珲春线，敦图线以南铁路包括安仁、通仁、能临、朝抚、碱仁、安大至大东港等线，总长度 1 001 km。这批铁路构成一条以鸭绿江江口的丹东（原安东）为起点，连接凤城、灌水、宽甸、桓仁、通化、靖宇、抚松等地，并与长图线相接的"东边道"。1945 年年初，苏联红军进入东北后，将绥宁、兴宁、珲春三线拆除，器材掠走，路基破毁，只有部分路基和桥涵仍可用。

（二）新中国成立后东边道的修复

新中国成立后，以原有铁路为基础，修建了长林线大阳岔—二道白河段。规划中的长林铁路，自大阳岔向东北经湾沟、松树镇、松江河、泉阳、露水河、三道乡，与长图铁路的和龙支线接轨，建成后可通过鸭园、龙井，沟通梅集线和长图线。但由于此时东北铁路的运输任务重点发生了转变，由南北走向变成了东西走向，以便将物资运向关内，于是白河—和龙段一直未能建成，成为断头路。

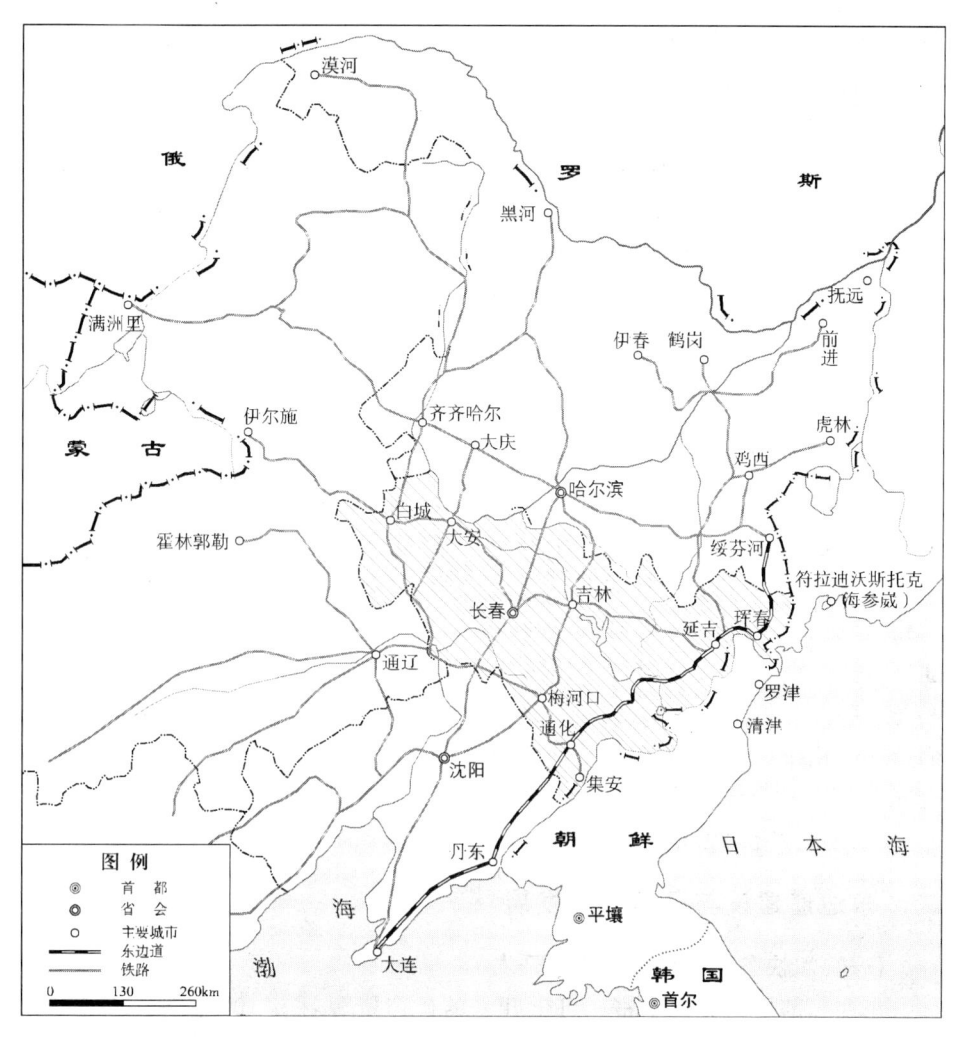

图 12－1　吉林省东边道铁路走向图

（三）现阶段东北交通的瓶颈

东北地区的物流、人流主要集中于东西方向，但是主干线铁路入关集中于山海关一点，使得京沈线负担太大。并且东北加工业主要集中在哈大沿线地带，货流基本是由东西两翼向中部集中，由哈大线承担几乎全部南北物流，运输都集中在哈大线这一条主干线上，风险极大，而哈大线由于原本的技术起点就很高，以后又经过多次改造，可改造的潜力已接近极限。另一方面，许多原本设计经朝鲜去往日本方向的支线铁路现在在末梢成为"断头路"，无法形成网络，只有本地运量而缺少通过运量，无法形成规模效益。并且为了与哈大线相通必须反向运输，不得不在长春、四平、梅河口、沈阳等地区折角。

（四）规划东边道铁路的预期效益

"东边道"建成后可促进东北东部交通系统的整合，形成纵横交织、具有跨境性质、深入腹地、连通出海口的"海陆大通道"。关内物资可经东边道运往东北腹地，从而缓解哈大线的压力。并且"东边道"可沟通东北东部 10 多个市和 30 多个县，辐射总面积 $22×10^4$ km²、人口 1 800 多万，这些地区大多是资源极为丰富但经济又相对落后的边境地区，建设"东边道"可促进沿线地区经济发展，扩大对外开放，加快我国进出口贸易的发展，对支持东北老工业基地振兴和边疆少数民族地区发展都有重要意义。

1997 年，铁道部委托下属第三勘测设计院编制了《牡丹江至大连铁道东北"东边道"可行性研究报告》，并于 1998 年年初提出了恢复和建设"东边道"铁路的可行性报告。2005 年"东边道"铁路建设项目通过铁道部批复，正式进入建设日程。2006 年 4 月 28 日，"东边道"铁路重要路段白河至和龙段动工建设，"东边道"建设步入实施阶段。"东边道"建设近期将新建 3 段铁路（和龙至白河、新通化至灌水、前阳至庄河），将既有的 13 条铁路线连通（哈大、金城、城庄、丹大、沈丹、凤上、新通化、梅集、鸭大、浑白、和龙、朝开、长图），实现北起黑龙江省牡丹江市的绥芬河，途经吉林省的图们市、通化市，辽宁省的本溪市、丹东市、庄河市，南抵辽宁省的大连市，全长 1 380.33 km，远期还将向北延伸至黑龙江省抚远县，形成长达 2 322 km、与哈大线并行的东北东部大通道。

二、东边道建设与区域经济发展

（一）加快东北东部地区资源开发

东北东部地区资源丰富，可供开采的矿产资源就有 100 多种，其中煤炭达 $149×10^8$ t，铁矿石 $188×10^8$ t，此外还有金、银、铜、铅、石棉、石灰石、大理石、石膏、火山渣等。白山市炼镁用的白云岩、硅藻土储量居全国之首。另外森林资源和水资源丰富，有近 $10×10^8$ m³ 的木材采伐量，矿泉、温泉已发现多处，尤其是矿泉水开发的前景十分广阔。"东边道"建成后，将有效地沟通东北东部地区和东北经济重心的中部地区以及沿海发达地区的联系，从而促进这些资源更快得到开发，带动区域经济快速增长。

（二）打通东北东部接续产业发展的"瓶颈"

东北东部地区经济发展以资源开采为主，资源型城市多且集中，发展水平较低，大多面临着产业转型。资源型产业要向加工制造业转移，接续产业的发展都需要便利的交通条件支持，而东北东部地区处于东北交通运输网络的末梢,"断头路"较多,出海或进入沿海发达地区必须绕经哈大线和京哈线,这样运输距离加长、运输费用增加,给资源城市产业转型带来严重的交通制约。"东边道"开通后,东北东部的物资出海就可以不再绕道哈大线到大连港,而是从"东边道"的最南端丹东港直接出海,运距大大减少。绥芬河到丹东港的运距比绕道哈大线至大连港近 356 km,运距减少 1/3;延吉到丹东港的运距,比绕道长大线至大连港近 465 km,运距减少 2/5;通化到丹东港的距离,比绕道梅集线至大连港近 508 km,节省运距 2/3。

(三) 加快东北东部对外开放的步伐

"东边道"的建设远期规划将拓展至黑龙江抚远,这样就可以形成一条与俄罗斯、朝鲜接壤长达 2 000 km 的东部边境交通大通道,从而形成南出黄、渤海,北上俄罗斯,东进朝鲜、俄罗斯,西经欧亚大陆桥联系欧洲的对外开放格局。同时,东部边境交通大通道的建设可增强货物进出关的能力,还可以把东北东部地区 20 多个边境口岸连接起来,整合成分工明确的边境口岸体系,加强我国同东北亚各国的经贸合作,吸引国际资源要素在此集聚,沿"东边道"这一交通线将形成我国新的出口产品加工带。

(四) 促进图们江地区的经济合作

图们江地区是东北亚的几何中心,但是目前东北亚地区的主要交通通道只有一条东西向线路经过了图们江地区,这对该地区作为东北亚区域合作物流中心地位的加强、城镇系统的完善、区域经济的发展有一定的制约。图们江地区交通通道建设急需加强,"东边道"的建设将引起各国对此问题的重视,带动图们江地区交通建设的热潮。这样,跨境交通通道的建设就成为图们江地区国际合作的首选内容。图们江地区交通通道的完善,是图们江地区经济合作的基础,也是经济合作的一部分,这对整个图们江地区国际经济协作发展有极大的促进作用。

(五) 增强东北部边疆区域竞争力

"东边道"所经地区多数为少数民族地区,有十几个县(市、区)处于中朝边界,历史上这一地区发展比较缓慢,经济相对落后。这一地区要发展,必须首先通过交通的先行来提高区位优势,增强我国参与东北亚国际合作的竞争能力。"东边道"建成之后,韩、朝两国通过"东边道"经我国东北的大陆桥与亚欧大陆桥接轨比绕行俄朝西伯利亚大铁路节省运距 3 000 km。这样不但增强了亚欧大陆桥的国际联运功能,还有助于发挥我国东北南部港口的集疏运功能,与俄、朝、韩、日东北亚海上航运相竞争。另外,"东边道"的建设还有利于中部的经济、科技、产业优势的发挥,带动区域经济的整体发展,提高边境地区经济实力,从而增强区域经济的竞争力。

三、图们江地区的国际经济合作

图们江地区地理位置优越,地处东北亚区域中心,是中、俄、朝三国领土的交接点;有便利的水陆交通条件,从海上可与俄、朝、韩、日等东北亚各国及北美相通,从陆上可建成一条最便捷的亚欧国际大通道;另外,图们江地区有丰富的自然资源,发展前景巨大。因此,"东边道"的建设对促进图们江地区开发有重要的意义,将极大地推动东北亚国际社会经济的发展。

(一)增进东北亚各国之间的信任与开放

近年来,东北亚各国都在对"冷战"的后遗症进行清算,在领土争端方面各国都表达了希望通过和平谈判解决的主张,意识形态也不再成为国家间正常交往的问题,朝鲜南北双方实现了首脑会晤。但是与其他地区相比,本地区各国的安全感和国家间的信任感依然缺乏。交流是建立信任的基本途径。只有通过交流,才能增进彼此了解,才能化解猜疑、偏见与仇恨,才能建立起信任的利益基础。国家与地区之间的交流必须要有交流的物质基础,便利且成本低廉的交通运输是对国家与地区之间交流的直接支持。便利的交通运输通过推动跨国旅游的发展,通过增加边境地区公民的工作接触,不断扩大地方间人员交往,这种交流必然导致国内区域并带动所在国家整体开放的不断扩大。

(二)加强东北亚各国之间的经济合作

东北亚各国经济具有较强的互补性。俄罗斯资源丰富,但自然环境恶劣,劳动力短缺,资金和技术力量不足,基础设施薄弱;中国东北地区自然资源也相当丰富,劳动力充足,市场广阔,但产业结构层次较低,科技总体水平较为低下;日本和韩国资金充裕,技术先进,但资源极度缺乏,劳动力资源紧张,国内市场扩张潜力不大;朝鲜有丰富的劳动力和矿产资源,蒙古有畜牧资源和矿产资源,但两国的资金、技术都很缺乏。

交通运输基础设施的完善将为地区能源合作、货物贸易和人员流动等经济合作提供便利,加快这种潜在的互补优势向现实的经济优势转化。目前东北亚国际分工与合作发展进程缓慢,其中交通运输是本地区国际贸易发展的障碍之一。以东边道为主的交通运输体系的建设不但可以推动国际生产资本进入本地区,引导国际分工深入发展,同时通过降低运输成本,促进零部件、制成品等贸易的增长,推动技术和产业在本地区间快速传递。

通过交流增强各国之间的信任与开放程度,利用东北亚各国在资源与产业上的互补性,东北亚各国之间的经济合作将进一步加强,区域经济发展活力不断强化,从而实现区域各国的共同发展。

第十三章　中部台地平原农业与制造业区

章前语

中部台地平原农业与制造业区土地总面积 5.86×10^4 km²，约占全省总面积的 30.69%。该区地处东北亚腹地、东北地区的中心位置，为吉林省东部长白山地向西部平原地区的过渡地带，具有良好的区位优势和交通条件，区内形成了以长春市为核心，以铁路、高速公路、其他不同等级公路以及航空为主体的密集交通运输网络。区域内地形较平坦，土壤肥沃，农业生产条件好，农业生产水平高，是国家及吉林省商品粮基地的主要分布地区。区内分布着以长春汽车和吉林石油化工为代表的两大加工制造业基地，产业结构层次高于省内其他地区。中部地区人口稠密，城镇密集，城镇群发育，作为全省经济地域发展正、副极核的长春、吉林两市均分布在该区。中部地区已成为带动全省经济发展的核心区域，随着东北振兴与吉林省中部崛起战略的实施，既要承担带领全省经济发展的重任，又要完成国家商品粮基地建设，保证粮食安全的基本任务，未来发展任重道远。

关键词

省域经济发展极核地域；加工制造业基地；农业生产基地；长吉城市整合

第一节　优越的区位与交通运输条件

一、地处不同层次区域的中心区位

（一）东北亚层面

在东北亚地区层面，吉林省东接朝鲜和俄罗斯，隔日本海与日本相望，战略地位极为重要。吉林中部地区地处东北亚地区（包括日本、韩国、俄罗斯远东地区、朝鲜、蒙古以及中国东北地区）的地理中心，处于东北亚的腹心地带，作为东北亚区域地理中心的位置条件，其主要社会经济意义是承载东北亚区域各国社会文化交流的纽带，促进东北亚经济协作的枢纽和物资交流的中心。目前长春市已经建成了东北亚最大的物流中心，对加强东北亚区域各国和地区的经济联系具有重要的意义。

（二）东北地区层面

从东北地区层面，吉林省南接辽宁，北连黑龙江，西邻内蒙古，位于东北三省的中部，而作为吉林省地理中心的中部地区正好处于东北地区的区域中心位置，连接东北地区的交通主干线——京哈铁路、京哈高速公路通过吉林中部地区将辽宁、吉林、黑龙江三省紧密连接起来。目前，受国家宏观区域发展战略及吉林省经济总体发展的综合影响，吉林中部地区在整个东北地区的中心地位不突出，区域中心性总体指向作用还不明显，但是随着吉林省经济社会的不断发展和产业结构的整体提升，部分要素或产业的集聚作用已经显现，以汽车和石化为代表的产业集群已经初具规模。

（三）吉林省层面

从吉林省内层面上，吉林中部地区位于东部长白山地向西部平原的过渡地带，在地理空间上处于吉林省的地理中心。区域内长春、吉林两市是吉林省重要的交通枢纽，尤其是以省会长春为核心，形成了联通省内各地市、县的不同方向交通网络。因此，无论从地理位置上，还是交通条件上，吉林省中部地区都具有处于省内中心的区位条件。吉林省中部地区又是吉林省的经济腹心和发展重心，行政职能、经济职能和文化职能显著，是关系吉林省整体发展水平的结节地域。

二、密集的交通运输网络

（一）交通运输网络框架

吉林省属内陆型省份，交通运输业主要以铁路为主、公路为辅，航空运输、水路运输和管道运输均居次要地位，形成比较完备且较为密集的交通运输网络。吉林中部地区是全省交通运输设施密度最大的地区，铁路、公路运输发达，形成公、铁联合的交通运输网络。以长春、吉林、四平、辽源为主要交通枢纽的城市，成为中部台地平原区重要的物资集散地。此外，中部地区也是全省航空运输和管道运输的核心，不同运输方式构成的运输网络为中部地区的交通发展起到了积极作用。

表 13.1　吉林省中部地区陆路运输情况

运输方式	主要线路	途经中部主要县市	里程/km
铁路	哈大线（京哈线）	扶余、德惠、长春、公主岭、四平	259
	平齐线	扶余、德惠、长春、公主岭、四平	259
	沈吉线	吉林、永吉、磐石、梅河口	243
	长图线	长春、九台、吉林	148
国道公路	102 国道北哈线	扶余、长春、公主岭、四平	189
	202 国道爱大线	梅河口、磐石、永吉、吉林、榆树	407
	302 国道明沈线	吉林市、长春、农安	192
	303 国道集锡线	梅河口、东丰、辽源、四平	155

（二）完善的铁路运输网络

吉林省中部地区的铁路运输在客、货运量中占据重要地位，且增长迅速。2006 年，全省铁路货运量 $38\,829\times10^4$ t，客运量增长 29 050 万人，中部地区铁路货运量约占全省货运量的 47%，铁路客运量约占全省总客运量的 47.25%，充分显示了铁路运输的骨干作用，保证了本省大宗货物的运输。

目前，中部地区的主要铁路干线有哈大、沈吉、长图、长白等线。其中，哈大线是沟通本省南北的主要干线，也是连接哈尔滨、长春、四平、沈阳、大连等东北重点城市的重要干线；横贯全省东西的铁路线主要有长图—长白线、四平—梅河口线和四平—白城线。西行货运以铁矿石、煤炭、建材等为主，东行货物则以焦炭、钢铁及工业器材较多。中部地区的铁路运输保证了省内外的物资交流，促进了中部地区经济的快速发展。

（三）密集的公路运输体系

公路运输在吉林省中部地区交通运输网中担负着辅助铁路、沟通城乡的重要作用。近年来，吉林省的公路运输发展很快。截至 2006 年年底，中部地区有营运路线 300 多条，初步形成了以长春为中心，以吉林市、四平、辽源为副中心；以国、省干线为骨架，与支线相衔接的公路网体系。

通过吉林省中部地区的高速公路主要有长平高速、长吉高速、长余高速、长营高速和长春绕城高速等，国道有 4 条，即 102 国道北哈线、202 国道爱大线、302 国道明沈线和 303 国道集锡线；省道有 101 长吉北线、102 长大线、103 长东线、104 长郑线、105 长白西线、203 吉五线、302 营抚线 7 条。由高速公路、国道、省道组成的公路交通网络为中部地区同省内外的经济交流、资源开发和产业发展提供了良好的交通基础条件。

表 13.2　吉林省中部地区高速公路情况一览表

名称	起讫点	里程/km	分布与功能
长平高速	长春—四平	133	中部地区高速公路的建设主要以长春为中心，向外联系各地，不仅为中部地区整体经济的快速发展创造了条件，同时也在吉林省内部的高速交通网络中起到至关重要的作用。完善的公路网体系，给中部地区经济发展注入了新的活力
长吉高速	长春—吉林	84	
长余高速	长春—扶余	154	
长营高速	长春—营城子	69	
长春绕城高速公路		42	

表 13.3　经过吉林省中部地区省道干线

名称	起讫点	里程/km	分布与功能
101 长吉北线	长春—吉林	111	省级公路在中部地区主要以长春为中心向外呈放射状分布，形成连接六个地市的公路网体系。总长度约占全省省道的一半。其中长吉线基本与长吉铁路平行，是一条二级公路，其修建目的是为了缓解长春、吉林两个地区的运输需求
102 长大线	长春—大蒲柴河	357	
103 长东线	长春—东丰	162	
104 长郑线	长春—郑家屯	158	
105 长白西线	长春—白城	356	
203 吉五线	吉林—五常	113	
302 营抚线	营城子—抚松	259	

（四）省域航空运输枢纽

目前，吉林中部地区的长春龙嘉机场为国际航空港，可以起降波音 757 等大型飞机，通航城市达 40 多个。长春龙嘉国际机场的投入使用使吉林民航的客货运输都有较大的提高，它是省内最大的国内干线机场和空运口岸特定机场，可同时为省内两大中心城市提供航空服务，随着吉林省高速公路网的形成，龙嘉国际机场还将为白城、松原、四平、辽源、通化等省内城市群服务。龙嘉机场的建设在吉林中部乃至吉林省的经济发展和对外联系中发挥了重要的支撑作用。

第二节　省域经济社会发展的极核地域

一、省域人口、产业与城镇的集聚地域

(一) 省域人口分布密集地区

中部地区是吉林省人口分布最多的地区，也是人口密度最大的地区。中部地区土地面积仅占全省的 30.69%，但却分布着全省 60.85% 的人口，其中农业人口占全省的 63.16%，非农业人口占全省的 58.04%。人口密度为 278 人/km^2，远远高于东、西部地区和吉林省平均人口密度。

表 13.4　吉林省中部地区各县（市、区）人口分布状况

县（市、区）	土地面积 /km^2	总人口 /(万人)	农业人口 /(万人)	非农业人口 /(万人)	人口密度 /(人·km^{-2})
长春市市区	3 583.21	348.76	97.92	250.84	973
农安县	5 430.06	107.03	84.42	22.61	197
九台市	3 375.27	75.66	57.25	18.41	224
榆树市	4 723.77	126.62	107.47	19.15	268
德惠市	3 458.75	81.19	66.55	14.64	235
四平市市区	408.16	60.27	5.62	54.65	1 477
梨树县	4 206.85	77.16	60.38	16.78	183
伊通满族自治县	2 525.65	47.16	38.72	8.44	187
公主岭	4 172.55	105.81	72.95	32.86	254
吉林市市区	1 786.80	180.45	53.66	126.79	1 010
永吉县	4 613.89	39.22	30.13	9.09	85
舒兰市	4 562.66	65.72	45.85	19.87	144
磐石市	3 866.54	53.91	36.37	17.54	139
辽源市市区	220.09	47.78	9.08	38.70	2 171
东丰县	2 522.23	40.08	29.98	10.10	159
东辽县	2 396.39	35.36	28.51	6.85	148
梅河口市	2 174.21	61.77	35.70	26.07	284
扶余县	4 626.67	76.47	68.29	8.18	165
中部地区	58 653.78	1 630.42	928.85	701.57	278

资料来源："吉林省土地利用变更调查数据"、《吉林统计年鉴》(2007)。

在城市地域中，中部地区城市人口密度明显高于东、西部地区，其中长春、吉林、四平、辽源等四个地级城市的市区人口密度最大，分别为973人/km²、1 477人/km²、1 010人/km²、2 171人/km²。长春市中心城区（不包括双阳区）人口密度高达1 629人/km²，为吉林省人口密度最高的区域。而东、西部地区的白山、通化、松原、白城四个市区人口密度最高的为通化市，仅为614人/km²。

从各县（市）人口空间分布的比较上，中部地区各县（市）人口密度普遍高于东、西部地区。中部地区除永吉县和磐石市外，其他县（市）人口密度均高于吉林省平均人口密度（140人/km²），而东、西部地区除延吉、江源、辉南外，其他县（市）人口密度均低于吉林省平均水平，绝大多数县（市）低于100人/km²。

（二）省内经济与产业的集聚地域

吉林省中部地区不仅是人口密集分布地区，也是经济最发达地区和产业的密集分布地区，其经济总量、人均经济指标等社会经济指标在全省均占绝对比重。2006年吉林省全年实现GDP总量4 275.12亿元，中部地区就占70.33%，GDP总量为东、西部地区总量之和的2倍以上。GDP构成中，第一产业增加值432.56亿元，占全省的64.30%；第二产业增加值1 374.13亿元，占全省的71.75%；第三产业增加值1 199.96亿元，占全省的71.13%。中部地区2006年工业总产值为3 435.75亿元，占全省的72.29%；人均GDP高于全省平均水平，并高于东、西部地区。

中部地区的经济总量主要分布在城市，长春、吉林、四平、辽源四个地级城市市区的GDP之和占整个中部地区的62.29%，各县市GDP仅占37.71%，表明中部地区目前仍属于城市经济发展时期，县域经济发展相对薄弱。在四个地级城市中，长春市市区经济发展水平最高，其GDP总量，第二、第三产业产值，工业总产值，人均GDP水平均明显高于省内其他地市。在各县（市）中，磐石市GDP总量、第二产业产值、工业总产值以及人均GDP水平均为中部地区最高，榆树市第三产业产值为中部地区最高。

目前，吉林省中部地区的经济与产业发展已基本形成了以长春、吉林两市为增长极的区域带动发展模式，区域产业的集聚发展态势已经初步形成，基本形成了以交通运输设备制造业和化工为支柱、以农产品加工业为主导、以电子工业和现代医药工业为优势的产业结构体系。

表 13.5　吉林省中部地区各县（市、区）主要经济指标

县（市、区）	GDP/(亿元)	第一产业/(亿元)	第二产业/(亿元)	第三产业/(亿元)	工业总产值/(亿元)	人均 GDP/(元·人$^{-1}$)
长春市市区	1 267.18	21.81	722.18	523.19	2 002.66	36 334
农安县	124.06	42.58	32.52	48.96	23.51	10 979
九台市	93.49	14.41	35.31	43.77	33.11	11 297
榆树市	128.64	44.34	22.97	61.33	15.36	10 199
德惠市	127.83	38.87	38.80	50.15	65.79	13 985
四平市市区	95.94	21.3	46.35	28.28	118.74	15 918
梨树县	83.03	40.95	18.76	23.33	28.03	12 110
伊通满族自治县	38.99	14.34	7.57	17.08	9.34	8 862
公主岭	113.23	48.80	26.67	37.77	50.21	11 304
吉林市市区	405.58	20.56	212.31	172.7	725.46	22 476
永吉县	31.44	8.93	7.21	15.30	11.08	8 013
舒兰市	48.03	22.80	6.20	19.03	10.98	7 310
磐石市	139.12	21.56	72.51	45.05	116.51	27 647
辽源市市区	104.18	4.31	59.72	40.15	114.07	21 804
东丰县	37.71	13.12	13.02	11.56	26.31	9 405
东辽县	29.72	10.53	11.59	7.61	21.88	8 408
梅河口市	78.33	14.34	29.73	34.27	44.96	12 685
扶余县	60.17	29.02	10.71	20.44	17.75	7 931
中部地区	3 006.67	432.56	1 374.13	1 199.96	3 435.75	18 441

资料来源：《吉林统计年鉴》（2007）。

（三）省域城镇发展的核心区域

吉林中部地区是吉林省城镇等级结构体系相对比较完整的区域，也是全省城镇空间发展的核心区域。目前，省内两个人口超过 100 万的特大城市——长春市、吉林市以及一个人口在 50 万～100 万的大城市四平市均分布在中部地区，与东、西部地区没有特大城市和大城市相比，吉林中部地区的城市体系结构比较完善。目前中部地区已经形成由 2 个特大城市、1 个大城市、3 个中等城市、5 个小城市、201 个小城镇组成的城镇结构体系，城镇密度为每千平方千米 3.9 个，为吉林省域城镇密度最高的地区。

表 13.6　2006 年吉林省中部城镇规模结构

特大城市 （人口＞100 万）	大城市 （人口 50 万～100 万）	中等城市 （人口 20 万～50 万）	小城市 （人口＜20 万）
长春、吉林	四平	公主岭、辽源、梅河口	舒兰、磐石、德惠、九台、榆树

长春市是中部地区城镇结构体系的核心城市，目前，长春市以长哈、长吉、长白为主要城市轴带，呈现单中心扇形城镇发展格局，大都市地域的初始空间结构及城镇经济区逐渐发育。随着城市经济的快速发展，长春市城市职能不断增强，社会经济核心地位不断提升，对城镇发展的辐射和带动作用日益显现。

二、以长吉为主的省域增长极核

（一）省域社会经济的增长极

长春、吉林是吉林省内两个最为重要的城市，是吉林省社会经济发展的重心，对全省社会经济的发展起着重要的带动作用。截至 2006 年年底，长春、吉林两市（中部地区部分）总人口 1 078.56 万，占中部地区总人口的 66.2%，占全省总人口的 40.3%。并且，2006 年长、吉两市（中部地区部分）完成地区生产总值共计 2 365.37 亿元，占中部地区的 78.7%，占全省的 55.7%，同时，两市也是吉林省地级市中人均 GDP 最高的两个城市。这些数据表明，长春和吉林已经成为吉林省省域社会经济发展的支柱。

表 13.7　长春和吉林两市人口分布

指标	总人口 /（万人）	农业人口 /（万人）	非农业人口 /（万人）	城市化水平/%
长春市	739.26	413.61	325.65	44.10
吉林市	339.30	166.01	173.29	51.10
长吉合计	1 078.56	579.62	498.94	46.30
中部地区	1 630.42	928.85	701.57	43.00
吉林省	2 679.50	1 470.70	1 208.80	45.10
长吉两市占中部地区的比例	66.20%	62.40%	71.10%	
长吉两市占吉林省的比例	40.30%	39.40%	41.20%	

注：长吉指标是指长春市、吉林市在中部地区部分的数据，数据来源于《吉林统计年鉴》（2007）。

表 13.8　长春和吉林两市主要经济指标

指标	GDP /(亿元)	第一产业 /(亿元)	第二产业 /(亿元)	第三产业 /(亿元)	人均 GDP /(元·人$^{-1}$)
长春市	1 741.20	162.01	851.78	727.40	23 553
吉林市	624.17	73.85	298.23	252.08	18 396
长吉合计	2 365.37	235.86	1 150.01	979.48	21 931
中部地区	3 006.67	432.56	1 374.13	1 199.96	18 441
吉林省	4 249.23	686.00	1 886.59	1 676.64	15 858
长吉两市占中部地区的比例	78.70%	54.50%	83.70%	81.60%	
长吉两市占吉林省的比例	55.70%	34.40%	61.00%	58.40%	

注：长吉指标是指长春市、吉林市在中部地区部分的数据，数据来源于《吉林统计年鉴》(2007)。

(二) 长吉极核功能不断增强

长春、吉林作为吉林省省域经济发展的两大增长极核，具有强大的经济集聚能力和人口集聚能力。长春、吉林是省内产业和人口最为密集的两个区域。随着长春、吉林两城市间的发展协作程度提高，两市在吉林省社会经济发展中的极核带动功能日益显著。其中长春市主要以汽车、医药、高新技术和农产品加工业为主导产业，通过促进产业集聚，带动区域经济社会的发展。吉林市主要以石油化工、汽车、冶金、建材等产业带动经济增长。

城市间经济联系的深化以及城市整合空间的形成，促使长吉整体经济能力的进一步加强，城市竞争力得到明显提升。在经济发展方面，长春、吉林两市的极核带动效应明显，产业集聚发展趋势显现。两市地区生产总值占吉林省的比重由 1990 年的 48.2% 上升到 2006 年的 57.8%，由此表明，长春、吉林两市在吉林省中的经济极核地位得到不断强化。

表 13.9　长吉两市 GDP 占吉林省的比重变化情况

年份	吉林省 GDP /(亿元)	长春市	吉林市	长吉合计	长吉占全省的比重/%
1985	201.90	59.60	42.30	101.90	50.50
1990	394.00	105.40	84.60	189.90	48.20
1995	1 129.20	363.00	228.80	591.80	52.40
2000	1 821.20	861.00	401.30	1 262.30	69.30
2006	4 275.10	1 741.20	728.80	2 470.00	57.80

注：长吉指标是指长春、吉林两市的数据，数据来源于《吉林统计年鉴》(2007)。

第三节 现代加工制造业发展与空间集聚

一、现代加工制造业发展的区域优势

（一）产业基础优势

吉林省中部地区作为老工业基地，制造业发展时间较长，长春市交通运输设备制造业以及吉林市的化学原料、化学制品制造业均是由国家投资建设发展起来的，经过50多年的发展，已经发展成为全省乃至全国的优势产业部门，积累了丰富的经验，培养了一大批科技人员和技术工人；在长期发展的过程中形成了具有较强竞争力和影响力的交通运输设备制造、化学原料及化学制品两大支柱行业和食品、医药、电子及通信设备制造三大优势性行业，构筑了吉林省中部地区工业经济结构特征和进一步加快制造业发展的明显优势。

（二）农业资源优势

吉林省中部地区土地面积广阔，可利用土地资源比重大，分布集中，适合农作物生长，是我国重要的商品粮生产基地，丰富的农业资源为打造吉林省制造业品牌优势提供了潜在的有利条件。吉林省中部地区素有"黄金玉米带"和"大豆之乡"的称誉，人均粮食占有量、粮食商品率和粮食出口量连续十几年居全国首位。这些优势为发展农产品加工业提供了充足的原料来源，从而促进食品制造工业的快速发展。

（三）基础设施优势

吉林省中部地区既是东北亚地区的腹心，也是连接东北地区南北的纽带，中部地区是吉林省区位中心，更是经济腹心和发展重心。中部地区铁路通车里程居各经济区之首，路网密集，交通便捷，铁路布局与工业布局能够较好地结合；公路已形成贯通全区域的运输网络，航空运输网络初步形成；管道运输已形成了配套石油生产、运输、加工、销售的体系。完善的基础设施网络建设将为吉林省中部地区未来社会经济的快速发展起到重要的支撑作用。

（四）科技与人力资源优势

吉林省中部地区是科技人才相对集中的地域，是吉林省高等院校和科研院所集中之地。拥有中国科学院应化研究所、光机所、物理所、地理所等多所科研单位，以及吉林大学、东北师范大学等一批高等院校，科研实力较强。同时，本区拥有一大批素质较高的工程技术、管理人员和具有熟练技术的产业工人，在人才资源上拥有雄厚的基础，可以为吉林老工业基地的振兴提供人力资源支撑。

二、加工制造业的产业结构特征

（一）产业结构特征

改革开放以来，吉林省中部地区工业发展迅速，工业结构不断优化。目前，中部地区基本形成了以交通运输设备制造业和化工为支柱、以农产品加工业为主导、以电子工业和现代医药工业为优势的产业结构体系。

交通运输设备制造业和化工两大支柱产业继续主导中部地区的经济命脉，也主导着吉林省的经济命脉，2004年完成产值1 629.6亿元，占全省规模以上工业总产值的比重达到61.2%。农产品加工业也发展较快，作为区内的第三大支柱产业的地位已经确立，2006年完成产值165.41亿元，占全省规模以上工业总产值的比重达到6.2%。电子和医药工业全年完成产值131.52亿元，占全省规模以上工业总产值的比重达到5.4%。

（二）产业空间结构特征

2006年中部地区实现国内生产总值3 495.47亿元，人均GDP达到21 436元。下辖4个地级市中，按GDP划分，超过1 000亿元的只有长春市，500亿～1 000亿元之间的只有吉林市，200亿～500亿元之间的城市缺失，大部分城市集中在100亿～200亿元级别，区域产业的集聚发展态势已经初步形成。

从工业的空间发展来看，目前，吉林省中部地区的工业发展已基本形成了以长春、吉林两市为增长极的区域带动发展模式，并且呈现由中心向四周梯度转移扩散的趋势。长春、吉林两市已经成为省域经济发展的支柱。

在中部地区各重点产业不断发展的同时，其空间布局也得到了一定的调整与优化，根据各地区的发展特点和优势不同，产业发展分工也不同。汽车产业重点集聚在长春市，形成生产、研发、配件供应的完整产业体系。农产品加工业遍地开花，各有特色，吉林市化工产业的优势突出，并且突出研发生产。医药产业方面，中部地区生产研发，外围地区供应原料，形成产业分工。

三、加工制造业生产基地的空间分布

（一）汽车制造业基地

吉林省是中国汽车工业发展的摇篮。目前汽车工业已形成了以一汽集团为龙头的发展格局，并已成为国内规模最大、具有相当实力的汽车制造基地。从汽车工业的地域分布来看，目前已经形成了以长春为龙头，吉林市为重点，四平、松原为配套的基本空间发展格局。长春是吉林省汽车工业中心，以一汽为首的长春汽车工业产值占全省汽车工业产值的70%。2006年一汽集团年销售量、市场占有率、产销量均位于国内同行业之首。

从行业内部结构来看，目前长春市重点发展整车系列及轨道客车，吉林市重点发展轿车、轻卡、轻客等微车。同时长春、吉林、四平、公主岭、白城等地均有相应的零部件供应服务。未来吉林省汽车产业的发展，要继续整合各地的资源和生产能力，实现合理的分工与协作，壮大现有产业集群。

（二）石油化学加工业基地

吉林省中部地区的石化工业主要布局在吉林市，目前中部地区已形成以吉化集团为骨干、门类比较齐全、布局日趋合理的体系，化学工业已经成为目前吉林省的支柱产业之一，在全省国民经济发展中占有重要位置。目前中部地区化学工业拥有石油加工、化肥、农药、橡胶及其加工、染料、涂料、合成树脂、基本化工原料、化学试剂、化学矿山及化工机械、化工仪表等多门类生产企业，基本上形成了产业链条。

（三）农产品加工制造业基地

吉林省是农业大省，而中部地区是吉林省农业发展的核心地域。近年来，中部地区农产品加工业发展迅速，基本形成以哈大交通线、松花江沿线为依托，分布于榆树—德惠—长春—农安—公主岭—四平一线的总体格局。形成了玉米深加工、鸡肉加工、清真肉生产等特色农产品加工工业，有长春大成、吉林德大、长春皓月等一批具有一定规模的企业集团。未来应以长春为中心，以大型企业为龙头，利用已有的地区优势，整合各类型加工产业，形成优势互补的农副产品加工业集聚区。

（四）现代医药制造业基地

从发展空间来看，吉林省中部地区的医药产业主要集中在长春市。长春拥有生物制品所、吉林大学、中医药研究所等科研院所，具有发展生物制药的技术优势。同时吉林市和辽源市的生物制药产业也初具规模。借助长春在生物制药上的技术、人才、产业优势及科研院所的科技优势，实现长春、吉林、辽源生物制药企业的合作和整合，建立生物制药产业集群。同时加大与区外企业的合作，如吉林东部的通化等，实现跨行业跨地区联合开发新产品，努力寻找医药产业的增长点。

（五）光电子产品制造业基地

近年来，发展光电子产业成为吉林省中部地区产业发展的重点。长春市为中部地区光电子产业发展的核心地域，目前，拥有一批国家级光电信息技术研究机构和高等院校，是我国重要的光电研发、科研成果转化、光电人才培育基地。经过多年的发展，已经初步形成了以光显示器件及其上下游产品为主体，以光电子材料与器件、光电仪器仪表、国防光电子、汽车电子、软件为重点的产品结构和相对集中的企业集群。液晶显示器材、发光二极管及其上下游产品、光电编码器、光电子通信器材和光学材料与电子发光材料、汽车光电子产品、光电医疗仪器设备等是其特色产品。而吉林市在通信设备、计算机及其他电子设备制造业也有一定的优势。未来要充分利用长春的科技优势和产业优势，整合长春和吉林的高新技术资源，建立高新技术产业集群。

四、加工制造业发展面临的机遇与挑战

（一）发展机遇

1. "东北振兴"战略的实施

从2003年"振兴东北"战略实施以来，国家采取了一系列的措施，给予东北地区以政策支持。对于吉林省中部制造业发展来说，这是一次重大发展机遇，需要充分借助国有企业改制所释放的资源要素和能量辐射，借助国家振兴东北老工业基地进行交通、能源、水利、电力等重大基础设施建设的良好契机，积极发展民营经济和外向经济，优化制造业发展结构，推动区域经济发展体制的快速转轨，逐步建立市场化的、开放式的制造业经济格局。

吉林省结合老工业基地振兴政策的支持，提出了先要实施国企改革攻坚，增强发展的能力；还提出了扩大固定资产投资，大力发展民营经济，扩面增层，拓宽产业领域和优化空间布局的发展思路。这些都为吉林省中部地区优化制造业产业空间布局、强化产业竞争力提供了良好的发展机遇。

2. 经济"快跑"方针的指引

2004年以来，吉林省政府提出了变"快走"为"快跑"的发展战略，并把"强县扩权"、"扩容强市"两大政策作为战略实施的第一步，核心就是省域经济发展必须调动各个发展主体的积极性，从微观上激发经济发展的动力。目前，吉林省中部地区除了长春以外，其他城镇制造业相对薄弱，进而导致长春的快速发展并没有带来中部制造业水平的整体提升，同时也说明中部地区制造业空间布局不合理。

因此，未来中部地区制造业发展应充分抓住变"快走"为"快跑"方针这一重大机遇，在强化长春的制造业带动力的同时，积极发展其他城镇的加工制造业，实现城镇空间资源配置优化与制造业产业空间布局优化。

3. 新潜力发展空间的促动

随着产业规模的扩大以及产业结构的不断升级，吉林省中部地区已经形成了若干制造业产业集群的雏形。具体来说，一类是围绕大型骨干企业，发

展优势产业集群，譬如围绕一汽集团培育汽车及零部件产业集群，围绕吉林石化发展化工产业集群；另一类是由大量从事相同产业的中、小企业构成的产业集群，譬如梅河口的果仁加工，磐石的冶金、建材，辽源袜业等。这些产业集群是吉林省城镇发展的物质基础。

从中部地区区域功能协调的角度来看，产业集群的发展与竞争力提高对中部制造业空间布局的优化提出了更高的要求，需要通过协调资源要素的空间有序流动来实现地区新型制造业主导产业的强化，从而提高中部地区整体竞争力。

(二) 面临的挑战

1. 区域间产业竞争的加剧

吉林省中部地区是东北老工业基地的重要组成部分，目前在工业发展中已经积累了一定的发展经验，形成了产业发展优势，目前已经逐步确立了以交通设备制造业、石油化学工业、农产品加工业、医药工业、光电子工业为主体的产业结构框架。与辽宁省的装备机械制造业和黑龙江省的动力设备制造业相比，吉林省突出优势的是交通设备制造业、石化工业等。但随着市场化的发展，汽车、石化等工业也面临着巨大的区域竞争。

目前，除长春以外，沈阳、哈尔滨等城市都依托各自汽车产品的品牌效应，占领相应的市场份额。此外，吉林市的石化工业也面临激烈竞争，辽宁省抚顺、大连、辽阳以及黑龙江省的大庆等城市的石化工业近年来发展迅速。在市场竞争日趋激烈的趋势下，吉林中部地区未来优势制造业发展将面临巨大挑战。

2. 产业结构单一化的风险

目前，吉林省中部地区的工业结构呈现出单一化的发展态势，即交通运输设备制造业发展始终占据中部工业发展的主体地位。近年来交通运输设备制造业的贡献率已超过60%，汽车产业成为中部地区工业的唯一支柱。在没有作出合理的产业结构多元化调整战略的情况下，吉林省中部地区产业结构单一化是优势产业资源要素聚集的必然结果，同时也蕴藏着较大的产业风险性和波动性，很难稳健支撑吉林省中部地区以及省域经济发展。

2005年吉林省一度高速增长的汽车产业出现亏损，严重影响了吉林省经济发展的步伐。吉林市石化产业占全市工业总产值的比重超过50%，是市域经济的主要支柱。1997～2001年间石化产业陷入低谷时，吉林市经济遭受巨大打击，与长春的差距迅速拉大。由此判断，在中部地区空间尺度上的单一化产业结构的风险是未来中部地区制造业发展所面临的困惑，也是未来中部地区社会经济持续发展的重大挑战。

3. 区域发展模式选择的困惑

一直以来，吉林省中部地区都是国家级的商品粮基地，是黑土地基本农田的集中保护区域，肩负着国家粮食安全的历史使命和责任。然而，中部地区恰好是吉林省经济发展活跃地区。因此，如何解决吉林省地方经济发展与国家粮食安全之间的矛盾，是吉林省中部地区经济发展以及城镇发展的主要问题。

做强中部工业，做大农业，还是工业与农业均衡发展，这是吉林省中部地区社会经济发展以及产业结构调整所面临的关键。因此，是否根据不同发展条件、阶段、外部机遇，合理处理吉林省中部工业经济发展与国家粮食安全之间矛盾，选择适合吉林省中部地区工业、农业发展的模式，是未来面临的重大挑战。

第四节　农业发展与现代农业基地建设

一、农业发展的区域优势

吉林省中部地区平原广阔，光、热资源丰富，是省内农业自然条件最好的区域。本区大部分地区属黑山西侧的山前台地，海拔高度160～200 m，相对高差10～20 m。台地表面平坦，受流水侵蚀成微波状起伏，坡度多在6°以内，适宜耕作，80%以上的耕地适合机械化作业。中部地区是黑土地带的主要分布区，区内光、热、水、土资源可以满足玉米、大豆、水稻、高粱和谷子等粮食作物种植需要。

吉林省中部地区为微有起伏的台地平原，是吉林省各区中人口数量最多、人口密度最高的农业区。农业开发历史较久，耕地占全省的67.9%，是耕地最多并且最集中连片的地区。地势平坦、土质肥沃、气候适宜，是吉林省也是全国最著名的商品粮基地。优越的自然条件，社会经济、文化、交通条件，使该地区发展迅速，农业现代化已经取得了初步成效。

此外，中部地区农业发展还具有科技和人才优势，吉林省内和主要农业科研机构集中在这里。并且，多年来，吉林省中部地区凭借教育优势培养了一大批懂生产技术、会管理的农业科技人才。人才优势为吉林省中部地区农业的发展，特别是为粮食生产能力的提高提供了强有力的技术支持。

二、农业生产与空间分布

（一）农业生产特点

吉林省中部地区的农业发展中，种植业、畜牧业是主导部门。全区耕地质量较好，适种玉米等五大作物，是吉林省耕地产量最高地区。中部农业生产水平高，主要农产品产量大，商品率高，在吉林省和国家的同类产品中，均居重要地位。

本区种植业以旱田为主，玉米是主导作物，其次为大豆、谷子和高粱。其中，玉米播种面积已超过全区粮食播种面积的45%，所谓"玉米带"即分布于此。目前，玉米种植面积过大、单一化的趋势比较突出，应合理调减玉米种植面积。本区的大豆面积尚未恢复到历史上最高水平，具有扩大大豆种植面积的可能性。近年，为满足人们日益提高的生活水平需要，水稻种植面积扩大。此外，中部地区经济作物的种植面积也较大，甜菜和向日葵的产量分别占本省同类作物产量的58%和37%，是吉林省的糖油基地。

本区畜牧业发达，以养猪为主。猪的出栏率和猪肉产量分别占吉林省生猪出栏率的35%和猪肉总产量的45%，是吉林省的重要生猪基地。为满足大、中城市肉、蛋、奶等副食品的需要，充分、合理利用区内农副产品和工业副产品，近年来养鸡、养鹅和养奶牛等畜禽业发展很快，商品意义很大。畜禽业已成为中部农村的主要家庭副业，并成为农民副业收入的重要来源。

（二）农业生产空间分布

中部地区的农业生产总体水平较高，这里有面积广大的玉米种植区，以哈大铁路沿线各地区更为集中，形成了中部"玉米带"。在中部地区主要粮食作物中，玉米种植主要分布在长春市、四平市、吉林市，玉米种植面积占全省玉米播种面积的比例分别为27.91%、20.23%和11.24%；大豆种植主要分布在吉林市和长春市，两市的大豆种植面积占全省的比例分别为23.41%和22.31%。此外长春市和吉林市水稻种植面积最大，分别占全省的24.95%和21.90%，中部地区是吉林省水田发展潜力较大和前景比较广阔的地区。

经济作物中，甜菜种植和生产主要集中于农安、扶余等县，形成了甜菜的集中产区。蔬菜种植面积也有明显扩大，其中长春市分布面积最大，占全省的39.55%。此外，吉林市还是吉林省麻类的主产区。

畜牧业生产分布方面，生猪、鸡、鹅等养殖空间在中部地区分布比较广泛。近年来，中部地区养鹿、养貂等养殖业发展较为迅速，长春市双阳区为鹿业主产区，辽源市也是重要的梅花鹿产区，每年的鹿茸产量、出口量均较大。

三、国家商品粮基地的建设

吉林省中部地区商品粮基地包括农安、德惠、榆树、九台、舒兰、永吉、磐石、公主岭、梨树、伊通、东丰、东辽、扶余、梅河口 14 个县（市）。松辽平原，土地肥沃，气候适宜，交通方便，具有发展粮食生产的优越条件。2006 年中部地区商品粮基地耕地总面积 2.28×10^4 km²，粮食总产量 $1\,823.69 \times 10^4$ t，在粮食总产量省内排名中，大部分县市位居前列。

（一）长春市商品粮基地

长春是国家重点商品粮基地，拥有 1 650 余万亩的可耕良田，适合多种农作物的生长。粮食年产量基本稳定在 800×10^4 t。长春市是吉林省拥有耕地面积最多的地区，九台、榆树和德惠 3 个县级市及农安县先后被国家定为重点商品粮基地和玉米出口基地。多年来，长春市人均占有粮、人均商品粮、商品率与出口量等在全国大中城市中均居前列。在 2005 年排定的全国 10 大产粮县中，长春市有 3 个。

目前玉米、大豆和水稻是长春三大主要种植的粮食作物。近年来，依托丰富的粮食等农产品资源优势，长春市致力于发展绿色农业、生态农业和无公害农业等高效农业，为继续巩固粮食生产基地的地位提供了有力支撑。

（二）吉林市商品粮基地

吉林市是全国重点商品粮基地之一。全市现有耕地面积 66.4×10^4 hm²，平均年粮食产量达到 250×10^4 t。吉林市是吉林省玉米主产区，其所辖各县（市）均为国家的商品粮基地，也是国家级的绿色农产品基地。吉林市主要粮食作物有水稻、玉米、高粱、大豆。

吉林市所辖永吉县盛产优质稻米，全县优质水稻种植面积为 16 300 hm²，占全县水田面积的 47.5%，主要分布在万昌镇、岔路河镇。磐石市素有吉林省中南部粮仓之称，粮食总产量稳定在 50×10^4 t 的阶段水平，其中玉米 26×10^4 t。舒兰市盛产水稻、玉米、大豆、小杂粮，年粮食产量 6×10^4 t 左右。永吉县已被国家技术监督局正式确立为全县优质高效农业标准化示范区。

（三）四平市商品粮基地

四平市是国家重点商品粮基地之一，用占全省 1/7 的耕地面积生产了占全省 1/4 的粮食产量。"九五"期间，全市的粮食生产阶段性水平为 90 亿斤，"十五"期间跃升到 100 亿斤。粮食生产是四平市的传统优势产业，玉米、水稻、大豆优势突出，其下辖的公主岭、伊通满族自治县、梨树是重要的商品粮基地。

公主岭市年粮食总产量在 20×10^8 kg 以上，其中超过 10×10^8 kg 可供加

工销售。梨树县粮食资源丰富,人均占有量、贡献量、粮食单产量和粮食商品率均在全国名列前茅。正常年均粮食产量 $17×10^8$ kg。其中玉米产量 $14×10^8$ kg,每年有 $10×10^8$ kg 粮食进入销售市场或深加工。近年来,四平市优质绿色食品水稻生产规模迅速扩大,优质大豆迅猛增加,粮食基地地位进一步得到巩固。

此外,中部地区的辽源市也是吉林省粮食作物的主要产区之一,盛产大豆、玉米、高粱、水稻等农产品,粮食年均产量都在 $10×10^8$ kg 左右。东丰、东辽两县是国家商品粮基地县,玉泉牌大米获"吉林省名牌农产品"称号。

四、传统农业向现代农业的转变

(一) 农业产业结构的转变

吉林省中部地区农产品以粮食作物为主,主要粮食作物有大豆、玉米、高粱,其中,玉米占主要份额。玉米是喜温、喜光、短日照作物,而中部地区的水热条件恰好适宜玉米生长,因而中部地区也被称为玉米"黄金地带"。玉米种植面积逐年增加,相对来看,大豆等作物的种植面积呈下降趋势。

过去,吉林省中部地区农业长期处于自给、半自给的经济状态,农产品的商品率低。近几年来,由于农村专业户、新经济联合体的出现和不断扩大,有力地促进了农村商品生产的迅速发展。特别是市场机制逐步确立后,以商品生产为目的的农业生产、高效绿色农业生产份额的提升、经济作物的快速发展等已成为吉林省中部农业发展的基本特征。

(二) 农业生产经营方式的转变

吉林省中部地区是我国重要的商品粮生产基地,农业资源丰富。多年来,人均粮食占有量、粮食商品率、粮食调出量及玉米出口量均居全国前列。中部地区也是传统畜牧业生产基地,人均肉、蛋占有量也居全国前列,畜牧业产值占农业总产值的比重较高,已成为农村经济的支柱产业。

近年来,"订单农业"形成规模,绿色食品迅速崛起,避寒增温暖棚农业呈规模化发展趋势,农业科技化、产业化、市场化水平不断提高。农业发展已逐步转移到依靠科技进步和提高劳动者素质的轨道上来,农业的增长方式正由传统农业向现代农业、由粗放经营向集约经营转变。

(三) 农业科技支撑条件的改善

吉林省中部地区农业生产条件较好,雨、热、光照等是该区农业发展的重要支撑,一直以来,农业生产多依托"自然条件",而农业科技投入、农业现代技术应用等现代农业生产方式发展相对滞后。

近年来,随着社会经济水平的提高,中部地区的农业发展开始重视推广农业科技，现代种植技术、新兴农业品种等逐渐得到了推广和应用，一些有条件的地区和农业龙头企业相继组建了科研和技术开发机构，通过多种形式与农业科研单位、高等院校、技术推广部门等建立了稳定的协作关系，共同开发和推广新产品、新技术，走上了产学研结合的道路，为未来中部地区的农业发展奠定了良好的基础。

第五节　城市整合空间的形成与演变

一、长吉城市整合的历史背景

清代以前，伊通河流域一直是我国北方游牧民族从事游牧的地区，清乾隆年间就有河北、山东一带的破产农民相继来此垦荒，到 19 世纪中叶，长春地区成为农副产品加工和集散中心。吉林市历史相对较长，在很长时间内是该地域的政治、经济和军事中心。

20 世纪初，铁路的修建加强了长春的地理优势，加速了长春的发展，以长春、吉林为中心的城镇体系开始形成，但是两市在新中国成立前工商业发展水平都很低。经济的大规模建设始于新中国成立后的"一五"、"二五"时期，长春市由一个消费型城市成为以汽车工业为主体的生产城市，而吉林市成为具有全国意义的化工城。1954 年，吉林市的政治功能开始弱化，成为以经济功能为主的工业城市。

在 20 世纪 90 年代以前，受计划经济的深刻影响，长吉两市的经济发展禁锢在各自行政区域内，形成相对孤立的经济地域空间格局。两市之间的经济联系局限于流通领域，而鲜有生产领域的协作。企业间经济合作的高层次有机联系要远远低于购物、医疗、探亲访友、观光旅游等低层次机械联系，两市社会经济联系层次低，协作分工程度也不高。

近几年，由于两市间现代化基础设施的共同建设和城市职能扩散以及城市布局"飞地"式的溢出，使得两市空间距离缩短到 75 km，时间距离仅 30 分钟。同时东北老工业基地改造振兴过程中的产业结构调整互补要求和面向东北亚外向型经济建设的共同取向，使得长春、吉林整合发展势头日益强劲，并且呈现出良好的发展态势。

二、长吉城市整合发展的条件

（一）产业联合与分工

近年来，长吉两市在经济内部合作上取得了很大进展。化工、汽车、电力三大行业上大力发展大企业集团，加快开发了乙烯深加工、汽车零部件地方配套和电力工业辅助产品。对于目前处于上升期的化纤、医药等行业，两市联手发展，扩大企业规模，占领市场。而在食品、饮料、纺织、机械等传统及竞争性行业中则进行联合和资产重组，不仅解决了亏损企业占压资金的问题，而且还使有产品、有市场的企业实现了正常运转与扩大再生产。可以说，城市产业合理分工促使各城市发挥自身优势，为近域城市的整合奠定了基础，从而实现了产业的规模集聚效应。

（二）人口流动结构的优化

伴随着两市经济实力的不断增强，城市之间的人口交往无论从数量上还是结构上都得到了进一步的优化。曾于1995年开展的长吉社会经济联系调研表明，长吉之间客流联系主要以购物、医疗、探亲访友、学术会议和观光旅游为主，而政府间经济合作以及其企业间经济技术协作引起的客流量所占比重较低。但近期开展的长吉社会经济联系随机调查表明，长吉之间商务往来人口已成为主体人群，占总往来人数的29.4%，这表明长吉之间企业之间的联系正在逐步增强，而由此带来的是两市产业经济联系的不断加强。

（三）城市交通走廊的形成

目前，两市之间以长吉高速公路、长图铁路、101省道、长吉公路南线、龙嘉国际机场为主体结构的城市交通走廊也已经显示出了基础设施共建共享的良好效果。经过多年努力，已形成长吉经济走廊并开始步入良性循环；同时，在交通干线及其沿线其他条件的影响和带动下，受影响地区互为发展条件或市场，形成了较密切的联系，长吉城市化整合空间初具雏形。

（四）生态环境的共建共享

长吉两市都分布于松花江沿岸，共同治理松花江环境污染关系到两市的共同利益。而"引松入长"工程的建成使长春市的水源保障和治理松花江污染问题更加密切相关。在环境问题上，两市都在大力控制污染源，建立完善的、互相衔接的环境管理体系，加强污染物的综合治理和联合治理，在全区域推广清洁生产、清洁工艺。

三、长吉城市整合的现状特征

（一）城市整合的区域范围

城市整合是地域互相邻近的两个或两个以上的城市，根据城市之间要素、产业、城市职能的互补性与差异性，确定城市整合的结节点，在城市产业发展、城市基础设施建设、生态环境整治等方面形成优势互补的城市组合形式。经过多年的发展，长吉城市整合体已初步形成了由中心城市——长吉两市市区、外围各级中心——县市中心城镇以及腹地——小城镇和广大农村地域组成。

截至2006年年底，长吉大都市区的总面积为47 691 km²，总人口为1 078.56万。其中，非农业人口为498.94万，长吉大都市区城市化率为46.26%。长吉大都市区共辖十区、九县（市），其中长春市全市共辖六区、四县（市），吉林全市共辖四区、五县（市）。

（二）城市整合体的社会经济特征

长春、吉林两市之间在社会经济联系的深化、基础设施建设、生态环境保护以及城市整合空间的形成等方面，促进了长吉整体经济能力的加强，城市竞争力不断增强。目前，长吉人口总量约占全省的42%，而经济总量约占全省的58%，其他主要经济指标也均占全省的60%左右，同时长吉两市也是吉林省地级市中人均GDP最高的两个城市。这说明长春、吉林两市已经成为吉林省社会经济发展的主导空间。

（三）城市整合体的空间结构

目前，长吉整合体的空间结构表现为明显的"双核"结构，即以长春市区为主核，吉林市区为副核，区域内部其他主要城镇围绕长吉两市区呈放射状分布。从总体来看，长吉整合体空间结构还处于空间形态发展与演变的初级阶段。受长春市区、吉林市区直接发展的影响，沿长吉交通走廊延展的格局已经显现，呈现出长吉之间不断填充扩散并联为一体的轴线扩张趋势。

四、长吉城市整合的效应与功能

目前，长春、吉林城市整合体的功能还不是很强大，是一个弱发展区，一些生产要素在集聚，但由于其经济梯度的存在，不可避免会产生生产要素梯度流，带动和促进周围地区的经济发展。长春、吉林两市的进一步整合发展，将形成城市整体竞争优势，增大辐射能力，从而在不同层次范围内增强区域功能。

（一）吉林省层面

在吉林省层面，由于区域内具有的较强的创新能力和较高的科技水平，其技术、资金、知识等外溢效应会沿着各种网络不断向外延伸，从而有效地影响区域经济发展。以长春、吉林为核心的城市经济综合体将成为吉林省人口、产业、城镇密集区，两大城市拥有的强大经济实力在吉林省经济发展中将具有很强的集聚力和辐射力，能够不断优化吉林省的经济结构、提高省域经济实力。

同时，长吉整合发展将推动吉林省城市化的深层次发展，郊区与远郊区工业镇的城市化不断扩大,城市、城镇和工业开发区联系密切,组合成有机的城镇群体,区内一些中小城市如九台、榆树、德惠、四平等可通过接受辐射发展成新的增长极,进一步增强区域的辐射功能,从而带动吉林省城市化水平的提高,形成较强的整体区域发展实力。

此外,长吉经济带向东延伸可与图们江地区连为一体,形成横贯吉林省东西的对外开放经济带,从整体上带动吉林省的区域发展。

(二) 东北地区层面

在东北地区层面,长春、吉林城市整合产生的整合力将带动东北地区经济和城市化水平的发展,推动东北地区跨省区、高层次、开放型、相对完善的城市空间体系的形成和深化,有利于东北地区哈大齐—长吉—辽中—辽南经济隆起带的持续、快速发展。此外,长吉整合可以在东北中部形成一个巨大的跨区市场,辐射整个东北地区。

(三) 东北亚层面

在东北亚层面,长吉整合将形成一个超大城市综合体,从而成为东北地区城市体系中的一个重要节点,其经济实力与沈阳、大连、哈尔滨相应,随着对外开放和外向化经济的不断发展,长吉地区依托大中型企业集中,工业实力雄厚,产业密集的优势,将形成一个巨大的产业基地,在新一轮的产业升级和优化中起重要的作用,从而将与沈阳、大连、哈尔滨等区域共同承担东北亚经济圈工业中心的职能。

第十四章　西部平原农牧交错区

章前语

　　吉林西部平原农牧交错区位于松辽平原农业区向西部草原牧区过渡地带，由于地处中温带半湿润气候向半干旱气候过渡带，大陆性季风气候明显，干旱、半干旱特征显著，呈现明显的边缘性和过渡性，自然生态系统稳定性差，对外界干扰非常敏感，生态环境十分脆弱。吉林西部地区丰富的耕地资源和牧草地资源，为农牧业发展奠定了资源基础，是全省重要的农牧业生产基地。西部地区经济总体发展水平较低，人口分布较少，城镇与基础设施建设相对缓慢，但是以油气开采、石油化工和农副产品加工为支柱的产业部门在省内具有重要的地位。目前，土地的沙漠化、盐碱化和草地退化仍然是制约吉林西部地区经济和社会可持续发展的主要因素，如何协调西部地区经济社会发展和生态环境保护的关系、建设环境友好型的经济社会环境，是西部地区未来发展必须解决的问题。

关键词

　　农牧交错环境地域；石油化学工业基地；现代农牧业基地

第一节　区位变化与农牧交错的环境地域

一、干旱与半干旱的气候条件

　　吉林省西部平原位于湿润的东部季风区和干旱内陆之间的过渡带，为半干旱半湿润的大陆性季风气候区，四季变化明显，春季干旱少雨，夏季炎热，秋季凉爽，冬季漫长寒冷。全年温差大，无霜期短。吉林东部为半湿润气候，到西部、西南部逐渐过渡为半干旱气候，年降水量在东部、东南部为 420～460 mm，向西、西北部减少至 350～420 mm，多年平均降雨量为

400~500 mm，其中 6~9 月降水量占全年总降水量的 74%~84%，为主要降水时段。多年平均蒸发量自东部向西部逐渐增大，为 1 400~2 100 mm。蒸发量是降水量的近三倍。

从多年统计资料来看，该区气候有向干旱化进一步发展的趋势，如表 14.1 所示，吉林西部地区的平均降水量由 1950 年的 467.2 mm 降至 1990 年的 295.8 mm，蒸发量由 1950 年的 1 502 mm 升至 1990 年的 1 816.6 mm，蒸发量显著大于降水量，干旱化程度不断加剧。

表 14.1 吉林西部 1950~2000 年的降水量与蒸发量

地区	降水量/mm						蒸发量/mm				
	1950	1960	1970	1980	1990	2000	1950	1960	1970	1980	1990
白城	439	416	365	367	260	271	1 590	1 844	1 987	1 272	1 724
松原	494	443	397	450	331	394	1 415	1 599	1 605	1 140	1 908
平均	467	429	381	409	295	333	1 502	1 721	1 796	1 206	1 816

吉林西部地区多大风、扬沙、沙尘暴天气。吉林西部地区年均风速 3.4~4.4 m/s，最大风速达 40 m/s。3~6 月扬沙天气日数平均为 133 天，占全年平均扬沙天气日数的 87%，4~5 月沙尘暴天气日数为 92 天，占全年平均出现日数的 96%。

在这种气候条件下，西部干旱与半干旱土地面积不断增加。近十年来，旱地面积增加了 6.6%，其中 91.88% 的面积来自于草地，少部分来自于干涸的水体（5.20%）和萎缩的湿地（2.84%）。水田面积占耕地面积的比例很小（2.63%），但是增长最快，它主要来自于重度盐碱化的旱田、盐碱化草地、退化湿地和干涸的水体，多属于盐碱成分富集的低洼地形。草地面积干旱化速度也渐趋增快。20 世纪 50 年代吉林西部有草地 3.6×10^4 km²，半个世纪以来草地面积减少了 70%，目前优质草地仅占草地面积的 15% 左右。

二、相对脆弱的生态环境

（一）生态环境恶化

西部草原生态区是科尔沁草原的延伸带，是生态系统从中湿润森林草原向半干旱草原和沙漠过渡的地带，也是候鸟迁徙的重要通道和农牧业发展潜力极大的区域。这里过去曾经是水草丰美、牛羊成群的草原牧业生态区。多年来，恶劣的气候条件和人为的生态环境破坏，使得该地区生态环境不断恶化，湿地萎缩、土壤"三化"、气候干旱、洪涝灾害、水资源动态失衡等问题日益突出，区域生态功能日益减退。

1. 土地"三化"问题突出

吉林省西部地区生态环境问题突出表现为土地"三化"现象严重，即土壤沙化、土壤盐碱化和土壤退化。目前，吉林西部沙化土地总面积达 0.69×10^4 km²，占全区土地总面积的 14.7%；盐碱化面积达 3 000 多万亩，荒漠化面积已经达到 1 000 多万亩，并且仍在以年均 1.4% 的速度扩展；西部草场退化现象也日益突出，单产平均下降 50%～90% 以上。土壤的退化使地表剥蚀加剧，水土流失日益严重，原来 40～50 cm 的黑土层，目前大都只有 20～30 cm，有的地方已露出黄土母质，出现了"黑土黄化"现象。据估测，按照目前的土地退化速度，该地区黑土层有可能在今后 50 年左右消失。土壤"三化"也加剧了该地区草地面积退化，草场面积不断减少。

2. 湿地面积日益减少

吉林省湿地总面积为 131.6×10^4 hm²（不含水田），占全省土地总面积的 7.0%。吉林西部主要以沼泽化草甸、湖泊湿地为主。向海、莫莫格湿地面积辽阔，分布连片集中，成为吉林省生物多样性最为丰富的生态系统之一。

近年来，由于气候环境的变化和人为的污染破坏，湿地面积已经大幅度减少，据统计，由于开垦沼泽、草甸，该区域 40 年来沼泽面积减少了 80%。近十年来，大面积沼泽被开发为水田，镇赉等地的蚕食湿地围垦造田经常导致大面积洪涝灾害。湿地面积的大幅度减少使其原有的调节气候、调节河川径流、降解污染物、防止侵蚀等功能逐渐弱化、消失，导致区域生态服务功能不断下降。

(二) 生态环境恶化的原因

导致该地区生态环境恶化的原因一方面是气候条件的变化。气候干旱是西部生态环境恶化的直接原因，而生态失衡又进一步影响气候的变化，二者互为因果，形成恶性循环。另一方面在很大程度上是由于人为的破坏，人类对该地区常年大规模的掠夺式开垦开发，对草原的不合理利用和开发导致草场资源被严重破坏，草地"三化"面积不断增加。

1. 盲目开垦，导致草地面积减少

长期以来，吉林省西部地区存在重农轻牧轻林的错误思想，生态环保意识淡薄，缺乏全局观念和可持续发展意识，在这样的思想主导下，长期实行广种薄收的农业生产方式，将大量的草地开垦为农田。有的地方甚至将经过长期、艰难的治理才固定下来的沙坨子（固定沙丘）开垦成耕地，使固定沙丘植被遭到破坏，成为流动沙丘，出现了"坨子开花，沙子搬家"的现象，破坏了生态环境，造成了严重后果。部分县、市近 10 年间，可利用草地面积减少了 23.2%。从整个西部地区来看，土壤条件较好的地方，多数都已被开垦。现在保留下来的草地，绝大多数是盐碱化土壤、风沙化土壤和低湿沼泽化土壤。这种盲目开荒种粮的现象至今仍未得到遏制。

2. 超载过牧，草场利用不科学、不合理

多年来，由于对草原的作用及牧草的生长规律缺乏科学认识，认为天然草原是"取之不尽、用之不竭"的饲草来源，畜牧业的发展存在着盲目性，牲畜数量不断增加，超过了有限的草地负荷能力。在饲养方式上，一直沿用古老落后的自由散放方法，牧草终年处于反复啃食、践踏之中，得不到休养生息。由于草场牲畜过密，长年累月踩踏，致使草地土壤板结，牧草不能正常发育和再生；大量牲畜反复啃食牧草，导致牧草矮化，不能分蘖，不能结籽，或种子不能成熟，无法繁衍更新。这造成了草地植被稀疏、盖度降低、"三化"程度加剧。

3. 草原过樵，导致土壤贫瘠退化

由于西部农村生活燃料较缺乏，当地群众常搂草为柴，这使大量有机质被带走，不能归还草地，导致草地肥力减退。尤其是在土壤结冻前后搂草，造成表土疏松、根系裸露，损伤牧草的越冬芽和幼苗，加重土壤的干旱程度，影响牧草的生长和繁育，使裸地面积进一步加大，从而加重草原的"三化"程度。

三、农牧交错的土地利用特征

从吉林省各地级城市土地利用现状特征来看，松原市和白城市耕地和牧草地占据明显优势。其中，松原市耕地面积为 $102.58 \times 10^4 \, hm^2$，占农用地总面积的 58.99%，在各地级市中，耕地面积仅次于长春市；白城市耕地面积为 $73.44 \times 10^4 \, hm^2$，占农用地总面积的 40.44%，耕地面积的绝对数量也名列前茅。从牧草地面积来看，松原市和白城市占据绝对优势，两市的牧草地面积分别为 $36.53 \times 10^4 \, hm^2$ 和 $56.57 \times 10^4 \, hm^2$，分别占农用地面积的 21.01% 和 31.15%。与其他地级市相比，松原和白城两市的耕地和牧草地在农用地土地利用中占据较大比重。

表 14.2　吉林省各地市各类农用地面积占农用地总面积的比例

行政单位	耕地面积 /($10^4 \, hm^2$)	耕地占农用地比例/%	牧草地面积 /($10^4 \, hm^2$)	牧草地占农用地比例/%
长春市	134.53	80.21	3.59	2.14
吉林市	66.18	27.24	0.24	0.10
四平市	81.47	68.24	3.95	3.31
辽源市	20.75	47.19		
通化市	29.79	21.37	0.16	0.11
白山市	10.29	6.24	0.02	0.01
松原市	102.58	58.99	36.53	21.01
白城市	73.44	40.44	56.57	31.15
延边朝鲜族自治州	34.64	8.53	3.49	0.86
吉林省	553.67	33.77	104.55	6.38

从吉林省东、中、西各地区各类农用地面积及其占农用地总面积的比例来看,吉林省西部地区农牧交错的土地利用特征较为明显。从东、中、西各地区耕地面积绝对数量来看,中部最多,西部次之,东部最少,西部地区耕地面积占全省耕地面积的比重为28.87%。从东、中、西各地区牧草地面积绝对数量来看,西部地区优势极其明显,全区牧草地面积达到$93.10×10^4$ hm^2,占全省牧草地总面积的88.38%,牧草地规模在吉林省的地位十分突出。从区内农用地各类型比例来看,耕地是西部地区规模最大的用地类型,占农用地总面积的49.51%,耕地利用在吉林省也占有较高的地位。

西部地区水域面积为$22.29×10^4$ hm^2,占全省的40.47%;未利用地面积为$59.69×10^4$ hm^2,占全省的53.47%,是吉林省未利用地开发的重点区域。牧草地地位突出,耕地利用具有一定潜力,湖泡、湿地广阔和未利用地开发空间较大是本区土地利用的主要特征。

表14.3 吉林省各地区各类农用地面积及占农用地总面积的比例

地区	耕地面积 /(10^4 hm^2)	耕地占农用地比例 /%	林地面积 /(10^4 hm^2)	林地占农用地比例 /%	牧草地面积 /(10^4 hm^2)	牧草地占农用地比例 /%
东部地区	74.72	10.52	622.16	87.60	3.68	0.52
中部地区	302.94	52.77	237.58	41.39	7.78	1.36
西部地区	176.02	49.51	64.67	18.19	93.10	26.19
吉林省	553.68	33.77	924.41	56.38	104.56	6.38

四、城镇与基础设施建设缓慢

长期以来,吉林省西部地区人口稀少,17世纪以前,人口密度不足0.11人/km^2。明末清初,人口密度有所增加,达到3~4人/km^2。新中国成立以后,随着人口的大量迁移和西部地区的垦殖开发,人口规模逐渐增加,城镇建设不断发展,特别是松原、白城作为区域中心城市,人口集聚规模不断扩大,城市基础设施和市政公共设施发展较快。但与省内其他城市相比,西部地区城市人口规模相对较小,城镇基础设施建设相对缓慢,部分地区建设发展明显不足。

从吉林省各地区城镇化水平的比较来看,西部地区城镇化水平最低,松原和白城的城镇化水平仅为27.08%和39.78%,落后于省内其他地区和城市。同时,西部地区城市人口规模相对较小,城市人口密度相对较低,限制了城镇的发展和功能的提高。

另一方面，由于西部地区开发时间较晚，城镇建设历史较短，再加上经济发展水平的限制，用于固定资产投资和基础设施建设的资金相对不足，生产性基础设施建设与环境基础设施建设相对落后。但随着经济发展水平的提高，特别是松原市依托石油资源优势，地方财政收入不断提高，固定资产投资比例逐渐加大，城镇基础设施建设速度开始逐渐加快。

表14.4　吉林省各地级市的城镇化水平及城市人口密度比较

地区	市域城镇化水平/%	市区人口/(万人)	城市人口密度/(人·km^{-2})
长春市	44.05	348.76	8 769
吉林市	48.86	180.45	905
四平市	38.30	60.27	982
辽源市	45.16	47.78	10 732
通化市	46.23	45.75	9 911
白山市	67.45	33.72	5 125
松原市	27.08	52.61	456
白城市	39.78	50.79	828
延边朝鲜族自治州	65.14	42.92	10 231

资料来源：《吉林统计年鉴》(2007)。

表14.5　吉林省各地级市交通基础设施情况比较

地区	境内铁路营运里程/km	境内等级公路里程/km	境内高速公路里程/km	民用航空货邮运量/t	民用航空客运量/(万人)
长春市	493	13 632	281	10 300	112
吉林市	603	13 567	63		
四平市	268	6 599	128		
辽源市	71	3 809			
通化市	908	5 579			
白山市	300	6 328			
松原市	171	5 159	42		
白城市	479	6 651			
延边朝鲜族自治州	453	7 214	29	5 500	35

资料来源：《吉林统计年鉴》(2007)。

由于西部地区产业结构单一，第一产业的主体地位制约了农村人口向城市的流动，对第二、第三产业的就业产生了消极的影响，阻碍了第二、第三产业的发展，致使就业结构与产业结构不协调，城市化与工业化不能同步协调发展。随着经济社会的发展，地区的产业结构有所改善，并日趋合理化，但产业结构的变化并未带来三次产业从业人员结构的同步变化，第一、第二产业的产值结构与就业结构不协调，城市化严重滞后于工业化。

表 14.6 吉林西部地区三次产业结构与就业结构比较

结构类型	1999	2001	2003
产业结构	23.8：41.0：35.2	21.0：40.7：39.3	19.4：42.8：37.8
就业结构	63.4：13.1：23.6	61.1：12.9：26.0	58.1：13.9：28.0

资料来源：《吉林统计年鉴》（2000、2002、2004）。

第二节 成长中的工业生产基地

一、区域工业生产的潜力

（一）具有发展工业的资源优势

白城市的石油资源丰富，分布广泛，规模较大，质量优良。目前全市含油面积 260.6 km^2，累计探明石油地质储量 19 534×10^4 t，其中海坨子油田 1 168×10^4 t、大安油田 6 526×10^4 t、红岗油田 5 837×10^4 t、英台油田 3 302×10^4 t、一棵树油田 266×10^4 t、四方坨子油田 435×10^4 t、套保油田 2 000×10^4 t。已探明天然气储量 113.74×10^8 m^3（溶解气），其中剩余可利用天然气储量 31.49×10^8 m^3。

松原市石油总储量达 26×10^8 t，已探明储量 11.34×10^8 t，天然气资源量 8 599×10^8 m^3，已探明天然气储量 475×10^8 m^3。全市石油可采储量占吉林省的 64.8%，天然气可采储量占吉林省的 56.3%，均列吉林省第一位。油母页岩储量 80×10^8 t。同时，石油资源分布广泛且相对集中，如石油、天然气主要集中在宁江区、前郭尔罗斯蒙古族自治县和乾安县。三县（区）石油可采储量占全市的 99.7%，天然气储量占全市的 67.26%。资源分布相对集中，为规模化、集约化开发提供了条件。

金属矿产资源已发现铅、锌、铁、钼、金、银、铜七种，其中金、铜具有较高的工业品位和利用价值。非金属矿产主要有石灰石、陶粒珍珠岩、硅藻土、膨润土、高岭土、铸型用砂、泥炭、盐、天然碱、芒硝、白黏土、沸石和建筑用砂、石、黏土等，具有发展现代建材产业的优势条件。矿泉水资源丰富，开发前景广阔，目前已发现的矿泉水有 9 处，其中已探明储量的有 5

处，已开发利用的有 3 处。

（二）具有一定的产业基础

吉林省西部地区依托能源、资源优势，目前已形成了以石油、化工、汽车零部件、轻纺、食品加工、医药、建材、农畜产品加工等为主的工业结构体系。工业发展具备了一定的产业基础，发展速度较快，2006年西部地区实现工业总产值322亿元，占全省工业总产值的13.23%。

松原市目前已经形成了以石油资源开发为基础的石化工业、粮食产品深加工、医药、建材等为主的产业群。2006年实现第二产业增加值272.66亿元，占全市地区生产总值的57.56%。其中，实现工业总产值260.76亿元，占第二产业总产值的95.64%。工业发展对地区经济增长的支撑作用日益提高。

白城市同样具有石油资源潜在优势，开采量逐年增加，同时依托矿产、能源等优势，大力发展能源工业，形成了以能源工业为主，以汽车零部件、农产品加工、纺织服装、医药、建材等为辅的工业结构体系。2006年实现第二产业增加值72.32亿元，占全市地区生产总值的38.06%。其中，实现工业总产值61.24亿元，占第二产业总产值的84.68%。

（三）具有良好的发展前景

依托区域资源与能源优势，在现有产业发展基础上，围绕主导产业建设，西部地区具有较大发展潜力和良好的发展前景。

白城市能源产业发展将主要围绕火电、风电、石油、煤炭等资源展开，包括白城第二发电厂（一期）$2\times60\times10^4$ kW、白城热电厂 $2\times20\times10^4$ kW 和吉林大唐大安一期 240×10^4 kW 三个项目。风电发展速度将不断加快，预计2010年全市风电装机容量将达到 120×10^4 kW，年发电量达到 25×10^8 kW·h，成为全国重要的风电基地。全部能源产业总产值将达到60亿元。

白城工业园区将进一步扩大规模，预计2010年累计总投资将达到100亿元，建设重点工业项目10个以上，园区地区生产总值达到100亿元。白城经济开发区将以发展高新技术产业和新型加工制造业为主，重点发展汽配加工、医药研制、绿色食品精细加工等。预计2010年地区生产总值将实现年均增长25%的目标。查干湖旅游经济开发区、大安经济开发区、新农业和生态效益农业示范园区发展速度也将进一步提升。

松原市将进一步扩大主导产业链条，利用石油天然气资源，以油气开采、炼油、基本化工原料、精细化工产品为主线，重点实施油气增产、精深加工和精细化工、化肥增产三项工程，建成吉林省重要的石油化工基地。预计2010年石油化工业增加值将达到230亿元，占GDP的32%左右。同时，以主导产业为主体的相关配套产业发展前景广阔,包括石油配套和汽车配套。石油配套主要以宁江区雅达虹工业园区、松原经济技术开发区油田配套园区、吉林油田相关产业配套园区为载体,重点开发新式抽油机、抽油泵、钢芯铝绞线、玻璃钢管道等产品。全市将进一步提升开发区和工业园区的规模和水平,使开发区和工业园区成为全市经济增长的核心区和对外开放的重要平台。加快石油化工、生物化工、农产品加工、生物制药、石油配套、木材加工、水泥制品、皮革加工、亚麻纺织、高科技等特色工业园区建设。2010年,各类开发区和园区在经济总量中的份额将达到30%以上。

二、工业生产与空间分布

(一)工业生产概况

从西部地区历年工业生产总值来看,1998年以来,西部地区工业产值不断上升,由1998年的38.49亿元上升到2006年的184.56亿元,占全省工业总产值的比重也在不断上升。虽然其在全省工业生产体系中的比例仍然较小,2006年仅占13.23%,工业生产总体能力较低,但工业生产对区域经济增长的贡献日趋增大。从西部地区历年工业生产总值占全部生产总值的比例可以看出,1998年地区工业生产总值仅占全部生产总值的25.10%,2006年上升到40.12%,工业生产总值占全部生产总值的比重不断增加。区域主要支柱产业包括石油化工、能源工业、汽车零部件、医药、新型建材、轻纺工业、食品加工等。

表14.7 1998~2006年西部工业生产总值

年份	西部地区工业生产总值/(亿元)	西部工业生产占全省的比例	西部工业生产总值占西部GDP的比例
1998	38.49	7.64%	25.10%
1999	40.76	7.38%	24.15%
2000	46.72	7.13%	27.47%
2001	49.62	6.85%	25.65%
2002	58.43	7.27%	26.34%
2003	71.84	7.72%	27.30%
2004	92.75	8.11%	30.63%
2005	124.59	9.13%	33.68%
2006	184.57	13.23%	40.12%

资料来源:《吉林统计年鉴》(1999~2007)。

（二）工业生产空间布局

2006年，白城市规模以上工业企业171家，实现工业增加值24.36亿元，创造利润总额2.64亿元。目前，白城工业生产形成了以能源工业、食品加工、汽车零部件、纺织服装、新型建材、医药等为主导的产业结构体系。能源工业主要围绕火电、风电、石油、煤炭等资源不断发展，建成了白城发电厂和大安发电厂，洮北、通榆、洮南、大安、镇赉等风电场。汽车零部件产业主要发展发动机连杆、汽车电线束、变速箱总成、玻璃升降器等主要汽车零部件产品的生产。新型建材产业主要利用沙石、粉煤灰等资源的转化，在装饰装潢材料、节能墙体材料等新型产品上不断发展壮大。

2006年，松原市规模以上工业企业234家，实现工业增加值266.58亿元，创造利润总额109.58亿元，目前已经形成了以石油化工、电力工业、制药等为主的工业结构体系。其中，石油化工主要依托吉林油田分公司、吉林油田集团公司、前郭石化分公司、松原市石油化工有限责任公司、长山化肥集团等龙头企业获得快速发展，形成了以油气开采、石油炼化、天然气化工、化肥为主导的产业部门，已经逐步形成吉林省重要的石油化工基地。另外，依托丰富的自然资源优势，电力工业发展迅速，初步形成了火电、风电、水电、生物能发电四大体系，主要包括大唐长山热电厂、长岭和乾安风电场、哈达山水利枢纽工程、秸秆生物质能发电等。以冀东、亚泰水泥等重点企业为龙头，水泥、钢材、木材加工等传统建材发展迅速，新型建材如干法水泥、固结混凝土、节能型建筑材料、新型墙体材料等产品发展也较快。以天达动物药业、华侨药业等企业为龙头，制药生产规模不断扩大，形成了生物制药、中成药、兽药三大体系。

双辽市工业生产已经形成了以能源、建材、农副产品加工业为主导产业，化工、医药、轻工、机械加工等为优势产业的工业格局。现有规模以上工业企业27家，2006年工业增加值13.89亿元，创造利润总额0.77亿元。其中国电集团双辽发电厂是目前省内最大的火力发电厂，福耀集团双辽有限公司是省内最大的玻璃生产企业，这两个企业的工业总产值占全市工业总产值的60%以上。

三、农牧产品加工生产基地的建设

（一）区域农牧资源优势

吉林省西部农牧交错区地处松辽平原中部，是欧亚大陆温带内陆沙漠化土地东部的边缘，属于松辽平原农业区向西部草原牧区的过渡地带。该区大部分处于温带亚湿润季风气候区，地势平坦，水草丰美，尤以盛产优质的羊草驰名中外，是全国重要的商品粮基地和商品牛、东北细毛羊的出口基地，每年为国家提供大量粮食产品和种畜、役畜，以及肉、奶、皮、毛等畜产品。

截至 2006 年年底，吉林省西部地区粮食总产量达 885.18×10^4 t，占全省粮食总产量的 32.54%；大牲畜头数达 108.41 万头，占全省总数的 15.84%，猪、羊分别为 252.39 万头和 403.50 万只。依托丰富的农畜产品资源，西部地区广泛开展农牧产品加工与生产，通过发展玉米深加工、杂粮杂豆加工业、畜禽加工业、皮革加工业和牧草加工业等，形成了区域农牧产品加工产业体系，逐渐发展成为吉林省重要的农牧产品加工生产基地。

（二）农牧产品加工业发展与基地建设

白城市粮食总产量 243.92×10^4 t，其中玉米产量 155.26×10^4 t，水稻产量 52.64×10^4 t，全年粮食作物种植面积 43.98×10^4 hm^2，畜牧业生产中肉类总产量 22.43×10^4 t，禽蛋产量 9.06×10^4 t。随着农业生产能力的提高，农产品加工业、绿色食品产业发展迅速。到 2007 年年底，全市农产品加工企业发展到 875 家，加工产品共有 17 系列 710 个，年加工能力达 122×10^4 t，精深加工转化率达到 35.0%，粮食加工量 270×10^4 t，同比增长 116.0%。全市已形成了水稻、辣椒、绿豆、花生、粉条、烤烟、葵花、大豆、酿酒、白鹅、乳制品等 11 个具有地方特色的产业部门，加工产品共 195 个品种。农产品加工业实现销售收入 65.2 亿元，实现利税 7.5 亿元，已建设专业化生产基地面积 642.8 万亩，带动农户 15.9 万户，占农户总数的 13.7%。全市有效使用绿色食品标志产品 33 个，有机食品 4 个，无公害农产品 195 个，绿色食品、有机食品、无公害农产品基地面积达 200 万亩。

松原市充分利用农畜产品资源优势，发展农产品精深加工业，建设形成了薯类、大豆、花生、肉类、蔬菜饮料、稻谷、乳品、玉米芯八大加工体系，有国家认证的绿色食品 14 个，如莲花牌大米，双屯牌小米，增盛永花生、小米，鲜丰大米，风华富硒大米，三义乡松宝牌大、中、小玉米碴，松宝牌精粉，饺子粉等，并形成了粮牧结合型、特色基地型、生态环保型、集约高效型、城郊复合型、园区辐射型、订单带动型和开发产业型"八个经营模式"。预计 2010 年农畜产品加工业增加值将达到 70 亿元，占 GDP 的 10% 左右。

扶余嘉实有限责任公司大豆和花生深加工、前郭不二蛋白有限责任公司大豆分离蛋白、前郭裕丰米业有限公司稻谷综合利用、松涛盛生化制品有限责任公司脱毒马铃薯深加工等构成了松原市农产品加工企业主体；长岭县肉羊系列产品加工、前郭辉山集团乳品加工、扶余福润集团禽类深加工和生猪屠宰深加工、长岭科尔沁生态草饲料有限公司生态草饲料等形成了松原市的畜产品加工产业主体。

四、石油化学工业基地的建设

（一）石油化学工业发展现状

石油开采与石油化工是吉林省西部地区的主要工业部门，其中石化工业主要包括石油、天然气开采、石油加工、化学工业、化学纤维工业等部门，在吉林省石油化工产业中占有重要地位。

依托松原市中石油吉林油田分公司，松原市石油化工产业不断发展壮大。目前，公司下设9个采油厂，共有油水气井1.6万口，原油年产量超过500×10^4 t，天然气4×10^8 m^3，预计2010年将实现原油产量700×10^4 t，天然气8×10^8 m^3，在中国石油股份公司所属油气田中排第六位，已经形成了油气、勘探、开发、设计、施工、科研和技术服务配套完整的工业体系。吉林油田被中国石油天然气集团总公司列为我国东部地区油气资源潜力最大、最有勘探前景的地区。

现在已经形成的ABS、乙二醇、苯胺、AES、醇醚、丁辛醇、醋酸、醋酐、苯乙烯、合成酒精、乙丙橡胶等装置，是国内最大的生产装置。苯酐、聚乙烯、有机硅装置在国内也具有较强的竞争力。

白城市主要采油厂有英台、红岗和新大采油厂，原油总产量超过150×10^4 t，是吉林油田的重要采区，主要分布在大安、镇赉两地。

（二）石油化学工业基地建设

1. 松原西北部石油矿业经济区

包括松原市的宁江区、前郭尔罗斯蒙古族自治县西北部、乾安县。拥有丰富的石油、天然气资源，是油气富集区。目前已探明油气田12个，含油面积1 290.4 km^2，探明石油地质储量6.73×10^8 t，可采储量1.5×10^8 t，天然气可采储量51.13×10^8 m^3。区内有采油厂7个，石油产量271.41×10^4 t，占吉林省石油产量的67.3%。

本区以石油、天然气资源为依托，以石油、天然气加工业为基础，成为省内重要的石油、天然气生产基地。未来发展应进一步加大新老区开发中的科技投入，不断提高原油采收率，确保老区稳产、新区高产。加快英台、乾安、扶余、红岗等重点井区产能建设，至2010年，计划投资285亿元，累计新增控制石油地质储量2.75×10^8 t，探明储量2.4×10^8 t，探明天然气储量400×10^8 m^3，新建原油产能633×10^4 t，新建天然气产能3.26×10^8 m^3，2010年原油产量达700×10^4 t。"十一五"期间生产原油$3 235 \times 10^4$ t，生产天然气28.38×10^8 m^3。重点建设扶余、新民、新木、新北、新立、乾安、前大等石油及天然气生产基地和中国石化前郭炼油厂石油加工生产基地。

2. 白城东部石油矿产经济区

包括大安、镇赉两地 10 个乡（镇）。本区石油、天然气资源丰富，含油面积 260.6 km², 石油地质保有储量 $3\,813.70\times10^4$ t, 天然气地质保有储量 31.49×10^8 m³。区内有石油开采企业 9 户, 其中大中型 3 户。2001 年原油产量 109.3×10^4 t, 占全省原油产量的 30.5%。为保证全市石油产量稳步增长, 近期以原有油田基地为重点滚动式开发新油区, 未来的石油开发将转向松辽盆地南部即通榆县一带, 重点建设英台、红岗、大安石油及天然气生产基地和套保石油开采试验基地。

第三节　现代农牧业基地的建设

一、农牧业生产的环境条件

吉林西部草原湿地是科尔沁草原的延伸带, 草原辽阔, 湿地面积较大, 地下水和过境水丰富, 区内地势低洼, 光、热条件较好, 农牧业发展潜力较大。西部草场辽阔, 集中连片, 草质好, 尤以盛产羊草驰名中外, 是发展畜牧业的重要基地。

本区除西北部一小部分为大兴安岭东麓的低山丘陵外, 绝大部分为海拔 200 m 以下的平原。其中, 北部是松嫩冲积和湖积平原, 湿地面积较广, 泡沼众多, 著名的查干泡、月亮泡都分布在这里, 海拔多在 130～150 m 之间, 低处多为沼泽, 生长芦苇、蒲草等经济植物, 高处则为平坦肥沃的黑土地, 现已多开垦为农田, 是白城地区的主要种植业基地。南部地势稍高, 是松辽分水岭的西段, 同时也是嫩江、辽河的分流地带, 上面为固定的沙岗、沙丘。沙岗之间又有许多洼地, 形成许多闭流小盆地或盐碱泡沼, 沙岗的原始植被多为异枝榆。平地则为草甸, 是科尔沁大草原的一部分, 是天然的优良牧场。

区域内光热资源丰富, 年太阳总辐射量为 120～125 kcal/cm²[①], 年平均气温 4.6～5.6℃, ≥10℃ 积温 2 900～3 050℃, 无霜期 140～150 d, 可满足一般作物中熟或中晚熟品种的需要。本区年降水量为 450 mm 左右, 蒸发量大于降水量, 湿润系数在 0.6 以下, 属于半湿润并向半干旱过渡地区。区内作物以耐干旱性为主, 谷子种植比重较大, 大豆种植比重逐渐减少, 甜菜的种植有显著优势, 含糖量高于中部, 向日葵等耐旱油料也占较大比重。

---

① 1 kcal=4.1868 kJ, 下同。

二、农牧业生产与空间分布

(一) 农牧业生产概况

吉林西部农牧区依托丰富的耕地与草地资源,利用发展农牧业有利的生产环境与生产条件,不断扩大农业种植面积,提高作物产量,实现农林牧渔业产值的快速提高,不断提高自身在吉林省农牧业生产中的地位。

表14.8 吉林省西部各地区农林牧渔业产值 （单位：亿元）

	市、县	农业	林业	牧业	渔业	农林牧渔业总产值
松原	合计	113.58	2.22	51.07	2.54	171.17
	市区	7.98	0.18	2.41	0.44	11.37
	长岭	28.56	0.64	15.34	0.05	44.85
	前郭	31.71	0.85	18.91	1.24	53.45
	乾安	11.70	0.17	2.82	0.08	14.93
	扶余	33.63	0.38	11.60	0.73	46.56
白城	合计	48.49	2.89	31.45	1.34	85.90
	市区	10.15	0.31	5.97	0.01	16.52
	洮南	14.62	0.32	5.56	0.08	20.73
	大安	7.57	0.98	6.00	0.42	15.85
	镇赉	8.72	0.96	6.55	0.79	17.47
	通榆	7.44	0.32	7.36	0.02	15.33

资料来源：《吉林统计年鉴》(2007)。

2006年吉林省西部地区粮食总产量达 885.18×10^4 t,占全省的 28.77%,成为全省重要的农业种植与生产基地；油料、葵花籽、甜菜等作物产量分别占全省的 73.82%、88.92% 和 90.73%,在全省占有重要地位。

2006年吉林省西部地区大牲畜头数共108.41万头,占全省总数的15.84%；肉类总产量 60.11×10^4 t,占全省总数的27.54%；禽蛋产量 25.09×10^4 t,占全省总数的24.85%。

随着农牧业生产规模的不断扩大和产量的日益提高,西部地区农林牧渔业产值不断提升。2006年吉林省西部地区实现农林牧渔业总产值257.08亿元,占全省农林牧渔业总产值的22.25%。其中,西部地区农业总产值162.08亿元,占全省农业总产值的27.15%；牧业总产值82.52亿元,占全省牧业总产值的17.07%；渔业总产值3.88亿元,占全省渔业总产值的22.83%。

（二）农牧业生产的空间分布

1. 种植业

从西部各地区农作物种植面积来看，松原市播种面积要大于白城市。2006年松原市播种总面积为 $81.26 \times 10^4 \ hm^2$，白城市为 $60.5 \times 10^4 \ hm^2$，松原市的水稻、玉米等的播种面积也高于白城市（表14.9）。西部各地区各类农作物产量相差较大，表现为松原市明显高于白城市的特征（表14.10）。2006年松原和白城两市的粮食总产量分别为 641.26×10^4 t 和 243.92×10^4 t，水稻产量分别为 75.68×10^4 t 和 52.64×10^4 t、玉米产量分别为 480.79×10^4 t 和 155.25×10^4 t。同时，西部地区形成了包括双辽、扶余、洮南、大安、镇赉、长岭、前郭在内的国家商品粮基地（表14.11）。

表 14.9　吉林省西部各地区各类作物播种面积　　（单位：$10^4 \ hm^2$）

县、市		总面积	粮食面积			大豆	油料	葵花籽	甜菜	蔬菜
			总面积	水稻	玉米					
松原	合计	81.26	67.12	7.24	45.87	2.16	10.25	2.06	0.27	2.13
	市区	5.52	4.92	1.07	3.27	0.19	0.11			0.34
	长岭	19.01	15.03	0.14	10.14	0.63	2.30	1.35	0.06	0.90
	前郭	21.56	18.52	4.78	10.48	0.35	2.49	0.34		0.30
	乾安	11.19	9.40	0.04	6.34	0.18	0.99	0.34	0.21	0.36
	扶余	23.98	19.26	1.21	15.64	0.81	4.36	0.02		0.22
白城	合计	60.49	43.98	6.60	23.18	1.20	11.30	6.58	0.11	1.42
	市区	11.68	9.05	2.72	4.34	0.19	1.67	0.42		0.57
	洮南	13.02	10.27	0.49	6.27	0.28	1.94	1.14	0.05	0.46
	大安	8.75	6.60	0.41	4.38	0.18	0.89	0.57	0.05	0.25
	镇赉	9.42	8.73	2.96	3.78	0.25	0.39	0.23		0.08
	通榆	17.62	9.32		4.41	0.28	6.42	4.23	0.01	0.07

资料来源：《吉林统计年鉴》(2007)。

比较而言，松原市的农业种植生产水平要高于白城市。从农业产值来看，2006年松原市实现农业产值113.6亿元，白城市实现农业产值48.5亿元，相差65.1亿元。从农业生产的结构类型来看，目前松原市形成了特用专用玉米、优质大豆、优质水稻、花生、瓜菜、脱毒马铃薯6个种植业生产基地，农业机械化水平不断提高，产业规模化、集约化生产能力不断增强；白城市在以粮食生产为主的同时，着力发展特色农业，形成了燕麦、绿豆、葵花、红

表 14.10　吉林省西部各地区各类作物产量　　　　（单位：10^4 t）

县、市		粮食产量			大豆	油料	葵花籽	甜菜	蔬菜
		总产量	水稻	玉米					
松原	合计	641.26	75.68	480.79	8.04	25.28	4.98	6.41	859 522
	市区	36.71	9.07	25.31	0.44	0.29			158 370
	长岭	162.05	1.83	124.20	2.88	5.52	3.38	1.65	288 400
	前郭	175.00	52.60	104.77	1.90	6.85	0.97	0.18	199 214
	乾安	82.50	0.32	66.70	0.39	1.46	0.59	4.58	63 626
	扶余	185.00	11.86	159.81	2.42	11.15	0.03		149 912
白城	合计	243.92	52.64	155.25	1.97	16.06	8.79	36 368	379 631
	市区	57.21	22.64	28.43	0.35	3.61	0.54	0.05	145 713
	洮南	58.60	4.37	45.43	0.31	2.44	1.34	2.24	62 485
	大安	51.41	3.59	39.91	0.41	1.46	0.90	1.19	110 262
	镇赉	51.22	22.04	22.90	0.53	0.67	0.45		46 547
	通榆	25.47		18.58	0.37	7.88	5.56	1 500	14 624

资料来源：《吉林统计年鉴》(2007)。

表 14.11　吉林省西部商品粮基地基本情况

市、县	农业人口/(万人)	耕地面积/(10^4 hm²)	农林牧渔业总产值/(亿元)	粮食播种面积/(10^4 hm²)	粮食总产量/t	每公顷粮食产量/kg
双辽	26.74	12.20	26.07	8.41	65.19	7 748.4
扶余	68.29	23.98	46.56	19.26	185.00	9 606.8
洮南	28.55	12.48	20.74	10.27	58.60	5 703.4
大安	27.42	8.52	15.85	6.60	51.41	7 789.3
镇赉	19.06	9.63	17.47	8.73	51.22	5 865.5
长岭	51.46	19.22	44.85	15.03	162.05	10 782.3
前郭	41.35	24.89	53.46	18.52	175.00	9 448.9

资料来源：《吉林统计年鉴》(2007)。

小豆等具有区域特色的产品，使白城成为吉林省乃至全国的杂粮杂豆和油料作物主产区。

2. 畜牧业

吉林省西部地区是传统的牧业生产基地和肉羊优势产业带，也是国家优质细毛羊重要基地之一。2006年，西部地区实现牧业生产总值82.52亿元。其中，松原市实现牧业生产总值51.07亿元，白城市实现牧业生产总值31.45

亿元。

白城市股份合作牧业户累计发展超过 2.3 万户，累计建设各类牧业园区 213 个，共建机械榨奶站 124 个。全市猪、牛、奶牛、羊、禽分别发展到 96.34 万头、41.3 万头、7.85 万头、203 万只和 2 641 万只，肉、蛋、奶产量分别达到 22.43×10^4 t、9.06×10^4 t、6.78×10^4 t。

松原市目前正建设发展精品畜牧产业，重点建设包括 350 万头生猪生产基地、100 万头肉牛生产基地、300 万只羊生产基地、1 000 万只肉鹅生产基地、500 万只肉鸡生产基地、500 万只蛋鸡生产基地、10 000 头奶牛生产基地。

未来，西部地区重点发展资源节约型循环牧业经济，以天然草原恢复项目建设为契机，加强草场生态的综合治理，转变传统的放牧方式，实行半饲半牧，划区轮牧，把草原生态保护与牧业发展有机结合起来。重点发展肉羊、优质细毛羊、草原红牛、鹅等草食畜禽，实施肉、毛（绒）、草多向开发战略。

表 14.12 吉林省西部各地区畜牧业生产情况

市、县		年底大牲畜数/（万头）	猪年末存栏/（万头）	羊年底只数/（万只）	肉猪出栏头数/（万头）	肉类产量/(10^4 t)				禽蛋产量/(10^4 t)
						总产量	猪肉产量	牛肉产量	羊肉产量	
松原	合计	58.94	156.05	200.38	221.57	37.67	18.49	5.69	1.68	16.03
	市区	4.87	10.95	7.67	16.77	2.02	1.26	0.63	0.02	0.13
	长岭	15.27	58.72	92.10	41.28	5.68	3.47	0.67	0.42	0.32
	前郭	14.45	26.50	58.18	69.40	16.62	5.21	1.86	0.81	7.20
	乾安	6.24	9.87	27.80	24.12	3.28	2.17	0.26	0.20	1.18
	扶余	18.10	50.00	14.63	70.00	10.06	6.39	2.28	0.23	7.21
白城	合计	49.47	96.34	203.11	162.33	22.43	13.30	1.82	1.93	9.06
	市区	5.28	16.36	13.51	35.88	3.90	2.69	0.29	0.29	1.24
	洮南	7.49	14.22	43.36	35.39	4.52	3.02	0.26	0.47	0.98
	大安	10.49	23.32	47.68	33.85	5.32	2.77	0.50	0.43	2.49
	镇赉	11.34	30.30	46.85	32.70	4.66	2.62	0.47	0.35	3.16
	通榆	14.87	12.13	51.72	24.49	4.02	2.20	0.33	0.39	1.20

资料来源：《吉林统计年鉴》（2007）。

3. 渔业

西部地区通过开展水面和沼泽湿地的利用，逐渐发展淡水渔业和芦苇业，这已成为区域农业增产增收的重要来源。西部地区共有水面 500 多万亩，约占全省淡水水面的 1/3，占本区土地总面积的 9.2%，发展渔业潜力相对较大,是吉林省重要的水产基地。2006年西部地区实现渔业产值3.88亿元,占全省渔业总产值的22.83%。

目前,查干湖、大安月亮泡渔场、前郭的库里泡渔场、通榆的向海水库和洮安创业水库不仅成为西部地区重要的渔业生产基地,也是吉林省最重要的淡水鱼商品供应基地。另外,本区芦苇资源丰富,是全国芦苇重点产区之一。历史上芦苇面积约有300万亩,年产可达$20×10^4$ t,但由于长期缺乏管理,目前苇田面积不到100万亩,年产苇仅$5×10^4$ t左右。今后应加强管理,合理规划和解决好水源,逐步恢复芦苇面积,利用芦苇生产,进一步扩大纸浆或造纸工业,争取更大的经济效益。

三、生态农牧业基地建设

(一) 农牧结合型生态农业基地

农牧结合型生态农业基地的建设区域包括扶余县部分地区、前郭尔罗斯蒙古族自治县东南部、长岭县东南部等。本区地表为波状平原,水分条件相对较好,是西部地区主要的农业产区,土壤肥力较高,受风沙、盐碱化威胁较小,属生态适宜区。

本区农业结构中种植业比例较高,农田系统物质输入小于输出,导致土壤肥力下降。应采取农牧结合型生态农业模式,发展农区饲养业,充分利用作物秸秆等饲料资源,通过还田提高农田系统的物质输入和土壤肥力,进而提高农牧业生产集约化水平,实现生态经济系统物质良性循环,达到生态环保型效益农业的内在要求。同时,基于本区粮食总产量多、副产品秸秆多等优势,应发展以肉牛生产为主的畜牧业,按产业生态循环原理,走"农养牧、牧培肥、肥改地、地增粮"的高效农业之路,同时围绕畜牧业建设饮料加工厂、冷藏厂和畜产品加工厂等,发展乡镇企业,实现农业产业化经营。

(二) 农林结合型生态农业基地

农林结合型生态农业基地的建设重点是,在退耕的同时大力发展林果业,因地制宜栽培适合不同区域的特色树种。如在生态条件较好地区种植大慈梨、南果梨、晚香梨和苹果梨,在沙地种植沙棘、扁杏等树种,在轻碱地种植枸杞,在城郊和庭院种植鲜食葡萄和酿造葡萄等树种,大力发展果业经济,增加农民收入。

农林结合型生态农业基地主要位于长岭县西部,本区自然条件较差,风沙干旱严重,盐碱低洼地多,农业基础薄弱,在西部地区具有典型性。本区从改造低质林入手,大力发展林果业,已由农户零星种植逐步发展到目前初具规模的林果生产,现有果园220个,总面积450 hm^2,栽植各种果树25万株，间种其他经济作物，年可创收100万元。林果业已成为当地农村经济的主导产业，既改善了生态环境，又增加了农民收入，取得了良好的生态效益和经济效益。

（三）特色绿色生态农业基地

绿色农业是指生产绿色食品的农业生产经营方式。绿色食品的显著特点是优质、安全、无污染，其生产过程与生态环境保护紧密结合，是当前农业发展的主要方向。松原、白城部分农牧区远离城市和工业区，乡镇企业少，化肥施用量低于全省平均值，农业环境条件良好，具有生产绿色食品的优越条件。可建设绿豆、蓖麻、葵花、荞麦及红小豆等杂粮杂豆特色绿色产品生产基地，并逐步发展绿色畜牧业和绿色水产业基地，实现生态环保型效益农业的要求。

（四）草牧为主的生态农业基地

针对草场退化的现实，应大力发展以生态草业、牧业为主的全新生态农业，建设以草牧为主的生态农业基地。促进牧业发展向舍饲半舍饲过渡，以保证恢复和重建草场资源，通过多种方式开发草业经济，使草业向产业化发展。

生态草业建设不仅可以改善区域生态环境，同时还可以促进其他农业类型发展。其中，豆科草类有机瘤菌可固氮，形成绿肥肥田，也可减少土壤水分蒸发与返盐，保持水土；林业方面，草为营林的先锋植物；农副产品方面，可利用草加工草粉、饲粉，还可将其用于草编业、造纸和制药的原料等；渔业方面，草可作为渔业的重要饲料。

生态草建设工程完成后将使西部大面积"三化"草地从根本上得到治理，平均植被覆盖度提高66%，在调节气候、改良土壤、涵养水源、保持水土和增强防风固沙能力、减少自然灾害方面产生巨大作用。同时，还可通过牧草和草籽销售，促进畜牧业的发展，创造可观的经济效益。草地面积的增加和质量的提高，必将带动畜牧业产业一体化及草产业的发展，进而提高农民收入和农村财政实力。

（五）大棚"四位一体"生态农业基地

大棚"四位一体"生态农业是以太阳能、沼气池为能源，以人、畜粪尿为肥源，集牲畜养殖、蔬菜种植、有机肥存储、沼气生产为一体的能源高效利用型生态农业。"四位一体"生态农业基地的建设可以增加土壤有机质，提高土地肥力，遏制农田生态环境退化，取得综合性效益；还可以大量利用闲散劳动力，加速庭院生产商品化、专业化进程，取得明显的经济效益。

（六）城郊型生态农业基地

城郊型生态农业基地的主要特点是农副业产品以多层次适应与满足城市人民生活为主，按照贸工农一体化安排商品率较高的农业，在资金、技术、信息、基础设施建设方面依托于城市，并且与城市工业相结合。城郊型生态农业基地应按照生态环保型效益农业要求，合理设计与布局，为建设良好的城乡生态环境质量服务。目前松原、白城两市城郊型生态农业初具雏形，今后应向周边县城辐射，培育拓展城郊型生态农业基地，以取得更大经济效益和生态效益。

第四节 土地退化与生态恢复

一、土地沙化与生态重建

（一）土地沙化的范围及变化

吉林省西部沙地位于我国温带半干旱沙地的东部，包括松嫩沙地的南部和科尔沁沙地的东部。整体来看，吉林省西部地区有三条横贯东西的沙带。最大的向乌沙带，西起通榆县的向海，向东南延伸至瞻榆、太平川后折向东，经长岭县再折向东北，至乌兰图嘎，全长 150 km，宽 50~80 km，是由多条沙垄组成的弧顶南凸的巨型沙带；西辽河沙带西起吉林省通榆县的包拉温都，经科尔沁左翼中旗至长岭县的新安镇，长近 100 km，宽 30~40 km，主要由平缓的沙岗地和低缓的沙丘组成；洮儿河北岸的镇赉沙带，长近 50 km，宽 20~30 km，以蜂窝状沙丘和低起伏的沙岗为主。

从近二十年来沙化土地变化趋势来看，吉林省西部地区的沙化土地治理取得了较大成效，沙化面积已经基本得到控制，沙化程度也有所改善，但是局部地区沙化土地面积仍有小幅度增加，局部地区土地沙化程度也有所加重，而且有向东逐年推进的趋势，对吉林省中部地区产生威胁。

（二）生态重建工程

1. 防护林体系建设工程

目前，三北防护林体系建设已经进入第四期工程（2001~2010 年）的后半阶段。前期建设工程中，已经初步形成了省级防护林体系，西部地区部分县也形成了县级防护林体系。随着部分县、市被纳入到环北京防沙治沙工程体系中，西部地区防护林体系工程进度进一步加快。吉林省西部地区建设重点主要为科尔沁沙地防护林体系建设，在后半阶段，要进一步营造防风固沙林、农田防护林和水土保持林，同时严禁过量采伐和毁林开荒，保护好现有森林资源，通过人工造林，封山育林，提高森林覆盖率，增强水源涵养能力。四期工程完成后，将新增森林面积 58.25×10^4 hm²，森林覆盖率达 28.94%。

2. 沙地治理工程

吉林西部沙地治理工程建设范围包括白城市的通榆、洮南、镇赉、大安、洮北，松原市的长岭、前郭、乾安、扶余、宁江，四平市的双辽等。以植树种草、封山育林育草、防风固沙、草原"三化"和水土流失治理等生态环境建设为重点，通过保护、治理和开发利用，增强经济可持续发展能力。预计工程建设面积 125.3×10^4 hm²，其中，人工造林 34.6×10^4 hm²，封山（沙）育林（草）75.7×10^4 hm²，低产低效林更新改造 15×10^4 hm²。

西部科尔沁沙地北缘与黑龙江、内蒙古交界处，是吉林省风沙危害、沙尘暴频发地区和经济欠发达地区，也是吉林省生态治理的重点地区。包括白城市的通榆、洮南、镇赉、大安、洮北等5个县（市、区）。这里是野生桑树的故乡，60%以上的土地适宜桑树生长。因此，可通过人工营造桑树生态林，使生态建设产业化、产业发展生态化，实现农业的可持续发展和良性循环。工程预计营造桑树生态林 6.7×10^4 hm² 及进行相关配套基础设施建设。

二、土地盐碱化与生态治理

（一）土地盐碱化及其危害

有关数据显示，目前吉林省西部盐碱地面积已超过 160×10^4 hm²，盐碱化土地面积仍以年均1.4%的速度增加，而且盐碱化程度不断加剧，重度盐碱地占盐碱化土地总面积的比例将近50%。预计2010年吉林西部盐碱地总面积将达到 86.67×10^4 hm²。

土地盐碱化给自然生态环境和区域可持续发展带来严重影响。植被遭到破坏和苏打盐碱土特有的土壤特性，使得盐分在干旱季节从浅层地下水和土壤深部上返与在雨季淋洗下移的动态平衡被打破，地面土壤蒸发迅速，地表水分入渗速率下降，速度减慢，大量盐分从地下水或土壤深部的暗碱层向地表集聚，产生次生盐碱化，形成碱斑，造成大面积土地无法耕种。

土地盐碱化的同时也造成了草场的严重退化，载畜量大幅度下降，致使吉林西部地区畜牧业发展落后。土地盐碱化和土地原有功能的丧失，导致农业生产条件恶化、农村经济贫困化，这成为当地农民贫困的重要原因。西部地区约50%以上的贫困户是由土地盐碱化引起的，吉林省的几个主要国家级贫困县也都集中在这一区域。

（二）盐碱化治理工程

土地盐碱化的治理可以依据盐碱化程度的不同，通过相应的生态工程、水利工程、农业技术等措施和手段进行治理。

1. 生态工程

对于轻中度盐碱化低产耕地,可实施退耕还草、种草养畜的生态工程措施。西部地区轻中度盐碱化低产耕地分布广泛,耕作粗放,粮食产量低,效益差;不合理的耕作方式,造成土地盐碱化程度日益严重,破坏了自然生态平衡。利用轻中度盐碱化低产耕地种植优质牧草,并与发展养殖业相结合,不但具有显著的生态效益,而且还有较高的经济效益。由于短期内牧草很难实现商品化,必须发展种草养畜,实现盐碱地资源的转化和增值;退耕还草、种草养畜还可以为发展舍饲畜牧业提供饲草、饲料,有利于生态环境保护和畜牧业持续发展。

2. 水利工程

对于低洼易涝盐碱地,可充分利用附近地表水和地下水资源开发水田。相关的科学研究和实践表明,苏打盐碱地种稻是盐碱土改良利用最有效的措施之一。水稻虽然不属于耐盐碱作物,但整个生育期内需要保持水层,这可以有效地抑制土壤返盐。低洼易涝盐碱地水田不能无限制地开发,必须做好规划,综合考虑水资源及排水条件,采取土壤改良、以水洗盐、旱育壮秧、合理密植、平衡施肥、综合防治病虫草害等相关配套措施开发利用盐碱地资源,防止土壤发生次生盐渍化。

3. 农业技术工程

利用客土培肥或以沙压碱来改良盐碱地也有明显效果,当中度盐碱化土地压沙厚度达 10 cm 时,粮食单产增长 40%~50%。施用化学改良剂,如磷石膏、炉渣等工业废料,也能改善土壤理化性质,达到增产和治理盐碱地的目的。另外,种植耐盐碱植物如向日葵、甜菜、籽粒苋、棉花等,既适合本区气候特点,又能改善盐碱地的地力,提高经济效益。

4. 农业机械化工程

西部盐碱地的治理还可以通过发展机械化来实现。首先依靠新品种的抗盐性在盐碱地上建立植被,然后依靠综合技术措施排除地表盐碱,应用"明碱翻、暗碱悬"的办法,打破犁底层,建立疏松的土壤结构,以利于羊草扎根,迅速建立植被,减少水分蒸发,使土壤毛细管上下接通、盐随水走、盐碱层迅速下降。大型机具的发展,有利于西部盐碱地的改良和耕地的恢复与保护。

三、草场退化与生态恢复

(一) 草场退化及其成因

吉林省西部草原可分为 6 类 12 组 50 个型,以平原草甸草原类为主要代表，其占西部草场的 70% 以上。其他草原类型还有沿河低湿地草甸类、沙丘沱甸疏林灌丛类、低山丘陵草甸草原类、大岗台地草原类。但是，近年来的草场不合理利用、私开滥垦、超载放牧，再加上干旱半干旱气候条件，致使草地多数生长不良，草原低矮稀疏，草地优良牧草逐年减少，产草量急剧下降，草场退化面积不断增加，生态环境不断恶化。

当前吉林省西部草地面积为 1.36×10^4 km^2，比 1985 年减少了 0.53×10^4 km^2，并且仍以每年 2.8% 的速度递减。草场退化面积达 1.09×10^4 km^2，占西部草地面积的 80%，与 1985 年相比，退化草地增加了 0.45×10^4 km^2。其中，重度退化草地占退化总面积的 47.5%，中度退化草地占 44.5%，轻度退化草地占 8%。

同时，草场植物群落也发生了变化，主要表现为优质牧草减少或消失、杂类草和有毒有害植物增加。20 世纪 50 年代初期，在羊草草甸草原上，羊草产量占 90% 以上，豆科牧草产量占 5%，其余为杂类草。现在羊草产量仅占 60%~70%，豆科牧草基本消失，篙属、杂类草占 30% 以上，耐盐碱植物如虎尾草、角碱蓬等大量出现。

多年来的不合理利用、过度放牧是造成吉林省西部草地退化的重要原因。牲畜践踏是草地退化的另一个原因，牲畜践踏一方面导致牧草机械损伤，茎叶或幼苗折断，分枝能力降低；另一方面破坏土壤结构，使土壤板结、物理性状变坏、孔隙度降低、通气性和土壤水分状况恶化，草场再生能力不断下降。

（二）草场退化防治措施

1. 加强天然草地的生态环境保护

在生态环境建设中，首先，要对天然草地植被进行保护，采取综合管理措施，遏制草地退化、沙化的趋势，促进已退化草地植被的恢复，重视对原有植被的保护。其次，要结合退耕还林还草工作，发展人工种草，建植优质人工草地，为畜牧业发展提供优质饲草，减少畜牧业对天然草地的依赖和压力，逐步实现草地畜牧业的集约化经营。最后，畜牧业发展应实行三个转变，一是由数量型向质量效益型畜群结构转变，二是由单一的依靠草地放牧向舍饲、半舍饲畜牧业转变，三是由就地育肥向部分易地育肥转变，通过三个转变，减轻放牧压力，解决草场的严重超载问题。

2. 集约利用水资源发展草业

干旱是本区草业发展的制约因素，因此应把高效用水、节约与集约用水作为草业发展的水利保障。在草场灌溉和农牧区的农业灌溉中，积极采用节水高效的灌水技术，提高用水效率；通过人工增雨和集雨，增辟抗旱水源；对严重盐渍化、退化的草地，要考虑排水问题。基于本区属干旱、半干旱草地且严重缺水的事实，完全靠当地水资源无法解决草地保护和建设的用水需求，为了加强生态屏障建设，应从更大范围考虑水资源优化配置。

3. 选育与开发野生优良牧草草种

选育适应吉林省西部地区生长的优良品种，研究不同气候、土壤、水分条件下牧草的抗逆性，筛选优良牧草品种，引进高科技管理手段，开拓多方面投资渠道，建立规范化、模式化种子繁育及草地改良示范区，创立吉林省西部自己的牧草种子品牌。

草地的优势草种是植物长期适应当地气候的产物，西部草地优势草种为羊草，因此，首先应恢复羊草并将其作为西部草地的首选草种。羊草为多年生禾本科牧草，对环境的适应性强，具有一定的耐瘠薄及耐盐碱性。其次是种植紫花苜蓿，紫花苜蓿被称为"牧草之王"，属多年生豆科牧草，不仅可以作为优质的饲草，还可以增加土壤有机质和氮素肥料，保护水土，防风固沙，改良土壤和提高地力等。最后是种植草木樨，在中轻度退化草场改造中选择羊草和草木樨混播，不但可以增加产草量，而且可以提高土壤肥力。重度退化草场从生态方面考虑，可选一些耐盐碱植物，如种植碱茅等。

4. 加强盐碱地植被保护

盐碱地草原主要分布在洮儿河、霍林河等泛滥地和湖泊周围，以及低洼易涝地区。这些地区地势较低，地下水位高，排水不畅，容易形成积水，在气候干旱、蒸发强烈的条件下，地下水的盐分不断积累上升到土壤表层，形成盐碱土和草原盐碱化。此外，在一些低平地区的局部高地，由于蒸发大，盐分从低处向高处迁移，积盐较重，也形成盐碱化。草原盐碱化、沙化和退化都与植被稀少和植被破坏关系密切。因此，应大力植树种草，防风固沙，改善土壤结构，增加有机质，提高土壤肥力，减少地面水分蒸发，从而改善区域生态环境。

第五节 区域中心城市的发展

一、相对弱化的区域中心城市

（一）区域中心城市规模相对较小

与吉林省其他地区中心城市相比，西部地区的松原、白城作为区域中心城市，规模相对较小（图14-1）。2006年，松原和白城两市辖区人口规模分别为52.61万和50.79万，低于长春、吉林、四平等中部城市，同时人口向外迁移的趋势发展相对较快，区域人口吸引力不断下降。

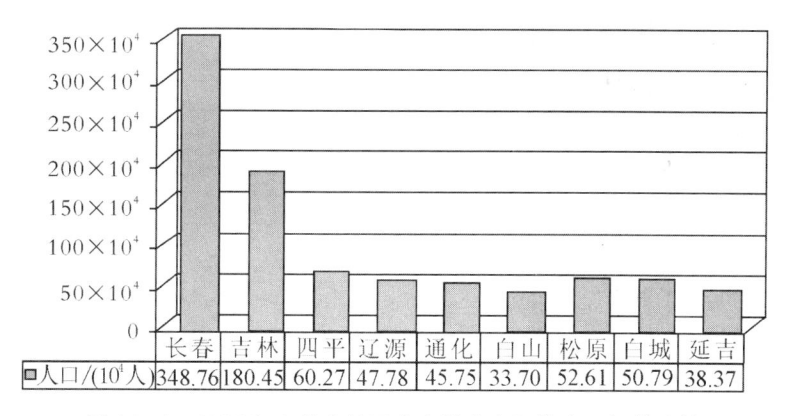

	长春	吉林	四平	辽源	通化	白山	松原	白城	延吉
人口/(10⁴人)	348.76	180.45	60.27	47.78	45.75	33.70	52.61	50.79	38.37

图 14-1　2006 年吉林省地区中心城市市区的人口规模比较

从吉林省地级市市域城镇化水平比较来看，松原和白城两市明显处于最低水平，城镇化水平分别为 27.08% 和 39.78%，远低于大多数其他地级市和全省 45.11% 的平均城镇化水平（图 14-2）。这表明西部地区发展较为落后，区域中心城市的辐射与带动作用不强。

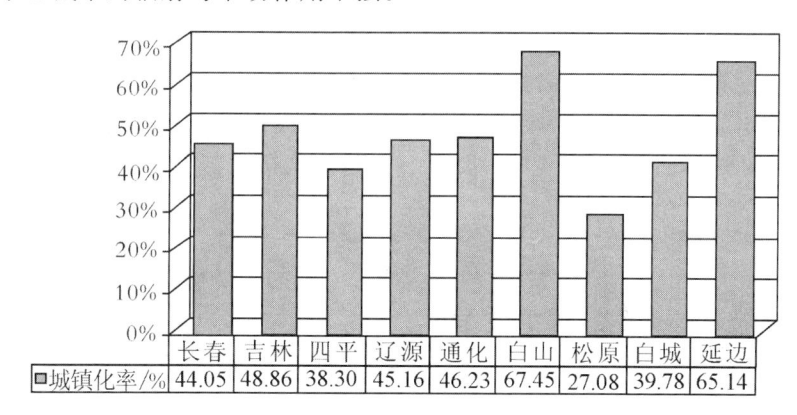

	长春	吉林	四平	辽源	通化	白山	松原	白城	延边
城镇化率/%	44.05	48.86	38.30	45.16	46.23	67.45	27.08	39.78	65.14

图 14-2　2006 年吉林省地区中心城市的城镇化水平比较

（二）区域中心城市实力相对较弱

从吉林省中心城市地区生产总值比较来看（图 14-3），2006 年年底，白城市地区生产总值为 190 亿元，在各地级市中位列倒数第 2 位；松原市地区生产总值为 473 亿元左右，相对较高，在吉林省各地级市中位列第 3 位。整体来看，白城市作为区域中心城市，经济实力相对较弱；松原市依托石油资源，发展石油开采和石油化工，经济实力相对较强，但作为典型的资源型城市，面临资源枯竭和接续产业发展问题，如何建立新型接续产业、实现经济可持续发展是松原市当前经济发展面临的主要挑战。

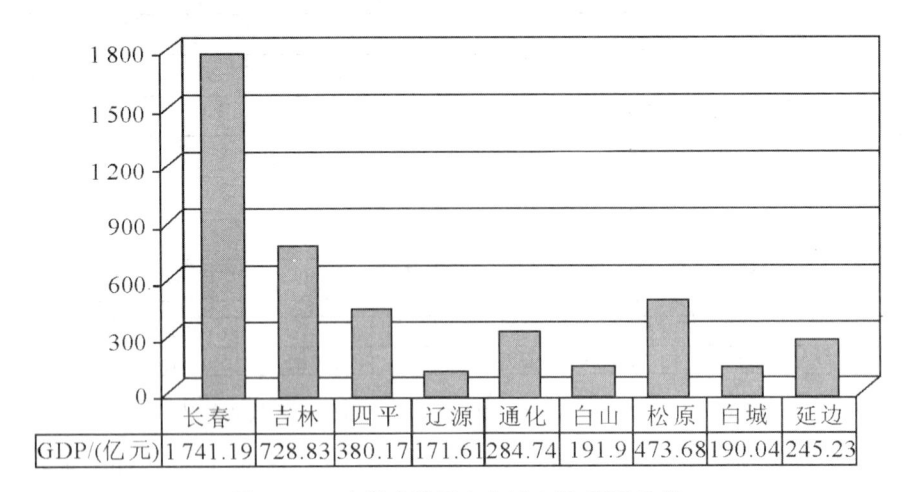

图 14-3 吉林省地区中心城市的 GDP 比较

	长春	吉林	四平	辽源	通化	白山	松原	白城	延边
GDP/(亿元)	1741.19	728.83	380.17	171.61	284.74	191.9	473.68	190.04	245.23

（三）区域中心城市功能不健全

通过对吉林省各地区中心城市的产业结构比较分析（图 14-4），白城市第二、第三产业比重分别为 38.1% 和 36.9%，在各地级市中排名相对靠后，非农产业发展相对落后，仍是以农业为主导的产业发展类型。松原市第二、第三产业比重分别为 57.6% 和 21.0%，在各地级市中分别处于首位和末位，工业职能异常突出，第三产业发展严重不足，城市服务功能较为落后，表现出区域中心城市功能发展不协调。

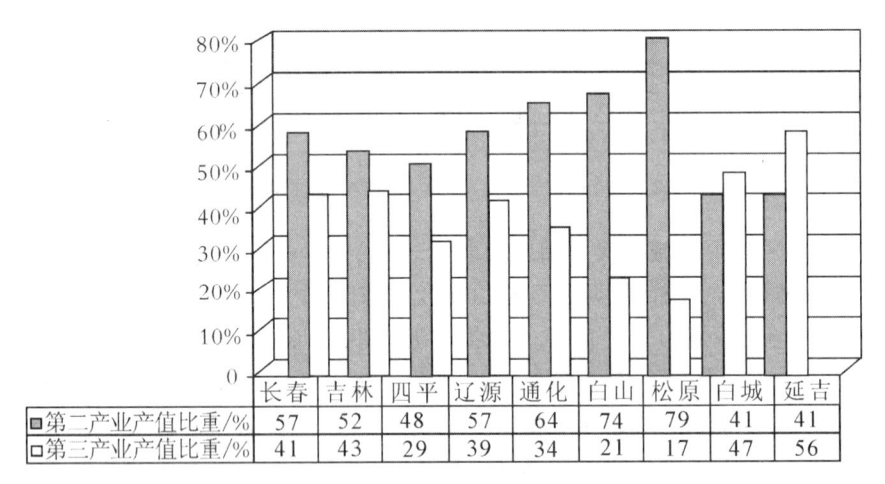

	长春	吉林	四平	辽源	通化	白山	松原	白城	延吉
第二产业产值比重/%	57	52	48	57	64	74	79	41	41
第三产业产值比重/%	41	43	29	39	34	21	17	47	56

图 14-4 吉林省地区中心城市第二、第三产业产值比重对比

二、以中小城镇为主体的城镇结构体系

吉林省西部地区主要表现为以中小城镇为主体的城镇结构体系特征。松原市和白城市是区域中心城市，人口规模在 50 万以上；20～50 万人口规模的城市缺失；5～10 万人口规模的城镇主要有 6 个，为各个县城所在地；其余城镇规模均在 5 万人以下，其中绝大部分城镇人口不足 2 万。小城镇是城市与农村的纽带，吉林省西部地区小城镇经济功能低下，在带动农业地域快速增长的过程中，还没有真正有效发挥其推动作用。

表 14.13 吉林省西部地区城镇等级结构

等级序列	人口规模/（万人）	城镇数	市、县、镇名称
1	>50	2	松原市、白城市
2	20～50	0	
3	10～20	3	洮南市、双辽市、大安市
4	5～10	6	前郭镇、长岭镇、乾安镇、镇赉镇、开通镇、梨树镇
5	2～5	5	万宝镇、兴隆山镇、太平川镇、长山镇、安广镇
6	<2	57	让字镇、舍力镇、瞻榆镇、双岗镇、边昭镇、鸿兴镇、四井子镇、新华镇、乌兰花镇、坦途镇、东屏镇、大屯镇、沿江镇、五棵树镇、黑鱼泡镇、月亮泡镇、丰收镇、新平安镇、两家子镇、大岗子镇、叉干镇、龙沼镇、太山镇、瓦房镇、黑水镇、那金镇、安定镇、新庙镇、深井子镇、乌兰图嘎镇、查干花镇、王府站镇、八郎镇、哈拉毛都镇、大布苏镇、水字镇、所字镇、安字镇、巨宝山镇、太平山镇、前七号镇、新安镇、三青山镇、大兴镇、北正镇、流水镇、永久镇、利发盛镇、茂林镇、双山镇、卧虎镇、服先镇、红旗镇、王奔镇、玻璃山镇、兴隆镇、东明镇

三、区域增长极的培育

（一）区域增长极的培育

西部地区生态环境比较脆弱，应更多地承担生态保护和恢复的职责，不宜进行大规模的产业和城镇建设。从城镇发展现状来看，中心城镇规模较小，

辐射能力不强，城镇发展宜采取集中城镇化战略，培育区域经济增长极，极化发展松原、白城等中心城市，充分发挥大城市的集聚和辐射带动作用；重点发展洮南市、大安市等县域中心城市，以及开通镇、镇赉镇、长岭镇、乾安镇、前郭镇、长山镇、大布苏镇、安广镇等县域中心城镇。

（二）区域空间结构体系的培育

1. 提升区域中心城市服务职能，构筑双核的区域中心结构

通过长吉都市区及中部地区的辐射带动，发挥松原市西部地区中间区位的优势，促进非农产业要素向松原市聚集和极化，尤其是石化产业要素的聚集，提升区域中心服务职能，强化松原向西部地区的梯次辐射扩散。积极培育白城的加工制造业能力，提升白城区域服务中心的职能作用，使其快速成长为辐射本地区的区域中心城市。

2. 促进西部非农经济向松原—白城沿线城镇聚集

积极引导非农经济向图乌发展轴聚集，促进松原—白城沿线城镇的快速成长，打造图乌发展轴的西部城镇经济支撑带。同时，积极培育长白西线发展轴、G203国道发展轴，强化次一级区域服务职能向重点镇聚集，实现西部城镇化的层级聚集战略。

3. 加强松原—大安、镇赉—洮南的城镇空间协调发展

强化松原主城区与前郭镇、毛都镇、长山镇、新庙镇、大安市区的空间协调，重点协调石化资源开发、石化产业发展之间的协作分工，打造吉林油田的城镇经济发展聚合带。近期，白城、洮南、镇赉仍然以极化为主导，但注重城镇产业分工与协调。远期，重点加强白城主城区与洮南市区、镇赉镇的城镇空间分工协调。

（三）区域产业发展方向与城镇职能定位

1. 区域产业基地建设

重点建设松原石化产业基地和白城食品纺织旅游产业基地，依托两大产业基地，逐渐扩大和延伸产业链条，带动区域经济增长。

松原石化产业基地包括五个产业集中区：江北宁江区以炼油、机械作为主导产业；前郭镇以石化、农产品加工作为主导产业；中心区主要发展商贸、办公等综合服务业；近郊长山镇发展能源、建材产业；查干湖发展旅游产业。

白城食品纺织产业基地包括四个产业集中区：白城市市区发展综合服务、食品、纺织产业；镇赉县城区发展农产品加工、食品加工产业；洮南市城区发展农产品加工、食品、纺织、服装产业；查干浩特发展旅游产业。

其他重点地区产业布局：大安市以旅游、农产品加工为主导产业；通榆县、乾安县、长岭县以农产品加工、食品加工作为主导产业；依托莫莫格湿

地、向海湿地、大布苏泥林等资源发展旅游产业。

2. 区域城镇职能定位

根据区域城镇产业发展基础和未来产业发展趋势，确定区域各级重点城镇发展的主要职能。

表 14.14 城镇职能等级与类型

职能等级	地区	市县
地区中心城市	白城	白城市（综合型）
	松原	松原市（综合型）
地区重点城市	白城	洮南市（工业型）、大安市（交通型）
县域中心城镇	白城	通榆县（工贸型）、镇赉县（工业型）
	松原	长岭县（工贸型）、乾安县（工业型）、前郭尔罗斯蒙古族自治县（工业型）
县域重点镇	白城	安广镇（制造业型）
	松原	长山镇（制造业型）、大布苏镇（旅游型）

第三篇 专 论
区域可持续发展

第十五章　区域生态环境的恢复与保护

章前语

　　区域生态环境质量的好坏，不仅关系到城乡人民的生活，而且对整个区域的城市化与现代化进程、区域的可持续发展有着深远的影响。国内外各地区发展实践表明，区域生态环境保护与生态建设是提高区域综合竞争力，推进社会经济建设，实现区域经济社会和人口、资源、环境协调发展的重大举措。

　　新中国成立以来，吉林省在资源开发利用与生态建设方面已经取得了显著成就。但是，伴随着城市化的快速推进、大规模的空间开发与城市建设，部分地区生态环境恶化趋势逐渐显现。东部森林采育失调，森林质量下降，生态功能减弱；中部过度垦殖，部分植被遭受破坏，局部水土流失严重；西部草原受到破坏，"三化"日趋严重；主要水域都不同程度地受到污染；城市环境污染日益严重等。这些生态环境问题将制约吉林省经济社会的可持续发展。

关键词

　　东部水土流失治理；中部黑土退化治理；西部土地沙漠化与盐碱化治理

第一节　区域生态地域空间体系构建

　　根据吉林省生态环境特征、生态功能、生态环境地域分异规律，考虑到经济活动对生态环境的影响，以及区域人口分布、产业发展等社会经济条件，对吉林省进行生态功能单元划分，构建吉林省生态地域空间体系，以明确不同区域生态环境特点、面临的主要环境问题和可能的演变趋势，针对不同区域提出生态管治对策，进行生态环境保护和建设。

一、东部山地丘陵林业与工矿业生态地域

本区生态环境的主要特点是长白山地为区域的主要地貌类型,森林生态系统完整,生物多样性丰富,是我国重要的林业基地和物种基因库;同时本区是吉林省三大水系即松花江、图们江和鸭绿江的发源地,水力和水能资源、矿产资源等十分丰富。

在长期的发展过程中,形成了以森林、矿产、水力等资源开发为主的产业结构,这种长期性的开发活动对资源和生态环境造成了严重的破坏。目前全区原始森林除长白山自然保护区外,几乎不复存在,区域生态功能正不断下降。

在建设过程中,应加大"天然林保护工程"、"退耕还林"等生态工程建设,努力恢复良好的森林生态系统;对原有的经济及产业结构进行全面调整,大力发展现代中药、生物制药等"生物资源产业";彻底改造传统的森林工业格局,合理地利用和开发商品林基地,加大森林资源培育力度,提高林地生产力;充分利用林下丰富的野生动植物资源,发展"有机食品"产业。

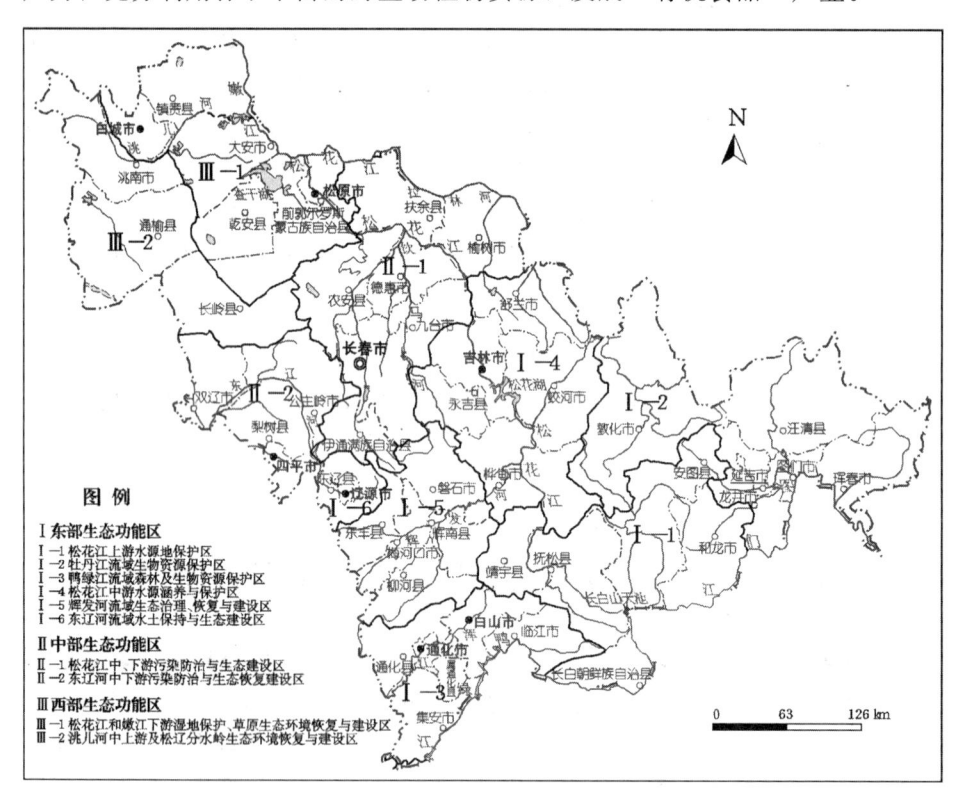

图 15-1 吉林省生态功能区划图

本区可进一步分为6个二级生态功能区域。

(1) 松花江上游水源地保护区。主要指松花江上游，包括抚松、靖宇、安图、长白等县市。由于地处长白山地的核心，同时又是松花江水系的上游，其生态功能与价值十分重大。应加大"天然林保护工程"、"退耕还林"等林业重点生态工程建设，保护和恢复森林生态环境，防治工业和生活污染，保护好第二松花江源头的生态环境。

(2) 牡丹江流域生物资源保护区。主要指敦化市的市域范围，即松花江一级支流——牡丹江上游在吉林省的部分。保护重点为在合理开发利用森林资源的同时，加大森林资源的培育、恢复和管护工作，保护好牡丹江上游的生态环境。

(3) 鸭绿江流域森林及生物资源保护区。包括鸭绿江上游的临江、通化、集安等县市。这里是吉林省重要的区域生物多样性中心。重点加强区域森林生态系统的保护，通过实施"天然林保护工程"，加强全地区的水土保持；通过建立自然保护区和"林木种质资源库"，保护区域生物多样性。

(4) 松花江中游水源涵养与保护区。包括吉林市的舒兰、蛟河、桦甸等县市，是松花江中游、特别是松花湖水源涵养的重要地区。重点应加强对区域内森林生态环境的恢复与保护，加大库、湖周围水土保持林和水源涵养林建设，减少水土流失，提高森林涵养水源生态功能。

(5) 辉发河流域生态治理、恢复与建设区。包括通化市的柳河县、梅河口市，辽源市的东丰县以及吉林市的磐石县等地。这里是松花江中游特别是汇入松花湖的支流——辉发河的流域范围，森林资源较少，水土流失较严重，今后应加强退耕还林等重点生态工程的建设。

(6) 东辽河流域水土保持与生态建设区。包括东辽县和辽源市区，是东辽河上游发源地。这一区域是吉林省水土流失最为严重的地区，未来保护重点在于加强对东辽河源头区的生态建设，通过退耕还林、植树造林等强化水土保持，恢复与保护东辽河上游的水源涵养地。

二、中部台地平原农业与工业生态地域

本区地貌为冲洪积台地，原始自然生态环境以森林草原为主，由于是全省农业开发活动最早、程度最高的地区，本区原始自然生态环境已基本改变。大部分土地已开垦为耕地，成为主要的种植业基地，也是全国重要的商品粮生产基地之一。

由于经济活动频繁、产业规模不断扩大，本区自然资源与生态环境受到的压力与破坏也较大，特别是地表水污染、地下水超采、水土流失、城市环

境污染、农田土壤污染和破坏较为突出。生态环境建设与保护过程中，应重点强化对环境污染地区的治理，恢复与保持良好的农业生态环境，注重城市生态环境建设。

本区进一步可划分两个二级生态功能区域。

(1) 松花江中下游污染防治与生态建设区。位于松花江中下游，包括长春市的德惠、九台、榆树等地，四平市的伊通满族自治县，吉林市的永吉县。由于历史上开发较早，原生生态环境即森林草原早已不复存在，土地开发程度相对较高，农田生态系统成为本区域的主体。重点在于农田防护林更新改造工程的建设。在城镇和农村生态建设中，要特别注意通过发展生态环保型效益经济、发展集约化可持续农业、推广生态示范区建设和生态城镇建设等措施，加强城镇与农村的生态环境治理。

(2) 东辽河中下游污染防治与生态恢复建设区。位于东辽河中下游流域，包括四平市区和梨树、双辽、公主岭等市县。在今后生态建设中，重点应放在"三北防护林"四期工程、沙化土地治理、农业生态环境的恢复与建设等方面；在恢复与保持良好生态环境的基础上，通过发展生态环保型效益经济促进区域生态建设和区域经济的可持续发展。

三、西部低平原农牧业生态地域

本区处于科尔沁草原的东部和松嫩低平原中部，地貌以松辽低平原为主，原始的自然生态环境以草原及湿地生态为主要特点。近年人类经济活动和草场资源的过度开发，使得本区草场退化、土地盐碱化和土地荒漠化问题日趋严重，每年可利用草场以2.3%以上的速度减少，草场质量严重下降。

未来建设重点应放在草原"三化"的治理上：通过转变农牧业生产方式，发展无公害畜牧业产业，减小对草场资源的进一步破坏；对沙化土地治理中，应将传统的植树造林改成种植"生态经济林"，形成生态经济林业格局；在对盐碱化土地的治理中，应通过工程和生物措施建立盐碱土地经济，追求生态—经济综合效益；采取宜林则林、宜草则草的生态建设模式，大规模地进行退耕还林、还草等生态工程，发展生态型可持续农业。

本区可进一步划分两个二级生态功能区域。

(1) 松花江和嫩江下游湿地保护、草原生态环境恢复与建设区。位于松花江和嫩江下游地区，包括松原市的扶余、前郭、乾安和白城市的镇赉、大安等市县。区域自然生态环境以湿地和草原为主。区域以草场资源的"三化"为代表的生态环境问题十分突出，是吉林省生态环境重建与恢复的重点地区之一，这也是地区社会经济可持续发展的重大制约性因素。未来区域可持续发展过程中，应通过实施大规模的生态建设工程，对区内湿地进行恢复与保护，对全区"三化"草场进行重建与恢复。同时，通过经济结构的深层次调整，把传统的粗放型放牧畜牧业转变成集约化的舍饲与半舍饲型畜牧业，发展人工种树、种草，加快退耕还林、还草和生态草工程建设。

（2）洮儿河中上游及松辽分水岭生态环境恢复与建设区。位于吉林省最西部的洮儿河中上游区域，包括白城市的洮北、洮南、通榆、长岭等县市区。草原、湿地是全区主要的生态系统类型。这里曾是吉林省草场资源最多、畜牧业生产最发达的区域，但由于自然和人为因素的作用，近年来全区生态环境正在急剧恶化，出现了大面积沙化、盐碱化的土地和严重退化的草场，已成为吉林省生态环境最脆弱的区域之一。未来保护与建设重点在于改变以往传统、粗放型的农牧业格局，通过发展人工草场、建立采草场等方式，发展集约化可持续草业和牧业；通过大规模退耕还林、还草，发展集约化可持续农业；通过"三北"四期防护林、生态草等林业生态建设，进一步治理沙化土地，建立西部生态经济型林业。

第二节 城市生态环境的整治

一、城市性质与发展方向的生态定位

长期以来，作为东北老工业基地之一的吉林省在城市化与工业化发展过程中，较少考虑城市生态环境保护的问题，大中城市在经济迅速发展、城市化水平快速提高的同时，面临着日益严重的环境污染和环境压力。例如，长春、吉林等大中城市工业"三废"的排放，造成了大气及水环境的严重污染，再加上城市水资源的短缺，严重影响了城市居民的生活安全与生活质量；辽源、白山等矿业城市在矿产资源开发过程中对大气、水、土地等环境和资源的破坏，导致矿业城市出现大气与水体污染，以及地面沉陷、滑坡、泥石流等矿山地质环境问题，给城市生态安全及可持续发展带来严重威胁。

城市发展所面临的上述环境问题在很大程度上是城市在长期发展过程中，片面追求经济效益，盲目扩大城市规模，过度开发区域资源，在城市性质与发展方向的确定、城市职能定位、产业发展模式选择方面忽视了生态环境因素而导致的。尤其是吉林省东部和西部地区处于生态环境敏感或脆弱地区，这些地区对区域生态涵养功能具有重要的区际意义，这些地区的城市污染与生态环境恶化意味着整个吉林省乃至东北地区生态安全将受到严重威胁。

因此，在加快推进城市化进程、确定城市性质与发展方向、进行城市职能定位与产业发展模式选择时,应充分考虑城市发展所面临的环境约束和区域生态元素,改变传统城市化片面强调城市经济发展,以人口剧增、资源过度消耗、环境污染和生态破坏等为代价的不可持续发展道路;合理优化城镇职能,转变工矿型城镇的发展模式,积极探索旅游型城镇、工贸型城镇建设途径;产业发展要优先考虑生态环境承载力,积极发展污染小、能耗低、资源优势得到充分利用的绿色环保产业,走新兴工业化和城市化道路,实现城市和区域的可持续发展。

二、城市循环经济体系的建立

城市循环经济体系是一种以循环经济产业链为主、以循环型企业和循环型园区为依托、以循环利用技术为支撑、以城市基础设施和环保设施为保障的综合型经济形态体系。吉林省经济要继续保持快速增长,必须在有限的资源存量和环境承载力条件下,依托循环型企业与循环经济示范园区,构建城市循环经济体系,大力推行清洁生产,提高资源综合利用效率,从根本上转变传统的经济增长方式,实现从量的扩张到质的提高,促进区域经济和环境的协调发展。

(一) 打造循环经济产业链

城市循环经济产业链的建设应根据城市的资源禀赋、产业基础、发展前景,选择能有效减少资源消耗、环境污染的产业进行改造与建设,建立以循环经济为特征的新型经济发展模式。根据吉林省实际,重点建设以下五条循环经济产业链:原料化工→精细化工→化工产业园区;粮食生产→初加工(附产品)→深加工(玉米化工)→精深加工产业园区;农畜产品种植养殖→加工→废物回收利用;电厂、矿山、钢铁等行业粉煤灰、矿渣、废渣等→建材(水泥、空心砖和墙体砖等);废旧资源回收→废旧资源拆分→废旧资源再制造技术研发与试验→废旧资源再制造→废旧资源再利用。

(二) 构建循环型企业与循环经济示范园区

循环型企业和循环型工业园区是城市循环经济体系的重要载体。在对现有循环型企业和循环型园区[①]进一步建设的同时,继续扩大循环型企业和循环型园区的规模,将农业、钢铁、有色、煤炭、电力、化工、建材、轻工八个行业确定为发展循环经济的重点行业,并选取典型企业和循环经济示范区以及生态工业园区进行试点,实现企业与园区资源利用的最大化、经济效益的

---

① 吉林省目前拥有两个第一批国家循环经济试点单位:长春市亚泰集团股份有限公司和吉林市再生资源集散市场;一个省级循环经济示范区:四平市循环经济示范区。

最优化和污染物排放的最小化。

（三）加快循环利用技术的研发

充分利用人力资源与科技优势，加大科技投入，支持循环经济共性和关键技术的研究开发。重点发展污染治理技术、生态整合与协同技术、清洁生产技术、废物综合利用技术、能源节约和替代技术、可回收利用材料和处理技术、有毒害原材料替代技术、绿色再制造技术、新能源和可再生能源开发利用技术等，提高循环经济技术支撑能力和创新能力。

（四）强化城市基础设施保障体系建设

城市公共基础设施应按照循环经济理念建设和改造。重点建设内容包括：推广清洁能源，改变单一的煤电结构；对城市污水进行集中分类处理，推广市政设施中水回用系统；建立城市生活垃圾以及其他废旧物质分类、回收、再制造系统。

三、城市空间扩展与空间结构的生态设计

大城市空间的无序扩张已经成为我国城市发展普遍面临的问题，长春市、吉林市等特大城市和大城市在空间扩展方式上主要是外延式扩展，盲目的城市扩张使城市周边土地环境、水体环境、植被环境等受到日益严重的破坏。未来的城市发展不能盲目追求城市空间"量"的扩张，而要注重"质"的提高，强调用集约式的空间开发模式来代替原有粗放式蔓延的空间扩展模式；强调城市空间扩展要注重生态环境的保护，城市及区域空间结构的调整要注重同森林、湿地、农田等生态斑块和水体、道路等景观廊道的协调。

（一）促进城镇密集区空间的生态化

吉林省城镇密集区主要集中在哈大交通带沿线和长吉都市整合区，是吉林省人口、产业高度密集的区域，同时也是生态负荷最重的地区。对于城镇密集区，必须对生态功能地域实施空间管制，划定适宜开发地区、限制开发地区和禁止开发地区等生态空间管制单元，对城市开发建设和空间扩展进行有效控制，同时加大对城市密集区生态环境整治力度，完善区域生态体系，促进城镇密集区生态化。

（二）强调生态元素与城市空间结构的耦合

城市的空间结构是支撑城市空间发展的骨架，空间结构的各个组成要素如发展中心、发展轴等，是城市人口、产业的集聚区和交通等基础设施的聚合带。在构建城市或城镇体系的空间结构时，必须注重对生态元素的考虑，如城市水系和块状绿地要作为城市的公共开敞空间，实现城市建设与自然环境的和谐交融；城镇体系的空间结构要注重城镇发展轴同生态景观廊道的耦

合，以及保护生态功能地域的完整性与安全性，如加强长吉整合区的生态保护与环境整治、强化长春市南部生态区的功能保护。

四、城市生态公共服务设施的建设

城市生态公共服务设施主要包括城市污水排放及污水处理设施、城市垃圾填埋场及其他环卫设施。城市生态公共服务设施是城市日常环境卫生、城市生态环境健康的重要保障。目前，吉林省大部分城市存在着城市生态公共服务设施严重不足及设施陈旧老化等问题，为保证城市环境健康发展、城市居民健康生活，必须加大对城市生态公共服务设施的投入，加快城市生态公共服务设施的建设与更新，营造良好的城市环境与城市形象。

（一）加强城市排污管网及污水处理厂建设

针对部分城市排水管网存在的老化和排水设施陈旧的问题，加快排水管网及排水设施的修复及更新，本着先上游后下游的建设时序，加快排水管网改建工程建设进度，逐步完善排水管网系统。

合理预测城市污水排放量，加强城市污水处理厂的建设与完善，逐步提高污水处理率，满足国家规定排放标准；同时加强中水回用工程的建设，提高水的重复利用率，实现水资源利用的可持续发展。

（二）加强城市环卫设施的建设

吉林省大部分城市已经建立起相对完善的环卫系统，但部分城市和地区整体环卫设施水平仍然较低，部分垃圾填埋场饱和，焚烧站工艺水平落后，造成了一定的环境污染，城市公共卫生系统及卫生装备急需提高。

针对上述问题，应以提高城市整体环卫设施水平为目标，建立并完善生活垃圾的收集、清运系统，加快实现垃圾的分类收集、密闭清运，逐步实现垃圾处理的无害化、资源化、减量化、效益化综合处理；完善城市主要交通干道、车站码头、广场等大型公共设施以及旅游区等公厕布点设置；优化环卫设施的配置，逐步实现环卫设备的机械化、自动化、现代化。

五、城市生态保护空间体系的建设

随着城市空间规模的扩大，中心城市和外围地域在功能联系上不断增强，城市发展需要周围地区提供物质资料，同时城市也将生产与生活垃圾、废弃物等转移至外围地域，对城乡环境造成了严重污染与破坏。因此，必须构筑城乡一体的生态保护空间体系，将城市生态廊道、生态区和生态示范单元有机结合起来，实现区域可持续发展。

(一) 生态廊道

强调对城市具有重要生态功能的道路、河流等生态元素的保护。如重点加强对长春市伊通河流域污染的治理，并推进河流沿岸绿化带的建设，强化城市绿色防护屏障的构建；构建长吉产业带的同时，在沿线交通带构筑长吉生态走廊，推进长吉生态城市圈建设。

(二) 生态区

主要包括城市水源地保护区、湿地保护区、城市生态建设区等，充分发挥各生态地域的生态功能。应重点加强对城市水源地污染的防治和生态保护；加强西部城市外围地域的湿地恢复与保护工程的建设；加强中心城市尤其是城市对外扩张迅速地区的绿化建设与生态环境的保护，如长春市南部新城城市生态保护圈的建设。

(三) 生态示范单元

以各城市为核心，以城市所辖各乡镇为建设重点，适当选择部分城镇作为生态示范单元，加强城乡生态一体化建设。在城区范围内，选择部分社区

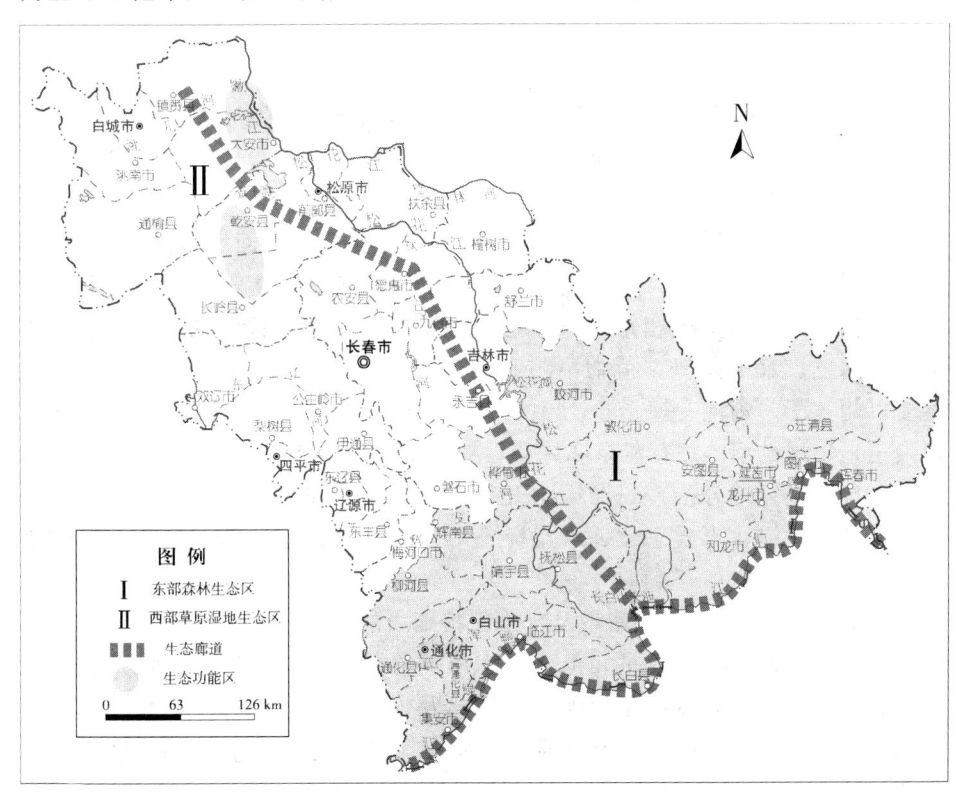

图 15-2 吉林省生态体系建设规划图

作为生态示范单元,加强城市"绿色人居环境社区"建设。

第三节　区域重点地域的环境整治

一、东部山区水土流失的综合治理

　　吉林省东部山区承担着水源涵养林区的重要生态功能。由于长期重采轻育,大面积的原始森林退化为天然次生林,中幼龄林比重大,珍贵树种比重锐减,林分质量和生态防护功能下降。部分地区毁林开荒、蚕食林地现象严重,水土流失不断加剧,致使土壤肥力下降,水库泥沙淤积,自然灾害频繁发生,严重危害了农业生产和人类生存安全。

　　未来东部山区水土流失的综合治理应采取整治与保护并重的原则,一方面加大对东部山区,尤其是矿区的水土流失的综合治理;另一方面继续实施"天然林资源保护工程",加大森林资源保护,通过对退化林地的恢复建设,提高林地水土保持能力,防止水土流失。

(一)矿区水土流失及生态环境的综合治理

　　吉林省东部的通化、白山等地矿区由于露天开采,破坏和占用土地,造成地面植被破坏,矿区环境包括大气、土壤、地表水体和地下水均遭受不同程度的污染,矿区水土流失严重,引起部分地区岩体崩塌、滑坡、地面塌陷、裂缝和泥石流等,其中较为突出的是煤矿采空区形成的地面塌陷灾害。

　　矿区水土流失及矿山地质灾害的治理要采取工程措施、植物措施和废弃物综合治理与利用措施相结合。工程措施采取挡渣墙、拦渣坝、护坡、排水沟、鱼鳞坑、水平阶等。植物措施采取人工造林恢复植被,乔灌木相结合,主要以胡枝子、刺槐、樟子松为主。废弃物综合治理和利用措施采取对矿区损毁土地、尾矿坝等进行复垦和绿化,对矿渣进行无害化处理和资源化利用,对矿区废水进行综合治理,对矿山开发造成滑坡、泥石流、塌陷等次生地质灾害及水源枯竭、水质恶化、水土流失等环境问题加强预防、监测,及时进行治理。

(二)退化林地的恢复建设及水土保持能力的提高

　　吉林省东部山区作为东北重要的水源涵养林区,在长期的过量采伐过程中,大面积的原始森林退化为天然次生林及人工纯林,森林质量和生态防护功能大幅下降。部分地区毁林开荒、蚕食林地现象进一步加剧了该区的水土流失。

　　天然林资源保护工程以水源涵养为主要目的,通过实施中幼龄林抚育、伐除非目的树种或病腐木、保护幼苗幼树、补植珍贵树种、配置良种壮苗等经营措施，促进林分尽快向地带性顶极群落过渡。将现有林相残破、质量低下的林分，逐步改造成为接近自然、目的树种生长量和林木价值达到或接近同类林分的速生丰产指标、具有长白山林区特色的速生丰产用材林，提高林分质量、林地生产力，消灭残次林分，增强森林的水源涵养和水土保持能力。

围绕小流域治理和生态退耕，完善农田基础设施，提高农田生产和抵御自然灾害的能力，采取改土与治水相结合、治坡与治沟相结合的措施，实施"山、水、林、田、路"的综合整治，减少水土流失，增加耕地的蓄水、保土、保肥能力。

二、中部平原区黑土地退化及污染整治

吉林省中部平原区是东部长白山区向西部松辽平原的过渡带，区内土地平坦、土壤有机质含量丰富，土地生产力高，耕地集中连片，素有"黄金玉米带"之称，是国家重点商品粮基地和玉米出口基地。但近年，随着大规模的工业开发和城市建设，环境污染逐渐加剧，黑土地水土流失和土壤污染日趋严重，对黑土地资源的破坏严重，土壤肥力逐年下降，直接影响了农业的可持续发展。

黑土地的综合治理主要应以治理与防治为重点，一方面加强对黑土地退化与污染的综合整治；另一方面建立农田防护林体系，强化对黑土地资源的有效保护。

（一）黑土地退化及污染的综合整治

黑土地退化及污染综合治理主要以漫川漫岗区、丘陵沟壑区和风蚀区为重点，以保护耕地、提高耕地质量、改善生态环境为核心，主要建设内容包括以下三个方面。

1. 水土流失综合治理

重点水土流失区实施以小流域为单元的水土流失综合治理，以坡耕地为重点，实施山、水、田、林、路综合治理；漫川漫岗区以坡耕地治理和改造为重点，科学建设保土耕作措施，修建水平梯田，营造水土保持林，促进退耕还林还草和封育保护；丘陵沟壑区以沟道治理为重点，采取恢复植被、拦蓄地表径流、修筑沟道拦蓄工程、建设基本农田等综合措施，建设完整的沟壑防护体系。

2. 草原植被恢复与建设

采取围栏封育、退牧还草、人工种草等措施，提高饲草饲料数量和质量，减轻天然草原载畜压力，开展退耕还草、草田轮作、粮草轮作等措施，实现

种植业"三元结构",改良和培肥黑土地。

3. 防治面源污染

以农业资源保护为重点,加强黑土地面源污染治理,恢复有机质含量,开发和推广有机农用化工产品,逐步减少化肥、农药和农膜的使用量,合理确定化肥施用量,鼓励使用高效、低毒、低残留农药,扩大有机肥施用量,控制面源污染,增强土壤肥力,保护黑土地资源。

（二）农田防护林体系的建设

农田防护林体系建设以水土保持为主要目的,以加快造林绿化、增加森林植被为宗旨,大力开展植树造林,根据不同地区、不同情况分别建设紧密结构林带、疏透结构林带、通风结构林带,完善农田防护林体系,实现农田林网化。

改造现有断网破带的残次农田防护林,加快农田防护林更新改造,变资源优势为经济优势,不断提高农田防护林的建设标准和林分质量,提高防护效益,形成带、片、网相结合的高标准农田防护林体系。

三、西部地区土地沙漠化、盐碱化整治

西部地区作为吉林省生态最为脆弱的地区,整治重点在于退耕还林还草、治理草原"三化"。在保护好现有森林和草原植被的同时,积极组织退耕还林工程,大力营造防风固沙林,提高造林质量;加快生态草建设步伐,提高林草植被覆盖率,尽快建立以农田保护林、水土保持林、防风固沙林为主的防护林体系。

结合中低产田改造,加强农田水利建设,采取工程和生物措施治沙治碱,改良土壤,合理布局田间道路、排灌设施和护林网,改善农田生态环境,提高耕地质量;采取工程措施保护好湿地资源,发挥其调节区域生态环境和保护生物多样性的功能。

（一）科尔沁沙地治理工程

科尔沁沙地位于吉林省西部,包括西部草原区及部分松辽平原区。以风蚀、风积和河流冲积地貌为主。由于长期风积河淤,形成了沙丘、沙地、草甸、泡沼相间的微地形差异。其中,向乌沙带、西辽河沙带及镇赉沙带是吉林省境内的三条主要沙带。

工程区存在的主要问题包括:①中西部沙区防护林营造时间短,科技含量低,缺乏优良品种,防护林结构不尽合理。②治沙造林的投入主要靠国家生态建设费和省育林基金,目前只能治理少部分,资金缺口较大。③造林质量受风沙、干旱等影响极其严重,部分地块成活率、保存率较低。

建设重点：大力推进以植树种草、封山育林育草等为主要内容的生态环境建设，提高林草植被质量和数量，推动防风固沙、防止耕地盐渍化和草原"三化"，治理水土流失，全面改善地区的生态环境质量。同时，通过保护、治理和开发利用，增强经济可持续发展能力。

（二）瀚海桑田工程建设

工程区位于吉林省西部科尔沁沙地北缘，与黑龙江、内蒙古交界，处于干旱、半干旱地带，是吉林省主要风沙危害、沙尘暴频发地区，也是吉林省生态治理的重点地区。

工程区主要问题：由于自然条件限制，造林树种单一，建设的生态防护林经济效益低下，虽然形成了生态防护效果，但难以形成可经营的产业，出现林农争地、林牧争地的现实问题，使得形成的生态防护林体系很不稳定，生态建设成果出现反弹。

建设重点：通过大力人工营造桑树生态林，做到生态建设产业化，产业发展生态化，开辟防沙、治沙新思路。同时解决优化农业产业结构和治沙过程中的富民问题，实现农业的可持续发展和良性循环。

四、主要流域水污染与生态环境的治理

吉林省主要有松花江、辽河、鸭绿江、图们江四大流域。其中，鸭绿江干流水质达到水功能区标准，其余三大流域水体均受到不同程度的污染，特别是辽河和松花江流域多数河段水质超过水功能区水质要求。

四大流域的水污染综合治理应以松花江和辽河流域为重点，改善水域环境质量，优先确保流域内饮用水源水质达标，强化松花湖、新立城水库、石头口门水库、海龙水库等水源地的保护；优先考虑城镇污水处理设施及管网配套和回用设施的建设，加大对工业企业污染治理和非点源污染治理力度；加大技术改造力度，防治工业污染，推行清洁生产，削减污染物排放量，全面提高环境绩效，实现流域经济、社会和环境的可持续发展。

（一）重点保护城镇饮用水源地

吉林省重要的生活饮用水水源地主要有：长春新立城水库、石头口门水库和吉林松花湖、四平二龙山水库等 64 个水源地，服务人口为 1 500 万。为确保集中式饮用水源地的使用功能，应加强库区周围及上游生态环境建设，增加上游水源涵养能力，控制上游来水污染，解决集中式饮用水源地污染问题，严禁在饮用水源保护区内设置排污口。

松花湖主要进行源源热电灰场搬迁工程，湖区油污染治理，旅游垃圾治理，旅游村镇、景点生活污水治理工程，湖区移民工程；石头口门水库进行

水土流失治理及污染治理工程；新立城水库进行退耕还林建设，防治水土流失；二龙山水库进行控制上游来水污染、周边面源污染、库区清淤和水源涵养林建设。

（二）改善重点流域城市段水质

流域水污染防治的重点是治理城市段的水体水质与景观，减少城市生活污染物对河流水体的影响，改善城市段河流的景观，提高景观河段对人民生活环境质量的改善程度。重点治理伊通河长春市段、松花江吉林市段和松原市段、东辽河辽源市段、四平市二龙山水库，进行城镇生活污水处理和配套管网建设，实施垃圾无害化处理工程。

（三）建设城镇污水处理设施，提高水资源利用率

全面治理流域内重点城市的城镇生活废水和垃圾。加快城镇生活污水处理厂的建设，推广中水回用，完善城镇生活污水处理厂的运行和监管机制；加快城镇垃圾处理场建设，促进垃圾的减量化、无害化和资源化；对污水处理厂的污泥进行处置，防止污泥对水体和土壤的二次污染。

大力推行城市中水回用技术，提高水资源利用率，严格限制在缺水地区建设高耗水高污染企业。如长春、四平和辽源，不宜新建和扩建玉米深加工、化工、造纸、啤酒等企业。

（四）生产污染源的治理

农业生产要控制化肥使用量，开发和推广使用有机农用化工产品，减少农药使用量，推行生态农业，初步控制农业面源污染对流域水体水质的影响。

工业生产污染源的治理要结合产业结构调整和技术改造，走新型工业化道路，推行清洁生产，建立节水型工业，减少用水量，减少废水和污染物排放量，实现增产不增污、节水减污、废水和污染物稳定达标排放。

第十六章 农业产业化与现代农业基地建设

章前语

　　农业产业化是转变农业增长方式、提高农业综合效益、加速农业现代化进程的有效途径。吉林省作为农业大省，实施农业产业化经营是加快农业和农村经济发展的现实选择。随着我国农业和农村改革的不断深化，市场经济体制的逐渐确立，吉林省的农业产业化进程得到快速发展，农业生产已由分散、孤立的经营方式向专业化、规模化和区域化的方向发展。目前，吉林省农业总体表现是大而不强，即农业和农村经济的总量规模较大，但农产品质量档次及其加工转化增值率都较低，农业产业结构、产品结构不合理，产业链条短，技术装备水平低，其结果是经济效益低下，农民收入和财政收入增长缓慢，影响吉林省农业整体经济实力。积极推进农业产业化和现代农业基地建设，对于吉林省农业生产实现现代化发展具有重大推动作用，这也是保障农业生产实现可持续发展的基本战略。

关键词

　　农业生产专业化；农业布局区域化；现代农业基地建设

第一节 土地使用制度的改革

一、土地使用制度的改革

　　改革开放前，吉林省城镇国有土地实行的是单一行政划拨制度，国家将土地使用权无偿、无限期地提供给用地者，土地使用权不能在土地使用者之间流转。

自20世纪80年代以来,吉林省加大了对土地使用制度的改革,逐步实行了土地有偿使用和土地使用权有偿转让,对土地使用权转让、出租、抵押等方面进行了明确的法律规定,不断扩大国有土地有偿使用范围。

吉林省政府根据国家相关法规,结合本省的实际情况,相继出台了一系列地方性法规。土地法规、条例的颁布实施过程(表16.1),实际上是吉林省土地使用制度不断改革和完善的过程。从改革的总体过程上看,吉林省的土地流转和土地资源的利用更加趋于合理,土地使用制度和管理制度不断完善,土地资产效益逐步显现。土地法规体系也存在一些不足,如在土地征用和土地市场管理等方面存在法规不健全的问题。

表16.1 20世纪80年代以来吉林省出台的主要土地法规、条例

时间	法规、条例名称	主要内容
1984年	吉林省土地管理暂行条例	土地所有权和使用权、农业和牧业用地、水域和水利用地、工矿和交通用地、城市用地、林业用地和国家建设征拨用土地
1988年	吉林省土地管理条例	土地所有权和使用权、土地的利用和保护、国家建设和城市建设用地、乡村建设用地、奖励和惩罚
1994年	吉林省城镇国有土地使用权出让和转让实施办法	土地使用权的出让、转让、出租、抵押、终止和划拨、法律责任、奖励和惩罚
1999年	吉林省集体土地承包经营管理条例	发包方和承包方的权利及义务、农用地承包和"四荒"开发经营管理、集体土地使用权的流转管理
2005年	吉林省农村土地承包经营管理条例	家庭承包和其他方式的承包、土地纠纷处理和法律责任

二、土地使用权的合理流转

依据国家颁布的土地法规,1999年吉林省制定了《吉林省集体土地承包经营管理条例》,对集体土地使用权流转期限、原则、范围、纠纷处理与法律责任等作出了明确规定,规范了土地流转行为,确保了农村土地承包关系的稳定和完善。2005年,依据新颁布的《中华人民共和国农村土地承包法》,针对省内土地流转过程中出现的问题,如土地流转处于较低层次,流转速度不快,土地流转市场体系还没有建立,土地流转的程序不规范、手续不完善,土地流转后效益不高,有些部门定位不当、服务不及时等问题,制定了《吉林省农村土地承包经营管理条例》,对土地流转工作进一步规范和完善。在土

地流转过程中保障农民的土地权益和稳定农村的发展，进一步稳定和完善土地承包关系，在此基础上，按照依法、自愿、有偿的原则，积极推进农民土地使用权的合理流转。

吉林省作为我国粮食主产区，在实施家庭联产承包责任制以来，农村人均土地流转在全国处于中下水平，一直呈现规模小、数量少、范围窄等特点，且多是零星、分散式的流转。但近些年来，进城务工人员增多以及农业逐步成为投资的新领域，扩大了对流转土地的需求，加速了农村土地的流转。

现阶段，吉林省内出现多样化的土地流转形式：一是通过龙头企业产业化项目实施，带动土地流转。如德大公司建设规模化、标准化养殖小区，采取租赁经营的方式，把土地从农民手中租赁过来。二是通过外出劳务带动土地流转。农民通过劳务输出，寻找到稳定的就业岗位，将承包的土地流转出去。如榆树市光明乡，目前已输出的农村劳动力占全乡农业人口总数的60％以上，通过劳动力转移拉动的土地流转面积占耕地总面积的60.6％。三是通过全程农业机械化促进土地流转。以榆树市弓棚镇为例，该镇近年通过推广全程农机化，全镇80％的劳动力已从农业生产中稳定地解放出来，集中流转土地占全镇土地总面积的40％以上。四是通过农民合作经济组织，带动土地流转。在临江市闹枝镇黑松村，通过合作社与农民签订土地经营权流转合同，按每亩500元的标准，流转土地100 hm^2，用于甜玉米集中种植加工。这些土地流转形式，在一定程度上促进了吉林省土地的合理流转。

随着地方性土地法规的不断完善和土地流转的积极推进，吉林省土地使用权的流转呈现地域扩大化、土地流转形式多样化和流转主体多元化的特征。从土地流转的总体趋势上看，土地使用权流转的进程在不断加快，流转程序也逐渐合理化，流转行为也渐趋规范化，土地流转的层次不断提高。

三、农村土地使用权股份合作化

2003年1月实施的《中华人民共和国农村土地承包法》表明国家法律支持承包农户发展专业合作与土地股份合作等不同形式的合作社。与发达省份相比，吉林省农村以土地股份为基础的合作组织起步较晚，但发展速度较快，已经具有很好的发展基础。

目前，吉林省各地出现了不同形式的以土地使用权入股的合作化经营。"股份合作制"即几家几户将自己的土地入股后进行合作经营、共同管理。如梨树县大房身乡高家村在县农业经济协会指导下，组建了高家农业合作社，通过吸引农民以土地入股合作，实行土地统一经营、统一管理，使200 hm^{2}土地实现了流转。有些地方则实行"股田制"，即农户将自己的土地入股后由新的经营大户或公司企业经营，入股农户只按股分红，不再直接经营自己的土地。如桦甸市永吉街道莲花村位于工业园区附近，受工业园区的影响和带动，村里部分农民把自己的土地按一定的价格折合成股金，与木材加工企业联合成立了股份有限公司，在企业投产收益后，农民可凭股分红，开创了桦甸市以"股田制"实现土地流转的先例。

在农村土地股份合作上，吉林省相关部门制定一系列相应的优惠扶持政策，鼓励和支持多种农业经济合作组织发展，并通过典型带动作用引导地区农业的规模集中化生产，促进土地资源的合理利用和带动土地流转的快速发展，加速了省内农村土地股份合作化经营。

第二节 农业产业化进程的加速

吉林省农业产业化经营起步于20世纪80年代末，快速发展于"九五"期间。十多年来，农业产业化经营已经取得了长足的进步，呈现出良好的发展态势。目前，吉林省农业产业化已具备一定的发展基础。一是有雄厚的粮食基础。2006年粮食总产量达到 2720×10^4 t，进入农业、牧业和加工业并行发展阶段。二是农村经济已进入大规模商品生产阶段。农产品商品量大，商品率超过65%。三是经济发展的区域化、专业化特点日益明显。东部的林果、特产，中西部的粮食、畜牧业，城郊的蔬菜等都形成了各具特色的优势产业，为实现产业化经营提供了基础。四是由于科技的不断投入，农业科技进步在农业增长中的贡献率已超过40%，农村经济粗放型经营的增长方式开始转变。

近年来，吉林省农业产业化进程按照确定主导产业，实行区域布局，依靠龙头企业带动，发展规模化经营，实行市场牵龙头，龙头带动基地，基地连农户的发展思路；坚持"多元化启动、多样化发展"的原则，通过农业产业化项目建设，培育龙头企业，发展合作组织引导农民发展经济，现已进入了总量扩张、加速发展、优化升级的新阶段。目前吉林省规模以上农业产业化经营企业发展到2600多个。其中，国家级龙头企业20家，省级龙头企业145家，形成了龙头企业牵动型、服务组织联动型、经营能人带动型、专业市场拉动型和小城镇拉动型五种发展模式，带动基地农户240万。

一、农业生产的集中规模发展

农业生产的规模化经营是我国农业发展的方向，是农业实现产业化经营的必然要求和提高农业劳动生产率的必要条件。吉林省作为粮食大省，通过集中规模发展提高农业劳动生产率的意义十分重大。

目前，吉林省农业生产已由分散化、小规模、孤立式的生产开始向规模化、集中化方向发展，农业生产的集聚效应开始显现。吉林省农业的规模化发展主要体现在：一是农村土地在一定范围内进行适度的集中，扩大土地经营规模，从而提高农业生产效益；二是各类农业合作组织的出现，使分散的农户链接起来进行集中生产，形成具有一定规模的基地。

通过引导农业在省内的合理布局，相对集中，连片开发，形成适度规模生产，追求规模效益，带动农业生产效率的提高。如在吉林市孤店子镇通过米业公司发展订单农业，依托"省级绿色食品稻米示范基地"的优势，带动吉林市及整个吉林地区农业的发展，使当地水稻生产集中和规模化发展。在桦甸市，依托红石镇建成了具有较强推广能力的优良林蛙种群繁育基地，又相继在夹皮沟、二道甸子、八道河子和苏密沟等10个乡镇，重点扶持创办了10个林蛙野生养殖公司，再由这些公司辐射带动上千养殖大户全面推广优良林蛙种群，使桦甸市形成了国内仅有的规模化、规范化长白山林蛙养殖示范基地，成为国家重点扶持、保护的"中国林蛙原产地保护"核心区域。

二、农业生产的专业化与布局区域化

农业生产的专业化是社会分工深化和经济联系加强的必然结果，也是农业生产发展的必由之路。经过多年的发展，吉林省的农业生产已出现专业化和生产基地布局区域化的特点，并呈现不断加强的趋势。

吉林省农业生产的专业化发展表现为地区专业化、企业专业化和农艺过程专业化。在实践探索中，已由最初的从事农产品生产、购销、运输、加工的专业户形式，发展为建立社区经济合作组织，推进统一经营、规模种植和养殖，建立农、工、贸一体化的专业协作经营实体，以及通过订立购销合同、运销合同、加工合同，实行"公司＋基地＋农户"的专业化协作经营方式。据吉林省农委统计，截至2006年，吉林省有专业合作社、专业协会、专业联合社、专业联合会四类比较规范的农村合作经济组织，共吸纳社（会）员57.8万户，带动农户115.7万户，分别占全省农户总数的15.2%和30.4%（图16-1），这对增加农民收入、繁荣农村经济起到了一定的推动作用。

在农业生产布局上，充分利用本省资源分布的特点，总体上形成了东、中、西部各具特色的专用农产品区域产业格局。东部地区包括延边朝鲜族自治州、通化市和白山市等22个县（市），依托长白山区，发挥森林、特产、矿产、水资源优势，以林地经济、特产业及其加工业为主要特色；中部地区包括长春、四平、辽源等15个市县，依托资源优势，以玉米经济、大豆经济、农区畜牧业和农产品加工业为主要特色；西部地区包括白城的镇赉、大安、洮南、通榆四个县市和松原的乾安县，以杂粮经济、草业经济和草食畜牧业为主要特色。

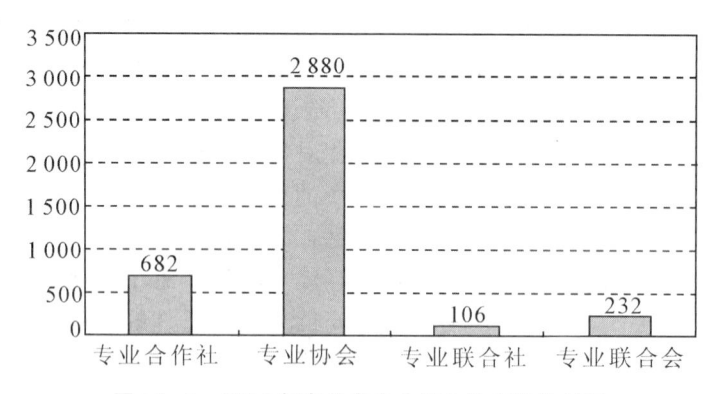

图 16-1　2006 年吉林省专业化合作组织数量图

三、农业生产社会化服务体系建设

吉林省在农业社会化服务体系建设方面，在注重巩固公益性服务机构的同时，重视发展多元化服务体系，注意引导、鼓励、扶持各类形式合作经济组织发展，重视农业科技人才的培养和使用，加大、提高农业综合生产能力项目的投入力度，形成了高效运行的管理机制。现已建立省、市、县、乡四级农业技术推广网络，县乡级农技推广机构 3 541 个，拥有人员 32 399 人，这些均已成为农业技术推广的重要力量。

通过在农业生产中加强农业技术推广体系建设，拓展新的服务领域，不断完善农业技术推广、信息服务、流通服务、信贷支持和质量检查五大服务体系，为农业生产的不同环节、产业分布的不同区域、发展的不同阶段，提供有针对性的服务。长春市以中国长农网为核心，建立"互联网、电话网、卫星网"三网合一，"网络信息服务、电话语音和固网短信服务、农民远程教育服务、智能化农业专家系统服务"四位一体的农业信息服务体系。

在生产实践中针对农民的需求，鼓励发展农民合作经济组织、农村中介组织、农村经纪人等新型服务主体，初步形成了以农业产业化龙头企业、农民合作经济组织、农产品产地批发市场和各级农业技术推广服务组织为主体的服务新格局，不断完善农业生产的服务体系。

第三节　现代农业基地的建设战略

现代农业建设是一个综合系统工程，涵盖了农业生产组织、生产经营、产品加工、科技创新、市场营销、人才建设等方面，是对传统农业的进一步改造和优化升级。其发展的总思路和总目标是：用现代的物质条件、科学技术来装备和改造农业，用现代产业体系提升农业，用现代经营形式、发展理念推进和引领农业，提高农业素质、效益和竞争力。其特点主要体现在高效、科技、生态、精品、特色等方面。

吉林省在发展现代农业方面具有一定的比较优势：农业生产条件优越，资源优势明显，具有较强的教育和农业生产技术，农业基础设施较好并得到政策扶持等。但目前也存在一些问题，如农业基础设施投入不足和建设资金缺乏，农产品生产成本相对较高和农业竞争力较弱，生产规模较小和农民素质不高等。因此，在现代农业生产方面应根据现有基础，依托东、中、西三大优势产业带，建设壮大现代农业生产基地，加速农业产业化进程。

一、商品粮生产水平的稳步提高

吉林省地处松辽平原中部，土质肥沃，农业资源十分丰富，是国家重要的商品粮基地。粮食的人均占有量、商品率、调出量、出口量和农民人均提供商品粮量连续十几年居全国首位。近些年来通过实施大型商品粮基地建设等一系列措施，吉林省的粮食产量逐年上升（表 16.2）。

表 16.2　1985 年以来吉林省粮食作物产量　　（单位：10^4 t）

年份	粮食总产量	玉米产量	水稻产量	大豆产量	其他粮作物产量
1985	1 225				
1990	2 047				
1995	1 992				
2000	1 638	993	374	120	151
2001	1 953	1 328	371	111	143
2002	2 215	1 540	370	127	177
2003	2 260	1 615	318	150	176
2004	2 510	1 810	438	152	110
2005	2 581	1 815	478	130	158
2006	2 720	1 984	493	121	122

数据来源：吉林统计年鉴（2007）。

吉林省商品粮生产具有较大的增长潜力，主要表现在四个方面。一是对中低产田的改造，提高粮食生产能力。通过对中低产田进行改造，巩固和提高高产田，使标准粮田面积达到 5 000 万亩，提高粮食的单产能力。二是通过对优质高产品种和先进栽培技术的推广，促进粮食增产。三是加大病虫害防治力度，减少粮食损失，提高粮食产量。四是加强各种水利设施建设，按照向粮食主产县倾斜原则，有选择、有步骤地支持农田水利工程建设，不断完善农田水利基础设施。

现阶段，吉林省商品粮生产的发展思路是：把可持续发展和提高粮食生产作为基本目标，把玉米生产作为粮食生产重点，按照专业化、区域化、标准化生产的要求，积极调整种植结构。

为提高商品粮的生产水平，吉林省在分析当前国内粮食生产形势和自身基础条件、粮食增产潜力和结构布局的基础上，编制了《吉林省增产百亿斤粮食能力建设总体规划》：通过实施三项调水工程（引嫩入白、哈达山水利枢纽和中部引松供水）、大型灌区建设和改造工程、西部土地开发整理工程、实施国家大型商品粮良种研发和推广工程等十大综合性系统工程，计划用五年左右的时间，营建新增百亿斤商品粮食生产能力和基础设施支撑条件，使粮食总产达到600亿斤。这将保证吉林省商品粮生产水平稳步提升，在保障国家粮食安全方面发挥更加重要的作用，进一步强化吉林省在国家粮食安全中的重要战略地位。

二、精养乳畜、渔业生产基地的建设

改革开放以来，吉林省养殖业得到长足的发展，已成为农村经济中相对独立的产业，特别是"八五"期间，吉林省进入了全面发展商品养殖业阶段。近年来，吉林省畜牧业和渔业发展十分迅速，已经成为吉林省农业产业化经营中的重要组成部分（表16.3）。

表 16.3　吉林省新中国成立以来畜牧业、渔业生产情况　　（单位：亿元）

年份	1949	1978	1990	1995	2000	2005	2006
畜牧业总产值	1.07	4.61	41.42	173.32	268.72	467.59	483.46
渔业总产值	0.02	0.08	2.81	7.24	9.00	14.87	16.98

数据来源：历年《吉林统计年鉴》。

吉林省畜禽产品具有产量高、品种多、风味独特等特点，具备大力发展畜牧业生产的优势：粮食和饲料资源丰富，成本相对较低；地理位置适宜，处于北半球中纬度地带，适合奶牛的生长发育，发展乳品产业极具优势；基础和养殖环境好，畜产品品质好，具有很强的市场竞争力等优势。吉林省发展渔业养殖的优势也十分突出：水资源丰富，人均水面居全国内陆省份第三位；后备资源充足，可养鱼水面和待开发渔业资源较多；湖库水体受污染程度较低，生态环境优越。目前，吉林省畜牧业和渔业养殖存在一些问题，从总量上看，吉林省的畜牧业和渔业在全国所占的比重较小，发展层次较低，良种率和深加工产品、名优特产品还不适合市场的需求，特别是畜牧业的发展水平远远滞后于粮食生产。

目前从生产布局上看，吉林省畜牧业养殖已初步建成了东部长白山特色牧业经济带、中部粮食主产区优势牧业经济带、西部草原牧业经济带。近年来，吉林省畜牧业生产建设取得一定成效，产业结构逐步优化，产品质量明显提高，市场竞争力增强。按照大力发展精品牧业的发展思路，在今后发展上，畜牧业生产方面应重点以精品畜牧业为特色，提高乳、畜产品质量，发展精深加工，加快畜禽养殖业基地的建设，打造我国最大的畜牧产品生产和肉类出口基地（表16.4），扩大畜、禽、乳加工能力，特别是肉鸡、生猪、肉牛、羊、鹅、乳品等的精深加工能力。

表16.4 吉林省近期畜牧生产基地建设基本情况

基地类别	数量	单位	主要分布地区
肉牛生产基地	9	个	长春、四平、辽源
瘦肉型猪基地	15	个	长春、四平、吉林、通化
肉羊基地	5	个	松原、白城
肉鸡生产基地	18	个	长春、四平、松原
细毛羊基地	10	个	松原、白城

在渔业生产方面，吉林东部地区江河较多，冷水资源丰富，现重点发展养鳟业和特色渔业；中西部地区大水面较多，现重点发展大水面养殖渔业，已形成具有较高水平的养殖加工基地。在未来发展上，要充分利用丰富的水资源，重点进行绿色和特色水产品生产，加大渔业生产基地建设，形成东、中、西各具特色的水产品优势产业带，全力推进传统渔业向现代渔业转变，形成以渔业资源增殖保护为基础、以水产品加工为带动、以产业化经营为纽带、以服务体系建设为支撑的现代渔业产业发展格局（表16.5）。

表16.5 吉林省渔业资源优势产业带区域布局

分区	主要地区	主要养殖方式	发展重点
东部地区	通化、延边、白山	江河养殖	特色水产品优势产业带
中部地区	长春、吉林、四平、辽源	池塘养殖	名优水产品优势产业带
西部地区	白城、松原	湖库养殖	水产品优势产业带、城市周边休闲渔业产业带

三、现代中药材种养生产基地建设

吉林省是中医药资源大省，中药资源储量丰富，有人参、鹿茸、林蛙、细辛、关龙胆、甘草、麻黄草、黄芪、五味子等中药品种137种，也是科技部批准的第二个国家级中药现代化科技产业基地所在地，全国独立设置省级中医药行政管理部门的省份之一。

近些年来，吉林省在中药资源开发、产业技术创新和企业集群化发展方面取得了较大进展。现在吉林省中药产业总量已占全国的1/10左右；中药材规范化种植基地已具规模，全省41个县（市）中有19个建立了五味子等22个品种、36个优良中药材生产质量管理规范（GAP）基地，核心区面积达30万亩，示范性种植面积发展到65万亩，已有人参等4个中药材品种、7个基地通过国家GAP认证，数量占全国GAP基地总量的1/5。

吉林省具有发展现代中医药产业的比较优势。一是拥有丰富的中药材资源。东部的长白山区四季分明，具有天然绿色中药材生长的良好生态环境，是中国三大"中药材基因库"之一。二是中医药教育和研发实力比较雄厚。可依托省内的知名高校、中医药研究开发科研机构以及大批中医药专家，大力发展现代化中医药产业。三是中药工业实力不断壮大。吉林省拥有中药生产企业上百户，在全国中成药工业主要经济指标中，吉林省中药工业增加值和利润连续四年全国第一。四是中药现代化进程加快。吉林省是全国中药材及中成药标准工作试点省，按照国家中药材生产质量管理规范要求，中药材规范化生产方式得到推广。目前，被国家认定的中药材GAP基地数量居各省（市、区）前列，中药科技支撑体系建设不断加强。

从今后发展上看，吉林省中医药产业的发展，应依托丰富的中草药资源和现有医药产业基础，打造"天然、纯正、独特"的长白山医药品牌，建设现代化的中医药原材料基地和药品生产基地，建成具有重要影响的北药基地，发展和壮大医药产业。重点建设东部的延边、吉林、通化、白山等11大类现代中药材生产基地，将其建设成为国家现代中药科技产业基地。在产业布局上，形成以"长春中药现代化科技产业园"、"通化医药城"和"延边敖东医药城"为区域发展中心，以长春—吉林—延边和长春—通化—白山两条中药产业带为两翼的"三个中心、两条产业带"的中药现代化科技产业基地发展格局，把吉林省建设成为中国和东北亚地区现代中药科研、生产和贸易的区域中心。

四、食用菌山特产品生产基地建设

吉林省是"东北三宝"的主产地,也是东北山珍产品的主要产区,特别是东部的长白山区,山珍特产品资源丰富。吉林省境内的山珍特产极其丰富:食用菌类主要有木耳、蘑菇、松茸等;干果类主要有红松籽、榛子、核桃等;山野菜类主要有蕨菜、薇菜、刺嫩芽等;药材类主要有人参、灵芝、天麻、刺五加等;鲜果类主要有山葡萄、软枣猕猴桃、苹果梨等。此外,还有林蛙等特产。

吉林省林业资源丰富,科研技术力量较强,依托地方院校和科研院所进行技术上的支持,再加上政府高度重视和政策的引导等,具有发展山珍特产业的明显优势。目前,食用菌产业和山珍特产业发展迅速,已成为吉林省农业经济的一项重要产业,具有很大的潜力和发展空间。食用菌生产方面,栽培品种结构得到调整,已由原来的平菇、香菇、滑菇、木耳等较为单一的产品发展到双孢菇、杏鲍菇、白灵菇、灵芝、猴头菌等十几个品种。截至2006年年底,食用菌生产总面积达到 $4\,800\times10^4$ m^2,年产量 36.27×10^4 t,年产值 21.5 亿元。山珍产品生产方面,依托长白山区丰富的资源优势,进行山珍产品加工,目前在省内已有多处以林蛙、食用菌、山野菜、特色果品为代表的生态山珍食品生产基地。

从总体上看,吉林省山珍特产目前也存在着一些问题:一是区域分布不均,且比较分散,主要分布在东部山区,中西部地区较少;二是山特产品加工不足,主要以粗加工为主,产品附加值较低;三是组织化程度不高,生产规模小,生产分散、混杂,产品市场竞争力不强;四是山珍特产品的宣传力度不够,品牌影响效应不足。

今后,吉林省山珍特产业的发展思路应以突出地方特色为重点,立足于东部的长白山区,形成长白山特色品牌,建设各种山珍产品生产基地,通过基地和加工企业的带动,促进山珍特产业的发展。在延边、吉林、白山、通化、辽源等五个市(州)的 16 个县(市),建设以林蛙、食用菌、山野菜、特色果品为代表的生态山珍食品生产基地;依托长白山独特的资源优势,建设东部长白山山野菜和林特产品基地,大力发展长白山生态食品产业和特色食品加工业,提高深加工产品和终端产品的比重及产品的附加值。

第十七章 新型工业化与老工业基地改造

章前语

　　东北地区拥有丰富的自然资源、巨大的存量资产、良好的产业基础、明显的科教优势、众多的技术人才和较为完备的基础条件，具有投入少、见效快、崛起潜力大的特点，是极富后发优势、战略地位突出的地区。加快振兴东北老工业基地，增强东北区域经济整体竞争实力，对于提升综合国力，优化发展格局，走新型工业化道路，实现全面建设小康社会的目标，维护社会稳定和国家安全，具有全局性的经济意义和政治意义。

　　吉林省是东北老工业基地的重要组成部分，在我国社会主义建设和发展过程中始终发挥着重要的作用。振兴东北老工业基地，吉林省面临着难得的历史机遇，也面临着严峻挑战。应抓住和利用好这一机遇，加快吉林老工业基地的调整与改造步伐，为推进新型工业化进程，实现经济跨越式发展奠定基础。

关键词

　　新型工业化发展；传统工业现代化改造；主导产业升级

第一节 新型工业化进程的推进

一、新型工业化道路的选择背景

　　所谓新型工业化，是指在经济全球化和信息化背景下，充分发挥后发优势和比较优势，通过以信息技术为代表的高新技术优先发展，带动经济集约式、突破性增长，以工业化促进信息化，加速经济结构调整和产业结构优化升级，最终实现生产力跨越式发展和可持续发展。其主要特征是：科技含量高，经济效益好，资源消耗低，环境污染少，人力资源优势得到充分发挥。

从发展环境上看，全球经济一体化和产业结构调整升级步伐加快，国际资本寻求新的投资发展空间，国内资本不断向北集聚，为吉林省广泛参与国际合作与竞争、承接发达国家和国内发达省份的产业转移、引进先进的技术和管理方式、加快结构优化升级、推进新型工业化，提供了良好的宏观环境。

从发展机遇上看，国家实施振兴东北地区等老工业基地战略，在宏观政策的指导下，国家和地方都加大了工业经济发展支持力度，在土地、资金、税收、投资、项目、招商等方面都制定了一系列支持政策，这为推进新型工业化发展提供了重要机遇。

从具体情况上看，吉林省由于受计划经济体制影响时间较长、程度较深，国有经济比重过高，企业历史包袱沉重，产业结构不合理，产业结构调整缓慢，传统产业比重大，企业设备和技术老化比较严重，企业工艺水平落后，技术创新能力不强。由此衍生出一系列问题，即资源高消耗，投入产出水平低，环境污染较严重，社会保障和就业压力大，主要资源型产业难以为继等。

根据这一省情，吉林省工业化发展必须改变传统的粗放型、数量型、低效率、低水平、污染环境的模式，走出一条科技含量高、经济效益好、资源消耗低、环境污染少、人力资源优势得到充分发挥的新型工业化路子。只有这样才能把吉林省建成真正的具有国际竞争力的新型工业基地。

二、新型工业化发展的基本条件与限制性因素

（一）吉林省新型工业化发展的基本条件

1. 发展优势

一是政策优势：国家实施振兴东北老工业基地战略，为推进新型工业化发展提供了重要机遇。二是地缘优势：吉林地处东北亚区域中心，比邻日、韩、朝、俄等国，与环渤海经济区相连接，地理位置优越。三是经济基础优势：农业基础雄厚，装备制造业、汽车工业、石油化工、医药、农产品深加工、绿色产品生产及高技术产业已形成一批规模较大、具有较强竞争力的企业。四是相对丰富的矿产资源优势：吉林省已探明各种矿藏83种，其中油页岩、硅灰石、硅藻土等非金属矿产资源储量在全国都占有绝对优势。

2. 发展基础

一是吉林省已形成了以汽车、石化、煤炭、纺织、食品、建材、有色金属等为主导的门类较为齐全的、在全国占有重要地位的工业体系；二是城市集中，城市间距离较短，产业关联密切，工业聚集程度高，科技、教育力量

雄厚，人才密集，具有雄厚的科技实力和较好的人力资源，这为吉林省发展高新技术产业和改造传统产业提供了现实基础；三是经过几十年来的工业化发展，积累了丰富的经验；四是改革开放以来，一大批水利、交通、能源、通信等重大基础设施项目陆续建成，有好的基础设施条件。

（二）新型工业化发展的限制性因素

1. 国有经济比重过高，民营经济发展滞后

从吉林省的经济发展过程来看，对国有独资的单一企业依赖过大，导致政企不分、市场经济成分发展迟缓，竞争机制难以形成，许多产业的进入门槛过高，新的所有制成分和民营经济很难从产业内部独立地生长起来。

2. 工业结构不尽合理

轻、重工业比例不协调，许多消费品的生产远不能满足市场的需要。资金密集型和劳动密集型的工业较多，而技术密集型和知识密集型工业相对较少，这不符合现代化工业发展的要求，不利于工业生产水平的提高。传统工业和新兴工业的关系不协调，传统工业占绝大多数，新兴工业相对薄弱，不适应工业现代化的要求。工业产品结构上，初级产品多，精细产品少；老产品多，新产品少；低档产品多，高中档产品少，有些先进的精密仪器还需进口。工业企业"大而全"、"小而全"的现象普遍存在。企业的社会化和专业化程度低，存在企业办社会和社会办企业的现象，这种企业的组织结构不符合商品生产和社会化大生产的要求。

3. 企业设备陈旧老化，工艺技术落后

吉林省发展工业的历史比较长，老企业老设备比较多，长期以来没有进行系统的更新改造，不少骨干企业的许多关键设备都呈严重老化状态，导致能源和原料消耗较大，生产上也存在一些安全隐患。此外，企业留利水平也比较低，这加大了企业技术、设备更新改造的难度，影响了工业产品质量的提高和新产品的开发，造成生产效率较低、产品竞争能力差，加剧了能源的紧张，阻碍了吉林省工业的进一步发展。

此外，资源枯竭、环境污染、地区收入差距扩大、社会不稳定因素增多也给新型工业化带来较重压力。

三、新型工业化发展目标

吉林省新型工业化的总体目标是：充分利用国际国内资源和市场，发挥比较优势，推进经济跨越式发展，使工业经济总量进一步扩大，工业经济综合实力和整体竞争力不断增强，结构调整与布局趋于合理，循环经济得到普遍重视，可持续发展能力明显增强，把吉林省建设成为经济、社会、人口、

资源、环境和地区协调发展的新型工业基地。

（一）加快六大基地建设

集中力量加快建设汽车、石化、农产品加工、现代中药和生物制药、光电子信息、资源型城市和地区接续产业示范基地六大产业基地，提高工业的研发创新能力、可持续发展能力和市场竞争能力，构造具有吉林特色的工业主体框架。

（二）积极发展特色产业，培育新的经济增长点

充分发挥比较优势，用新技术和先进适用技术，加快传统产业的结构调整和技术改造，提高传统产业的整体素质和竞争能力，着力培育冶金、建材、纺织、能源等特色产业，促其尽快形成新的特色产业群。

（三）加快民营经济和中小企业发展

坚持多种经济形式共同发展，增强工业发展实力。加大对民营经济和中小企业的扶持力度，完善服务体系，创造宽松的政策环境、体制环境、融资环境，扩大民营经济和中小企业发展空间，形成全民创业的新局面。

（四）切实转变增长方式，提高工业增长质量和效益

坚持走低投入、高产出，低消耗、少排放，能循环、可持续，科技含量高、人力资源得到充分发挥的新型工业化道路，实施名牌战略，推动工业增长方式由粗放型向集约型的根本转变，切实提高工业增长质量和效益，全面提升工业经济整体素质和综合竞争力。

四、新型工业化发展的主要途径

（一）以信息化带动工业化

在吉林省人口众多、素质不高、社会发展多样化和多层次的情况下，只有以信息化带动工业化，才能实现社会跨越发展。走"工业化的信息化"道路，应以工业化的方法推动信息化，即规范化和标准化；以工业化的观念推动信息化，即专业分工和对外协作的观念；以工业化的企业规模推动信息化。而工业化的主体是企业，企业应该将信息化广泛应用于企业重组、技术开发、市场开拓和产业调整中，使企业数据通信网络化、经营管理电子化、生产流程自动化、产品设计智能化、信息服务社会化。

加快吉林省的信息化建设，一要依托光电子产业，发展信息产业，强化信息产业与传统产业的关联度，用信息化带动工业化；二要以装备制造业为重点，确立在全国信息化中的主导地位；三要以技术应用为重心，以中小企业为重点，发展信息化；四要强化信息管理部门的职能作用，搞好宏观调控；五要鼓励传统产业及企业广泛应用信息技术，提高计算机和网络普及、应用

程度，加强信息资源的开发利用，更多运用高新信息技术改造和发展传统工业。

（二）大力打造产业集群

产业集群是指在特定领域中，由一群在地理上集中且有相互关联性的企业、专业化供应商、服务供应商、相关产业的厂商以及相关的机构（如大学、制定标准化的机构、产业协会等）所构成的群体。产业集群的机理是通过地域的邻近性来获得与促进分工效率，同时降低因频繁交易而产生的过高的交易费用。从发达国家区域经济发展的实际看，城市群和产业集群已成为区域经济竞争的主要载体和国家财富积累的战略平台。

吉林省新型工业化必须走企业群和产业集群发展的路子，充分发挥地方优势，引导产业集群形成和发展。横向做大做强城市群带和企业群，纵向拉长产业链条，走品牌战略和规模化经营道路，成为承接东部沿海地区乃至国外产业和资本转移的重要集群区，形成全国经济的增长极。围绕汽车、化工、农产品加工、生物制药和中药等支柱产业，扶持现有龙头骨干企业，使之成为集群的核心主体和产业升级的带动力量。同时要建立"创新型集群"，克服低水平竞争，提升工业化水平，提高集聚整体竞争力；要变"政府主导型集聚"为"市场引导型集聚"，使新型工业化的发展适应市场发展的要求。

（三）利用高新技术改造传统产业

目前，吉林省交通运输、设备制造、石油化工、农产品加工和医药等传统产业部门仍为吉林省重要的支柱产业，传统产业的产值占社会经济总量的比重仍然较高。从国际、国内经济结构调整和产业承接的角度来说，传统产业仍具有比较优势。如果能大幅度提升传统产业的技术和经营层次，其在原有的产业领域内还有相当大的发展空间。

国内外产业发展的规律表明，产业结构演变基本上沿着农业—轻纺工业—重化工业—高新技术产业的轨迹发展。在重化工业阶段通常出现两种发展方向，一是市场前景好的重化工业项目，处于上升阶段，通过不断吸收高新技术，全面提高产业竞争力，实现高新技术产业化，如吉林市的化工业；二是对当地资源依赖比较大而资源又面临枯竭的重化工业项目处于衰退阶段，需要通过转型，转向其他产业和服务业，如辽源市的煤炭业。制造业的调整改造要以推进科技创新为重点，推动产业结构优化与升级。

吉林省的工业改造要走新型工业化道路，以信息技术的推广应用为突破口，广泛利用信息技术改造传统产业。以建设国家高新技术产业基地为目标（如长春的"光谷"），充分利用老工业基地的知识储备和科技密集等优势，推动大专院校和科研院所参与传统产业的信息化改造，加快发展符合本地特点的信息产品制造业，用高新技术武装传统产业，尽快形成带动本地区产业结构调整的先导产业。

（四）促进工业化与城市化的协调发展

城市化与工业化是紧密关联的，工业化促进了初始城市化进程，城市化的发展给经济增长注入强大的动力，工业化和城市化之间形成一种螺旋式上升、互相促进的机制。吉林省在走新型工业化发展道路中，要紧紧依托城市化发展，支持长春市加快产业、人才积聚，构建影响力大、带动作用强的东北亚经济文化中心城市；支持吉林市利用自己独特的优势，加大招商引资的力度，把石油化工、轻工纺织、汽车及零部件、农产品加工和冶金等重点产业做强做大，增强带动和辐射作用；推进长、吉经济一体化进程，加速推进其他地级市的发展。加强省域边界城市与相邻省市的经济联系，如通化可接受沈阳的辐射，白城可利用内蒙古东四盟（内蒙古赤峰市、通辽市、呼伦贝尔市和兴安盟并称东四盟）的资源优势，松原可主动融入哈大齐工业走廊。通过产业发展，促进人口向中心城市聚集，培育出几个50万人口以上的大城市。加快发展县域经济，推进中小城市建设，以扩大县（市）经济社会管理权限为契机，通过加快县（市）工业集中区建设，合理调整产业、基础设施和人口布局，重视发展特色产业，形成县域产业集群。

（五）加快对外开放步伐

吉林省地处内陆，对外开放程度较低，因此要抓住国家促进东北老工业基地进一步扩大开放的机遇，充分发挥吉林省在政策、土地、资源、劳动力等方面的优势，主动承接国际国内产业转移，积极吸引域外经济、技术及先进管理经验等，加强开发区和工业集中区建设，以大企业、开发区和工业集中区为载体，大力推进产业招商、园区招商、专业招商等，积极引进战略投资者和有实力的大企业。

加快建设中俄珲春—哈桑、中朝珲春—罗先跨境经济合作区，推动对俄"路港关"一体化、对朝"跨港区"一体化建设，加强珲春—扎鲁比诺（俄罗斯）—束草（韩国）陆海联运航线建设。尽快使海上航线、港口设施、陆路运输、通关查验一体化，扩大边境经济合作规模，广泛开展与世界各国及港澳台的投资贸易活动，抓好面向朝鲜铁矿资源、俄罗斯森林资源和蒙古煤炭资源的开发利用工作。

重点培育出口大户和重点产品，在扩大玉米出口的同时，积极推进汽车零部件、医药、高新技术产品、农产品及林产品加工等出口基地建设；加快图们江地区开放开发，搞好对外开放通道建设，积极发展口岸经济，进一步扩大边境经济合作规模；以境外资源开发和外派劳务为重点，加大朝鲜茂山铁矿和惠山铜矿的开发力度，做大在俄罗斯的木材深加工项目；支持一汽集团等建立境外生产加工基地和营销网络，扩大对外劳务合作，鼓励有实力的企业进入中东承包工程市场。

抓住扩大内需、西部大开发、东部产业向外转移的机遇，把吉林省具有比较优势的产品打出去，同时引进国内外投资者参与吉林省的产业结构调整、国企改组改造、兴办研发机构，重点投资汽车及零部件、食品及高新技术企业等，把引进资金、先进技术、现代管理和专业人才结合起来，实现跨越式发展。

第二节 传统工业的现代化改造

一、传统工业发展面临的困境

传统工业在吉林省工业化发展中曾经发挥了重要的作用，目前一些传统产业部门仍然作为主导产业部门，在工业结构体系中占重要地位。但是随着新技术革命的出现，高新技术产业部门开始逐渐取代传统产业部门，成为新的主导产业部门。一些传统产业部门的技术体系、组织形式和企业管理模式已经不能适应知识经济和全球化的要求，在全球化的国际竞争中处于劣势，其发展面临困境。

吉林省传统工业包括汽车工业、石化工业、食品工业、医药工业、冶金工业、建材工业、纺织工业、机械工业等。传统工业绝大多数以消耗大量原材料资源为主，同时又容易造成环境污染。在长期"边开发、边破坏、边治理、边污染"的过程中，经济发展的机会成本越来越高，一些不可再生资源面临枯竭，影响了可持续发展，如吉林石化分公司引发松花江水污染事件、吉林东部长白山林区采运业及林业经济衰退等。

吉林省是国有大中型企业集中的老工业基地，在粗放和外延增长方式及短缺经济条件下，企业大都拼设备，超负荷生产，因没有积累而一直无力进行技术改造，一些企业靠贷款进行了改造，暂时恢复了生机和活力，但相当多企业因此而背上沉重的债务包袱，或因改造不成功而身陷困境，甚至走向破产。

在吉林省的工业企业中，国有企业的资产负债率、不良贷款率都大大高于全国平均水平。很多企业还在承担办社会的职能。地方国有及国有控股工业企业中，尚有一多半的企业受资产质量差、债务负担重、职工安置难、改革成本难以落实等多种因素影响，没有进行改制。国企改革不到位，使外部资本进入困难，有竞争能力的市场主体和合格投资主体的发育受到制约，从而影响项目的争取和建设、银行贷款和招商引资。

投资不足使吉林老工业基地传统产业资金匮乏，大多数企业经营困难、亏损严重、资不抵债，企业的外部投资者既不愿意向其投资，也无力承担企业债务等各种沉重负担。为规避风险，银行对企业贷款处于高度谨慎状态，造成近几年吉林省在经济增长速度加快的同时，金融机构贷款余额增幅却出现了下降趋势。目前除一汽、吉化、油田等少数大企业外，其他企业普遍资金紧张，多数企业流动资金不足，影响生产经营，中小企业就更加困难。虽然2004年以来投资增幅逐年提高，但在投资总量上只是辽宁的1/3，不及南方省份的一个发达市，企业技术装备得不到及时更新改造，60％以上的工艺装备处于20世纪七八十年代水平，这种状况与振兴老工业基地极不协调。得不到资金支持，项目引进、扩大再生产、技术改造等关系到企业生存和发展的问题就不能正常解决，企业甚至缺少必要的流动资金，难以维持正常的生产经营，只有通过关闭破产退出市场。

二、传统工业的高新技术改造

传统工业的高新技术改造就是运用高新技术改造提升传统工业，即通过高新技术对传统工业的渗透、嫁接和武装，转变经济增长方式，达到产业调整、产业创新和产业升级的目的，形成新的比较优势，提高竞争力。其主要途径为：通过高新技术推动技术进步、体制创新和管理创新，改善产业结构、技术结构和产品结构不合理的现状，解决原材料和能源消耗大、投入产出效益低、管理水平低下、环境污染严重等问题，大幅度减少制造成本和经营风险；将高新技术项目移植嫁接到传统工业之中，用高新技术产品取代传统产品；通过新技术、新工艺、新材料、新装备和新生产方式的推广应用，提高产品质量与性能，提高市场占有率。

在传统工业的高新技术改造中，要注意传统工业吸收高新技术的本质特征，即它的嫁接性和排异性。这两种特征只有在传统工业技术与高新技术结合时才会出现。

嫁接性。从传统工业应用高新技术的实践上看，传统工业吸收高新技术不外乎以下两种：自主开发或引进嫁接（引进国外高新技术成果和引入国内科研单位或其他企业的高新技术成果）。事实上，从技术应用的角度上看，引进嫁接是以传统工业企业现有厂房、设备、人员等为基础，通过引入高新技术并对原有配置予以必要的调整，达到技术升级、竞争力增强、效益提高等技术改造目的，这属于传统工业以传统技术为基础对高新技术成果的技术嫁接。

排异性。技术质态的不同使得传统工业对高新技术具有排斥性。排异性的存在，决定了传统工业企业并不是对任何高新技术都能予以吸收。能否对某项高新技术予以吸收以及吸收的有效程度，在于传统设备、技术能否与高新技术相融合及相容程度的高低。

传统工业高新技术改造模式可分为两大类，融合型和转移型。

融合型模式是指企业将引入的高新技术与传统技术融合在一起，形成复合型技术，使企业从传统技术向高新技术过渡。这种融合既可以是工艺的融合，也可以是软件技术与硬件技术的融合。无论采用哪种融合方式，关键是将采用的高新技术同企业自身的优势结合起来，进行最佳配置，以实现企业向高新技术的过渡。

转移型模式指企业一方面可以继续采用传统技术生产传统产品，同时又投入人力、资金、高新技术项目等生产要素生产高新技术产品，从而提高高新技术在企业技术结构中的比重，加速企业从传统技术向高新技术的过渡。根据企业中高新技术和传统技术在技术结构中的比重，转移型又可分为两种形式：即部分转移型和全部转移型。具体采取哪种类型，可根据企业的产品所处生命周期、资金、人才等因素而定。

为避免决策失误，应注意传统工业高新技术化的几项战略原则。

首先是协调原则。作为高新技术应用的计划和战略，应和企业同期经济发展目标、战略重点、项目进度和实施条件等方面相互协调；注意高新技术应用项目与应用高新技术人员之间的匹配关系。

其次是效益原则。高新技术应用不能只图技术先进，更重要的是讲求实际技术的经济效益和社会效益，这是高新技术成果应用的客观要求。

再次是发挥优势原则。各企业的高新技术应用都有自己的优势和特长，在高技术应用中，要对自己的研发能力、研发对象、研发优势做到胸中有数，不断采取技术措施，保持并提高名牌产品和拳头产品在技术与市场方面的领先地位，努力形成具有自身特点的研发与商品化战略，同时还要注意高新技术的引进，使外部技术资源内部化，把本企业的技术跃升到更高的形态。

最后是技术相容性原则。指在高新技术应用中，所应用的技术知识和自然规律的统一性，以及现有技术和高新技术之间的一致性。它要求不能对不相干、不一致和不相容的高新技术随意进行组合和移植，这就要求科研成果在技术上必须是成熟的，要符合一定的使用要求，包括达到规定的技术经济指标，质量性能稳定可靠，并且在技术上能够配套。

用高新技术改造传统工业，既不是单纯、刻意地追求高新技术在传统工业中的应用,也不是用高新技术产业完全替代传统工业,而是一个渐变的过程。即把先进适当的新技术、新设备、新工艺以及先进的管理技术等应用于现实传统工业中,从而促进传统工业结构的调整和产品升级换代,提高产品的市场竞争力和企业活力,提高经济效益,实现传统工业增长方式从扩张型向内涵型的转变。

三、传统工业现代化改造的路径

以信息化带动工业化,以工业化促进信息化,按照走科技含量高、经济效益好、资源消耗低、环境污染少、人力资源优势得到充分发挥的新型工业化道路的要求,遵循先改制后改造原则,加快有一定基础的重点行业、优势企业结构调整和技术改造。

大力推广应用信息技术和先进适用技术。加快企业信息化进程,推广使用计算机辅助设计和制造,逐步实现计算机对产品生产制造过程的自动控制和优化、对企业内部进行系统化管理和通过互联网开展电子商务,全面提高传统产业的科技含量,增强整体素质和竞争能力。探索传统产业与信息技术和电子商务相结合的模式,在石化、钢铁等重点行业开展电子商务应用的试点和示范工程。大力推进政务、教育、粮食销售管理等的社会信息化工作。

(1) 装备行业。依托长春客车厂,研制生产高速铁路客车、电气化铁路客车、新型地铁客车和出口专用客车,积极发展城市轻轨车,建设我国重要的轨道车辆制造中心;发展具有比较优势的电气成套设备、石油机械设备、通用机械设备、装载机等;发挥模具、铸锻造技术工艺和加工优势,形成东北重要的模具、铸锻造加工中心,为东北及全国装备制造业发展搞好配套;大力发展光机电一体化产品,努力扩大仪器仪表设备、专用设备以及环保设备生产。

(2) 冶金行业。适应汽车、石化等产业需求,大力开发专用钢材、特种钢材,提高板管比、优钢比、合金比,建设通钢集团百万吨热轧、70×10^4 t 冷轧薄带钢项目、临江 3 000 t 金属镁等项目;发挥国家级碳素技术中心的优势,开发研制石墨制品、碳素复合材料、碳纤维及制品,建设吉林碳素集团高功率石墨电极等项目;立足铁合金品种和技术优势,积极推进对外合资合作,加快开发高纯净度、多元复合合金的特种铁合金制品,建设吉林铁合金特钢项目;依托吉镍集团,扩大高冰镍、硫酸镍生产能力,积极开发钼矿资源,开展钼系列产品深加工。

(3) 建材行业。整合省内水泥生产企业,重点发展亚泰、冀东两大水泥集团,建设亚泰日产 8 000 t 和冀东日产 4 000 t 水泥熟料项目,积极发展特种水泥；重点建设福耀集团700 t级优质浮法玻璃、300 t级压花玻璃和100万套汽车玻璃项目；发展新型建筑材料，建设九台光大新型墙体材料等项目。

（4）轻纺行业。围绕开发新产品、提高精深加工能力和市场占有率，有重点地发展造纸、塑料加工、皮革加工和汽车配套等行业；推进延边石砚白麓纸业与中竹纸业的资产重组，加快吉林纸业、白山嵩华纸业的改制改造，实施延边、吉林、白山年产$84×10^4$ t林纸一体化项目；建设四平纳爱斯洗涤剂二期工程；发展壮大吉林化纤集团，加快$4×10^4$ t差别化腈纶改造、粘胶长丝总体改造项目建设，形成$20×10^4$ t腈纶生产能力；加快建设松原$2×10^4$ t聚四氢呋喃项目，扩大辽源得亨差别化氨纶及熔法氨纶产品规模；开发白城纺织高档面料和无纺布、延边金龙高档亚麻等系列产品。

（5）建筑行业。以集团化、专业化、机械化为方向，依托骨干企业，发展大型企业集团；加快改革步伐，推进国有大型建筑企业转制；大力发展民营建筑企业和建筑市场中介组织，立足省内市场，积极开拓国内外市场，围绕居民住宅、重点工程和城乡公用设施等领域，努力扩大建筑市场份额。

第三节　主导产业的发展路径

一、汽车产业规模扩大与整体升级

围绕并依托一汽发展建设"两大基地和三大体系"，即扩建长春市汽车基地，多方启动建设吉林市汽车基地，着力建设汽车零部件、专用客车、汽车相关支撑产业三大体系。在区域布局上，加快建设长春市汽车城和吉林市汽车工业园区，使长春市和吉林市成为全国重要的汽车产业基地。

加快发展汽车工业，扩大整车规模，增强零部件配套能力，促进汽车贸易和服务，形成具有国际竞争力的汽车产业基地。按照"规模百万化、管理数字化、经营国际化"的战略目标，建设中重型车、轿车、轻微型车三大体系。适应市场消费需求，大力开发节能、环保和新能源汽车，形成具有自主知识产权的核心技术和民族品牌。扩大与德国大众、日本丰田等跨国公司合作领域和规模，积极参与国际竞争和分工。加快建设长春一汽整车扩建工程，加快专用车发展，形成专用车竞争优势，积极发展先进适用的专用客车，整合现有改装车生产企业，加大新产品研发投入，开发自卸车、水泥罐车、厢式车、清雪车、垃圾车、环卫车等专用车。

大力发展汽车零部件产业。以一汽集团为龙头，整合现有零部件企业资源，加快对外合资合作和技术改造，引进国外零部件企业和技术，提高关键零部件整体竞争能力,形成汽车电子电气、发动机附件、底盘、转向及传动等七大配套系统,培育一批成长性好的企业。适应国际汽车产业发展趋势,积极参与主机厂的产品开发,促进有比较优势的零部件企业形成专业化、大批量生产和模块化供货的能力。建设长春、吉林汽车工业园区和国家汽车零部件出口基地,提高四平、白城、辽源等地区汽车零部件配套能力。

积极发展汽车贸易和服务产业。运用信息网络平台,建设长春、吉林汽车储运、批发、零售中心,形成全国汽车物流集散地。鼓励发展汽车金融保险业,扩大汽车消费信用贷款规模,开发汽车超市、租赁和二手车市场。面向国内配套和维修市场,建立和完善汽车技术、售后服务体系,形成维修养护、服务连锁网络。

二、石化工业技术升级与产业链延伸

以吉化、吉林油田为龙头,优化结构,扩大规模,提高效益,发展精细化工、高性能合成材料和特种材料,提高加工制成品比重,逐步改变长期形成的基本化工原料基地产品结构,建设国内重要的综合性石油化工产业基地。

围绕吉化乙烯扩能改造和炼油、烯烃、合成氨、芳烃四个领域,加快建设百万吨乙烯扩建及其配套工程,改造 ABS、聚乙烯、丁苯橡胶、有机硅等装置。加大支持探区勘探开发力度,加快油、气稳产和上产步伐,突出效益和可持续发展的原则,整体规划部署,分步落实,实施"油气并举",保证勘探开发的连续性,确保稳中求进,实现资源储量,产能建设保持持续增长的良性循环。积极为吉化配套,大力开发地方精细化工和合成材料新产品,面向最终消费,延长产业链。加快以原料生产为主向加工制成品为主的转变,提高产品加工深度和附加值,建设吉林市化工深加工工业园区,推进长山化肥厂扩建等项目。扩大碳纤维等新产品规模,发展生物农药、生物肥料。积极推进化工原料多元化。充分利用可再生资源,建设油页岩深加工和综合利用项目,开发和引进天然气,逐步提高天然气利用比重。

着眼于国际石油石化发展的趋势,提升吉林省石油石化的国际竞争力。石化行业与其他产业关联度高,产品链长,增值性大,带动能力也强,充分利用吉林石化产品优势,按照上下游产业链的有机联系,结合汽车、农产品加工、制药、光电子信息产业四大基地建设,充分发挥石化产业的连锁效应、增值效应和拉动效应。

三、农产品加工业的"精深"发展

依托丰富的农产品资源和生态优势,大力发展玉米大豆精深加工、畜禽乳精深加工、长白山生态食品三大产业，建设生态型绿色农产品加工基地，把农产品加工业建成第三个支柱产业。

加快发展玉米经济和大豆产业。玉米加工围绕材料、原料和能源三个方向，发展赖氨酸、高果糖、L乳酸、聚乳酸等淀粉深加工系列产品、饲料、燃料和食用酒精。支持华润集团对玉米深加工企业进行资产重组，加快建设华润生化集团 $400×10^4$ t 玉米深加工项目和长春大成 $400×10^4$ t 玉米加工项目。实施大豆振兴工程，重点发展大豆磷脂、分离蛋白等精深加工产品，加快发展保健食品源；实施德大、东高科技和辽源裕龙等大豆综合加工项目。依托玉米资源优势，培育以大成、天景等企业为代表的玉米加工型企业集群；依托大豆资源优势，培育以吉粮、裕龙等企业为代表的大豆加工型企业集群；依托环境优势，培育以德春米业、春光米业等为代表的绿色食品加工型企业集群。

大力发展畜禽乳深加工产业。重点发展冷鲜肉、肉制品和奶制品等终端食品，实施德大2亿只鸡、吉发实业1 000 t 鹅肥肝、吉林华正180万头猪、长春皓月50万头肉牛综合加工、广泽乳业 $30×10^4$ t 乳品加工等项目，建设白城科尔沁精品牧业园区。依托畜禽资源优势，培育以皓月、华正等企业为代表的畜禽业加工型企业集群。

创立长白山品牌，发展长白山生态食品产业。深度开发"吉林人参"，提高科技含量，发展产业化经营。积极开发矿泉水、山葡萄、山野菜、林蛙等生态食品资源，发展园艺林地特色产业和森林食品。建设"百万吨长白山生态食品开发工程"，实施白山西洋参、双阳梅花鹿系列产品、泉阳泉和农夫山泉矿泉水、林蛙油和安图速冻山珍食品等项目。将"吉林人参"和"长白山矿泉水"建成国际知名品牌。依托长白山自然资源优势，培育以敖东、东宝等企业为代表的中药、特产品加工型企业集群。

四、医药工业的产品升级与基地建设

依托长白山中药资源，现代中药、生物制药技术，人才及产业方面的比较优势，大力发展现代中药和生物制药产业。加强基础设施和公共技术平台建设，切实提高新药研发能力和持续创新能力；加强标准化和规模化建设，积极利用现代科学技术改进质量控制指标、方式和方法，建立从中药种植、新药研发、临床实验、规模生产的完整产业链条和标准化产业体系，加快与国际接轨，提高和扩大中药和生物药产品的出口能力；壮大通化、敦化两大药城，建设长春、吉林医药产业园区，培育产业集群，辐射带动周边地区发展；扶持和发展吉林修正、通化东宝、延边敖东、长生基因等10个大型制药企业集团。开发具有自主知识产权的医药新品种50个，全面完成企业GMP改造。

对现代中药产业，应采用生物技术、化合物提取和筛选技术、标准化检测技术，集中力量开发具有自主知识产权和较高技术含量的国家一、二类中药新药；大力发展疗效显著、产品附加值高的中药新产品；扩大一批量大面广的传统中药产品，加快推进中药材种植GAP、中成药生产GMP标准化和规范化，建设10个中药材种植基地、10个中药饮片加工基地。加快现代中药产业化，实施一批产业化示范项目。

对生物药产业，应围绕生物技术制药和生物制品制药，加快开发和引进基因重组技术、单细胞融合技术、酶工程和现代生物发酵技术，重点发展生物疫苗、基因工程药和生物中药，扩大人胰岛素、人生长素、干扰素、干细胞等生物药品生产；建设通化东宝基因重组人胰岛素工程、长春生物制品所生物制品高技术产业园区、吉大通源公司干细胞国家工程研究中心；利用吉化医药中间体的优势，不失时机地发展合成药。

发展产业集聚优势，依靠现代中药及生物制药工业基础，建设"通化医药城"、"长春中药及生物制药产业园"和"延边敦化医药城"三个医药产业集聚区。长春市以长春现代中药及生物制药科技产业园建设为重点，建成现代中药及生物制药研究开发、人才培育、信息服务和生产基地。通化市、延边朝鲜族自治州分别以"通化医药城"和"延边敦化医药城"建设为重点，建成长白山药材规范化生产开发基地和现代中药及生物制药生产基地。

五、高新技术工业发展的产业化

以长春国家光电子产业基地为核心，发挥信息技术的先导作用和产业化基础，重点发展光电子信息及软件产业、新型材料产业、现代农业技术等高新技术领域，实施一批推动结构调整、增加效益、提升产业竞争力的重大高新技术专项为依托的自主知识产权掌控平台，形成国内领先的高新技术产业研发和生产制造基地。

在光电子信息及软件产业领域，应围绕信息显示、光电子器件与材料、光电仪器仪表与设备等产品系列，发展液晶显示产品、发光二极管及其上下游产品、光电编码器、光电子通信器件和光学材料与电子发光材料；发展汽车光电子产品，光电医疗仪器设备；发展光电跟踪与测量设备等。实施长春北方彩晶集团TFT-LCD工程、长春联信彩色STN显示器等一批重大项目。建立液晶显示工程研究中心，形成"长春光谷"。推进长春软件园建设，重点开发教育、农业信息、企业管理、自动识别等软件产品。

在新材料产业领域，应面向产业升级需求，加快科技攻关与成果转化，积极开发新材料，加强产业体系建设，提高工艺装备和检测技术水平，向轻量化、功能化、复合化和产业化发展。围绕高性能结构材料、新型功能材料和非金属纳米材料等，发展聚醚酮系列、聚苯胺等新材料产品，扩大产业规模，建设形成长春、吉林、辽源等特色明显的产业群。

在现代农业领域，应运用生物技术、旱作节水技术、工厂化农业技术，以优良种质资源繁育为突破口，加快现代农业技术推广应用，推进农业生产标准化，培育现代农业科技型企业群体。建设农业、畜牧业、林业优良种质资源繁育及产业化示范基地，大力推广大豆杂交种等一批优质良种，创造条件向产业化方向发展。建设现代农业技术产业化示范基地，形成长春、松原及公主岭等现代农业生产样板区。

以长春、吉林两个国家级高新技术产业开发区为依托，形成高新技术产业群集平台。长春高新区重点发展生物医药、光电技术、先进制造技术、信息技术、新材料五个产业部门；吉林高新区重点发展精细化工、电子信息、机电一体化、新材料、生物医药五个产业部门。引导集成研发和成果转化、孵化，以及优化产业化环境，加速有优势特色高新技术产业群集发展。

加强以知识产权保护为依托的产学研结合的科技合作，营造良好环境，激发知识、技术、管理等科技资源的活力，促进国际国内科技合作，引入利益驱动激励机制，加强人才队伍建设和国外优秀人才的引进，充分利用国际国内两种资源和两种市场，吸引发达国家和地区资金向吉林省转移，提升产业发展的层次。

第十八章　新型城市化进程的推进

章前语

　　城市化是一个国家发展和实现现代化的必由之路。随着工业化和经济的快速发展，我国已进入城市化的加速发展阶段。就现实而言，面对人口增长和资源约束的压力，以及消费扩张的需求，促进城市化的健康发展及其与经济社会发展的协调，无疑是一个具有重大现实意义和深远历史意义的课题。

　　目前，吉林省农村人口比重大、数量多，尽管城市化发展水平在全国处于领先地位，但城市化质量却远远落后于沿海发达地区。在实施东北老工业基地振兴区域开发战略的影响下，制约吉林省社会经济发展和城市化的一系列问题必将得到缓解，投资环境、资源开发条件也将大大改善，结合老工业基地城市改造的特殊性和城市化的一般规律，未来吉林省城市化的发展重点应在城市化速度稳步增长的基础上，加快提高城市化质量，走内涵式、质量型的新型城市化发展道路，以此推动吉林省经济社会更好发展。

关键词

　　区域城镇体系的优化；中部城市群建设；城乡一体化发展

第一节　城市成长与空间结构优化

一、城市化发展的集聚与扩散过程

（一）城市化发展的集聚过程

　　吉林省面临的生态约束和耕地保护的压力、资源和能源条件下的新的城镇化政策环境、所处的区域环境、城镇化发展现存的问题以及城镇化的历史脉络，决定了新时期吉林省必须走集聚型城镇化道路。

　　首先，在区域层面上向中部集聚。吉林省东部地区以生态保护、西部地区以生态复本为主要任务，不宜进行大规模的城镇建设。从生态承载力和资源组合条件来看，中部地区受到的生态约束较少，适宜进行大规模的城镇建设和产业发展，应加速生产要素向中部地区的集聚，大力推进中部地区的城镇化进程。其次，在等级体系上优先发展中心城市。县域突破虽有利于调动地方积极性，降低地方经济发展的交易成本，加速地方民营经济发展步伐，但也可能造成资源粗放利用，地方政府间低水平竞争。因此要优先发展具有较好发展条件的区域中心城市，强化省内各种生产要素聚合于中心城市的层级集聚功能，培育省内区域经济中心体系。通过以上两方面集聚，构筑以中部地区为核心、以中心城市为经济发展支撑的空间结构，提升区域核心竞争力。

（二）城市化发展的扩散过程

在城镇发展不断集聚的同时，加速城镇化的辐射扩散进程，从而提升吉林省的城镇化水平。对于中部地区，主要应推进长春、吉林两市的协调发展，实现优势互补，加快长、吉两市高新技术产业和现代服务业发展，增强长春、吉林两个特大城市的辐射带动和产业扩散，加速中部地区城镇化进程。通过加快区域中心城市的发展，改变吉林省多数区域性中心城市存在的主导产业单一、服务业发展滞后等问题，促进新兴产业和服务业的发展，改善产业结构，增强各中心城市的辐射能力，在此基础上带动各自周边城镇，推进区域城镇化进程。

二、"一区、四轴、一带"的城镇空间布局体系

"一区"指长（春）吉（林）都市整合区；"四轴"指哈（尔滨）大（连）发展轴、沈（阳）吉（林）发展轴两条纵向发展轴，以及南部门户发展轴、图（们）乌（兰浩特）发展轴两条横向发展轴；"一带"指延边到通化的东部边境生态发展带。通过"一区、四轴、一带"（图 18-1）的区域城镇空间结构的架构，把吉林省最重要的功能区、战略支撑点进行串联、整合，构成立足于东北亚、着眼于未来、结合于吉林省现实发展阶段的动态、开放、稳健的空间结构系统。

（一）一区

长春市、吉林市是吉林省经济发展的核心区域，将长春与吉林两市捆绑式发展而形成长吉都市整合区，是吉林省培育参与经济全球化竞争与合作的首选区域。构筑长吉都市整合区的核心目标就是聚合区域高端职能，提升区域核心竞争力，参与经济全球化竞争与合作，共同打造吉林省城镇体系的核心区域品牌，也是推进东北区城镇空间发展体系的需要和推进东北区域一体

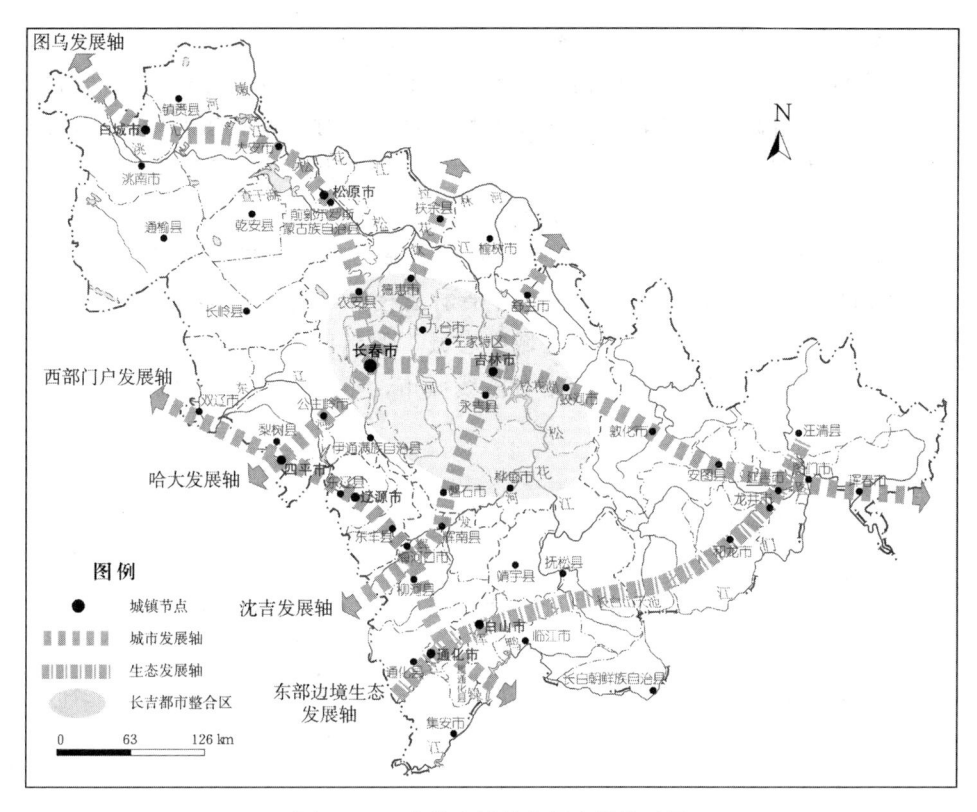

图 18－1　吉林省城镇空间布局体系图

化进程的重要空间策略。

（二）四轴

通过两横两纵"井"字形轴线的构建，对外实现与更大区域的空间发展整合，对内实现城镇之间紧密的经济联系，构筑吉林省经济战略支撑的区域发展的"骨架"。

"哈大发展轴"是东北地区经济发展的主要轴线，是吉林省主要的对外经济通道和经济发展的重点区域，由南向北连接四平市区、公主岭、长春市区、德惠、三岔河等城镇节点。通过实现产业和城镇发展向哈大轴的集聚，强化对外经济联系。

"沈吉发展轴"由南向北衔接梅河口、辉南、磐石、吉林市区、舒兰等城镇节点，是吉林省中部地区东侧经济发展的第二条通道，是吉林省二级发展轴。通过沈吉发展轴的构建，改善蛟河、桦甸、梅河口、柳河等县市与辽中南经济联系的通道，减缓哈大发展轴的通行压力，由此与哈大轴线共同构造推动吉林省中部地区经济发展的驱动器。

"图乌发展轴"依次连接白城、大安、松原、农安、长春、九台、吉林、蛟河、敦化、明月、延吉、图们、珲春等城镇节点，是吉林省东西横贯的二级发展轴。通过图乌发展轴，实现长吉都市整合区对吉林省东西两翼区域经济发展的辐射带动。同时，图乌发展轴应该注重与黑龙江省相邻区域的协调，在区域竞争与合作中，共同形成经济增长三角区。

"南部门户发展轴"自西向东连接双辽、四平市区、白泉、辽源市区、东丰、梅河口、柳河、通化。该轴线位于吉林省南部和辽宁省交界的地区，沿线城市同时接受长春和沈阳两个区域中心城市的辐射和带动，应强调与辽中南城镇密集区的经济联系，通过培育沿线城市，拓展吉林省经济腹地，提升吉林省的区域竞争力。

（三）一带

东部边境生态发展带是东北区东部长白山生态轴带的吉林省区段，也是核心生态环境功能区段。主要包括汪清—和龙、江源—快大茂、二道白河—松江河三个功能段。其中，前两个功能段主要承担着区域经济发展任务，把长白山资源转化为产业优势经济，其核心就是加强污染治理和生态环境保护，保障下游的生态环境；二道白河—松江河功能段主要承担生态屏障功能保护的历史责任，任何有污染的产业都必须严格加以控制。

在生态控制的同时，东部边境生态发展带还承担着支撑地方区域经济发展的责任，主要发展环保生态产业经济。依托较好的矿产和生物资源、旅游资源和口岸资源，通过实施对外开放战略，强化轴带的基础设施建设（东部边境铁路和高速公路），加强对外经济联系，以此带动东部地区旅游经济、生态产业经济、口岸经济的发展。重点强化珲春、图们、长白、临江、集安等边境口岸的建设，发展边境贸易和旅游，带动边境地区、地方民族地区的区域经济发展。突出延吉、松江河、通化、白山四个旅游城镇中心的功能，推进东部地区边境、人文、生态自然的一体化旅游发展。

三、"双核、多中心、多层次"中心等级体系

未来吉林省城镇体系应构成省域中心城市、次区域中心城市、地方性中心三个层次，构筑"双核、多中心、多层次"的区域服务中心等级体系（表18.1、图18-2）。通过"双核、多中心、多层次"的中心等级体系和长吉都市整合区的构建，形成等级结构合理、功能分工有序、职能各具特色的城镇服务中心层次系统。

表 18.1　规划的吉林省中心城镇等级结构体系

中心等级	主中心	副中心
省域中心	长春	吉林
地区性中心	四平、松原、延吉、通化	辽源、梅河口、珲春、敦化、白山白城、双辽、松江河
地方性中心	双阳城区、九台、农安、德惠、榆树、舒兰、蛟河、桦甸、磐石、口前、公主岭、伊通、梨树、东丰、白泉、柳河、辉南、快大茂、集安、孙家堡子、临江、靖宇、抚松、长白、和龙、龙井、明月、汪清、图们、三岔河、长岭、乾安、大安、开通、洮南、镇赉、五棵树镇、烟筒山、湾沟、朝阳川、范家屯、郭家店、安广、长山、平岗、二密、二道白河、大布苏、北大湖、开山屯、三合、南坪、榆林、敬信	伏龙泉、哈拉海、朱城子、菜园子、大青嘴、布海、开安、上河湾、其塔木、土们岭、西营城、岔路河、八道河子、红石砬子、夹皮沟、白石山、天岗、新站、拉法、明城、红旗岭、平安（舒兰）、上营、白旗、十家堡、榆树台、孤家子、营城子、小孤山、怀德、秦家屯、杨大城子、双山、茂林、大阳、横道河、那丹伯、安恕、建安、渭津、海龙、山城、红梅、马当、果松、抚民、辉南、杉松岗、清河、太王、驼腰岭、三源浦、八道沟、马鹿沟、露水河、泉阳、万良、三岔子、石人、景山、三道湖、桦树、六道沟、蔡家沟、长春岭、陶赖昭、乌兰图嘎、毛都站、王府站、让字、水字、两家子、舍力、月亮泡、黑水、万宝（洮南）、瞻榆、鸿兴、坦途、到保、松江（安图）、大石头、官地、黄泥河、大浦柴河、头道、八家子、英安、春化、石砚、百草沟、罗子沟、天桥岭、大兴沟、小营

资料来源：吉林省城乡规划设计院. 吉林省城镇体系规划［R］. 2004。

（一）双核——省域主副中心

"双核"指长春主城区和吉林主城区，是吉林省省域经济功能聚合的核心载体。充分发挥省会长春市的区位优势、汽车产业基地优势，以提高城市综合竞争力为核心，加速长春的工业化、信息化、国际化进程，快速推进制造业、高新技术产业基地和金融教育科研服务基地的成长发育，打造吉林省区域主中心的地位，把长春建设为东北亚具有重要影响的区域中心城市之一。吉林市重点培育医药、农产品加工、精细化工、汽车、旅游等优势产业，积极改造冶金、机械、有色金属加工、水泥建材等传统产业，适度扩大石化支柱产业规模，把吉林市建设成为吉林省加工制造业中心、全国重要的石化产业基地、国家历史文化名城和冰雪雾凇旅游城市。吉林省的两个主（长春）

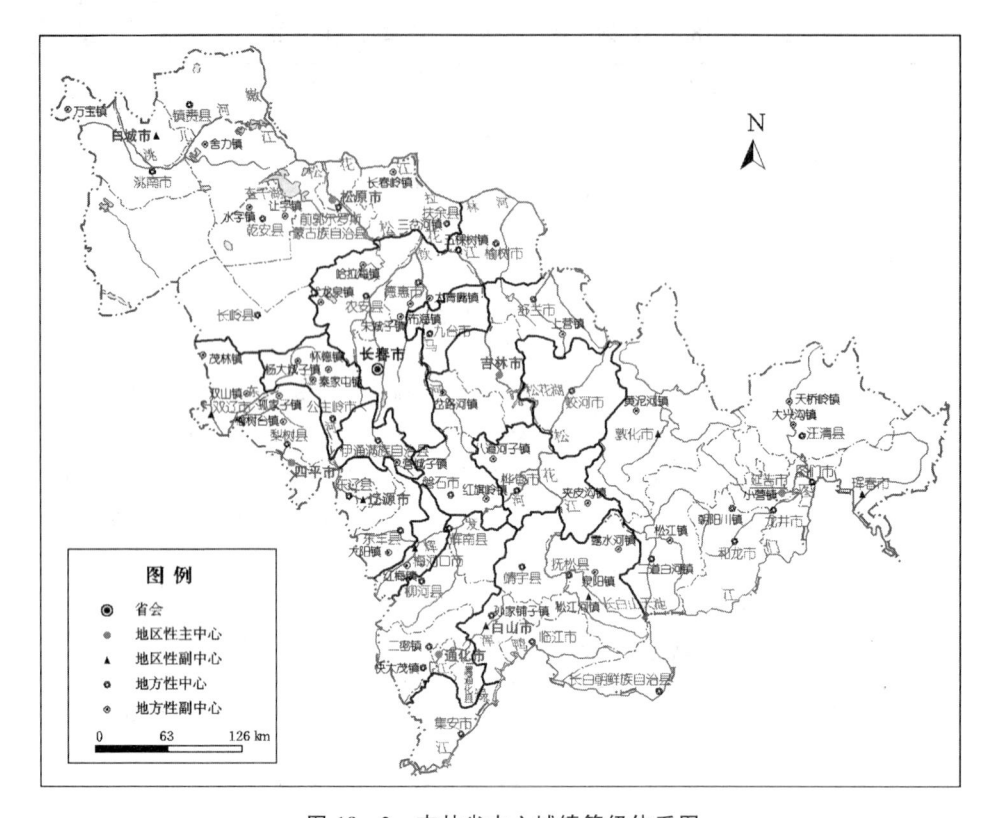

图 18-2 吉林省中心城镇等级体系图

副（吉林）中心共同构筑长吉都市整合区，打造成为省域经济发展的两大增长极核。

（二）多中心——地区性中心

地区性中心城市是其所在地区经济、政治中心，应进一步强化优势，突出特色，以提高内涵和质量为主，使之成为基础设施良好、服务体系健全、具有较强辐射带动力的区域中心城市，并积极向大中城市行列迈进。主要包括松原、四平、延吉、通化四个地区性主中心和辽源、白山、白城、梅河口、敦化、珲春、双辽、松江河八个地区性副中心。

（三）多层次——地方性（县域）中心

吉林省处于经济欠发达地区，非农经济高度集中在大城市以上规模城市，县级市、县城以及农村城镇经济实力较弱，大部分发挥着行政、文化、交通等综合服务功能，对地方经济尤其是农村经济带动能力不强，因此需要集中发展县级市、县城及省级重点发展中心镇。吉林省的地方性中心分为两个层次。

地方性主中心：县级市、县城以及省级重点发展中心镇。在发挥地方"三农"服务功能的基础上，通过工业集中区的建设，提升城镇的综合服务功能，主要以发展地方性产业基地为主，促进人口、非农产业的聚集，发展为地方经济的核心支柱。

地方性副中心：县域重点发展中心镇。主要发挥为农村服务的城镇功能，它是承接上层次中心城镇辐射的载体，是统筹城乡区域发展的载体。

四、"轴带、基地、集中区"的产业布局体系

通过"轴带、基地、集中区"的产业布局体系的构筑，为区域之间的要素资源的优化整合、生产要素的聚集和投资创造产业空间载体平台，支撑两个集聚战略的实施、集中城市化道路的推进和产业结构的战略性调整。

（一）产业轴带

依托哈大、吉沈、图乌、国道303公铁复合通道，以及东部边境铁路构筑五条产业轴带。产业轴带构建的目的是集中有限的资金和资源，在轴带上集中建设交通、通信等支撑体系，实现轴带上产业基地和产业集中区的加速发展。同时也可引导产业沿轴带相对集聚，避免产业遍地开花，实现集约化的产业发展模式。

（二）产业基地

吉林省汽车、石化、农产品加工、医药、电子信息、冶金、建材、纺织、能源矿产、设备制造、食品制造等产业具有较好的产业基础和比较优势。振兴东北老工业基地中提出的五大产业基地，汽车、石油化工、农产品加工、现代中药和生物制药、光电子信息等，是吉林省在国家层面最具竞争力的五大产业，除五大产业之外，吉林省在冶金、建材、纺织、能源、机械、食品等产业也具有较好的产业基础和一定的比较优势。

为加快吉林省经济发展步伐，依托吉林省的产业基础和资源条件，在吉林省范围内构建14个产业基地（表18.2）。

（三）产业集中区

产业集中区规划综合考虑各地产业发展现状、资源条件、区位条件、产业发展规划。对于某些具有较好的发展条件，但仍未设立省级以上开发区的产业集中区，应设立产业园区，以便促进产业集聚发展，同时为产业发展提供更好的软、硬环境。对于产业园区数量过多的产业集中区，主要体现在长春、吉林两市，应对产业园区进行调整或合并，同时调整各产业园区的产业定位，避免各产业园区形成低水平重复竞争的局面。

表 18.2　规划建设的吉林省产业基地

产业基地	资源条件	主导产业	主要产业园区
长吉综合产业基地	人才资源	汽车、石化、医药、光电子、冶金、旅游、商贸、现代服务业	长春高新技术产业开发区、长春经济技术开发区、吉林高新技术产业开发区、吉林经济技术开发区
五棵树农产品加工产业基地	农产品、水资源	农产品加工、生态旅游	松原农业高新开发区、长春五棵树现代农业园区
桦甸能源产业基地	水、油母页岩资源	能源、食品、林产品加工	桦甸经济开发区
磐石冶金建材产业基地	金属、非金属资源	冶金、建材、医药、食品	双阳鹿业开发区、磐石经济开发区
敦化医药产业基地	长白山药业资源	医药、林产品加工	敦化经济开发区
图们江出口加工基地	口岸区位条件	出口加工、对外贸易、旅游、医药、食品	延吉经济开发区、图们经济开发区、珲春边境合作区
松原石化产业基地	石油资源	石油、化工、旅游	大安经济开发区、松原查干湖旅游开发区、松原经济开发区
白城纺织旅游产业基地	石油资源	能源、纺织、旅游	白城经济开发区、查干浩特旅游区
通化医药产业基地	长白山中草药资源、茂山铁矿资源	医药、冶金、林产品加工、非金属制品	通化经济技术开发区、白山经济开发区、临江经济开发区
白山绿色食品产业基地	长白山林产品、矿泉水资源	食品、饮料、医药	白山经济开发区、靖宇生态经济开发区
四平机械冶金产业基地	门户区位条件	机械、冶金、食品	四平红嘴高新开发区、四平经济开发区
辽源纺织服装产业基地	袜业产业集群	纺织、服装、食品	辽源民营经济开发区
梅河口食品产业基地	交通枢纽	商贸、物流、食品、医药	梅河口经济贸易开发区
长白山旅游产业基地	长白山旅游资源	旅游、林产品加工	抚松长白山旅游开发区、安图旅游开发区

资料来源：吉林省城乡规划设计院. 吉林省城镇体系规划 [R]. 2004。

五、"两区、三带、九核"的生态空间体系

根据吉林省生态环境建设需要,基于现状自然环境条件和建设状况,通过对吉林省生态功能分析和生态敏感性分析,构建吉林省"两区、三带、九核"区域生态空间结构,通过生态保护、生态恢复和生态建设三个方面,维护区域生态系统的平衡与稳定。

(一)两区——生态区域

"两区"指东部森林生态区和西部草原湿地生态区。

东部森林生态区森林生态系统完整、生物多样性十分丰富,是我国重要的林业基地和物种基因库,是吉林省三大水系即松花江、图们江和鸭绿江的发源地,对三江上游地区的水源涵养、水体保持、区域生态平衡维护具有重要意义。

西部草原湿地生态区以松辽低平原和科尔沁草原为主,原始的自然生态环境是以草原及湿地生态为主要特点,是生态系统从半湿润森林草原向半干旱草原的过渡带,是候鸟迁徙的重要通道。

应将这两个区域作为重点区域进行生态建设与保护,对东部森林生态区实施强制性保护,对西部草原湿地生态区实施抢救性保护。

(二)三带——生态功能廊道

"三带"指松花江、鸭绿江和图们江三条重要的生态廊道。

三带对于确保区域内水生生物的栖息环境,维护水域生态系统的连续性和整体性具有重要意义。作为重要的资源条件和良好的生态功能地带,要合理地进行三条河道的开发利用,尽可能保留河流的自然形态,促进水资源合理配置,保护滩涂湿地生态环境,加强水污染治理,保护河流水环境。

(三)九核——区域性生态绿核

"九核"指九个重要的自然保护区和生态功能保护区,包括松花江、鸭绿江和图们江源头生态功能保护区,珲春天然林及东北虎生态功能保护区,查干湖、月亮湖和莫莫格湿地生态功能保护区,三湖水源涵养生态功能保护区,向海自然保护区,龙湾自然保护区,天佛指山松茸自然保护区,大布苏狼牙坝和腰井子羊草草原自然保护区,伊通火山群自然保护区等九个区域性生态绿核(图18-3)。

"九核"是吉林省具有国家意义的生态保护区域,对区域生态平衡的维护和国家生物多样性的保护具有极其重要的意义。要加大这九个区域的保护力度,逐步恢复生态功能,确保区域生态环境持续改善。

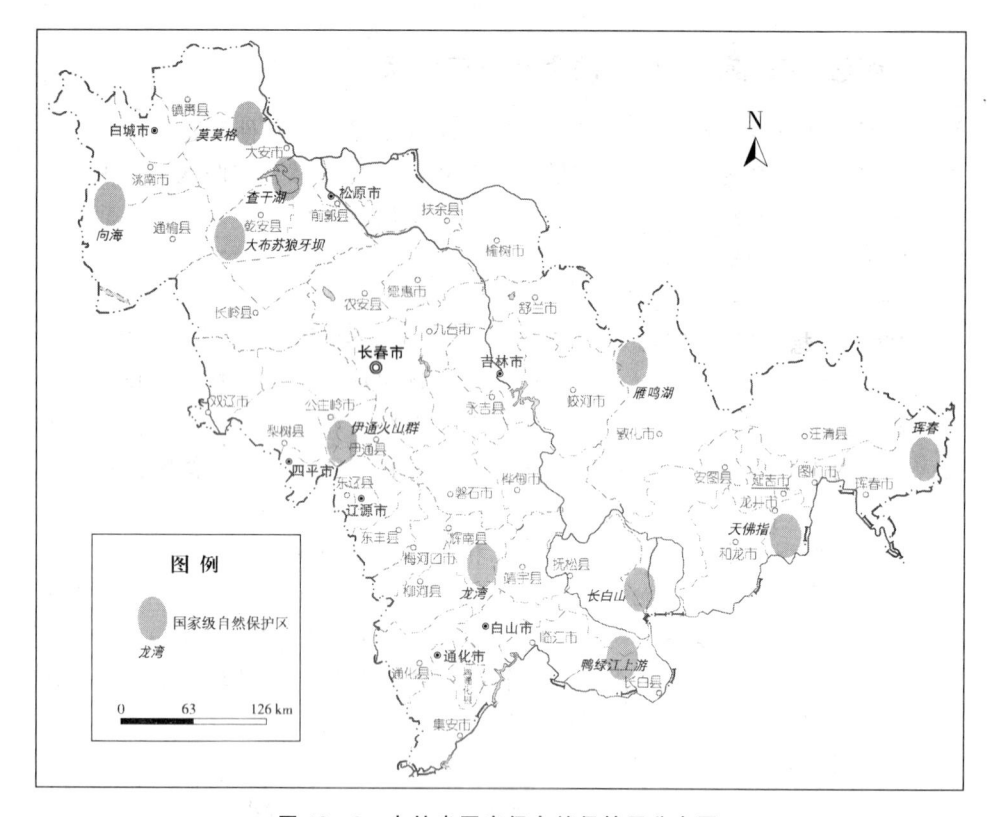

图 18-3 吉林省国家级自然保护区分布图

第二节 长吉都市区与中部城市群建设

一、稳步推进郊区化进程

郊区化是城市发展到一定阶段的必然现象，指人口、就业岗位和服务业在大城市由内向外迁移的一种分散化过程，主要包括人口郊区化、工业郊区化和商业郊区化等方面。郊区化能够疏散大城市中心区过密的人口，减轻城市中心区的环境污染，提高土地产出率，优化城市土地利用结构和利用效率，推动郊区社会经济与人口城市化的发展。但也会导致城市通勤流增大、交通压力增大，城市不断蔓延发展，城市边缘区土地被蚕食，优质耕地、绿地、林地遭到破坏，城市边缘区生态系统破坏，郊区各项生活服务配套设施与人口再分布态势不相适应等不利影响。

吉林省内长春、吉林两市的城市郊区化已初步形成，目前已经开始人口、居住、工业郊区化的进程。但是商业郊区化相对来说还很滞后，城市中心区的零售业高于近郊区，而且大中型商场也都集中分布在城市中心区，且商业集聚度不断增强。目前关键是研究长春、吉林两市的城市郊区化，并对其因势利导，趋利避害，稳步推进两市的郊区化进程，具体应该做到以下几方面：①加强宏观指导，建立法律监督机制、树立法制观念，搞好规划管理，制定不同的消费政策；②加强城市规划管理，建立远程快速大运量公共交通系统，加强基础设施建设，拓宽城镇建设投融资渠道，统筹管理外来人口；③规范房地产开发，避免由于对市场发展预测的不可靠性，而造成的大量商品房、高档别墅的空置，供大于求的现象出现；④完善长春、吉林两市市域城镇体系，引导生产力向郊区扩散；⑤重视绿化隔离带，加大保护力度；⑥建设导向性工业小区；⑦慎重考虑企业新址的选择，政府规划部门应对产业在用地方向上有一定的指导性规划，发挥劳动地域分工的优势，发展规模经济，共同使用基础设施，集约利用土地资源；⑧控制城市边缘区的建设项目。

二、长吉两市大都市区建设

（一）长、吉整合的必要性

长春和吉林空间距离 75 km，时间距离仅 30 分钟，是吉林省发展的双核心。2006 年，两市的工业总产值占全省的 60%，利税总额占全省的 2/3，按经济能力可以容纳吉林省 50% 的人口。但是长期以来受计划经济的深刻影响，经济发展禁锢在各自的行政区域内，形成相对孤立的经济空间格局。两市之间的经济联系局限于流通领域，缺少生产领域的内在协作，社会经济联系层次低，协作分工程度不高，基本上停留在显著的分割阶段。

由于长春的政治中心地位，其在经济、社会发展上有"近水楼台"之便；吉林市无论是政治还是经济文化均处于长春市的阴影之下，吉林市近十年经济地位的下降与此不无相关。然而就长春目前综合实力而言，作为省域经济中心，对其作用提出了更高要求，但在一段时间内不可能成为国际级的大都市，2006 年，作为省会城市的长春市在全国城市竞争力排名中仅位居第 28 位。显然，不考虑吉林、长春这两市近在咫尺的地缘关系，忽视吉林市在区域发展中的重要角色，独立地谈论长春中心城市的作用，是不切合实际的。

因此，将长春与吉林两市捆绑式发展、整合发展可形成新的城镇区域，将使长吉城市整体获取聚集与规模经济；同时，两城市能充分发挥各自优势，提高经济效益，形成竞争与互补彼此转化的动态效应。长吉两市社会经济文化实力的交叉融合也将增强其区域竞争力，避免了单一城市经济总量不足、"小马拉大车"的弊端，在吉林省中部形成稳定的经济重心，产生极大的极化扩散效应，进而带动吉林省中部城市群的发展。

（二）长、吉整合的基本思路

建立整合发展的协作机构。长吉整合发展的协作机构的建立可与政府职能的转变和行政机构的改革相结合，改进和改革现有的城市行政管理模式，从整体利益的角度协调两市之间的关系。其基本职能应包括组织长吉都市区的整体规划，进行跨部门的规划协调，如经济总体规划、产业布局规划、交通规划、城镇规划、土地规划、环境规划等，并且采取有效措施引导、规范各关联企业的全方位协作；协作机构还可以引导基础设施的投资建设，使投资主体和投资向多元化发展，通过提供投资咨询实现城市整体利益的优先发展。

生态环境和基础设施共建共享。长吉两市均位于松花江流域，环境污染产生的后果会通过水体的扩散同时影响到两市。而"引松入长"工程使长春市的饮水质量和松花江的污染问题更加密切相关。因此在环境问题上，两市都应大力控制污染源，建立完善的互相衔接的环境管理体系，加强污染物的综合治理和联合治理，在全区域推广清洁生产、清洁工艺。另外，两市基础设施缺乏统一规划，难以满足高层次对外联系的需求，需要进行统筹规划，处理好利益冲突，共同建设。

产业互动，实现优势互补。强化长春区域主中心的地位，积极培育生产性、商务性服务业的快速发展，增强长春市高新技术、科学研究、文化教育、医疗卫生、信息技术等方面的服务功能，加强长春市国际性和区域性空港、铁路枢纽等交通服务功能的建设力度，推进长春市高端综合服务功能的产业化进程，促进最高端制造业的产业集聚；通过产业结构的升级改造，促进长春市低端产业的扩散，支撑长春区域主中心地位的确立。位居吉林省域副中心地位的吉林市，重点是发展石化、冶金、医药、食品、纺织、机械等加工制造业，实施多元化产业发展战略，树立吉林省工业制造业品牌，重振吉林省工业强市的区域经济地位。

三、构建"T"字形城镇发展轴带

在稳步推进城市郊区化、继续培育形成"长吉都市区"的基础上，吉林省应依托交通干线、大型基础设施和大型工业、能源基地来重点构建"T"字形的城镇发展轴带。

（一）南北城镇发展横轴

该轴主要依托哈大铁路吉林省境内段，铁路沿线途经的地区从北至南有松原地区的扶余，长春地区的德惠、长春市区，四平地区的公主岭以及四平市区，便利的交通和良好的投资环境使这些城市成为吉林省发展的增长极。

哈大铁路是全国性的综合交通走廊，是吉林省对外联系的重要交通通道。通过建设该城镇发展轴，将强化吉林省的对外联系和对外开放，促进沿轴城镇产业的快速发展。该轴建设的重点是进一步促进要素、产业的轴带集聚，城镇职能的合理分工和职能升级，促进沿轴城镇的合理、有序发展。

（二）东西城镇发展纵轴

此轴线主要依托图乌线，依次连接白城、松原、长春、九台、吉林、蛟河、敦化、延吉、图们、珲春等城镇节点。东、西部地区由于自然条件的限制，交通条件较差，与各中心城市联系不很紧密，从而也阻碍了地区经济的发展。因此该轴带既是吉林省人口、产业集聚的重要轴带，同时也是吉林省中部联系东部和西部的主要轴带。应强化轴带上各城镇的产业分工与合作，依托资源、区位优势，以接续产业为发展方向，带动沿轴城镇的发展，进而促进省内地区间的协调发展。

四、城镇组群地域的培育

城市群是由一定数量、一定规模等级的城镇集聚在一个地区形成的区域单元，由一定的自然要素、经济基础、人口数量、交通网络和各种社会人文因素紧密地结合在一起而形成一个有机联系的区域整体。随着经济全球化和城市化的发展，城市群在区域经济发展中越来越居于主导地位，成为区域核心竞争力和形象的代表。吉林省的发展也应重视城市群的功能和作用，然而，目前吉林省还没有发育成熟的城市群，只有吉林中部、延吉—图们—珲春、白城—洮南、通化—白山四个处于城镇群雏形阶段的城镇组群。

吉林省的城镇组群的形成比较晚，整体发展水平较低，大多数城镇仍然是各自为政，尚未形成城市间密切地域分工与协作和经济一体化的群体效应，各组群间横向发展差距也比较大。因此，需要根据四组群的区位、交通、资源状况，采取不同的培育措施促进各自的发展，使各组群成为其所在地区发展的先导地区。也需要注意缓解各组群盲目竞争引发的产业结构趋同及重复建设问题，力求形成发展的整体效应，带动全省经济的发展。

吉林省中部城镇组群未来应重点建设汽车产业、石化产业、农产品加工产业以及光电产业四大产业基地。目前长春、吉林两市呈现出强劲的发展势头，需引导长春、吉林两市打破分割局面，逐步实现资源共享、设施共建、环境共保、产业互补、经济互动，共同增强城市功能，实施一体化发展，同时加快推进周边区域性中心城市、小城市、重点镇的发展。逐步形成以长春、吉林两市为核心，以四平、松原、辽源等区域性中心城市为次中心，以重点镇为基础的三个层次构成的吉林省中部城市群和经济发展核心区，带动全省经济实现跨越式发展。

通化—白山城镇组群未来发展需采取以旅游功能开发为先导，以矿业、医药工业规模化为依托的中心城市发展模式，在巩固已形成的综合经营型、工业主导型、以贸兴镇型、沿路开发型、资源转化型等城镇类型的基础上，根据各城镇不同的资源特点、产业特点，发展特色经济。密切各城镇的经济联系，在离中心城市较远的县城镇和其他乡镇，进行重组，撤销合并一些没有发展前景的城镇，在此基础上优化资源配置，扩大城镇规模和人口。重点建设现代中成药和生物制药产业基地和农产品加工产业基地。

图们江中下游城镇组团的发展重点是完善城镇体系布局，形成"三区三带"的城镇空间结构布局："三区"指以延吉为中心，以龙井、朝阳川为辐射点的高新技术经济区；以珲春为龙头，以图们、汪清为辐射点的对外开放区；以敦化为重点，以安图、和龙为辐射点的农、林、牧、特农产品加工区。"三带"是以珲春至长春铁路、公路为轴的经济发展带；和龙经延吉至汪清、以公路为轴的经济发展带；珲春到长白山、由中俄、中朝边境线串联起来的边境生态旅游经济带。实行区带结合、梯度推进的空间开发模式，促进区域间优势互补，增强城镇经济的辐射和带动作用。重点建设现代中成药和生物制药产业基地和农产品加工产业基地。

白城—洮南城镇组群发展重点应放在区域性中心城市经济职能的转变上，由简单的农副产品集散向农副产品深加工转化，通过工业化水平提高促进城市化的发展。以制度创新为动力，把城镇化同工业化、信息化和经济国际化紧密结合起来，有步骤、分层次地推进城镇体系建设，提高城镇化的质量和水平。增强城镇功能，推进重点项目建设，强化优势产业支撑，加快把区域中心城市做大。产业发展上应该依托丰富的农业资源，着重建设农产品加工业产业基地。

第三节 城乡整合与城乡一体化

一、城乡资源的整体开发

吉林省城乡一体化还存在资源质量下降、数量减少等问题，未来发展应该合理保护和使用水、土地、能源等各种资源，实现城乡资源整体开发与优化配置。

第一，合理利用和节约水资源，通过有效保护与安全供给实现水资源的优化配置。建立并实施吉林城乡地区的国民经济和社会发展规划、城市总体规划、重大建设项目水资源论证制度，促进吉林省的水资源利用与人口、环境、经济社会协调发展。合理调配生活、生产和生态用水，建立水资源合理的价格机制，实施计划用水与定额用水相结合的综合管理措施。鼓励发展节水农业、节水工业，全面节约用水，提高水资源的利用率，大力提倡污水再生利用等非传统水资源的开发利用。

第二，提高土地资源的利用率，加强土地使用的管理。吉林城乡地区应该坚决贯彻执行合理利用土地和切实保护耕地的基本国策，坚持实行土地管理制度。加强土地资源调查、评价和监测，通过科学编制和严格实施土地利用总体规划，合理调整土地利用结构与布局，提高土地利用效率。加强城乡建设用地管理，控制建设用地规模，促进农民居住向城镇集中、工业向工业园区集中，保障经济建设必需的土地。加强土地资产管理，深化土地使用制度改革。加强土地法制建设，完善土地管理法律法规，健全土地执法体制，加大土地执法力度。

第三，改善能源结构，提高能源效率。吉林城乡地区应该大力发展天然气、太阳能、可再生能源、新能源等清洁能源，发展清洁燃料公共汽车和电动公共汽车，鼓励私家车使用天然气等清洁燃料。努力降低煤炭在一次能源消费中的比重，改善能源结构。鼓励城乡居民和企事业单位提高能源利用效率，减少环境污染。

二、城乡产业结构形成与发展

城乡产业协调发展是区域经济发展的本质要求。因此，实现吉林省城乡经济协调发展的重要前提是要实现城乡产业协调发展。实现城乡产业协调发展首先要构建城乡统一、开放、有序竞争的一体化市场体系，通过城乡产业的市场竞争，促使城乡产业的融合，提高城市现代产业与农村传统产业的关联度，推动农村传统产业的转换升级。

第一，应把城市产业优化升级与农村第二、第三产业发展紧密结合起来，充分发挥城乡比较优势，大力推进城乡产业融合。充分挖掘吉林省的自然资源和产品优势，做强做大商品粮基地、精养乳畜渔业生产基地、现代中药材种养生产基地以及食用菌特产品生产基地等优势特色产业板块。

第二，应积极促进城市工业结构调整，做大主导产业，搞好产业配套，优化产品结构，形成产业集群效应，扩大产业辐射能力，同时也加快农村产业结构调整，发展优势支柱产业，推进农业产业化经营，提高农产品的附加值，使广大农民分享到更多的工业和商业利润。

第三，应进一步改善农村软硬环境，提高承接城市产业辐射能力，扩大城乡相关产业的关联度，实现城乡经济一体化发展。积极推进农业产业化，促进城乡产业统筹发展。

三、城乡统筹规划与建设

推进城乡一体化，规划是龙头。只有加强城乡规划集中统一管理，才能综合部署、调控和协调城乡各项建设活动，保证城乡各系统、各地区之间协调发展；才能正确处理局部与整体、近期建设与远期发展、城乡发展与土地保护、经济建设与环境保护的关系，促进城乡经济、社会和环境协调发展。

目前，吉林省城乡统筹规划面临城乡分割、规划难以协调区域发展，行政分割、规划主体过多以及城镇规划与各部门规划缺乏衔接等问题。规划的割裂必然会导致建设的割裂和发展的不平衡，并且城乡规划不能很好地协调与衔接往往会带来空间利用方面的矛盾与冲突，对城乡的发展将产生巨大的不良影响。

以规划一体化为手段是吉林省打破城乡分割，实现城乡统筹的又一主要措施。加快吉林省城乡统筹规划，其实质是一个全面的综合性规划，特别是要促进各种层次、种类的规划，如经济社会发展规划、城乡规划、土地利用规划、各种专业专项规划，在城乡空间这个统一载体上实现"规划一体化"，形成整体推进城乡统筹的合力。城乡统筹规划的关键工作是对城镇、乡村空间进行合理界定，强调城镇、乡村空间各自的完整性和融合，进一步明确功能区域，形成层级明显、配套衔接的规划体系，推进城乡空间发展一体化。

城乡统筹规划的重点还包括以下几个方面。①统筹城乡基础设施建设。建设覆盖城乡的交通、水、电、气等基础设施和公共服务设施，构筑区域一体化发展平台，推进城乡设施一体化。②统筹城乡社会事业。注重农村地区的社会进步，推动社会事业向农村延伸，努力使城乡居民共享现代文明，推进城乡社会进步一体化。③统筹城乡民生发展。加快农村劳动力培训和转移，逐步提升农村保障水平，重视农村生态环境建设，推进城乡和谐一体化。④统筹城乡综合体制改革。打破城乡界限，将区级公共职能向农村延伸，推进综合改革，加快推进城乡管理一体化。

四、统筹城乡就业与社会保障体系

就业是社会和谐的最好保证，社会保障是社会发展的最大效益。推进城乡一体化，实现农民生产生活方式的转变，必须切实做好城乡充分就业工作，建立城乡统筹、健全的社会保障体系。

统筹城乡就业体系已经成为解决劳动力市场分割问题的一个共识，推进吉林省城乡一体就业需要建立统一规范的人力资源市场，形成城乡劳动者平等就业的制度。规范和协调劳动关系，完善和落实国家对农民工的政策，依法维护劳动者权益。促进就业机会公平，劳动待遇公平，使劳动者公平享有受培训和教育的机会。

无论是在城市还是在乡村，劳动力自由流动的一个重大后顾之忧就是社会保障问题。市民和农民都是经济建设的基本力量。但由于目前城乡经济社会条件差异较大，农民的社会保障基本处于无助的自然状态，城乡两种不同水平的保障制度快速并轨，短期内实行统一的社会保障制度是不现实的，考虑到吉林省的实际情况和财力的可能性，可采取渐进措施。

以进城农民工为突破口，积极创造有利于农民进城就业的社会环境，善待农民工，关爱农民工，维护好农民工的合法权益，将进城农民工纳入城镇统一的社会保障中。

根据不同地区的经济发展状况，通过探索建立农村养老保险制度，大力推进新型农村合作医疗制度建设，完善农村居民最低生活保障制度等途径，逐渐缩小城乡保障方面的差别。逐步创造条件，建立包括农村农民在内的所有人口的社会保障制度。

五、城乡基础设施与生态环境的整体建设

按照优化城乡生产力和人口布局的要求，把城乡社区、基础设施和生态环境作为一个整体进行规划和建设，着力推进县城、重点镇、一般镇、中心村一体化的规划体系建设。

城乡的交融发展，必须靠日益高水平的交通、通信、水电等基础设施的完备和完善才能得以实现。应以基础设施项目为依托，通过城市基础设施向农村覆盖，缩短城乡之间的时空距离和设施落差。重点实施统筹城乡通信、供电、给排水、公交等网络建设，提高城乡居民对公用服务设施的共享度，加快改善乡村面貌，推动城乡一体化发展。

现阶段，从城乡统筹的角度保护吉林省生态系统以及对污染的防治是改善吉林省城乡环境、实现城乡一体化可持续发展的必由之路。首先加强对污染的控制，保护城乡环境，做到城市不向村镇转移污染，农村也不对城市水源等造成污染。其次建立科学、完善的生态环境监测与安全评估技术和标准体系，形成吉林省的市、县、镇等多层次的生态环境监测体系。增强吉林省城乡应对处理突发的严重污染事故的能力，建立生态环境安全评价及预警预报系统。只有改善农村生态环境，加强城市绿地建设，才能逐步改善整个地区的生态环境质量，最终实现吉林省城乡一体化的可持续发展。

第十九章　图们江地区的国际经济合作

章前语

　　图们江位于吉林省东南部，是中国、朝鲜、俄罗斯三国的界河，发源于吉林省长白山山脉主峰白头山东麓，自西南流向东北，流经我国吉林省的延边朝鲜族自治州、朝鲜的咸镜北道、俄罗斯滨海边疆区的哈桑区，注入日本海。20世纪80年代，吉林省学者便提出恢复图们江出海权、实行开边通海、享受国家沿海开放政策、振兴吉林的区域发展战略。1991年，联合国开发计划署（UNDP）在《图们江地区开发考察小组报告》中正式将图们江下游地区开发项目列入UNDP重点支持的多国合作开发项目。此后，中、俄、朝等国政府签署一系列协定与协议，图们江区域经济合作与开发进入全新阶段。

　　随着经济全球化趋势的蔓延和新一轮全球产业分工体系的调整，图们江地区国际经济合作进程不断加快。吉林省利用优越区位条件，借助产业发展优势，依托对外开放口岸，积极参与到图们江地区的国际经济合作与开发中，获得了快速发展。随着"大图们江"区域合作开发的提出、产业进一步分工与合作，未来吉林省在参与图们江国际经济合作与开发中必须进行重新定位，并转变思路与战略重点，更好地融入图们江及东北亚的国际经济合作与开发中。

关键词

　　图们江区域国际合作；东北亚地缘经济发展

第一节　图们江地区国际合作的区域优势

一、优越的地缘区位与交通运输条件

（一）优越的地缘区位条件

关于"图们江地区"的界定共有三种：第一种是狭义的以中国珲春、朝鲜罗津、俄罗斯波西耶特三个市镇为顶点的小三角区域；第二种指广义的以中国延吉、朝鲜清津、俄罗斯符拉迪沃斯托克（海参崴）为顶点的大三角形区域；第三种则是《大图们江行动计划成员国长春协议》中提出的包括东北三省及内蒙古自治区、朝鲜罗津经济贸易区、蒙古东部省区、韩国东部港口城市、俄罗斯滨海边区的"大图们江"区域。本书中图们江地区主要指广义"大三角"区域，适当联系"大图们江"区域。

图们江地区特殊的地理位置决定了其优越的地缘区位条件（图19-1）。首先，图们江地区地处中、俄、朝三国交界之处，同时面对日本，临近韩国，是东北亚地区的几何中心；其次，图们江地区是亚欧国际大通道的东端起点，在海上又可与我国长三角、珠三角经济区，俄、朝、韩、日等东亚国家以及北美相通；再次，图们江地区腹地广阔，区域辐射范围广泛，可对我国东北与华北地区、朝鲜半岛、俄罗斯远东与西伯利亚、蒙古和日本列岛以及美国的阿拉斯加等地形成经济辐射；最后，图们江地区是多国合作开发最为理想的区域之一，具有成为我国北方对外开放新的支撑点、改变我国不平衡对外开放格局的地缘优势。

（二）便利的交通运输条件

图们江地区不仅具有优越的地理位置，同时还拥有便利的交通运输条件，沿海港口群和陆上交通运输通道将图们江地区连接成为一个整体，使得这一区域成为东北亚地区重要的水陆交通枢纽。

图们江地区拥有由俄罗斯和朝鲜沿日本海海岸的港口组成的港口体系，具体指俄罗斯的北部港群（包括海参崴港、纳霍德卡港和东方港）和南部港群（包括扎鲁比诺港和波西耶特港）以及朝鲜的"北方三港"（清津港、罗津港和先锋港）。其中，俄罗斯的北部港群和南部港群是其对亚太地区的传统贸易通道；朝鲜"北方三港"的腹地主要是中国东北地区；蒙古经陆上铁路至图们江地区的港口则是其与亚太地区联系最为便捷的通道；中国东北地区对外联系以南部的大连港为主，图们江港口可以增加东北地区出海通道，对吉林省、黑龙江省以及内蒙古自治区东部具有更加重要的意义。

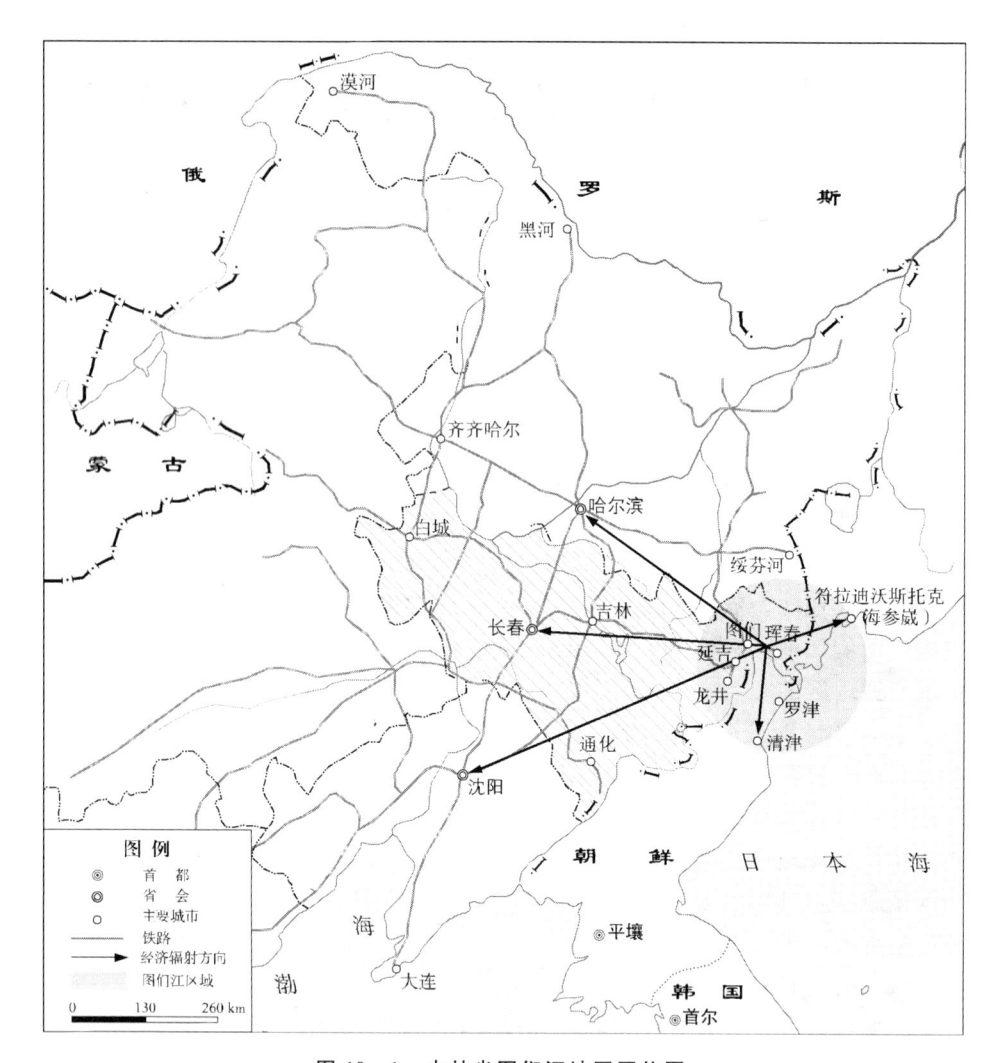

图 19-1 吉林省图们江地区区位图

与图们江港口群发生联系的陆上交通通道主要以铁路系统和公路系统为主，形成的陆上交通运输网络，有力地扩大了港口的腹地范围，提高了地缘经济联系强度与广度。与俄罗斯北部港群相连的主要是以海参崴为东起点的横跨亚欧大陆的西伯利亚大铁路，向南可与哈桑以及朝鲜相连，向北可与格罗杰科沃和中国的绥芬河相连，东南与纳霍德卡和东方港相接；朝鲜的罗津、清津与其国内清津—会宁—南阳—罗津—清津环形铁路网相连；中国境内铁路主要以珲春—图们—长春—白城—阿尔山铁路线和图们—牡丹江铁路线为主，出境后均可与朝鲜、俄罗斯、蒙古相通。公路系统主要包括珲春—图们

—乌兰浩特公路（302国道）、图们—延吉高速公路、长春—吉林高速公路、珲春—哈桑公路以及罗津至圈河口岸和珲春的公路等。区域内另有延吉、海参崴等机场，并有多条航线与外界联系。

二、东北亚地区资源与产业的互补

资源与产业的互补是图们江地区地缘经济发展的基础。图们江地区相互毗邻的各国在资源、技术、资金、劳动力等生产要素上具有较强的互补性，客观上要求形成相互依赖、互通有无的经济合作关系，从而促使各国资源、技术、劳动力等生产要素在区域空间内有效配置，形成区域经济一体化的发展趋势。

日韩经济发达，依托先进的技术、设备、资金和管理优势，以及较强的投资扩张能力，形成了以机械、汽车、电子、信息和第三产业等资本密集型和技术密集型为主的产业体系，但缺乏大量廉价的劳动力资源；俄罗斯的远东和西伯利亚地区，有丰富的石油、天然气能源和矿产品以及各类工业原材料，重化工业、交通运输业、海产品加工业和船舶修造等在地区产业结构中占据优势，而农业、轻工业发展落后；朝鲜劳动力和金属原料丰富，并形成了以采掘业和电力工业为基础，钢铁、煤化工、化纤、水泥等具有一定优势的产业，但轻工、食品等工业较为落后；蒙古依靠畜产品和矿产资源条件，采矿业、畜牧产品加工业具有一定优势，而工业产品相对缺乏；我国东北地区产业优势主要体现在农产品加工、食品、医药、纺织与服装等农业和轻工业上。

劳动力资源方面，各国互补性也较为明显，中国和朝鲜主要以劳动力输出为主，韩国是输出与输入相结合（输入为主），俄罗斯和日本则是多层次、大批量输入劳动力的地区。东北亚各国和地区之间的生产力水平相差悬殊，产业结构差异明显，必然导致地区间的经济交流，资金、技术和设备及高技术产品由产业结构层次高的地区流向产业结构层次低的地区，而能源、原材料等初级产品及其加工产品多向相反方向流动。

三、东北亚国际经济合作进程加速

从1991年联合国开发计划署发起东北亚联合开发的国际合作开始，图们江地区先后经历了口岸经济兴起阶段、松散独立开发阶段和多边合作开发阶段；其地域空间范围也不断扩大，从狭义的"小三角"区域到"大三角"区域，再到今天的"大图们江"地域，东北亚国际经济合作进程不断加快，地区间、国家间经济往来与合作日趋升温，已经初步形成了全方位、多元化的地缘经济格局。

(一) 口岸经济兴起阶段 (1995年以前)

口岸经济的兴起主要缘于当时图们江地区各国对进出口贸易的超常规需求。20世纪90年代初，中国国内大搞基本建设，需要从朝鲜、俄罗斯进口大量的钢材、水泥等生产资料。与此同时在国外，苏联刚刚解体，原来以重工业为主的经济发展战略下生产的大量钢材由于其国内经济不景气而被积压，粮食、白糖、服装等轻工业产品严重短缺；朝鲜为了避免经济的进一步下滑，试图通过扩大对外贸易来振兴国民经济，把对外贸易与轻工业和农业置于首要位置。在这一特定背景下，图们江地区各国贸易往来迅速升温。

表 19.1 中国延边朝鲜族自治州经济与对外贸易发展情况

年份	GDP/(万元)	GDP增长速度/%	贸易总额/(亿美元)	贸易增长率/%
1990	42.24		0.64	
1991	45.69	2.85	1.45	127.70
1992	52.77	8.01	3.07	111.11
1993	68.98	11.12	4.67	52.37
1994	85.58	12.53	3.83	−18.03
1995	94.31	3.92	1.55	−59.71
1996	106.20	6.91	2.10	36.01
1997	111.98	5.13	2.28	8.34
1998	114.60	4.84	2.30	1.01
1999	121.05	9.04	2.79	21.33
2000	129.36	10.31	3.07	10.21
2001	142.51	8.90	3.07	0.08
2002	154.97	8.90	3.39	10.45
2003	171.72	10.01	4.08	20.57
2004	194.20	10.02	5.72	40.20
2005	212.15	9.24	7.20	2.51
2006	245.23	15.61	11.14	54.71

资料来源：历年《延边统计年鉴》。

地域贸易往来在空间上主要体现在口岸经济的迅速崛起。依托珲春、南坪、古城里、圈河等国际口岸，各国贸易往来持续增长，以我国延边朝鲜族自治州为例,其外贸贸易进出口总量自1990年起呈现明显上升趋势,到1993年达到4.67亿美元,比1990年提高了6倍多,平均外贸增速在94%以上。

(二) 松散独立开发阶段 (1995~2000年)

这一时期,我国国内出台了一系列金融等方面的重大改革措施,直接影响到珲春等口岸城市的经济发展,俄罗斯面临经济危机,进出口贸易也大幅度下降,使得这一阶段经济环境较为萧条,图们江地区开发建设速度也开始放慢。

由于经济实力的不足,联合国计划开发署提出的图们江跨国特别经济区方案并未能成功实施,各国开发开始转向依托本区域发展,图们江国际合作开始实施松散独立开发战略。珲春作为图们江国际合作开发的中方重点,在这一时期得到快速发展,对外联系职能得到进一步加强。到1999年,珲春已经拥有一个对俄公路口岸、一个对俄铁路口岸和两个对朝公路口岸。配套建设不断加强、通关条件得到改善。车辆和货物向外均可直达俄罗斯和朝鲜的内陆城市及港口,同时开辟了多条客、货运航线,并设立了珲春中俄互市贸易区、珲春边境经济合作区以及出口加工区。

(三) 多边合作开发阶段 (2000年以后)

2000年以来,随着俄罗斯经济复苏,朝鲜半岛局势缓和,以及我国加入WTO和东北老工业基地振兴战略实施,图们江地缘政治经济环境开始好转,东北亚国际经济合作进程开始加速,地区间经贸关系呈现出良好的发展趋势。

随着图们江区域经济合作、中日韩自由贸易区、日韩自由贸易区的推进,东北亚多边区域合作广泛开展,图们江区域经济合作也顺势扩大范围,现已包括中国东北三省及内蒙古自治区、朝鲜罗津经济贸易区、蒙古东部地区、韩国东部港口城市、俄罗斯滨海边区,构建出"大图们江"区域,并建立起"5+1"(中、俄、韩、朝、蒙+日)自由贸易区。日韩在东北亚地区投资规模逐渐增大,我国同朝鲜、韩国、俄罗斯在进出口贸易、来料加工、劳务输出、国际旅游等方面交流与合作更加频繁,俄罗斯远东地区、中国东北三省及朝鲜区域内的贸易依存度已达到50%以上,各类口岸与贸易区建设逐步完善,已经初步形成了多元化、全方位的地缘经济格局。

四、新一轮的全球产业分工体系调整

随着经济全球化趋势的日渐增强,原有的世界垂直分工体系被逐渐打破,资源和生产要素在全球范围内进行了重新的优化配置与组合,世界经济也相应进入到新一轮的全球产业分工体系调整阶段。经济全球化与世界产业分工体系的调整对图们江地区经济合作与开发产生重要影响,给这一地区经济合作与开发的进一步深化带来了新的发展机遇。

东北亚各国之间的经济合作互补性较强,并且这种产业互补短期内不会改变,经济全球化和全球产业分工体系的调整进一步加速了生产要素的跨国界流动和资源的优化配置。区域内各国利用本国优势资源,广泛开展贸易与合作,加速了区域内贸易与投资的自由化过程。

全球产业分工体系的调整促进了产业结构的转变和升级,产业发展重点逐步向第三产业和高新技术产业转移。图们江地区现代服务业、现代物流业、旅游业等第三产业和电子、信息等高新技术产业发展迅速,各国利用地缘区位优势、资源产业互补优势、区域内日韩资金与先进技术、俄罗斯丰富的能源和资源、中朝富足的劳动力资源,广泛开展经济合作,促进了区域产业结构的优化与升级。

新一轮全球产业分工体系的调整使得国际分工进一步深化,跨国公司的直接投资及并购更有力地推动着产业结构的调整。图们江地区跨国公司的国际直接投资改变了本地区投资单向垂直性的格局,多向水平性格局得到快速发展,逐渐成为区域经济发展的新动力。跨国公司所产生的技术创新和技术流动,促进了这一地区的新兴工业化国家的技术进步,加快了传统产业改造、升级的进程。与此同时,中朝等发展中国家在接受日韩发达国家劳动密集型和资本密集型产业转移的过程中,也促进了自身产业结构的进一步优化。

第二节 吉林省与图们江地区的国际经济合作

一、吉林省参与图们江国际合作的现实需求

(一)具有开展区际合作的优势条件

吉林省在参与图们江地区国际经济合作过程中,具有开展区际合作的优势条件,决定了其参与图们江国际合作的现实基础。首先,吉林省在地缘上更加临近图们江和东北亚地区,其中联合国开发署所提出的中国图们江地区核心位于吉林省内。其次,在资源上,吉林省与图们江地区的朝俄等国家的互补性较强。再次,吉林省在与图们江地区各国联系上,具有交通上的高通达性,图们、珲春是我国同朝俄联系的主要节点。最后,吉林省的延边朝鲜族自治州与朝韩在语言、民俗、文化背景上具有相似性,这有利于区际交往与合作。

（二）吉林省图们江出海权的恢复

图们江出海航行权的恢复对吉林省区乃至整个东北亚地区经济社会发展都具有重要的现实意义。恢复图们江通海航行是吉林省实现全方位对外开放、发展对外经贸的关键，是进入东北亚前沿，强化同日韩及整个亚太地区联系的重要通道，同时也是加快吉林省产业结构调整、促进延边少数民族地区经济快速发展的重要途径。

（三）区际产业分工与合作的现实需要

吉林省同图们江地区其他国家在资源与产业上的互补性决定了吉林省必须参与到图们江国际合作中，通过同其他国家或地区开展产业分工与合作，充分发挥自身资源、要素与产业上的优势，并积极吸引区际内其他国家地区的资金、技术、能源、原材料等，以促进吉林省产业结构向专业化、高级化、外向化方向发展。

（四）扩大对外开放的客观需求

图们江地区是吉林省开展对外开放的主要地域，参与图们江地区国际经济与合作是吉林省对外开放的主要渠道。借助珲春、图们等边境城市，依托互市贸易区、边境经济合作区、出口加工区等国际合作开发区，同图们江以及东北亚地区开展经贸往来与合作是吉林省扩大对外开放、实现区域经济快速发展的重要路径。

二、图们江国际合作中吉林省的功能定位

依据吉林省在图们江地区地缘政治、经济条件，区位、交通优势，以及资源与产业发展态势，对吉林省在图们江国际合作中进行功能定位，即吉林省是图们江地区国际经济合作中的重要"一极"，是沟通图们江地区东、西经济联系的重要中转地，是我国参与图们江国际经济合作与开发的核心区域，是图们江地区重要的农产品和轻工业产品加工基地，汽车、医药、食品产业基地，现代跨国物流中心和区域生态旅游基地。

吉林省以其独特的地缘区位条件，成为图们江地区国际经济合作中的重要"一极"，是图们江以及东北亚地区国际经济合作的重要地域单元之一。吉林省地处东北亚区域几何中心，它是沟通西部（中国内蒙古自治区、蒙古）和东部（图们江下游地区）的桥梁和纽带，是实现东、西经贸往来与联系的重要中转地。图们江区域国际经济合作开发的中国部分主要指延边朝鲜族自治州的珲春、图们、延吉等地区，其属吉林省，并且与长（春）吉（林）都市整合区、通化、白山等地区联系紧密。因此，吉林省应该是我国参与图们

江国际经济合作与开发的核心区域。

　　吉林省是我国重要的粮食基地，以玉米深加工为主的农产品加工业基础雄厚，在区域产业发展及国际贸易中占据优势。轻工业品尤其是家具、纺织纱线、织物制品、工艺品等在区域发展中占有重要地位，同时也是出口同处图们江地区的朝鲜、韩国等国的主要商品。汽车、医药、食品加工不仅是吉林省的主导产业，而且在图们江地区区际产业合作（与日、韩在汽车产业上的合作）、对外贸易（出口俄罗斯粮食、肉类等食品）等方面占有重要地位。优越的地缘区位条件、交通上的高通达性使吉林省具备成为图们江地区国际交通运输枢纽的可能性。随着吉林省图们江出海权的恢复、中国珲春—朝鲜罗先"路港区一体化"工程和中国珲春—俄罗斯哈桑"路港关一体化"工程的完成，吉林省将发展成为图们江地区现代跨国物流中心。吉林省以长白山为主的自然生态旅游资源丰富，韩国、日本、俄罗斯是其重要客源国，区域丰富的旅游资源和旅游吸引力将使吉林省成为图们江地区独具特色的生态旅游基地。

三、吉林省与图们江地区的产业分工与合作

（一）吉林省与图们江区域其他地区和国家产业结构互补

　　吉林省与图们江区域其他地区和国家的资源与产业具有较强的互补性。吉林省具有优越的农业自然资源、生态旅游资源和丰富的劳动力资源，农产品加工、机械制造、食品加工、医药等产业具有明显优势，但缺乏资金和先进技术，工业设备和管理经验较为落后。而图们江区域的其他国家和地区与吉林省形成明显的资源与产业互补态势，如日韩拥有先进技术设备和大量剩余资金，但劳动力不足；俄罗斯与朝鲜具备丰富矿产资源和能源，而食品、轻工业等落后。吉林省同图们江各国在资源、经济实力、科学技术上的不同水平决定了不同主体之间深入而广泛地开展产业分工与合作的必然性和必要性。

（二）吉林省与图们江地区产业分工合作

　　吉林省作为我国老工业基地之一，工业基础雄厚，在长期经济建设过程中形成了较为完整的工业结构体系，在参与图们江区域产业分工与合作中，形成了与日韩产业结构垂直分工，与朝鲜、俄罗斯水平分工的产业分工体系。这种不同层次、多元化的产业分工格局使吉林省既可以承接日韩产业结构的转移，又可以向俄罗斯、朝鲜转让技术，形成了图们江地区良好的产业分工

表19.2 吉林省与图们江地区各国资源与产业互补情况

国家或地区	优势条件	劣势条件	出口资源及商品	进口资源与商品
吉林省	丰富的农业自然资源、生态旅游资源和劳动力资源，加工制造业、食品、医药等	缺乏资金和先进技术，工业设备和管理经验落后	玉米、大豆等农产品，机电产品、服装纺织和劳动力资源	汽车零部件等工业产品，资金、高新技术及先进设备
俄罗斯远东地区	丰富的森林资源、黑石和有色金属矿、水产资源、石油、天然气等能源和重化工业产品	农业和轻工业产品严重短缺，劳动力和资金缺乏，设备与管理落后	木材、石油、天然气、煤和重工业产品	玉米等农产品、纺织服装、机电产品、医药和劳动力资源
朝鲜	丰富的矿产资源、水产品、工业初级产品和较多的劳动力	资金缺乏，农、副、轻工业产品不足，设备和技术落后	金属矿产及初级产品	玉米等农产品、机电产品、医药
韩国	资金过剩、先进技术和设备、工业产品精良	缺乏能源和工业资源，缺少谷物储备，劳动力不足	资金、高新技术及其产品	轻工业产品、医药、劳动力
日本	充足的资金，先进技术、设备、工业产品和管理经验	能源和工业资源严重短缺，谷物和农作物不足，劳动力相对不足	资金、汽车、高新技术及其产品	玉米等农产品、服装纺织、机电产品、医药和劳动力
蒙古	畜产品和矿物丰富，尤其是氟矿石	资金、技术、设备、农产品、轻工产品不足	畜产品和矿物	机电产品、服装纺织、医药

资料来源：张国坤，吴贞淑，赵玲. 吉林省与东北亚地区经贸合作的特点与趋势 [J]. 经济地理，2005 (6)，779~782。

与合作格局。

1. 积极发展优势产业

充分发挥吉林省的农业资源优势，大力发展有优势的消费品工业，如农产品加工、食品加工、服装纺织、工艺品等，其中重点发展玉米淀粉及深加工、饲料工业、肉类工业、木材深加工；加强新技术、新产品的研发，促进消费品升级；扩大对日、韩、俄、朝等国的出口，把资源优势转化为经济优势和竞争优势。

2. 加快引进高新技术产业

积极利用日韩丰富的资金和先进的设备，大力引进高新技术，并将其与传统产业开发、主导产业建设相结合，调整传统产业结构，促进产业结构优化与升级，提升传统产业竞争力，重点加强同日本、韩国在汽车电子、生物制药、新材料及高技术服务业等方面的合作，加强自主创新能力的建设，提升产业竞争能力。

3. 促进区域产业合作

充分利用区位优势与交通优势，依托各类经济开发区和跨国经济合作区等平台，加快促进区域产业合作，重点加强同日本、韩国在汽车电子、生物医药等高新技术产业方面的合作，同朝鲜、俄罗斯在能源利用、矿产开发、现代物流等方面的合作，加快推进区域产业合作进程。

四、珲春对外开放区域增长极的培育

珲春地处中、朝、俄三国交界地带，是图们江"小三角"地区三个支撑点之一，是我国由陆地进入日本海最近的通道，同时也是沟通图们江地区和吉林省及其广大腹地的枢纽。得天独厚的区位条件和交通优势，决定了珲春应成为吉林省对外开放的门户城市，成为带动吉林省对外开放和经济发展的区域增长极。珲春区域对外开放增长极的培育，重点在于四个方面：外向型产业的培育、口岸贸易的发展、对外开放通道的建设、政策措施的保障。

依托珲春边境经济合作区和出口加工区，面向日韩市场，重点发展劳动密集型和资源密集型的出口加工工业，如轻工、食品、纺织、服装、木制品、中成药、新型建材，农产品、土特产品精深加工，以及来料、来样、来件等加工装配项目。加快电子、通信等技术含量高、附加值高的知识密集型产业的发展。以珲春出口加工区和边境经济合作区为龙头，带动吉林省外向型产业的发展。

依托中俄互市贸易区、珲春、圈河、沙陀子等口岸，加快中俄、中朝贸易往来，推进双边人员流动；加快口岸的升级、对外口岸基础设施的建设，构建全方位、多元化的口岸经济格局，促进吉林省外贸经济的发展和外资经济的转换。

吉林省出海通道重点在珲春，珲春对外开放通道的建设是实现吉林省全方位对外开放的关键，也是构建珲春对外开放区域增长极的有效支撑。全力推进中朝珲春—罗先"路港区"一体化项目和珲春—哈桑"路港关"一体化项目的建设，加快完善现有客货运航线，实现吉林省借港出海的目标。积极促进省内长春—珲春高速公路建设，实现内外通道的连接。

第三节　吉林省参与图们江国际开发的战略重点

一、外向型产业结构体系的形成与发展

吉林省在参与图们江国际经济合作与开发中，必须借助有利的区位优势，充分利用国内与国外两种资源、两个市场、两方面资金，积极培育与构建外向型产业结构体系。根据吉林省产业发展优势、特点以及与图们江地区各国在资源与产业上的互补情况，吉林省在参与图们江国际合作与开发中外向型产业结构体系包括：以粮食出口与深加工为主的农业结构体系，以汽车、机械制造、医药等为主的工业结构体系，以木产品加工、纺织、服装等为主的轻工业结构体系，以及以现代物流、旅游等为主的服务业结构体系。

（一）以粮食出口与深加工为主的农业结构体系

农产品深加工已经成为吉林省重要的支柱产业之一，丰富的资源、较为雄厚的产业基础使吉林省发展粮食出口与农产品深加工业具有比较优势。根据图们江地区农产品加工业发展趋势及市场需求，未来重点发展粮食深加工业、畜禽乳深加工业以及生态食品工业等。

按照国际玉米工业发展方向，以扩大加工规模、做精粮食深加工及做细玉米终端食品开发为重点，开发和做大粮食精深加工的下游产品，重点依托长春玉米工业园区建设以玉米和大豆转化为主的工业项目，扩大加工规模，提高国际市场占有率。

加强吉林省西部地区同蒙古畜牧业发展的合作，重点扩大畜、禽、乳加工能力，特别是肉鸡、生猪、肉牛、羊、鹅、乳品等精深加工能力。依托吉林德大、长春皓月、广泽乳业等龙头企业，打造国内和国际品牌，扩大出口创汇能力。

利用长白山优质资源，重点发展长白山生态食品、营养保健系列食品，提高科技含量，发展产业化经营，将"吉林人参制品"和"长白山矿泉水"打造成国际知名品牌。

(二) 工业与轻工业结构体系

1. 以汽车、机械制造、医药等为主的工业结构体系

依托长春一汽等大型企业集团，形成汽车整车、汽车零部件、专用车客车、中重型卡车、轿车、轻微型车等较为齐全的汽车工业体系。重点加强同日本丰田、马自达的合作，扩大合作规模和合作领域，着力提高合作层次，推进产业结构升级，提高国际竞争力。

发挥吉林省机械制造、模具、铸锻造加工的基础和技术优势，建设具有比较优势的煤矿采掘和洗选设备制造、电工电器设备制造、包装机械制造、仪器仪表制造业等重点行业为主的机械加工工业体系，发展先进设计、加工等技术，加快与国际接轨，保持机械工业的领先地位，打造东北亚重要的模具、铸锻造加工中心。

加快现代中药及生物制药基地建设，依托吉林修正、通化东宝、吉林敖东等大型企业集团，构筑以现代中药及生物制药为主，以化学原料药为辅，以医疗器械等为补充的结构合理、系统性强、充满活力、高度开放的具有市场竞争优势的现代中药及生物制药科技工业体系。

2. 以木产品加工、纺织、服装等为主的轻工业结构体系

加强家具工业向产品多元化、功能化、高附加值、高档次方向发展，同时采用先进的技术设备工艺，提高产品质量，大力发展绿色环保家具，不断提高其市场竞争力，重点发展板式家具、传统出口家具和家具板材业，形成东北亚重要的木材综合利用和深加工基地。

纺织工业立足现有优势，迎合东北亚区域市场，重点发展以化学纤维、高档特色棉纺、产业用纺织、生态绿色亚麻纺织为主的纺织工业体系，依托大型企业集团，培育名牌产品，实现纺织整体优化升级，形成具有国际竞争力的化纤产业。

充分发挥劳动力等资源优势和承接产业转移的比较优势，加强发展服装品牌，重点支持骨干企业，大力发展服装工业园区，形成规模优势，壮大吉林省服装行业整体实力。

(三) 以现代物流、旅游等为主的服务业结构体系

充分发挥吉林省处于东北亚开放区位优势，合理规划布局，创新物流业态，整合现有资源，建设以现代综合交通体系为主的物流运输平台、以现代通信和网络技术为主的物流信息平台、以规模仓储、包装理货和自动化管理

为主的物流储存配送平台。打造长春、吉林、延边、通化物资集散转运中心，培育汽车及汽车零部件、石化产品、粮食、医药等专业性物流基地。重点加快延边地区交通基础设施建设，利用毗邻俄罗斯、韩国的区位优势，依托边贸物流产业聚集区和中朝互市贸易区，打造中朝俄国际性物流基地。

充分发挥吉林省旅游资源优势，突出中华名山长白山、世界文化遗产集安高句丽古迹、电影主题公园长影世纪城、中国自然奇观吉林雾凇"四大"品牌，重点发展生态观光、冰雪娱乐和温泉度假旅游，创立历史遗迹、工业农业、电影文化、民俗风情、红色旅游、边境风光、草原湿地等特色旅游品牌。以韩国、日本和俄罗斯等东北亚国家和地区为重点，吸引外资开办合资旅行社，开发旅游资源，吸引境外客源，拓宽投融资渠道，加快旅游资源开发和基础设施建设，建设东北亚重要国际旅游基地。

二、国际经济合作空间体系的建设

（一）国际经济合作空间结构的培育

目前，图们江地区已经形成了不同等级规模的城镇，各城镇职能分工也逐渐明确，延吉、清津、海参崴等城市已经成为带动区域经济增长的核心；图们江地区空间发展轴线也已成型，主要包括中俄、中朝的跨境交通走廊和东部沿海交通线。根据图们江地区空间发展现状和经济发展所处阶段，未来图们江地区空间开发应采取点轴开发模式，构建"T"字形的空间结构。

选择点轴空间开发模式，以"大三角"、"小三角"的顶点城市为区域核心与增长极，重点开发延吉—珲春—波西耶特—扎鲁比诺陆上轴线，延吉—图们—南阳—先锋—罗津图们江沿线和海参崴—斯拉维扬卡—波西耶特—哈桑—豆满江—罗津—清津—日本海沿线三条轴线，将"大三角"和"小三角"连接起来，构建图们江地区沿江空间开发轴带和沿海空间开发轴带，形成"T"字形的空间结构，促进点—轴—面在地域上的融合。

（二）国际经济合作重点城镇的建设

国际经济合作开发以来，图们江地区各城镇等级规模体系逐渐清晰，城镇职能分工明显，国际城市体系初步形成。但图们江地区各城镇经济发展水平不高，城镇规模仍较小，区域城镇之间的人口与产业联系薄弱，迫切需要培育城市增长极，完善国际城市功能体系，带动区域经济一体化发展。

重点建设图们江地区"小三角"和"大三角"的顶点城市，"小三角"地区的顶点城市包括珲春、斯拉维扬卡和罗津，"大三角"地区的顶点城市包括延吉、海参崴和清津。对于延吉，主要通过陆上交通枢纽、港口，依靠地区资源优势，加快完善出口加工、外贸、旅游、运输等综合性功能，培育成图

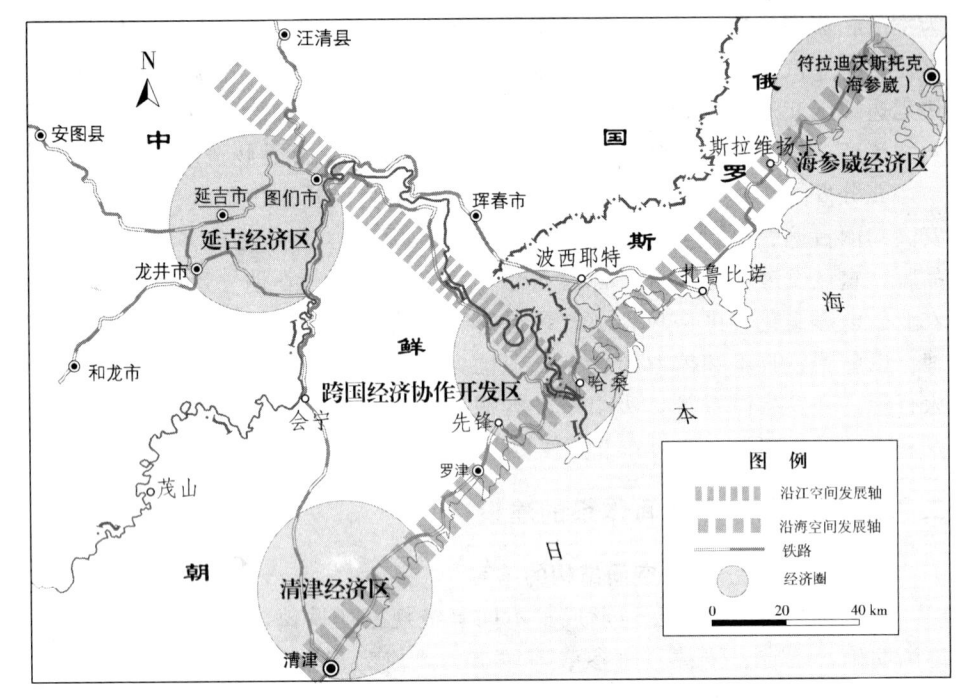

图 19-2 吉林省图们江地区"T"字形轴带开发示意图

们江地区国际中心城市；对于珲春，要依托现有中俄、中朝贸易通道，加快互市贸易区的建设与发展，促进区域性人口及要素的流动，形成图们江国际经济合作的核心区。其中珲春要建设以旅游、高新技术产业、外贸及口岸经济等多种产业为一体的综合性中心城市，斯拉维扬卡和罗津主要发挥其重要的港口城市功能。

三、图们江国际区域市场的建设

建立一个完善的区域市场体系可以促进企业与区域生产要素的合理流动、优化组合与有效扩散，可以实现区域经济内部不同层次、不同水平的生产要素的有效融合与渗透，从而沟通区内经济联系、深化区域分工、增加区内供求的互补性，促进区域经济的共同发展。图们江地区国际区域市场的建设也应该根据实际，建立不同等级规模的市场体系，主要应包括吉林省同图们江各国家与地区的共同市场和图们江核心地区的贸易市场两个层次。

从长期发展战略角度考虑，必须构建以吉林省为中心的宏观性区域市场。主要根据吉林省同图们江各国家和地区的资源差异与产业互补状况，构建区域共同市场和区域专业化市场，如与蒙古、朝鲜的资源市场、工业品市场，与俄罗斯的能源市场、轻工业品市场,与日韩的劳务市场、技术市场等。通过区域共同市场与专业化市场的构建,促进生产要素在地区间的流通和优化组合,同时不断加大吉林省沿边对外开放力度,促进图们江国家与地区间多层次、多领域、多形式的横向经济联合与合作,从而加快促进图们江地区经济的快速发展与区域经济一体化进程。

在加快宏观性区域市场建设的同时,也必须要加快图们江地区核心市场的建设,即区域"大三角"和"小三角"地区共同市场的培育和发展。微观市场的培育与建设主要应侧重两个方面:一是依托跨国边境合作区、贸易互市区、对外开放口岸等,加快贸易市场的建设,具体包括中俄珲春—哈桑、中朝珲春—罗先两个跨国边境合作区和中俄互市贸易区,珲春、圈河、沙陀子等口岸。二是调动企业的积极性,加大对周边国家市场的开拓力度。目前,图们江地区开发主要依靠政府推动,企业的参与度不够,要强化对企业参与图们江国际合作与开发的政策、金融、税收、法律等方面的支持,加强内地企业和商家同图们江其他国家和地区的地方政府、企业和商家的衔接和沟通,促进区域市场的广泛交流与合作。

四、图们江国际经济区域通道的建设

图们江国际经济区域通道的建设是图们江区域合作与开发的先导和重要的支撑条件。通道的建设对图们江区域资源的开发、区域投资和贸易环境的改善、区域产业的合理布局都具有十分重要的作用。经过多年的建设与发展,图们江地区各国在区域联系通道的建设方面进行了积极而广泛的合作,取得了许多实质性的进展。但目前来看,随着区际联系的增强、资源开发范围的扩大,区域经济通道难以满足国际开发的需要,区域交通资源也没有实现较好地整合,成为国际合作开发的重要限制因素。未来建设重点主要应集中于构建陆上、出海、边境口岸为一体的区域通道,尽快完善"路港关"一体化、"路港区"一体化的建设,充分发挥区域通道对图们江国际经济合作与开发的支撑与促进作用。

(一)陆上交通网络的完善

陆上交通网络主要是完善铁路和公路网络体系。一是解决中俄两国之间铁路轨距差异所导致的运输障碍问题,主要是通过建设铁路换装站,提高换装效率,增加双方贸易和物流。二是加快乔巴山—阿尔山—白城—长春—珲春的中蒙铁路建设、图们—珲春—扎港的铁路建设、图们—珲春—训戎里—罗津铁路改造工程等,扩大吉林省物流腹地,提高区域运输能力。三是加快长春—珲春、长春—扎港高等级公路和罗津—圈河—珲春高等级公路的建设。

（二）出海交通通道的建设

依托陆上交通运输网络和俄、朝港口体系，建设并完善吉林省出海交通通道，实现吉林省多渠道参与图们江地区的国际贸易与合作。首先，要加快完善陆上交通运输网络，扩大港口的腹地范围，同时加强港口同腹地的紧密合作与分工联系。其次，优化港口布局，形成以专业化运输为特色，相互协调、合理分工、功能齐备的港口群体系，增开陆海联运航线，大力发展国际联运。

（三）交通资源整合与一体化发展

针对图们江地区存在的交通运输资源整合不足，国际合作开发的运输体系不完善等问题，通过建设中俄"路港关"一体化和中朝"路港区"一体化项目，实现图们江地区交通资源的整合与一体化发展。重点解决中俄"路港关"一体化和中朝"路港区"一体化存在的主要障碍，包括珲卡铁路（中国珲春—俄罗斯卡梅绍娃亚）俄方段经营管理的协调问题、圈河—元汀里口岸桥安全隐患问题等，主要通过积极推动俄方企业之间的协调，加快吉林省东北亚铁集团公司的改制，开辟中国珲春—俄罗斯扎鲁比诺港—日本新潟水陆联运航线，以及尽快完成元汀里口岸—罗津港的等级公路修建等措施实现区域交通资源的整合与交通一体化发展。

复习思考题

1. 如何理解吉林省的地理位置与区位条件?
2. 简述国际地缘政治经济环境对吉林省边疆近海地缘区位的作用与影响。
3. 简述吉林省地貌特征与空间分布格局。
4. 简述吉林省气候特征与空间差异性。
5. 简述吉林省水资源的现状特征与开发利用状况。
6. 吉林省分为哪几个植被土壤带,各植被土壤带有哪些特征?
7. 简述吉林省土地资源的结构与主要特征。
8. 吉林省农业土地资源利用面临哪些问题?
9. 如何加强吉林省农业土地资源的保护?
10. 简述吉林省矿产资源的结构特征。
11. 简述吉林省主要矿产资源分布及其对区域经济发展的战略意义。
12. 简述吉林省旅游资源的地域分异特征。
13. 简述吉林省历史聚落的时空演变过程。
14. 简述渔猎时期吉林省经济活动与生态环境的主要特征。
15. 简述近代移民增长和区域开发对当时吉林省经济社会发展与环境演变产生了哪些重要影响。
16. 简述吉林省现代工业体系的形成与发展过程。
17. 简述吉林省现代区域发展对生态环境的影响。
18. 简述不同历史时期吉林省人口增长过程与特征。
19. 简述吉林省年龄结构特征及其对吉林省社会发展的影响。
20. 简述吉林省人口的空间分布特征。
21. 简述吉林省人口城市化的变化趋势。
22. 如何理解农业在吉林省经济体系中的地位和作用?
23. 简述吉林省农业在全国农业地域分工中的地位和作用。
24. 分析吉林省农业生产条件与生产布局特点。
25. 简述吉林省商品粮基地建设条件与空间布局。
26. 吉林省农业产业结构特点与问题有哪些,调整与优化的目标是什么?
27. 吉林省农业地域分为那几个区,各区农业生产特点和发展方向是什么?
28. 比较吉林省工业在全国以及东北三省的地位。

29. 简述吉林省工业生产地域分区及各区工业产业结构及特征。
30. 简述吉林省汽车产业基地建设条件与发展重点。
31. 简述吉林省石化工业基地建设条件与发展重点。
32. 简述吉林省农产品加工业发展条件与空间布局。
33. 简述吉林省医药工业发展条件与空间布局。
34. 简述吉林省高新技术产业发展条件与空间布局。
35. 简述吉林省交通运输体系现状特征。
36. 简述吉林省内主要铁路干线的功能。
37. 吉林省"四纵三横"综合运输通道包括哪些公路？
38. 简述吉林省高等级公路建设现状与规划空间格局。
39. 如何构建吉林省商贸金融空间体系？
40. 简述物流业与交通运输业的区别与联系、吉林省物流中心与物流区域的空间格局。
41. 简述吉林省旅游业发展特点与问题。
42. 简述文化产业和会展业对吉林省经济社会发展的作用。
43. 简述吉林省城镇化发展特征与问题。
44. 简述吉林省城镇布局的主要特征。
45. 简述吉林省城镇结构体系的变化。
46. 简述长春大都市区的形成机制与发育特征。
47. 简述长春大都市区的结构与功能特征。
48. 简述吉林省中部城市群的发育、结构与功能特征。
49. 简述吉林省自然经济地域空间分异特征。
50. 简述吉林省地理区域划分方案。
51. 简述吉林省东部地区对全省经济社会发展的生态意义。
52. 如何协调吉林东部地区开发与保护的关系？
53. 简述吉林省东部地区工矿业产业基地建设类型及空间分布。
54. 简述吉林省东部地区医药产业基地建设条件及空间布局。
55. 简述"东边道"铁路的建设规划背景及其对吉林省东部地区经济社会发展的重要意义。
56. 评价吉林省中部地区的区位条件。
57. 为什么说吉林省中部地区是省域经济社会发展的极核地域？
58. 简述吉林省中部地区加工制造业发展的区域优势、结构特征与空间分布。
59. 吉林省中部地区既是全省城市与经济地域扩展的重点地区，也是商品粮基地的主要分布区，应如何协调建设用地空间扩展与耕地保护的矛盾？
60. 简述长吉城市整合的理论与实践意义。
61. 分析吉林省西部地区自然与经济社会环境的地域特征。
62. 简述吉林省西部地区的工业生产结构与主要工业部门的空间布局。
63. 简述吉林省西部地区农牧业基地建设条件、农业生产结构与空间分布状况。

64. 简述吉林省西部地区农牧业基地建设的类型、空间布局与建设方向。
65. 简述吉林省西部地区土地退化类型与防治措施。
66. 简述吉林省西部地区区域中心城市发展的现状特征，构建吉林省西部地区城镇结构体系的总体思路。
67. 如何构建吉林省生态地域空间体系？
68. 简述吉林省城市生态保护空间体系建设的总体构想。
69. 简述吉林省东部山区水土流失综合治理的对策措施。
70. 简述吉林省中部地区黑土退化及污染防治措施。
71. 简述吉林省西部地区土地沙漠化、盐碱化整治措施。
72. 论述农村土地使用制度改革与农业产业化发展的关系。
73. 简述吉林省农业生产专业化与布局区域化特征。
74. 吉林省现代农业基地建设主要从哪几个方面进行，如何进行空间布局？
75. 简述吉林省新型工业化发展的有利条件和限制性因素。
76. 简述吉林省新型工业化发展的主要途径。
77. 简述吉林省传统工业现代化改造的主要路径。
78. 简述吉林省主导产业发展的主要路径。
79. 简述吉林省城镇空间布局体系的总体格局。
80. 如何构建吉林省区域中心城镇等级体系？
81. 如何构建吉林省产业空间布局体系？
82. 如何构建吉林省生态地域空间体系？
83. 简述吉林省城镇组群建设的总体构想。
84. 如何加强吉林省城乡整合和城乡一体化建设？
85. 简述图们江地区东北亚国际合作的区域优势与障碍性因素。
86. 简述图们江地区东北亚国际合作进程。
87. 简述吉林省参与图们江地区国家合作的优势与功能定位。
88. 简述吉林省参与图们江地区国际开发的战略重点。

参考文献

[1] 白先春，凌亢，郭存芝. 区域人口城市化的趋势分析——以江苏省为例 [J]. 人口与经济，2005，(1)：39~43.

[2] 邴正，丁晓燕. 吉林省文化产业发展的制约因素及对策 [J]. 新长征，2007，(9)：25~29.

[3] 曹大卫. 吉林省交通事业发展概要 [J]. 综合运输，2002，(9)：7~8.

[4] 曹艺民，袁家冬. 吉林省旅游产业发展空间结构研究 [J]. 地理科学，2004，(6)：764~766.

[5] 常明，刑天宇. 吉林省交通运输瓶颈制约因素分析及对策 [J]. 经济视角，2005，(1)：37~41.

[6] 常明. 吉林省"十五"期交通运输发展思路 [J]. 综合运输，2002，(1)：15~18.

[7] 陈本亮，岳亮，汪应洛. 发挥地区优势促进区域可持续发展 [J]. 科技进步与对策，1999，16 (2)：27~28.

[8] 陈才，袁树人. 东北亚区域合作与图们江地区开发 [M]. 长春：东北师范大学出版社，1996.

[9] 陈才. 吉林省发展战略历史演变的回顾与反思 [J]. 经济纵横，1997，(5)：52~55.

[10] 陈才. 区域经济地理学 [M]. 北京：科学出版社，2001.

[11] 陈才. 世纪之交东北亚经济格局的变化 [J]. 世界地理研究，2000，9 (1)：34~42.

[12] 陈才. 图们江地缘经济区发展对策研究 [J]. 东北亚论坛，2002，(3)：19~23.

[13] 陈晓红，李飞，宋玉祥. 吉林省新型工业化道路的区域差异与发展模式研究 [J]. 经济纵横，2006，(10)：65~67.

[14] 褚丽影，白雪峰. 吉林省农业产业化研究 [J]. 商场现代化，2006，(32)：231.

[15] 褚丽影，白雪峰. 提高吉林省农业综合生产能力的对策 [J]. 吉林省经济管理干部学院学报，2007，21 (2)：19~21.

[16] 单洪青，秦庆军. 世界大石油石化公司跨世纪发展战略剖析 [J]. 国际石油经济，2000，8 (5)：20~25.

[17] 丁乐群，刘苹，肖兵，等. 振兴吉林老工业基地与新型工业化 [J]. 东北电力学院学报，2004，24 (3)：1~4.

[18] 丁四保. 东北老工业基地改造的结构调整方向 [J]. 开放导报，2003，(10)：31~34.

[19] 杜志，李铁强，张玉芬. 吉林省农业产业化发展前景展望 [J]. 农业与技术，2003，

23（4）：1～4.

[20] 段秀萍．促进吉林省农业结构调整的对策与建议［J］．农业与技术，2006，26（1）：5～7.

[21] 段迎春，曾倩．培育龙头企业群，推进吉林省农业产业化的发展［J］．长春金融高等专科学校学报，2006，（3）：22～25.

[22] 范立君，黄秉红．清末民初东三省移民与近代城镇的兴起［J］．吉林师范大学学报（人文社会科学版），2006，（1）：93～98.

[23] 范亚军．长春市会展经济的现状与发展对策［J］．长春市委党校学报，2002，（1）：44～45.

[24] 方修琦，叶瑜，葛全胜，等．从城镇体系的演变看清代东北地区的土地开发［J］．地理科学，2005，25（2）：129～134.

[25] 高相铎，贾玫，李诚固．吉林老工业基地产业布局与协调发展研究［J］．地域研究与开发，2005，（6）：30～33.

[26] 高相铎，李诚固．老工业基地改造与长春市产业空间的协调［J］．城市问题，2006，（2）：68～70.

[27] 高月．吉林省文化产业发展对策研究［D］．长春：吉林大学，2004：40～45.

[28] 谷秀华．长春市"十一五"期间主导产业选择与培育研究［J］．经济地理，2005，25（5）：642～646.

[29] 谷秀华．长春市可持续发展的产业空间结构调整与优化［J］．地理科学，2006，26（2）：156～159.

[30] 郭枫．吉林省发展现代物流产业对策研究［J］．吉林省经济管理干部学院学报，2005，19（2）：15～18.

[31] 郭庆海．我国商品粮基地建设面临的问题与对策——以吉林省商品粮基地为例［J］．当代经济研究，2005，（10）：52～55.

[32] 郭庆海．新时期商品粮基地的建设与发展——以吉林省为例［J］．吉林农业大学学报，2005，27（6）：701～704.

[33] 郭雪莲，许嘉巍．吉林省西部草地退化的原因分析及治理对策［J］．农业与技术，2004，24（6）：31～33.

[34] 国家经贸委医药司课题组．加入WTO对我国医药行业的影响及应对措施［R］．内部研究报告．

[35] 韩冰雪．基于因子分析法的吉林省运输绩效评价研究［D］．长春：吉林大学，2006.

[36] 韩成伟，李时群，赵娜．制约吉林省农业经济发展的因素和对策［J］．农业与技术，2005，25（3）：18～20.

[37] 韩凤，刘继生．构建汽车产业区位竞争优势——以长春市为例［J］．人文地理，2006，87（1）：68～71.

[38] 韩贵仁．吉林省人口与可持续发展研究［J］．人口学刊，1999，（6）：36～41.

[39] 韩兴海．新形势下图们江区域经济合作的发展对策［J］．东北亚论坛，2006，（6）：

25~28.
- [40] 郝占庆，李步杭，张健，等. 长白山阔叶红松林样地（CBS）：群落组成与结构 [J]. 植物生态学报，2008，32（2）：238~250.
- [41] 何艳芬，张柏，马超群. 吉林省耕地动态变化及其对粮食生产的影响 [J]. 资源科学，2004，26（4）：119~125.
- [42] 贺艳红. 城乡就业一体化的制度约束与制度创新 [J]. 经济研究导刊，2007，（1）：32~33.
- [43] 胡尧良. 我国石油化工企业的国际竞争力分析 [J]. 当代石油石化．2002，（4）：16~23.
- [44] 黄瑛. 关于吉林省西部土地沙化、碱化、草原退化治理的对策 [J]. 白城师范学院学报，2006，20（6）：8~10.
- [45] 吉林省博物馆自然部. 吉林省自然地理 [M]. 长春：吉林人民出版社，1960.
- [46] 吉林省城乡规划设计院. 吉林省城镇体系规划 [R]. 2004.
- [47] 吉林省城乡规划设计院. 吉林省城镇体系现状调查研究报告 [R]. 2005：7~15.
- [48] 吉林省地方志编纂委员会. 吉林省志·卷四·自然地理志 [M]. 长春：吉林人民出版社，1992.
- [49] 吉林省地方志编纂委员会. 吉林省志·卷五·人口志 [M]. 长春：吉林人民出版社，1992.
- [50] 吉林省地方志编纂委员会. 吉林省志·卷三十五·气象志 [M]. 长春：吉林人民出版社，1996.
- [51] 吉林省发展和改革委员会. 吉林省矿产资源"十一五"规划 [R]. 2006.
- [52] 吉林省发展和改革委员会. 吉林省生态建设规划研究报告 [R]. 2005.
- [53] 吉林省国土资源厅. 吉林省矿产资源总体规划（2001~2010年）[R]. 2003.
- [54] 吉林省环保局. 吉林省2006年环境状况公报 [R]. 2007.
- [55] 吉林省气象局. 2006年吉林省气候公报及影响评价 [R]. 2007.
- [56] 吉林省社会科学学院软科学所课题组. 寻求新型工业化突破口振兴吉林老工业基地 [J]. 经济纵横，2004，（7）：28~31.
- [57] 吉林省统计局. 吉林社会经济统计年鉴（1986）[R]. 长春：吉林省统计局，1986.
- [58] 吉林省统计局. 吉林统计年鉴（1991）[M]. 北京：中国统计出版社，1991.
- [59] 吉林省统计局. 吉林统计年鉴（1992）[M]. 北京：中国统计出版社，1992.
- [60] 吉林省统计局. 吉林统计年鉴（1993）[M]. 北京：中国统计出版社，1993.
- [61] 吉林省统计局. 吉林统计年鉴（1994）[M]. 北京：中国统计出版社，1994.
- [62] 吉林省统计局. 吉林统计年鉴（1995）[M]. 北京：中国统计出版社，1995.
- [63] 吉林省统计局. 吉林统计年鉴（1996）[M]. 北京：中国统计出版社，1996.
- [64] 吉林省统计局. 吉林统计年鉴（1997）[M]. 北京：中国统计出版社，1997.
- [65] 吉林省统计局. 吉林统计年鉴（1998）[M]. 北京：中国统计出版社，1998.
- [66] 吉林省统计局. 吉林统计年鉴（1999）[M]. 北京：中国统计出版社，1999.

[67] 吉林省统计局. 吉林统计年鉴（2000）［M］. 北京：中国统计出版社，2000.

[68] 吉林省统计局. 吉林统计年鉴（2001）［M］. 北京：中国统计出版社，2001.

[69] 吉林省统计局. 吉林统计年鉴（2002）［M］. 北京：中国统计出版社，2002.

[70] 吉林省统计局. 吉林统计年鉴（2003）［M］. 北京：中国统计出版社，2003.

[71] 吉林省统计局. 吉林统计年鉴（2004）［M］. 北京：中国统计出版社，2004.

[72] 吉林省统计局. 吉林统计年鉴（2005）［M］. 北京：中国统计出版社，2005.

[73] 吉林省统计局. 吉林统计年鉴（2006）［M］. 北京：中国统计出版社，2006.

[74] 吉林省统计局. 吉林统计年鉴（2007）［M］. 北京：中国统计出版社，2007.

[75] 吉林省土地勘察规划设计研究院. 吉林省统筹区域土地利用研究［R］. 2007.

[76] 季江民. 吉林明确省域城镇体系规划发展目标［J］. 城市规划通讯，2007，(16)：9.

[77] 贾广和. 加快提升长白山区域生态经济整体竞争力［J］. 经济视角，2005，(9)：17～19.

[78] 贾正锐，金凤阁. 吉林省交通运输特征及发展分析［J］. 现代情报，1998，(5)：44～45.

[79] 姜会林. 全力发展光电子产业，振兴吉林老工业基地［J］. 长春理工大学学报（社会科学版），2004，(1)：3～6.

[80] 靳英华，赵东升，杨青山，等. 吉林省生态环境敏感性分区研究［J］. 东北师大学报：自然科学版，2004，36（2）：68～74.

[81] 孔经纬. 中国东北地区经济史（第1卷）——清代东北地区经济史［M］. 哈尔滨：黑龙江人民出版社，1990.

[82] 孔庆文，黄利亚，冯秀香. 长白山保护开发区自然环境分析［J］. 农业与技术，2007，27（1）：70～74.

[83] 邹艳丽，刘继生. 吉林省城镇体系规划综合调控作用研究［J］. 地理科学，2004，24（4）：399～405.

[84] 冷曦晨，陈伟. 吉林省高等级公路的建设和发展［J］. 经济视角，2005，(12)：49～51.

[85] 冷晓彦，李晓刚. 吉林省老工业基地可持续发展问题研究［J］. 经济纵横，2006，(8)：55～57.

[86] 李彬，王志春. 吉林省农业生态环境问题与对策分析［J］. 中国农学通报，2005，21（9）：367～371.

[87] 李博. 吉林省区域经济布局的特征［J］. 吉林农业，2005，183（5）：6～7.

[88] 李诚固，李振泉. "东北现象"特征及形成因素［J］. 经济地理，1996，16（1）：34～38.

[89] 李诚固，袁家冬，王士君. 图们江地区开发空间构想［J］. 经济地理，1996，(2)：18～23.

[90] 李春艳. 试论吉林市工业产业集群的发展对策［J］. 北华大学学报（社会科学版），2007，8（5）：22～25.

[91] 李发鹏,李景玉,徐宗学. 东北黑土区土壤退化及水土流失研究现状 [J]. 水土保持研究, 2006, 13 (3): 50~54.

[92] 李建平,赵江洪,张柏,等. 吉林省西部草地动态变化研究 [J]. 水土保持学报, 2006, 20 (1): 126~130.

[93] 李靖宇,于潇. 开发创建东北东边道沿线经济带的价值分析及建议 [J]. 社会科学辑刊, 2007, (6): 108~113.

[94] 李梁,宋晓辉. 加入WTO后对吉林省汽车、石化、冶金、电子工业的影响及应采取的对策 [J]. 经济视角, 1999, (9): 35~40.

[95] 李名升,孙虎,韩良,等. 吉林省区域经济差异分析 [J]. 2006, 26 (增刊): 41~44.

[96] 李培祥,李诚固. 区域产业结构演变与城市化时序阶段分析 [J]. 经济问题, 2003, (1): 4~6.

[97] 李涛. 吉林省发展现代物流产业探析 [J]. 中国科技信息, 2006, (18): 207~208, 210.

[98] 李铁立,李诚固. 区域产业结构演变的城市化响应及反馈机制 [J]. 城市问题, 2003, (5): 50~55.

[99] 李晓娜,韩增林,李芳芳. 吉林省现代物流业发展对策研究 [J]. 科技情报开发与经济, 2005, 15 (18): 116~118.

[100] 李秀娟. 长白山生态经济区生态产业发展途径探析 [J]. 吉林林业科技, 2007, 36 (2): 41~44.

[101] 李秀敏,吴晓青. 图们江地区空间结构的演进及其调控对策研究 [J]. 地理科学, 2006, (1): 26~31.

[102] 李秀霞,赵丽娟. 吉林省旅游资源开发与旅游产品整合研究 [J]. 高师理科学刊, 2005, 25 (1): 48~50.

[103] 李英洙. 中国长白山地区野生生物资源开发利用的现状及趋势 [J]. 延边大学农学学报, 1999, 21 (2): 114~118.

[104] 李颖. 吉林省农业产业化的发展与对策选择 [J]. 农业科技管理, 2005, 24 (3): 52~54.

[105] 李永利,洪德志,许志坚. 浅议我国医药工业的发展趋势 [J]. 中国卫生经济, 2000, 19 (2): 48.

[106] 梁伟. 吉林省经济与金融共赢途径及银行业未来发展方向选择 [J]. 吉林金融研究, 2004, (9): 13~17.

[107] 刘贵清,支大林. 吉林省老工业基地振兴中的金融支持探析 [J]. 税务与经济, 2006, (4): 17~21.

[108] 刘桂环,董锁成,彭晓. 吉林省西部生态环境脆弱区农业发展模式探讨 [J]. 中国生态农业学报, 2006, 14 (1): 215~219.

[109] 刘惠清,许嘉巍,吕新苗. 吉林省西部土地沙化动态变化 [J]. 地理研究, 2004,

23（2）：249～256.

[110] 刘慧涛，温景辉，孙毅，等. 吉林省西部沙化土地生态治理与高效利用研究［J］. 中国生态农业学报，2003，11（3）：155～157.

[111] 刘继斌，杨青山，张春丽. 吉林省中部城镇群城市化进程与空间组织［J］. 经济地理，2008，28（2）：228～231.

[112] 刘江. 中国地区发展回顾与展望·吉林省卷［M］. 北京：中国物价出版社，1999：3～11.

[113] 刘力，丁四保. 吉林省区域核心城市可持续发展能力的定量化研究［J］. 人文地理，2002，17（4）：59～62.

[114] 刘素云. 吉林省历史大事年表［J］. 长春教育学院学报，2002，18（3）：26～36.

[115] 刘晓辉，张雷. 产业集群与吉林省汽车工业的发展［J］. 当代经理人（下旬刊），2006，（12）：110.

[116] 刘兴亚. 发展吉林省旅游业初探［J］. 长春工业大学学报（社会科学版），2004，16（2）：48～49.

[117] 刘雅文，宋立瑛. 吉林省服务业的发展现状及对策［J］. 工业技术经，2005，24（5）：48～49.

[118] 刘艳军，李诚固，徐一伟. 城市产业结构升级与空间结构形态演变研究－以长春市为例［J］. 人文地理，2007，96（4）：41～45.

[119] 刘艳军，李诚固. 东北老工业基地区域整合发展的协调机制［J］. 城市规划学刊，2005，（6）：100～103.

[120] 刘颖. 吉林省会展业人力资源现状、问题及对策［J］. 商场现代化，2007，（12）：278～280.

[121] 刘志明，晏明，何艳芬. 吉林省西部土地盐碱化研究［J］. 资源科学，2004，26（5）：111～116.

[122] 刘志明，晏明，王贵卿，等. 吉林省西部草原生态环境现状与可持续发展［J］. 资源科学，2002，（2）：93～96.

[123] 刘智文. 后金时期的长白山开发［J］. 黑龙江民族丛刊，2006，92（3）：82～87.

[124] 栾立明，代海涛. 发展优势产业集群提升综合竞争能力——促进长白山地区绿色食品产业升级的探讨［J］. 税务与经济，2007，154（5）：109～112.

[125] 罗丙艳，尚琳，贾文毓. 吉林省城市化地域差异分析［J］. 科技咨询导报，2007，（7）：50～51.

[126] 马敏娜. 吉林省人口老龄化与完善社会保障体系研究［J］. 税务与经济，2004，（5）：15～17.

[127] 马明媛. 发展循环经济是推进新型工业化的战略选择［J］. 重庆大学学报（社会科学版），2005，11（1）：35～40.

[128] 马秀颖，刘国斌，赵函. 吉林省农村人口的收入分析［J］. 人口学刊，2005，（6）：29～32.

[129] 孟宪平. 吉林省与沿海发达地区金融增长的比较分析 [J]. 吉林金融研究, 2005, (7): 7～10.

[130] 那伟, 刘继生. 吉林省城市体系等级规模结构研究 [J]. 人文地理, 2007, (5): 50～54.

[131] 牛桂敏. 城市循环经济发展模式 [J]. 城市环境与城市生态, 2006, 19 (2): 42～44.

[132] 潘福林, 毕媛媛. 吉林省农村现代服务业发展问题及对策研究 [J]. 长春工业大学学报（社会科学版），2007, 19 (1): 1～2, 44.

[133] 庞瑞秋, 白鸿蓉, 刘艳军. 吉林省城市化综合水平的空间分异特征及其驱动因素 [J]. 经济地理, 2007, 27 (6): 927～931.

[134] 裘善文, 张柏, 王志春. 吉林省西部土地荒漠化现状、特征与治理途径研究 [J]. 地理科学, 2003, 23 (2): 188～192.

[135] 任晶, 陈才. 吉林省小康社会建设与人口发展关系及对策研究 [J]. 人口学刊, 2006, (5): 13～17.

[136] 任力达, 李海生, 沈刚. 吉林省农业技术创新现状与问题 [J]. 农业科技管理, 2007, 26 (3): 52～54.

[137] 任启平, 李平, 王建军. 吉林省城镇体系空间结构及优化研究 [J]. 经济问题探索, 2005, (12): 119～124.

[138] 任嘉真, 郭凌晨. 新型工业化道路中的东北老工业基地改造问题 [J]. 商业研究, 2005, (12): 176～179.

[139] 任勇, 陈燕平, 周国梅, 等. 我国循环经济的发展模式 [J]. 中国人口·资源与环境, 2005, 15 (5): 137～142.

[140] 若闻, 义书, 李宁. 创交通伟业 铸历史丰碑——吉林省高速公路建设回眸 [J]. 党员之友, 2003, (5): 16～17.

[141] 沈清基. 城市空间结构生态化原理研究 [J]. 中国人口·资源与环境, 2004, 14 (6): 6～11.

[142] 石庆武, 郝凌云. 吉林省经济地理 [M]. 北京: 新华出版社, 1990.

[143] 石庆武. 吉林省经济地理 [M]. 北京: 新华出版社, 1985: 18～43.

[144] 时历荣, 于洪波. 吉林省人口发展趋势分析与预测 [J]. 现代情报, 1996, 10: 27～31.

[145] 宋宝安. 吉林省人口老龄化特征及其对社会经济发展的影响 [J]. 社会科学战线, 2001, (1): 204～209.

[146] 孙传生, 张力辉. 吉林黑土区水土流失及其防治对策 [J]. 水土保持研究, 2004, 11 (3): 160～162.

[147] 孙道玮, 陈田, 姜野. 长白山自然保护区的旅游资源综合开发与生态环境保护措施 [J]. 东北林业大学学报, 2005, 33 (5): 97～99.

[148] 孙晓芹. 国外大企业技术创新的做法 [J]. 中外企业文化. 2000, (7): 32～34.

[149] 谭惠敏. "十五"及2015年吉林省人口与劳动力资源变动趋势预测 [J]. 经济视角, 2000, (8)：30~31.

[150] 万鹏, 沈箐. 快速城市化地区城乡统筹规划所面临的问题和建议——以嘉兴地区为例 [J]. 现代城市研究, 2006, 21 (1)：49~53.

[151] 汪秀婷, 管顺丰, 卜晓锐. 理智看待中国汽车工业的增长态势 [J]. 汽车工业研究, 2003, (5)：2~6.

[152] 王爱群, 蒋成林, 王艺霖. 吉林省农业产业化比较优势实证分析 [J]. 当代经济研究, 2008, (2)：57~61.

[153] 王承礼, 李健才. 吉林省博物馆地志丛刊——吉林省历史概要 [G]. 长春：内部资料, 1963.

[154] 王春娟. 东北老工业基地振兴道路的选择 [J]. 大连大学学报, 2005, 26 (2)：85~88.

[155] 王寒菊, 贾万军. 缩小吉林省城乡差距的策略 [J]. 农业与技术, 2006, 26 (4)：4~6.

[156] 王惠清, 吴忠义. 吉林省气候 [M]. 北京：气象出版社, 1997.

[157] 王静爱. 中国地理教程 [M]. 北京：高等教育出版社, 2007：180~183.

[158] 王凯旋. 论清代东北地区的城镇经济 [J]. 社会科学战线, 2003, (1)：162~166.

[159] 王魁喜. 近代东北史 [M]. 哈尔滨：黑龙江人民出版社, 1984.

[160] 王猛. 试论边境省份会展特色及吉林省会展战略选择 [J]. 东北亚研究, 2004, (4)：69~73.

[161] 王珉. 积极推进信息化建设加快振兴吉林老工业基地 [J]. 信息化建设, 2006, (7)：10~11.

[162] 王培娟, 谢东辉, 张佳华, 等. 长白山森林植被NPP主要影响因子的敏感性分析 [J]. 地理研究, 2008, 27 (2)：323~331.

[163] 王庆云. 加速交通运输业发展的几个问题 [J]. 综合运输, 2002, (10)：4~7.

[164] 王秋影, 徐效坡. 吉林省区域经济发展的空间差异 [J]. 经济地理, 2008, 28 (1)：25~27.

[165] 王荣成, 侯玲, 米德长, 等. "东边道"建设与区域资源环境系统的响应研究 [J]. 世界地理研究, 2005, 14 (2)：57~62.

[166] 王荣成, 任晶. 区域一体化过程中的城市系统研究——以图们江地区为例 [J]. 人文地理, 2004, (1)：3~41.

[167] 王荣成, 张云逸. 吉林省中部核心地带产业整合研究 [J]. 吉林工商学院学报, 2008, 24 (1)：96~103.

[168] 王士君, 高群. 论长春－吉林城市整合发展 [J]. 经济地理, 2001, 21 (5)：589~594.

[169] 王士君. 论长春－吉林城市整合发展 [J]. 经济地理, 2001, 21 (5)：589~599.

[170] 王绪高, 郝占庆, 叶吉, 等. 长白山阔叶红松林物种多度和空间分布格局的关系

[J]. 生态学杂志, 2008, 27 (2): 145~150.

[171] 王亚玲, 袁竹. 发展会展经济振兴吉林省老工业基地 [J]. 商场现代化, 2006, (12): 252~253.

[172] 王昱, 丁四保, 王荣成. "空间剥夺" 与县域经济发展问题——以吉林省中部地区为例 [J]. 人文地理, 2007 (5): 50~55.

[173] 王云鹏, 王利芳, 李世武. 吉林省道路运输发展战略研究 [J]. 工业技术经济, 2005, 24 (2): 13~15.

[174] 王喆. 我国农产品加工产业与技术发展对策 [J]. 食品工业科技, 2006, 27 (1): 11~14.

[175] 王志春, 裘善文. 吉林省西部盐碱化土地治理对策 [J]. 农业与技术, 2002, 22 (5): 6~8.

[176] 王志强, 于磊, 张柏, 等. 吉林省西部土地利用变化及其农业生态安全响应 [J]. 资源科学, 2006, 28 (4): 58~64.

[177] 魏玉. 吉林省实现农业经济结构调整的思路与对策 [J]. 长春师范学院学报, 2005, 24 (6): 29~31.

[178] 文学. 我国农产品加工现状、发展趋势及对策 [J]. 农业工程学报. 1998, 14 (4): 194~199.

[179] 吴嫦娥. 吉林中部城市组群功能关系优化研究 [D]. 长春: 东北师范大学硕士论文, 2005, 33~39.

[180] 吴承伦, 袁涛, 贾玫. 吉林省国土资源生态建设与环境保护规划研究 [M]. 长春: 吉林人民出版社, 2003.

[181] 吴计生, 刘惠清. 吉林省人口流动与城镇化发展 [J]. 宏观经济管理, 2005, (2): 45~46.

[182] 吴运军, 张树文, 包春红, 等. 吉林省城乡空间格局研究 [J]. 山东农业大学学报 (自然科学版), 2007, 38 (1): 111~115.

[183] 吴祖鲲. 论清代吉林的驿路交通 [J]. 长白学刊, 2001, (01): 92~96.

[184] 武玉环. 渤海与高句丽族属及归属问题探析 [J]. 史学集刊, 2004, (2): 79~83.

[185] 肖迪. 吉林省水资源供需分析及可持续利用战略研究 [D]. 南京: 河海大学, 2005: 18~26.

[186] 徐淑梅, 袁晓勐. 吉林市产业升级战略 [J]. 经济地理, 2006, 26 (增刊): 88~91.

[187] 许淑明. 清末吉林省的移民和农业开发 [J]. 中国边疆史地研究, 1992, (4): 18~27.

[188] 闫春英. 关于加快吉林省现代服务业发展的思考 [J]. 经济纵横, 2007, (11): 48~50.

[189] 杨会晏, 张晓莉. 21 世纪吉林省人口、资源、环境发展趋势及挑战 [J]. 人口学刊, 2000, (4): 55~58.

[190] 杨吉生, 甄国红, 陈少志. 吉林省文化产业发展现状及对策分析 [J]. 商场现代化, 2007, (9): 223~225.

[191] 杨丽艳. 浅谈吉林省新型工业化突破路径 [J]. 工业技术经济, 2006, 25 (10):

33~34.

[192] 杨利民,刘洪章,李建东. 关于吉林省可持续生态农业发展战略的思考 [J]. 吉林农业大学学报,2000,22(专辑):57~61.

[193] 杨起全. 我国科技活动结构发生根本性改变 [J]. 中国科技论坛,2002,(5):50~55.

[194] 杨雪,孙慧宗. 吉林省人口城市化水平的分析与预测 [J]. 人口学刊,2005,(3):53~57.

[195] 叶宝明,刘家仁,米德长. 东北区运输地理 [M]. 长春:吉林人民出版社,2002.

[196] 尹豪. 吉林省人口与生态环境的可持续发展研究 [J]. 人口学刊,2003,(6):12~16.

[197] 尹明. 吉林省医药行业的改革与发展 [J]. 经济视角,2004,(3):37~38.

[198] 于得运. 吉林省农业可持续发展研究 [M]. 长春:长春出版社,1997.

[199] 于国强,张维生,刘春艳. 吉林省人口城市化水平的空间差异与对策研究 [J]. 商业经济,2007,291(6):7~8.

[200] 于力,刘惠清,张树文. 吉林省生态功能区划研究 [M]. 长春:吉林人民出版社,2005.

[201] 于潇. 吉林省农村人口问题与社会经济发展分析 [J]. 人口学刊,2005,(6):23~28.

[202] 俞穆清,朱颜明,田卫,等. 长白山国家级自然保护区旅游与环境可持续发展研究 [J]. 地理科学,1999,19(2):189~192.

[203] 袁家冬,张娜. 东北老工业基地振兴与吉林省新型城市化的响应 [J]. 世界地理研究,2005,14(2):64~71.

[204] 袁树人,陈才. 图们江通海航行与对外开放研究文集(多卷本)[G]. 长春:吉林省科技委员会,1992.

[205] 战金艳,鲁奇. 中国基础设施与城乡一体化的关联发展 [J]. 地理科学,2003,58(4):611~619.

[206] 张福有. 高句丽、渤海国与长白山文化 [J]. 长春师范学院学报,2004,23(4):1~5.

[207] 张国坤,吴贞淑,赵玲. 吉林省与东北亚地区经贸合作的特点与趋势 [J]. 经济地理,2005,(6):779~782.

[208] 张和,年吉刚. 依靠生态自然修复能力加快吉林省水土流失治理步伐 [J]. 中国水土保持,2002,(4):17~18.

[209] 张建华. 吉林省工业经济结构的现状及其对工业发展的影响 [J]. 中国统计,1997,(4):18~19.

[210] 张杰. 满族先民与长白山的早期开发 [J]. 满族研究,2006(3):31~37.

[211] 张凯明,李馨,张爱民. 吉林省医药工业情况分析 [J]. 经济视角,2007,(3):9~11.

[212] 张林. 略论清代吉林的驿路交通及其对边疆地区开发的贡献 [J]. 东疆学刊,1999,(04):30~32.

[213] 张宁克. 吉林省非金属矿资源的分布及合理开发 [J]. 吉林地质, 1997, 16 (2): 6～10.

[214] 张磐. 东北亚地区城市发展问题 [J]. 东北亚论坛, 1997, (4): 11～14.

[215] 张晓晖, 段迎春. 吉林省农业产业化发展存在的问题及对策 [J]. 经济纵横, 2005, (8): 42～43.

[216] 张亚芝, 张杰. 长白山药用植物资源开发利用探析 [J]. 吉林中医药, 2007, 27 (10): 51.

[217] 张玉芬, 李铁强. 吉林省发展农业产业化大有利条件和对策 [J]. 中国农业资源与区划, 2003, 24 (4): 52～54.

[218] 张玉琴. 建立区域金融中心城市的必要性和可行性 [J]. 科技信息, 2007, (26): 545.

[219] 赵静杰, 徐晓梅, 张晓英. 吉林省城镇化发展的重点及城镇体系的构建 [J]. 经济纵横, 2006, (12): 57～59.

[220] 赵娜, 毕业莉, 王青蓝, 等. 对吉林省农业信息化建设的几点思考 [J]. 农业网络信息, 2005, (9): 22～23.

[221] 赵琪, 李超, 丁四保. 吉林省经济轴带发展问题研究 [J]. 经济纵横, 2005, (4): 44～46.

[222] 赵树宽, 姜红, 陈丹. 吉林老工业基地区域科技创新体系研究 [J]. 吉林大学社会科学学报, 2005, 45 (1): 109～115.

[223] 赵英. 外商直接投资对我国汽车工业的影响分析 [J]. 中国工业经济, 2000, (1): 57～62.

[224] 中共吉林省委研究室. 吉林省基本省情 [M]. 长春: 吉林人民出版社, 1986.

[225] 中国城市规划设计研究院. 延吉·龙井·图们城市空间发展规划专题研究 (2007～2020) [R]. 延边朝鲜族自治州人民政府, 2007.

[226] 中华人民共和国国家统计局. 中国统计年鉴 (2006) [M]. 北京: 中国统计出版社, 2006

[227] 中华人民共和国国家统计局. 中国统计年鉴 (2007) [M]. 北京: 中国统计出版社, 2007

[228] 钟贤巍, 辛本禄. 长白山旅游模式扩展及其原因分析 [J]. 社会科学战线, 2005, (5): 165～167.

[229] 朱华友, 丁四保. 长春-吉林经济带的形成与空间结构特点研究 [J]. 人文地理, 2004, 19 (3): 46～49.

[230] 朱华友, 丁四保. 经济带的形成与演进研究——以长春-吉林经济带为例 [J]. 软科学, 2003, 17 (3): 14～18.

[231] 邹红岩, 梁文义. 吉林省水土流失规律及其综合治理对策 [J]. 吉林水利, 2002, (4): 25～29.